# 贈与と交換の教育学

## 漱石、賢治と純粋贈与のレッスン

矢野智司——[著]

東京大学出版会

Education from the Perspective of Gift and Exchange
With *Soseki* and *Kenji* as Models of a Pure-Gift Giver
Satoji YANO
University of Tokyo Press, 2008
ISBN 978-4-13-051313-5

# はじめに

いま私たちは、数えあげることのできないほど多様な教育問題に直面している。教育改革への期待は大きい。しかし教育問題に最終的な解決などあるのだろうか。戦後の教育の歴史を取りあげても、この教育の歴史とは教育改革の歴史ではなかっただろうか。もともと教育とは解決すべき問題などではなく、人生と同様、真摯に向かい合うべき生の課題ではないだろうか。むしろ問題を問題として産出する教育的‐教育学的な地平こそが、問われなければならない。

私たちはみな学校教育を受けた経験をもっているので、教育を考えるときには、自らの学校での教育経験が基盤になっている。そのことがかえって私たちの教育への想像力を、恐ろしいほど萎縮させ衰弱させている。私たちの知っている先生は、近代教育制度において生まれた教師だが、それは歴史上百数十年前に登場した先生の一つのタイプにすぎない。また学校教育での授業形態も、近代西欧に誕生したものがモデルになっているにすぎない。

そのような制限された教育経験の限界を乗り超えるには、近代の教育経験からではなく、あらためて思考実験として人間学的な想像力を駆使して、「教育の起源」から問い直すことが必要である。教育のはじまりとはいったい何か？　そのとき立ち現れるのは、一切の見返りを求めない「純粋贈与」という、一見すると教育とは無縁に見える出来事である。「贈与」は、「交換」や「所有」とならぶ経済的行為を説明する中心概念として見なされている。しかし、この純粋贈与は、有用性に支配された社会の原理を乗り超えて、社会化や発達という理論枠では決して見ることのできない、死、供犠、歓待、エロティシズムなど、「外部」と「他者」と関わる人間の生成変容についての新たな地平を見いだすことを可能にしてくれる通路なのである。それだけではない。純粋贈与は、私たちが自明のように受け入れている負い目に基づく道徳を超えた、生命の倫理を垣間見させてくれる。

本書に登場するのは、ニーチェが造形した贈与者であるツァラトゥストラ、供犠として自己を差しだす「人類の教師」ソクラテスとイエスとブッダ、そして青年との出会いによって贈与者へと転回する夏目漱石の小説『こころ』の「先生」、弟子たちに「則天去私」を贈与してしまう漱石自身、さらには贈与の不可能性と可能性を横断する宮澤賢治の小説『銀河鉄道の夜』のジョバンニとカムパネルラ、負い目に苛まれつつも贈与者として生きようと願う賢治自身、……といったように、通常の教育学のテクストにはまず見かけない人物たちである。しかし、このような純粋贈与者たちの語りをもとに、贈与と交換の観点から教育を問うことで、これまでの教育学の地平は、教育の諸問題を解決しようとする問題解決の地平ではなく、問題の語り方を問い直す地平へと転回する。

そのとき、私たちは日々の授業においても、贈与による倫理と交換による道徳とのせめぎ合いにさらされていることに気づくだろう。それはマナーの学習やボランティア体験学習といった教育課題のうちにも含まれていることがわかる。そして本書の思想的射程は、教育基本法の「改正」から戦後教育学の問い直しにまでおよぶことになるだろう。それというのも、国家にたいする究極の「国民の義務」とは自己犠牲であり、それは「国民道徳」の根幹に位置する主題だが、贈与と交換に関わる主題でもあるからだ。国家にたいする贈与＝犠牲は、どのように考えられるべきかが問い直されなければならない。そしてそれは同時に、先の戦争の死者（犠牲者）への負い目に駆動されてきた「戦後」の教育学と教育実践の前提を問い直す作業ともなるのである。

本書において、漱石と賢治の文学作品を取りあげるが、それは理論を説明するためのたんなる事例などではない。その理由は、概念的な用語では表現不可能な出来事を語ろうとするのが文学であり、そのような文学作品に沿うという語り方自体が、表現不可能な純粋贈与という本書の主題と不可分な関係にあるからである。さらに明治・大正・昭和から現代におよぶ、教育と関わる「日本」の贈与と交換の思想的格闘の歴史を、いわば大河小説のように、生の実験者として生きた漱石と賢治の二人の作品と人生を結節点にして描きだすことで、本書が担っている課題の歴史的・社会的位相を明らかにしたいと考えたからでもある。

それでは、贈与の不可能性と可能性とを横断する銀河鉄道に乗って、贈与と交換の教育人間学という問題圏を旅することにしよう。

贈与と交換の教育学——目　次

## I　贈与する先生と受け取る弟子

## 初出一覧

以下にそれぞれの章の初出を明記しておく。本書を制作するにあたり、初出時の発表論文を大幅に加筆修正している。

序　章　書き下ろし

第1章　「教育の起源についての覚書」教育思想史学会『近代教育フォーラム』第七号　一九九八年　五三―六二頁

第2章　「先生と弟子の物語――夏目漱石『こころ』の教育人間学的読解」矢野智司・鳶野克己編『物語の臨界――「物語ること」の教育学』世織書房　二〇〇三年　五五―八三頁

第3章　「『先生』としての漱石――師弟関係の教育人間学的考察」山﨑高哉編『応答する教育哲学』ナカニシヤ出版　二〇〇三年　六〇―七九頁

第4章　書き下ろし

第5章　「子どものまえに他者が現れるとき――生成する物語としての賢治童話」藤田英典・黒崎勲・片桐芳雄・佐藤学編『教育学年報』第八巻　世織書房　二〇〇一年　四九―七一頁

第6章　「人間中心主義関係論の転倒――逆擬人法の教育人間学」高橋勝・広瀬俊雄編『教育関係論の現在――「関係」から読解する人間形成』川島書店　二〇〇四年　一二一―一五七頁

第7章　「交換の物語と交換の環を破壊する贈与――宮澤賢治作『貝の火』の教育人間学的読解」臨床教育人間学会編『他者に臨む知　臨床教育人間学1』世織書房　二〇〇四年　二七―四八頁

第8章　「風が贈与する生命の倫理と心象スケッチ――贈与と交換の教育人間学」教育哲学会『教育哲学研究』第九三号　二〇〇六年　一二一―一三六頁

第9章　「生成と発達の場としての学校」佐伯胖・黒崎勲・佐藤学・田中孝彦・浜田寿美男・藤田英典編『岩波講座　現代の教育　学校像の模索』第二巻　岩波書店　一九九八年　一〇〇―一二一頁

第10章　「『経験』と『体験』の教育人間学的考察――純粋贈与としてのボランティア活動体験」市村尚久・早川操・松浦良充・広石英記編『経験の意味世界をひらく――教育にとって経験とは何か』東信堂　二〇〇三年　三三―五四頁　本章2節の村野四郎『鉄棒』についての説明は「非知の体験としての身体運動――生成の教育人間学からの

試論」日本体育学会『体育の科学』第四八巻十月号 杏林書院 一九九八年 七八五―七八九頁による。
第11章 「マナーと礼儀作法の臨床教育学――交換と贈与の教育人間学から」皇紀夫編『臨床教育学の生成』玉川大学出版部 二〇〇三年 一八四―二〇五頁
終 章 第1節から第3節まで「死者への負い目と贈与としての教育――教育の起源論からみた戦後教育学の課題と限界点」教育思想史学会『近代教育フォーラム』第一六号 二〇〇七年 一―一〇頁
註 第三章の註〔1〕〔2〕〔3〕「『先生』としての漱石についての長い註」京都大学大学院教育学研究科臨床教育学講座『臨床教育人間学』第八号 二〇〇七年 六一―六八頁

# 凡例

（1）引用および引用参考文献の記載の方式は、原則としてシカゴ方式にしたがっている。引用では、角括弧［　］内はまず著者名、そして文献の出版年（外国文献の場合にはその出版年、翻訳がある場合には等号＝の後に翻訳の出版年が続く）、コロン：の後は該当する頁数を示している。例えば、［夏目 1994（1914）, vol. 9：214］は、一九九四年発行の夏目漱石『漱石全集』の第九巻、二一四頁を示している。また［Bateson 1972：206–208＝1990：294–295］は、Bateson は著者名、1972 は原書の発行年、206–208 は原書の該当頁、1990 は翻訳書の発行年、294–295 は翻訳書の該当頁を表している。いちいち断りを記していないが、訳文は必ずしも翻訳書にしたがってはいない。また書籍や論文の初出時を特に示すときには、出版年の後に小括弧（　）として入れている。上述の漱石の例では、『こころ』の出版年の一九一四年が小括弧（　）に記載されている。ただし煩雑さを避けるために、文献が簡単に同定できるときには発行年等を省略している。なお、宮澤賢治の詩にはタイトルが不明なものも数多く残されているが、これらについては、左記の校本の表記法にしたがい角括弧［　］で示すことにする。

（2）漱石の小説は、発表年ではなく単行本の出版年を記載している。『三四郎』が「朝日新聞」に連載されたのは一九〇八年だが、単行本として出版されたのは翌年の一九〇九年である。このとき表記は、「一九〇八年」ではなく「一九〇九年」となる。賢治の作品には、生前未発表で制作年が不確かなものが多いため、そのような作品に関しては、佐藤泰正編『別冊 國文学 宮澤賢治必携』を参考にした。

（3）文中の夏目漱石の引用は、すべて一九九三年十二月に刊行が開始された『漱石全集』（岩波書店）から、また宮澤賢治の引用は、すべて一九九五年に刊行された『【新】校本 宮澤賢治全集』（筑摩書房）から引用している。この賢治の校本は、各巻が本文篇と校異篇とに分かれているが、校異篇を使用したときにのみそのことを明記している。漱石の場合も賢治の場合も、引用文はできうるかぎり全集版の表記にしたがったが、漢字は新字体で表記している。またルビは必要と思われる以外は省略している。

# 序章——限界への教育学に向けて

## 不可能性と可能性を横断する銀河鉄道

### 1　教育学の限界と限界への教育学

「ではみなさんは、さういふうに川だと云はれたり、乳の流れたあとだと云はれたりしてゐたこのぼんやりと白いものがほんたうは何かご承知ですか。」先生は、黒板に吊した大きな黒い星座の図の、上から下へ白くけぶつた銀河帯のやうなところを指しながら、みんなに問をかけました。
〔宮澤 vol. 11: 123〕

このような教師の問いは、学校で頻繁になされている問い方をなぞったものである。「さういふうに……云はれたり」する私たちの通俗的な知識は、科学的な事象をたんにメタファーで言い換えたものにすぎない。「川」も「乳の流れたあと」もその姿から連想されたメタファーによる表現にすぎず、銀河の帯の本性を見誤っている。「川」のように「乳の流れたあと」に見える銀河の帯は、まぎれもなく星々の集合体である。ジョバンニも、カムパネルラの家で読んだ雑誌からそのことを知っている。しかし、ジョバンニは、毎日教室では眠く、「なんだかどんなこともわからないという気持ちがする」ために、教師に当てられてもこの問いに答えることができない。

「ほんたうは何か」という問いは、教師が問いを発したとき想定しているような科学的知識で答えることのできる問いなのだろうか。ジョバンニが「なんだかどんなこともわからないという気持ちがする」のは、日々病気の母親の世話をしながら活版所で生活費を稼ぐという生活苦から来る睡眠不足のせいというよりは、ジョバンニにとって世界への自明性が崩れはじめているからである。「ほんたうは何か」という問いに目覚めたとき、人はこれまでの生とそして未だみえぬ新しい生との間の敷居の上に立っているといってよい。そしてこの「ほんたうは何か」という問いの探究こそが、この書きだしではじまる『銀河鉄道の夜』（生前未発表 第四次稿は一九三一年頃）という未完の作品全体を通底する主題でもある。「ほんとうの幸せとは何か」という問いを、どこまでもどこまでも独り求める旅……。

『銀河鉄道の夜』は、この印象的な授業の場面からはじまり、活版所、家、ケンタウル祭（銀河の祭）、天気輪の柱、銀河ステーション、北十字とプリオシン海岸、鳥を捕る人、ジョバンニの切符、……印象的な挿話をちりばめながら、ジョバンニがカムパネルラとともに銀河鉄道の列車に乗り、ジョバンニだけが独りでふたたびこの世界へと戻ってくる物語である。多くの研究者が指摘するように、この旅のプロセスは死と再生というイニシエーション（initiation）と類似した構造をもっている［鎌田 2001：95］。それはジョバンニがこの旅のプロセスでさまざまな出来事に遭遇し、また印象的な人々と出会うことを通して、生きること全体への関わり方が変容することからもいえるだろう。例えば、銀河鉄道の列車から降りる直前のカムパネルラとの会話からも、このジョバンニの変容の核心を知ることができる。

ジョバンニはあゝと深く息しました。「カムパネルラ、また僕たち二人きりになったねえ、どこまでもどこまでも一緒に行かう。僕はもうあのさそりのやうにほんたうにみんなの幸のためならば僕のからだなんか百ぺん灼いてもかまはない。」「うん。僕だってさうだ。」カムパネルラの眼にはきれいな涙がうかんでゐました。「けれどもほんたうのさいはひは一体何だらう。」ジョバンニが云ひました。「僕わからない。」カムパネルラがぼんやり云ひました。
「僕たちしっかりやらうねえ。」ジョバンニが胸いっぱい新らしい力が湧くやうにふうと息をしながら云ひました。
［宮澤 vol. 11：167］

ここは旅におけるジョバンニの変容が、決意として表明されている、作品のなかでももっとも印象深い場面のひとつである。この「ほんたうのさいはひは一体何だらう」という問いの答えを、「どこまでもどこまでも」探究し続けることへのジョバンニの決意と覚悟については、後でまた触れることにしよう。ところで、人生を振り返ってみても、これまでの自己の生は、記憶の蓄積のなかで、時間軸にしたがって起こるさまざまな事柄の連鎖などではなく、ジョバンニのように、さまざまな敷居をまたぎ超し、その境界線を超えるごとに、新たな生が生起するものではないだろうか。この自分が何かを境にして変わるということは、変態・変異・変身というべき事態であり、この境界を超える以前の生とその後の生では、共約することが不可能なために、両者を比較して良くなったとか、悪くなったとかいうことのできないものである。しかし、生成し変容するという異質な出来事は、「成長」や「発達」や「社会化」という用語でもって切り取られ解釈されることで、その異様さが削ぎ落とされ、その痕跡さえ見えなくなっているように思える。私たちは、それほど「成長した」「発達した」と語ることに慣れている。この作品でも、「ジョバンニの成長」あるいは「ジョバンニの発達」としてまとめることも可能なのである。

オウム教団の事件は、あらためてイニシエーションという事態が現代でも生き続けていること、そしてその言葉で言い表される生成変容の恐ろしい「暗い力」が存在していることを示した。この事件の教育学的な重大性はそれだけではない。このような戦後秩序を根本から揺るがす事件に直面しても、教育学者は、その事件の奥に働く暗い力の本質を捉えることができず、教団に惹かれた若者たちを、教育（啓蒙）の不徹底の結果としてしか捉えることができなかった。むしろこの事件は、教育の不徹底さをではなく、戦後教育自体の限界を露呈し、さらに戦後教育学のルート・メタファーともいうべき「成長」や「発達」という用語の思想的限界性を示したことで、特筆すべき事件であるように思える。

ちょうど近代物理学の誕生にさいして、物理事象を正確に記述するのに、アリストテレス（Aristoteles）的なそれぞれが異質で階層化した宇宙観を退け、ガリレオ（Galilei, G.）‐デカルト（Descartes, R.）的な均質で数量的な空間と時間のマトリクスを必要としたように、近代の教育学が成立するためには、生成変容に関わる多様で異質な出来事を、ある場合は、教育と関係ない「事象」として排除し、ある場合は、観察可能でかつ計測可能な用語群に置き換えることのできるマトリクスの形成が不可欠であった。

多様で異質な生成変容の出来事を、観察し計測することのできる共約可能な事象に変換し直すということは、共約を可能とする交換（exchange）によって成り立つ共同体を前提にしており、教育が社会化‐発達という社会の次元に単次元化されたことを意味する。そのため共同体の次元に回収できない出来事は、排除されることになる。イニシエーションもまたそのような排除された出来事のひとつであった。イニシエーションは、死と再生つまり「魂」の生まれ変わりを引き起こす出来事であり、成長や発達や社会化とは共約することのできない異質な出来事であった。教育学にとって、イニシエーションは前近代的な制度的事象とみなされ、人類学や宗教学の領分に属する事象として理解された。このような生成変容の異質な出来事を排除した結果、教育学は社会化‐発達といった事象に専念することができるようになったが、生の変容における極めて限定された側面にのみ関わることになった。例えば、戦後日本の代表的な教育学者である勝田守一は、「教育学とは何か」（未発表論文 一九六〇年頃）のなかで、教育学について次のように述べている。

> 教育学は、まさに技術知である。それは、基本的に人間が人間を育てるというはたらきに即した技術的認識を中核とする。したがって、教育学は、人間の成長、発達、社会的形成についての科学によって明らかにされた法則性の認識を含みながら、人間と人間との、相互のはたらきかけの中で、教育を受けるものに、習慣・能力・知識・理想が変様し、形成される過程についての技術知として成立する。［勝田 1970：46］

限定された狭義の教育学の定義としては、いまなお優れたもののひとつということができるが、この定義は、生成変容の出来事を排除し、さらに排除したことを忘却している。しかしながら、今日の教育学は、あらためて生成変容の出来事に向かい合いはじめている。その流れは、一方では、オウム教団の事件に代表されるような戦後秩序を根底から震撼させる事件の出現や、これまでの教育学が直面したことのないさまざまな「教育問題」の頻出にもよるが、他方では、現状を積極的に捉え直そうとする思想の変容と連動している。すでに近年のポストコロニアリズムやカルチュラル・スタディーズにおいて、これまで理性によって排除され無視されてきた「外部の思想」への関心が高まっているが、それに呼応するかのように、教育哲学の分野においても、他者論的転回ともいうべき事態が進行している。他者論に限定されず、物語論・贈与論における外部の思想との出会いは、教育学という学問を限界へと向けることによって、危険に満ちたしかし豊かな生成変容との新たな関わり方を、発見することができる機会（チャンス－危機）でもある。

教育学のこのような生成変容への関わりは、教育学が主として学校教育における有用な技術知として意味をもつことを全面的に否定することではない。しかし、技術知の背後にあって技術化することのできない、あるいは技術化することによっては損なわれてしまう生成変容の出来事に関わることで、技術知としての教育学は、自己の境界線を引き固有の領域として自律することの不可能性に曝されることはまちがいない。このような学としての不安定さは、生成変容という異質な出来事を排除することのできない教育の本来的な性格からもたらされるのであって、教育学の学としての不備に由来するものではない。そのような境界設定の不可能性と可能性の間の不安定な運動の場にたえず立ち続けることこそ、本書が目指す「限界への教育学」の課題である。

これまでの議論からも推測されるように、この生成変容の出来事を教育学において論じるには、文体や語彙あるいはレトリックにとどまらず、その物語のプロットの作り方にいたるまで、従来のアカデミズムとは異なった語り方の工夫が必要である。それというのも、教育学内部における理論の精緻化や体系化の試みとは異なり、教育学をその限界性へと向けさせようとする本書の試みにおいて、生成変容をたんに教育的 - 教育学的マトリクスの外部の出来事ということで論じるのであれば、この試みは、教育学とただすれ違うだけであり、反対に教育学の内部から対象として論じるのであれば、また教育的 - 教育学的マトリクスへと変換されてしまうだけだからである。教育学の内部であるとともに外部であり、外部であるとともに内部であるような生成変容の出来事の語り方が求められるのである。冒頭より異物のように導き入れられた『銀河鉄道の夜』からの引用も、そのための工夫のひとつであるが、その理由は後に述べる。

## 2　共約可能な経験と共約不可能な体験

あゝあの白いそらの帯がみんな星［だ］といふぞ［。］
ところがいくら見てゐても、そのそらはひる先生の云ったやうな、がらんとした冷いとこだとは思はれませんでした。それどころでなく、見れば見るほど、そこは小さな林や牧場やらある野原のやうに考へられて仕方なかったのです。そしてジョバンニは青い琴の星が、三つにも四つにもなって、ちらちら瞬き、脚が何べんも出たり引っ込んだりして、たうたう蕈《きのこ》のやうに長く延びるのを見ました。またすぐ眼の下のまちまでがやっぱりぼんやりしたたくさんの星の集りか一つの大きなけむりかのやうに見えるやうに思ひました。
［宮澤 vol. 11: 134］

ジョバンニが、活版所の仕事を終えて家に戻ると、病気の母親のための牛乳がまだ届けられていない。ジョバンニは、牛乳屋に取りに出かけるが、途中で学友のザネリと出会い、ザネリから棘のあるからかいの言葉を投げつけられる。さらに牛乳屋には担当の者がおらず牛乳を受け取ることができぬまま、ケンタウル祭に向かう学友たちの列に出会い、そこでふたたびザネリに同じ言葉を投げつけられる。そのこと以上にジョバンニを悲しませたのは、学友たちのグループにいた親友のカムパネルラと心を通わせることができなかったことだ。ジョバンニは、独りで天気輪の柱の立つ丘の上に登って行き、町を見下ろすことのできる丘の上に横たわる。そして上述の引用場面が続く。やがてジョバンニは、夜空の星の明かりと町の灯りとの区別がなくなり世界のうちに溶けていく。

銀河の帯は「見れば見るほど……やうに考へられて仕方なかったのです」という言葉は、冒頭に引用した学校の知の世界が、ジョバンニの想像世界に侵蝕されていくプロセスを示している。言い換えれば、科学者である賢治が、詩人である賢治に、統合されるプロセスといってもよい。「ほんたうは何か」を求めるジョバンニの旅は、この入眠幻覚ともいうべき特異な体験からはじまる。この「溶解体験」(作田啓一)を通して、ジョバンニは銀河鉄道に乗ることができるのである。この「見れば見るほど……やうに考へられて仕方なかったのです」という「仕方なさ」(ほんとうらしさ)を作りだし、日常の世界から銀河世界へと橋渡しをするのが、ザネリと出会った後で時計屋で見た星座図である。

ジョバンニはわれを忘れて、その星座の図に見入りました。
それはひる学校で見たあの図よりはずうっと小さかったのですがその日と時間に合わせて盤をまはすと、そのとき出てゐるそらがそのまゝ〔楕〕円形のなかにめぐってあらはれるやうになって居りやはりそのまん中には上から下へかけて銀河がぼうとけむったやうな帯になってその下の方ではかすかに爆発して湯気でもあげてゐるやうに見えるのでした。またそのうしろには三本の脚のついた小さな望遠鏡が黄いろに光って立ってゐましたしいちばんうしろの壁には空ぢ〔ゅ〕うの星座をふしぎな獣や蛇や魚や瓶の形に書いた大きな図がかかってゐました。ほんたうにこんな蝎だの勇士だのそらにぎっしり居るだらうか、あゝぼくはその中をどこまでも歩いて見たいと思ってたりしてしばらくぼんやり立って居ました。

〔宮澤 vol. 11: 131〕

冒頭の授業の場面でも、黒板に吊された星座図が登場している。その星座図については詳しい説明がないので推測するしかないが、おそらくそこには獣や蛇や魚の図は描かれてはいなかったのだろう。それにたいして、ジョバンニが我を忘れて見入った星座図は、ちょうどギリシャ神話の星座図のように、星座の上に獣や蛇や魚の図が描かれたものである。ジョバンニが「あゝぼくはその中をどこまでも歩いて見たい」と思うのは、この図によって強く心が動かされているからだ。星々の相対的な位置関係にすぎない点と線で描かれた幾何学的な星座図が、神話的な物語性をもった獣や蛇や魚の図柄に見立てられ意味づけられていく。この図のついた星座図を見たことが、ジョバンニを天気輪の柱での溶解体験へと導くことになる。

最初のジョバンニの溶解体験に戻ろう。私たちは、「良い経験をした」という表現でもって、自分が関わった事柄を物語ることがある。そのときには、それまで自分には疎遠だったものが、自分のなかに取り込まれたり、自分にはできなかったことができるようになり、その結果、以前の自分を作りかえるようになった事態を指している。換言すれば、経験では、さまざまな矛盾や葛藤を努力によって克服していき、自己のうちに取り込むことによって自己の意味を能力をますます豊かにする。

経験によって以前の自己より高次の自己へと発達したわけだ。そのような高次への発達とは、その個人が属している共同体において共約可能な能力の高まりとして捉えられる。発達とは、価値の尺度にしたがって、よりよきものへの能力の高次化を意味するが、この尺度は共同体の価値観をもとに作られている。したがって能力とは、その共同体において商品のように共約可能なものとして捉えられている。このように発達とは、観察が可能であり、測定が可能であり、また評価が可能な事象群のある特定の方向に向けての変化である。詳細は第9章で詳しく述べることになるが、この発達とつながる経験のモデルは労働にある。プラグマティズムの教育論もマルクス主義の教育論も、労働が人間を形成するというヘーゲル（Hegel, G. W. F.）の経験理論に基づく陶冶論のテーゼのもとに展開されてきたこておこう。

とはよく知られている。そして日本の戦後教育学は、この二つの教育思想に大きな影響を受けてきたことも付け加えておこう。

しかし、生の変容は、そのように経験として自分のなかに取り込んでいけるようなものばかりではない。夢中になって遊んでいるとき、優れた芸術作品に接したとき、あるいは自然のもつ美しさや崇高さに打たれたときなどに、いつのまにか自己と自己を取りかこむ世界との間の境界が消えてしまうことがある。そのため、このような体験においては、脱自の瞬間あるいは恍惚の瞬間を生みだす。そして、この自己と世界との境界の溶解がおきるとき、世界はこれまでにない奥行きを表すことになる。それというのも、この体験では、労働のように有用な関心によって目的－手段関係によって切り取られる部分と関わるのではなく、世界そのものへと全体的に関わり、世界のうちに住みこみ、世界との連続性を深く味わうからだ。このときの世界は、日常生活における世界以上に、リアルなそして比類なき輝きをもったもの、生き生きとした現在としてたち現れる。しかしながら、同様の体験は、自己が消えてしまうことでもあり、不安や恐怖や畏れとして体験されることもある。ここでは、作田啓一にならって前者の調和的な合一の体験を「エロス的体験」、後者の破壊的な体験を「タナトス的体験」として区別しておこう[1]〔作田 1996b〕。

ところで、この自己の溶解という体験は、「私の経験」の場合とは異なり、知性によって捉えることができない。労働が意識の発達をもたらすように、意識と労働とは同質だから、意識にとって労働の経験は明晰に言葉によって表現することができる。したがって、発達も同様に明確に定義することができる。ところが、体験では意識自体が溶解するわけだから、既成の言葉によっては言い表すことのできない異質な体験となる。ジョバンニはこの作品のなかで何度も何度も「あゝぼくは……」という言葉を繰り返すのだが、この「あゝ」という言葉こそ、ジョバンニが世界と深く交信し溶解したときの言葉にならない言葉である。このように、深い感動は、我を忘れて言葉にはならないし、驚嘆しているときには、言葉を失ってしまう。それは自己と世界との距離を失うために言葉とならないのである。この体験を捉えようとしたときの表現の困難さは、相対的なものではない。「あゝ」という以外にはないのだ。しかし、見方を変えれば、この「あゝ」は、分節化する言葉以前の「暗い力」の発する言葉であり、また分節化した言葉を超え意味を振り捨てた純粋な声としての言葉であり、その意味で底なしの深みをもった言葉「根源語」なのである。

この体験は、異質性を孕み共約不可能なものであって、したがって価値として交換されることもない無用なものでもある。徹頭徹尾、無用な体験、そのため有用性を破壊する体験、そしてどこにも到達することのない過剰な体験である。しかしながら、このような言語化の困難なところ、意味として定着できないところにこの体験の価値がある。私たちは、深く体験することによって、自分を超えた生命と出会い、有用性の秩序を作る人間関係とは別のところで、自己自身を価値あるものと感じることができるようになる。未来のためではなく、この現在に生きていることがどのようなことであるかを深く感じるようになる。このことの一番理解しやすい例は遊びであろう。遊びこそ、有用な活動にあてるべきエネルギーと時間とを、非生産的な事柄に惜しげもなく蕩尽することによって溶解の体験を生みだし、世界との連続性を取り戻す体験である。『銀河鉄道の夜』のなかでも子どもが遊ぶ場面が描かれている。


ジョバンニは、口笛を吹いてゐるやうなさびしい口付きで、檜のまっ黒にならんだ町の坂を下りて来たのでした。

坂の下に大きな一つの街燈が、青白く立派に光って立ってゐました。ジョバンニが、どんどん電燈の方へ下りて行きますと、いままでばけもののやうに、長くぼんやり、うしろへ引いてゐたジョバンニの影ぼうしは、だんだん濃く黒くはっきりなって、足をあげたり手を振ったり、ジョバンニの横の方へまはって来るのでした。

（ぼくは立派な機関車だ。ここは勾配だから速いぞ。ぼくはいまその電燈を通り越す。そうら、こんどはぼくの影法師はコムパスだ。あんなにくるっとまはって、前の方へ来た。）

［宮澤 vol. 11：130］

後の場面で、「三次元空間」からもたらされたジョバンニの切符が、「不完全な幻想第四次の銀河鉄道」［宮澤 vol.

11：150〕を、どこまでも乗ることのできる切符であることがわかる話が描かれるが、この影遊びの場面は、三次元世界から光と影によって作られる二次元世界への次元の移行を描くことで、ジョバンニたちの旅が、他の次元への移動であることを予兆的に示す場面ともいえる。しかし、私たちのさしあたりの関心は、ここに描かれているシンプルだが見事な遊びの記述にある。幼いとき、影法師が不思議な同伴者に見え、その影が作りだす形や動きに興味をもったことはなかっただろうか。子どもは、大人のように防衛的になることもなく、また有用性の原理に支配されることもなく、世界に開かれた純粋な関心に基づき、このような溶解体験を生きる存在である。影法師に心が奪われる濃密な知覚体験、機関車やコンパスとなるようにどのようなものにもなりえるというミメーシスの体験は、子どもという独特な在りようをとてもよく表している〔矢野 2006：53-74〕。

遊びは原理的に経験ではなく体験である。教育学はこの体験によって付随的に結果としてもたらされる能力の変容に着目することで、遊びを経験に変換し、教育的‐教育学的なマトリクス上に位置づけてきた。「遊びの教育的意味(機能)とは何か」が、教育学の遊びへのアプローチの中心的な問いであり、その問いにしたがって、遊びの結果としてもたらされる発達の成果の細目を列挙してきたのである。さらに「遊びとは何か」という遊びの本質は、その教育的機能から逆転して論じられてきた。しかしながら、体験として遊びからみるとき、遊びは幼児の無邪気な喜びに満ちたものから神々の法外な遊戯までに関わる底抜けの領野であり、共同体の価値の次元を突破し、概念的な言葉では追いつくことのない破壊的で創造的な体験なのである。

### *3* 死と供犠とエロティシズムあるいは純粋贈与

もっとも強度な脱自と恍惚の瞬間をもたらす体験とは死であろう。いうまでもなく、死は誰も経験することはできない。できるのは他者の死にすぎない。しかし、たとえそれが他者の死であっても、死んでいく存在と同一化するとき、私たちはその不可能性＝外部に触れることになる。模擬的なものであるにもかかわらず、その他者の死を通して、私たちは非‐知（non-savoir）の体験をする。死の避けがたさという観念をもっていても、またそれが他人の死であっても、死という日常の営みではあり得ない不可能な出来事（奇跡）として体験するからこそ、私たちは我を失い泣くのである。そのとき、私たちは世界との境界線を失い、世界との連続性を体験する。死の体験とはこの連続性の体験である。意識が裂け自己が自己でなくなるとともに、この世界が世界でなくなる体験である。しかし、この連続性は私たちの存在の源郷であり、私たちはこの連続性へと立ち返ることを求めているのだ。バタイユ（Bataille, G.）はそのことを次のように述べている。

存在の連続性は死に依存していない。しかしそれでいて、死は存在の連続性を露わに示すということだ。この見解は、宗教的な供犠を解釈するときの基礎になるはずだと私には思える。私は先ほど、エロティックな行為は供犠に似ていると語った。エロティックな行為は、これに関わる者たちを溶解し、彼らの連続性を顕現させる。波立つ水の連続性を想起させる連続性を、だ。供犠においては、生贄をただ裸にするだけではなく、殺してしまう（生贄が生き物でないときには、この生贄をなんらかの形で破壊してしまう）。生贄は死んでゆく。このとき、供犠の参加者たちは、生贄の死が顕現させる要素を分有する。この要素は、宗教史家とともに、聖なるもの（le sacré）と呼びうるものだ。

［Bataille 1957b＝2004 : 36、傍点はバタイユ］

このような死にいたる体験とは、エロティシズム（l'érotisme）や供犠（sacrifice）の聖なる体験である。このとき、私と世界との境界線は消えてしまい脱自的で忘我的な状態が生起する。主体は裂けて死ぬ。

死の体験は、体験がそうであるように、言葉でもって物語として語ることができない。ところが、言葉自体を日常の有用性から解き放つことで、言葉で描こうとする不可能な試みこそ詩や文学作品である。そして賢治の作品もまたその不可能性を試みようとする「限界への文学」なのである。ふたたび『銀河鉄道の夜』に戻ってみよう。『銀河鉄道の夜』に、死の影が浸透していることは、これまでにもしばしば指摘されてきたことである。なにより銀河鉄道での旅自体が、死後の世界の旅と見ることができ［吉本 1985: 37–59］、さらに作品中に自己の純粋贈与（don pur）や供犠に関わる挿話が、繰り返されるからである。

「むかしのバルドラの野原に一ぴきの蝎がゐて小さな虫やなんか殺してたべて生きてゐたんですって。するとある日いたちに見附かって食べられさうになったんですって。さそり《ママ》は一生けん命遁げて遁げたけどたうたういたちに押へられさうになったわ、そのときいきなり前に井戸があってその中に落ちてしまったわ、もうどうしてもあがられないでさそりは溺れはじめたのよ。そのときさそりは斯う云ってお祈りしたといふの、

あゝ、わたしはいままでいくつのものの命をとったかわからない、そしてその私がこんどいたちにとられやうとしたときはあんなに一生けん命にげた。それでもたうたうこんなになってしまった。あゝなんにもあてにならない。どうしてわたしはわたしのからだをだまっていたちに呉れてやらなかったらう。そしたらいたちも一日生きのびたらうに。どうか神さま。私の心をごらん下さい。こんなにむなしく命をすてずどうかこの次にはまことのみんなの幸のために私のからだをおつかひ下さい。って云ったといふの。そしたらいつか蝎はじぶんのからだがまっ赤なうつくしい火になって燃えてよるのやみを照らしてゐるのを見たって。いまでも燃えてるってお父さん仰ったわ。ほんたうにあの火それだわ。」

［宮澤 vol. 11: 163］

この蝎の寓話は、賢治の思想の特徴としてよく取りあげられる「自己犠牲」そして「自己焼尽」の典型的な話のひとつであり、仏教的純粋贈与というべき「布施」「捨身」の思想そして輪廻の思想の系譜に位置する話でもある［本書第8章1節参照］。『銀河鉄道の夜』には、このほかにもカムパネルラがザネリを助けそのため水死する話、沈む船のなかで救命ボートの席を譲る家庭教師と姉弟の話が登場する。供犠に参加したものが、屠られた動物の死に一体化するように、蝎の死（そして後にはカムパネルラの死）にジョバンニは一体化する。この供犠としての蝎の死の寓話

が重要なのは、ジョバンニの「ほんたうは何か」という最初の問いが、「みんなのほんたうの幸いは何か」という問いに変わり、それが「みんなのほんたうの幸い」のために自分の命をなげうつ覚悟へといたる転回点に位置しているからである。

このとき、ジョバンニの「みんな（他者）のほんたうの幸いは何か」という問いは、共同体の道徳の次元の問いではない。共同体の道徳は、他者に善行をなせ、そうすればあなたも他者から善行をなしてもらうことができる、という仲間との交換の教えからなっている。しかし、この教えは復讐の教えと裏腹である。他者からなされた苦しみは、同じだけその他者に返されなくてはならない。善行にしても悪行にしても、この道徳は共約可能な原理を背後にもつ交換の思想によって作られているのだ［Nietzsche (1887)＝1993］。この交換に基づく共同体の道徳を乗り超える教えは、いかなる見返りも求めることのない純粋贈与である［本書第7章参照］。この教えは共同体の仲間の間の教えではなく、共同体の外部の他者との関係を作りだす教えである。共同体の道徳を超えた倫理は、「歓待」にみられるように、仲間だから見返りを期待できるために助けるのではなく、異邦人ゆえに手をさしのべるのだ。歓待とは純粋贈与であり蕩尽（consumation）である［本書第11章参照］。そして、この純粋贈与の極限の形態は、自己の贈与的な死である（もっとも原理的には、すべての純粋贈与は蕩尽であり、非－知の体験であるから、自己の死なのではあるが）。ジョバンニにとって、カムパネルラの死が純粋贈与の死として体験される。しかし、それは共同体の道徳を超える行いであるとともに、共同体の道徳、交換の思想を破壊する行いでもある。そのために、カムパネルラは自分の行いを母親が許してくれるのかと自問することにもなる［宮澤 vol. 11: 138］。

死の体験が重要な意味をもつのは、人は死ぬことに触れることによって初めて「ほんたうに」生きうるからである。これは反対に言い表すこともできる。人は「ほんたうに」生きようとするときに死に触れると。そして「ほんたうは何か」という問いに打たれたとき、問いは生の根底を揺るがすようなラディカルな問いに転化する。例えば、「なぜ人を殺してはいけないのか」という問いは、共同体の道徳の表皮を突き破り、倫理の根源に触れる根底的な問いである。この問いにたいして、共同体の道徳からの説明は、結局のところ損得をめぐる交換の原理でしかない。この交換の説明は交換を自明の原理として生きる者にのみ有効である。しかし、「ほんたうは何か」と問うことは、この自明な交換の原理を括弧に入れることであり、このように問う人には交換に基づく説明はもはや説得力をもたなくなる。このとき、人は道徳の次元を失う危険性に曝されていると同時に、共同体の道徳ではない「みんなのほんたうの幸い」を求め続けるという生命の倫理に開かれてもいる。死の体験はこのような臨界点を作りだすのである。

## 4　学校における体験のメディア

このように、死・供犠・蕩尽・歓待・エロティシズムそして純粋贈与は、生成変容の出来事の中心に関わる主題であり、そのなかでも純粋贈与は、他者と関わる倫理を考えるうえで避けることのできない主題であることが明らかとなった。しかし、学校教育からみれば、遊びならばいざ知らず、死や供犠や蕩尽や歓待やエロティシズムそして純粋贈与の体験などは、無関係だといわれるかもしれない。本当にそうだろうか。学校のなかで、授業のなかで、生成変容が生起しているならば、そのときにはそこには溶解体験あるいは非‐知の体験があり、供犠があり、エロティシズムがあり、純粋贈与が生起するのではないだろうか。むしろ、学校とは、そのようなさまざまな体験と経験とが激しく競り合い、緊張をもって生起している場ではないだろうか。体罰・いじめ・校内暴力と学校に頻出するさまざまな暴力の出来事は、このことを示してはいないだろうか。あるいは日々の授業は、そのような体験と経験とのせめぎ合いの時間ではないだろうか。

ジョバンニにたいして、「ほんたうは何か」という問いを発したのは、学校の教師ではなかったか。「ほんたうは何か」という問いは、教師の日常的な問いであるとともに、生の根底を揺るがす問いともなり、教科書や教材にはメディアとして体験を生みだす力が内在してもいる。このように教育の場でも、ときには普通の教師が突然に「人類の教師」となる場合があり、また贈与や供犠や蕩尽や歓待やエロティシズムの体験が噴出する瞬間があるのだ。「暗い力」が「ほんたうは何か」を求めるとき、問われた者は共同体から離脱したり、共同体を破壊する危険性に開かれるとともに、共同体を超え、人類を超え、生命全体に関わる倫理への可能性に開かれもするはずだ。その瞬間は臨界点であり危険性と同時に可能性に満ちた瞬間である。このような極限＝臨界点にたえず触れていながら、教師と教育学者は、その体験を表現する言葉をもたないために、その瞬間の力を見誤り、否定したりあるいは変質させて、暴力に変えてしまっているのではないだろうか。

例えば、教育の機能のひとつは文化伝達であるといわれている。そして、国語や理科や数学といった各教科は、文化のミニマム・エッセンシャルズを表しているといわれる。しかし、その文化がホイジンガ（Huizinga, J.）のいうように、遊びによって生起しているものであるなら、それぞれの教科を通して文化の深層に触れれば触れるほど、子どもは非-知の体験に触れる可能性をもっているといえるのではないだろうか。文学は供犠であり、芸術もまた供犠である［Bataille 1988（1949）＝1994: 61–73］。詩は言葉を有用な道具的使用から救いだし、言葉をふたたび世界と結び合わせるものであり、同様にスポーツは身体の有用な道具的使用を否定し、道具的性格を乗り超えて、世界との一体性を生みだすものでもある。学校教育は、社会的有用性をもった交換可能な能力を再生産するだけでなく、その教材のメディア的性格ゆえに、同時にその有用性を破壊する非-知の体験も生みだしてしまう可能性をもっているのではないだろうか［本書第9章5節参照］。

ジョバンニが心動かされた獣や蛇や魚の描かれた星座図のことを思いだしてみよう。それは科学的な宇宙観に重ねられた物語の宇宙観である。もちろん私たちは科学的な宇宙観を学ぶ必要がある。世界を対象として捉え、目的-手段関係に分節化してコントロールすることができるようになるためには、この科学的な宇宙観の学習は不可欠だ。しかし、それと同時に私たちは宇宙の物語を学ぶ必要もある。それは獣や蛇や魚と宇宙とのつながりをコスモロジーとして生きることである。メディアとしての星座図がそのことを可能にする（メディア概念については、今井［2004］参照）。本章において再三にわたり『銀河鉄道の夜』からの引用を繰り返している理由も、同様の理由による。賢治特有の文体の力、そして『銀河鉄道の夜』で描きだされるさまざまな供犠や純粋贈与のエピソードが、非－知の体験を描きだすとともに、同時に私たちのなかに生きて動いてはいるが、日常の有用性の言葉では触知することができない「暗い力」を揺りうごかし、非－知の体験を引き起こすからである［本書第9章参照］。

授業を計画と技術による統制として捉えようとするときには、このようなさまざまな生成変容に関わる体験は眼に入らなくなる。反復して観察することのできない体験は、マトリクスに描写しようとする学問的まなざしからは消えてしまう。それは教育のマトリクスから、このような垂直の体験を排除することを意味する。そうすることで初めて、「操作可能な対象としての生徒・学生にたいする教育的意図と目的によって統制する授業」という技術主義的な授業の思想が活動できる。しかし、熟達した教師がよく知るように、授業は計画にない偶然的な出来事に身を寄せるときにうまく流れていくことがあるし、メディアとしての教材の力を最大限に高めることで、意図せずして生徒・学生の枠を突破して子どもの在りようが内側から変わることがある。つまり授業が成功する場合のひとつは、教師の側に教育的な意図が忘れさられ、体験の力が十分に働く余地が子どもに開かれているときなのである。

死、供犠、歓待、エロティシズム、純粋贈与、……このような非合理で過剰な体験は、冒頭で述べたイニシエーションと深く結びついている［本書第5章参照］。オウム教団はこの用語でもって自分たちの生成変容を弁証していたことから、この用語自体に人はいかがわしさを感じるかもしれない。しかし、この用語が言い表そうとしてきた出来事に一度入り込むことなく、どうして私たちは生成変容における「暗い力」の意味を考えることができるだろうか。この日常を侵犯する「暗い力」を、たんに「闇」と捉えるのではなく、善悪を超えた力として捉え、それをホイジンガが使用する意味での文化的（＝遊戯的）な生へと導く「生の技法」が求められているのである［矢野 2000：180–184］。このような生の技法を生きる先生が存在する。それはどのような先生なのか。

## 5　「交換としての教育」を侵犯する「贈与としての教育」

教育の起源を、共同体の内部に見ているかぎり、教育はどこまでも社会化という共同体の機能の一部でしかない。教育が、共同体の構成員を再生産する必要性からはじまると考えるなら、教育には詰まるところ、未熟な子どもが成熟した大人に向けて高度に組織化されていく過程があるだけだ。そして教育学自体には、いかなる謎もなくなり、残るのはただ共同体におけるより普遍的で合理的な教育目的の吟味と選択の手段の探究、そしてその目的を実現するための有効な手段の探究だけである。事実、狭義の教育学とはそのような学問である。しかし、ひとたび共同体の外部という限界・極限に直面するなら、教育の起源はふたたび謎として立ち現れることになる。もちろんこの教育の起源とは、一回的な歴史的起源のことをいっているのではない。システムの成立を外部からの「贈与の一撃（un coup de don）」［Derrida 1989＝1989：270］として捉える反復される原理的起源のことをいっているのである。

このような共約不可能な異質性をもった体験をもたらす「最初の先生」を、考えることができるのではないだろうか。この先生の特徴は、一切の見返りを求めない純粋贈与にある。贈与と交換とは経済学的な事象となっているが、近代以前には「贈与交換（échange-don, gift-exchange）」としてモース（Mauss, M.）が語るように、経済的であるとともに宗教的でもありまた社会的でもある「全体的社会事実（faits sociaux totaux）」であった［Mauss 1966＝1973］。近代において経済が自立したシステムとして立ち上がって以来、このような人間的交渉の全体性は、機能的に分化した個別的事象として理解されている。ところで、近代社会において市場を支配している等価交換のシステムが、一般的な交換のモデルとして解されるようになり、私たちの繊細な差異からなる諸相の厚みをもった人間的交渉もまた、ここから理解されるようになる。先に述べた共同体の道徳がそうであるし、教育もまたその例外ではない。私たちがこの問題に自覚的になるとき、現在の市場経済を支配する等価交換とは異なる交換形態である「贈与交換」の概念によって、自らの交渉を理解しようとする[2]。

しかし、贈与交換もまた制度的な営みであり、そこには贈与と受納と返礼に関わる義務の観念が働いている。制度的な次元を超える教育事象には、出来事としてしか捉えることができない、そして出来事であるがゆえに首尾一貫した物語として完結することのできない、純粋贈与の次元が存在している。等価交換の制度のなかに生起する純粋贈与という出来事に着目することによって、ちょうど共同体の道徳を超えた倫理の根源にいたるように、私たちは教育という謎に出会うことができるのである。

第1章で詳しく述べることになるが、最初の先生は純粋贈与をすべく共同体の外部からやって来る。ソクラテス(Sokrates)やニーチェ(Nietzsche, F. W.)の創造したツァラトゥストラがそうであるように。そしてこの先生は「ほんたうは何か」という問いを極限にまで推し進め、パラドクシカルな対話を通して、ときには笑い弾けるユーモアを交えながら、共同体の道徳で固定した対話者の解釈枠組みを揺さぶり破壊し、そして対話者に共同体(意味の体系)の外部を指し示す。それは死と再生というイニシエーションと同じ構造をもっている。そして、そのような最初の先生の最大の純粋贈与は、その先生の死においてなされるのである。この純粋贈与という行い自体が、交換に基づく共同体の道徳を破壊し乗り超える生きた教えであることはいうまでもない。

そもそも人間が死ぬことがなければ、どのような伝達も切実さや必要性をもつことはないだろう。先にも述べたように、私たちが死すべき存在であるからこそ、教育という名の純粋贈与は生起する。贈与が生起した瞬間に、圧倒的な質的差異をもった非対称の関係が立ち上がり、先生は先生となり、弟子は弟子となるのである。共同体の構成員の再生産という社会化を起源としない教育は、突き詰めれば交換を破壊する無償の純粋贈与とともにはじまる。このように贈与としての教育は先生の死の体験とともにはじまり、弟子に死をもたらし、最大の贈与である先生の死とともに終わる、あるいは始まる。教えられることは、この死の体験そのものである。

先生は己の死を贈与することで弟子に返済不能な負い目をもたらす可能性をもち、その意味では、ポトラッチ(potlatch)のような競覇的な贈与交換の贈与がそうであるように[3]、贈与としての教育は、暴力的な側面をもっている。先生の伝記や物語の多くは、このような返済不能な負い目をもたらされた弟子の悔悟の念から語られたものである。しかし、その贈与が純粋贈与であるとき、弟子に負い目を生みだすことはない。先生の死が、純粋贈与であるかぎり、その過剰さはどのような解釈によっても回収することができず、その過剰さゆえにその死は謎となり、その謎を贈与された謎として受けとめるものだけが真に弟子となりえる。なぜ先生はそのように死んだのか……、「ほんとうは何か」という謎。しかし、このような先生の死は、反復されることのない供犠として、新しい時間のはじまりを告げ知らせ、弟子に新生をもたらすのである。そしてこの弟子もまた純粋贈与者となり、最初の先生となる可能性をもっている[4]〔本書第Ⅰ部参照〕。

贈与する最初の先生は、弟子にたいして死＝エロスの体験をもたらすとともに新生をもたらす。したがって、このような先生は、再生ではなく新生をもたらすイニシエーター(initiator)ということができる。このような先生の教育は、人を成長させ発達させあるいはその援助をするという教育学の常識の対極に位置するものである。それは成長や社会化や発達といった人間化を否定し、「脱人間化」する行いである。ソクラテスやイエスやブッダといった人物が、なぜ「人類の教師」と呼ばれるのか、そして教育が、一方で共同体の構成員の再生産を第一に目指しながら、いつも他方でこのような「最初の先生」を教師のモデルとすることで共同体を超えた次元への生成変容を取り込もうとしてきたのかについて、あらためて考える必要がある。「先生」たちは、人々に体験をもたらし、共同体の外部へと開き、生成変容を引き起こすイニシエーターである。そして、この「先生」たちは、彼らの死後も、「ほんたうは何か」という問いに目覚めた人々にとっては、極めて重要な先導者であり続けたのである。[5]

この議論は、本書で論証されるべき事柄の予備的考察にすぎないが、このように考えてみるならば、純粋贈与は他者に関わる倫理の主題にとどまらず、死・供犠・蕩尽・歓待・エロティシズムといった出来事を教育へと結び合わせる教育の中心的主題であることが見えてくる。しかも、このように教育において純粋贈与という出来事を際だたせることで、従来の教育学が交換の原理に立っていることが鮮明に浮かび上がってくることになる。贈与は交換とともに論じることでその特徴は明確になり、同時に交換はその限界が明らかとなるのだ。そして反対に、制度的な交換が作りだす安定した秩序の必要性が明確になり、贈与の暴力的性格が一層明らかになる。そこで、このような教育人間学的考察は、たんに「贈与の教育人間学」ではなく、「贈与と交換の教育人間学」としてさしあたり名づけることができる。しかし、この「贈与と交換の教育人間学」の考察は、従来の「教育学の限界」を明らかにするにとどまらず、考えることと語ることの臨界点に向かう試みとして、「限界への教育学」に向けてなされる運動となる必然性をもっている。それはなぜか、ふたたび『銀河鉄道の夜』に耳を傾けよう。

## *6* 外部の孔と「贈与と交換の教育人間学」の課題

ジョバンニとカムパネルラが、どこまでも一緒に行こうと誓った二番目の引用箇所（二頁）のすぐ後、突然、カムパネルラは「あ、あすこ石炭袋だよ。そらの孔だよ。」と指さす。

……ジョバンニはそっちを見てまるでぎくっとしてしまひました。天の川の一とこに大きなまっくらな孔がどほんとあいてゐるのです。その底がどれほど深いかその奥に何があるかいくら眼をこすってのぞいてもなんにも見えずたゞ眼がしんしんと痛むのでした。ジョバンニが云ひました。「僕もうあんな大きな闇の中だってこわくない。きっとみんなのほんたうのさいはいをさがしに行く。どこまでもどこまでも僕たち一諸に進んで行かう。」

［宮澤 vol. 11：167］

この直後にカムパネルラは姿を消し、ジョバンニは夢から覚めるかのように目覚める。そして、牛乳屋で牛乳を受け取り、家に戻る途中の大きな橋のところで、カムパネルラが、ザネリを助けるために川に飛び込んだまま戻らなかったことを知る。ところで、なぜこの宇宙に「まっくらな孔がどほんとあいてゐる」のだろうか。相対性理論に関心をもっていた賢治も、もちろんブラックホールの存在を知る由もなかった。ここでは、この「まっくらな孔」は、知の到達できない死を象徴しているといえばよいのかもしれない。いずれにしても、この物語自体が、著者本人によって何度も書き換えが繰り返されたあげく未完のまま残され、多くの原稿が欠落しているばかりか、さらにその作品世界内部の宇宙自体にもまっくらな不気味な孔が空いているのだ。完成された作品においてさえも、賢治の多くの作品が物語として閉じることなく、宙吊り状態のような、なにがしか不思議な感触や違和感を読者に残すのは、作品の内部にこのような外部への孔が空いていることによる。このような意味において、賢治の物語は「限界への文学」ということができる［第7章参照］。

すでに述べたように、一切の見返りを求めない純粋な贈与とは、法外な出来事であり、陶酔や恍惚や脱自といったように主体が溶解する体験を引き起こすところから、経験を語るように通常の概念的な用語群によって言語化すること自体が困難である。しかし、この贈与の体験を語ることなしには、人間の生成変容の出来事が、すべて交換に関わる用語群でもって翻訳されて語られ、縮減されて理解される。そうして贈与の出来事は、交換と同様、有用性と機能性に解消されることになる。「語りえなさ」にもかかわらず、「贈与」のような体験について語る必要性があるのだ。この「語りえなさ」と「語る必要性」というアポリアにどう向かい合えばよいのか、そのひとつの通路が直接に贈与を名指しして概念的用語を駆使して論述するのではなく、その贈与の体験を描くことで「出来事としての贈与」を生起させる優れた文学作品を手がかりに、過剰な贈与の力を顕す言葉に触れることである。

賢治の物語に「まっくらな孔」が出現するのは、賢治が出来事の過剰さを縮減させ物語に回収するのではなく、言葉によって、出来事を出来事として生起させようとするからである。このような優れた文学作品によって、私たちは贈与の理解の不可能性と可能性との間に引き込まれ、その運動のダイナミズムを生きることができる。私たちは、文学作品から、贈与が何であるかを知るのではなく、その作品に働いている贈与の力に引き込まれ変容するのである。優れた文学作品は、この過剰な出来事に近づくことのできる貴重な通路のひとつである。そのために、本章では優れた文学作品である『銀河鉄道の夜』の世界と交差して描くことで、生成変容の在りようを示し、かつ物語における生成変容の力の一端を実現し、教育学において生成変容の出来事を表現することの不可能性と可能性の間に触れてきた。本書でも一貫して文学作品を手がかりに考察を進めていくことになる。

また優れた文学作品は、贈与のような非‐知の体験を言葉によって語ることで、出来事としての贈与を生起させるため、人は贈与のような非‐知の体験を文学作品によって学ぶことができる。文学作品は、それによって研究者が研究として贈与を学び生きることができるだけでなく、子どもや青年にとっても贈与を学び生きることができるメディアなのである。このように教育実践におけるメディアの研究としても文学作品の読解研究は意味をもつ。以上のような理由から、「贈与と交換の教育人間学」を論じるにあたり、私たちは「限界への文学」としての文学作品の読解を手がかりに考察を進めることになる。この歩みは、「限界への文学」に寄り添って、考えること語ることの臨界点に向かって進むことであるがゆえに、従来の教育的‐教育学的マトリクスを、「まっくらな孔(外部)」に曝すという

「限界への教育学」を試みることになるだろう。

本書は、「まっくらな孔（外部）」のひとつの現れである純粋贈与を中心主題とし、死・他者・異界、あるいは供犠・蕩尽・歓待・エロティシズムといった生成に関わる出来事を論じることで、交換を基調とした人間・共同体・労働・経験・発達の概念によって作りだされてきた戦後教育学の教育的－教育学的マトリクスを、極限＝臨界点にまでもたらし、「生成としての教育」の可能性を開く、「限界への教育学」に向けての試みである。それは、交換に基づく教育の原理を限界点を明らかにするとともに、贈与に基づく教育の暴力性を明らかにすることでもある。

ここで問題となるのが、誰のどの文学作品を取りあげるかということである。本書では、夏目漱石（一八六七―一九一六）と宮澤賢治（一八九六―一九三三）の作品を手がかりにする。なぜ漱石と賢治なのか、その作品選択の理由は、すでに述べたように、本書で明らかにしようとする諸主題と密接に結びついており、それぞれの章において諸主題と関連づけて説明されるべき事柄ではあるが、その理由をシンプルにあげておこう。

漱石と賢治、この二人は溶解を体験しそのことが作品に描かれているという点で共通している。漱石はいわゆる「修善寺の大患」において臨死体験をし、それに続いて、幾度か深い溶解体験を体験した［第3章参照］。また賢治は、その実生活において、たびたび自然との間に溶解を体験していた。このように二人は、共同体の内（世俗界）と外（超俗界）との往還を生きた人物である［作田 1996a: 84］。二人の作品からは、この体験とつながる他者や死やエロティシズムそして贈与といった外部の思想を、出来事として読みとることができる。さらに、二人の贈与の思想からは、欲望模倣によって形成された社会的有用性に支配されている世界を侵犯し、生命的な次元を生きる「生の技法」を読みとることもできる。

漱石は、先生と弟子という関係において、そして賢治は、子どもと他者・自然・外部という関係において、生の技法の可能性を明らかにしている。漱石の「則天去私」は、文学作品の創作に関わる境地にとどまらず、他者や世界にたいする新たな関わりの倫理を模索するものであった。また同じく賢治が「心象スケッチ」と呼ぶ手法も、文学的な創作上の手法にとどまらず、自らの存在の在り方の変容に向けての実践でもあり、「みんなのほんたうの幸福を求める」という贈与の思想を実現する生の技法でもあった。漱石と賢治における「贈与の思想」の不可能性と可能性とを、この生の技法において捉えることが、教育における贈与を考えるうえで重要である。すなわち、彼らの贈与の思想を生の技法の観点から読み解くことで、本書の試みは、贈与と交換の思想史研究といったものを超えて、教育という具体的実践に関わる研究となるのである。また、この両者の溶解体験は、漱石は浄土真宗・禅宗に、そして賢治は日蓮宗に、といったように、ともに日本仏教思想と結びつくことで思想を深めていったことはよく知られているが、このことも本書でこの二人の作家を選択した理由のひとつである。それというのも、このことによってこの両者の作品には、仏教の今日的な可能性が提示されているからである。

しかし理由はそれだけではない。人類学者ベネディクト（Benedict, R.）は、かつて「日本人」の国民的な性格を作りあげている「恩」や「義理」が、負債を返すという「交換の原理」によって成立していることを指摘しているが［Benedict 1946＝1967］、このように贈与と交換とは、所有がそうであるように、歴史的、社会的、文化的な文脈を形成しており、それぞれ固有で特殊な形態をもっている。教育における贈与と交換を人間学的に考察するときにも、このような歴史的、社会的、文化的な文脈から切り離して研究することはできない。ギリシャ哲学・ローマ法・キリスト教、そして古層のゲルマン精神やケルト文化によって培われてきた西欧の贈与と交換の思想と、仏教・儒教・神道、そして民間信仰・民俗儀礼によって培われてきた日本の贈与と交換の思想とは同じではなく、日本での具体的問題を捉えるときには、歴史的、社会的、文化的な視点が不可欠なのである。とりわけ具体的な教育実践として贈与の不可能性と可能性を問う本書の試みには不可欠な作業でもある。もちろん「日本の伝統」なるものが、西欧近代にたいして対抗的に形成された観念であるから、「日本の伝統的な贈与観」なるものを安易に定義することは問題であり、そのことに十分な配慮が必要である。その上で、この列島に息づいてきた贈答に関わるさまざまな社会的慣習や祭りや儀式や儀礼、「布施」にみられる「菩薩行」や「慈悲」といった仏教に由来する贈与の精神、あるいは、世俗世界の観念を否定し贈与を生みだす「無」や「非」の論理、獲物や収穫物を神々からの贈り物として「感謝」する自然にたいする柔らかな感受性、さらにはアイヌの人々の自然からの贈与の思想、等々を注意深く捉えることが必要である。

漱石と賢治の作品には、西欧近代そしてその現れとしての市場交換の侵透との葛藤状況のなかで、この日本の贈与思想の可能性を実現しようとする努力を読みとることができる。だからこそ漱石と賢治の作品は、日本の贈与と交換の在り方を捉える通路となるとともに、その可能性にも触れる手がかりとなるのである。漱石と賢治が描いたテーマは、彼らが生きた歴史的、社会的、文化的状況と切り結ぶ形で表現されているだけでなく、彼らが生きた時代を超えて私たちが直面している今日の課題とつながっている。彼らが格闘した課題が今日的課題でもあることは、彼らの作品がいまなお多くの人々によって読み続けられていることからも理解できるだろう。漱石も、賢治も、近代日本への歴史的批判者であり、個人として新たな生き方を模索した求道者であり、果敢な生の実験者であった。本書の課題のひとつは、贈与と交換というテーマによって開かれる教育人間学の問題圏を、人間一般の抽象的な問題圏としてではなく、この列島の歴史的課題として浮かびあがらせ、そこから新たな生の可能性を論じることでもあるが、その意味においても、漱石と賢治の作品は、本書の主旨に適している。

以上のような理由から、漱石と賢治という問題圏と切り結んで、贈与と交換の教育人間学を考えようというわけである。[6] 最後に断っておかねばならないが、本書では、漱石や賢治の「教育思想」を取りあげて論じるわけではない。漱石の場合は困難にしても、賢治にかぎっていえば、たしかに作品のなかには、「賢治の教育思想」といったものを直接に捉えることができるテクストがないわけではないし、花巻農学校教師としての教育実践や羅須地人協会の社会教育的実践といったものも、それ自体教育学の重要な研究テーマでもあり、そのような研究もすでにいくつか存在している〔例えば、畑山 1988、森 1990（1960）、矢幡 1998を参照〕。しかし、このような教育学的なテクストや教育的実践から直接に導かれる賢治の「教育思想」といったものは、賢治が考え抜いた贈与の思想を体現している作品ほど底の深いものではない。むしろ賢治の贈与の思想を捉えることで、従来の教育的－教育学的マトリクスに位置づく「教育思想」なるものを、臨界点にまでいたらせる賢治の法外な教育の思想が明らかとなる。

それでは教育の起源を問い直すところから出発することにしよう。

# I——贈与する先生と受け取る弟子

# 第1章——贈与する先生の誕生とその死

## 教育の起源をめぐるもうひとつの物語

人間が自己に記憶を刻みつけることを必要とした場合、かつて一度とて血、拷問、犠牲なしにすんだためしはない。

ニーチェ『道徳の系譜』［Nietzsche 1968（1887）: 295＝1993: 428］

### *1* 教育の起源をめぐって

戦後日本の教育は、戦前・戦中の神話に満ちた天皇制教育や、全体主義・国家至上主義・民族主義の教育、およびそれを支えた教育学への反省から出発した。そのため、戦後教育は、教育の場から「神話」や「聖性」や「超越」といった言葉を追放し、科学的合理主義をもとにした世俗教育に限定してきた。さらに戦後教育学もまた、人間中心主義と合理主義と民主主義とを教育的価値の根幹に据えて、共同体における人間、つまり世俗的人間の教育に研究主題を限定してきた［和田 1985: 235–290］。したがって、戦後教育学が人間について語るとき、人間とは国民あるいは市民であり、道徳観について語るときには、道徳とは国民道徳あるいは市民道徳であり、戦後教育学の発想はどこまでいっても世俗的価値（有用性）を超えることはない［例えば、教育に関わる一連の岩波講座——一九五二年の『岩波講座 教育』・一九六一—六二年の『岩波講座 現代教育学』・一九七九—八〇年の『岩波講座 子どもの発達と教育』・一九九八年の『岩波講

座 現代の教育』の諸論文を参照〕。

その結果、戦後教育は人間を水平化し、戦後教育学は生の変容についての理論を平板なものにしてしまった。また、戦後教育は結果として「個人」の形成に失敗し、集団主義に同化する大衆を産出してきた。共同体の内部での人間関係こそが、すべての意味と価値の発生の場であると教えることによって、子どもたちに帰属集団から離れることに恐れをもたらし、いじめをはじめさまざまな教育の「病理」を生みだすことになった。日本でいじめによって自殺が起きるのは、戦後の教育空間に生成の体験が極度に衰弱し、世俗的な人間関係しかないからである。このことは、一度、クラスの仲間から排除されたときには、自分の価値のすべての基盤を失うことを意味している。現在の日本の学校空間は、歴史上もっとも世俗的な空間であると言っても過言ではない〔本書第9章参照〕。

戦後教育学は、社会化 - 発達の論理を中心にすることによって、「暗い力」という垂直の力を無視し見誤り取り逃がしてきた。私たちはあらためて「教育の起源」を問うという反時代的な考察を通して、私たちが慣れ親しんだ発達や成長の物語ではない「暗い力」の出来事としての教育物語の可能性を探ってみたい。

「教育の起源」を問うことは、教育の神話的始原を求めることのように理解されるかもしれない。しかし、ここでは、絶対的な始原という意味での起源を求めようとするものではない。また、神話的起源論にたいして、実証的に資料や史料を踏破して、人類学的あるいは歴史学的な教育の原始形態についての仮説を構築しようというのでもない。むしろ、教育がはじまる絶対的な始原ではなく、また人類学的事実や歴史的事実としての起源でもない、論理と抽象によって初めて見出すことのできる、反復されるはじまりとしての教育の起源について、思考実験を試みたい[1]。したがってこの起源を求める探究は、教育という事象の起源においてその正体を捉え、教育なるものの本質の認識にいたろうとする従来の教育学的思考への批判的試みでもある。

手はじめに、教育史あるいは教育学の教科書において、教育の起源がどのように記載されているかを調べてみよう。

そうすると、たいていの教科書には、教育の起源について直接に言及がなされているわけではないことがわかる。教育学にとって、教育の起源論は、表立って関心を引くテーマではないのだ。しかし、よく読んでみると、テクストのあちらこちらに、教育の起源をめぐる記述をみつけることができるだけでなく、その起源論が教育の本質論を規定していることがわかる。[2]

これまで提出された教育起源論の有力なモデルは、家族内での育児を淵源とした、共同体でのイニシエーションをもって教育の起源とするものである。イニシエーションは、妊娠出産の儀礼や結婚式や葬式といった、人が一生のなかで年齢の節目の境界を超えるさいのさまざまな儀礼を含んでいる。そのなかで直接に教育の起源とみなされたのは、子どもから大人へと移行するときのイニシエーションである成人式・入社式であった。成人式・入社式は、共同体のなかで、未だ共同体の構成員でない未熟な者（実体的な意味でいえば「子ども」）を、一人前の共同体の一員（大人）へと変身させる制度的な仕組みである。つまり、成人式・入社式とは、未熟な共同体への参入者の社会化のための手段である。したがって、このイニシエーションを教育の起源とするモデルでは、社会化の意図的で組織的な制度的仕組みの成立をもって、教育の起源と考えていることになる。このような論者のひとり梅根悟は次のように述べている。

> 入社式の習俗は、人類の子供たちが親たちの構成している公共的な集団の組織により、その首長の権威によって、いわば公共的に、そして、一つの制度として、計画的に教育されるようになった最初の事例《ケース》であったということができよう。そしてそのような公共の制度としての教育がおこなわれるようになったのは、その人びとの集団が、その生存をたもってゆくために、食うための日常の労働のほかに、共同して、自然や、他の集団とはげしく戦ってゆかなければならなかったという事情の産物であったろう。
> 
> ［梅根 1967 : 42］

教育を社会的事象として捉えるなら、この梅根の議論は理論の当然の帰結といえる。そして、このモデルにしたがうとき、教育にとって一番に重要な機能が、共同体への新しい参入者の社会化（「共同体化」という方が妥当だが）にあることも明らかである。イニシエーション自体は、序章でも触れておいたが、社会化の機能にとどまるものではない。イニシエーションは、神話を学び聖なるものに触れるという意味において、世俗的な儀式とは根本的に異なる宗教的儀礼である。[3] 刃物によって文字通り皮膚に直に刻みつけられる新生のしるし、言葉に表しえない苦痛であるとともに法悦ともなるイニシエーションの体験は、新しい参入者を共同体の外部へと開く瞬間をもつこともあるかもしれない。しかし、生々しい体験をともないながらも、社会化の制度としてイニシエーションの死と再生の儀礼が参入者にもたらすものは、多くの場合、共同体の一員としての生まれ変わりであり、宗教的儀礼も共同体の構成員の再生産の機能にとどまるのである。[4]

ところで、近代以降、個人主義の成立によって、「教育」という言葉には、たんなる適応的な社会化だけではなく、「人格の形成」や「個性の伸張」あるいは「主体性の形成」といった機能も込められてゆきはする。教育はたんなる社会化にすぎないと割り切って捉える教育学者は少ないだろう。しかしながら、教育の起源をこのように、成人式・入社式に求めるかぎり、教育の中心的な機能とは、社会化であるとしか考えることができない。あるいはこの論理の順序を逆転しても同じことである。教育の本質を社会化とするかぎり、教育の起源は、成人式・入社式に求めるしかないのだ。その結果、教育について考えるさい、私たちの思考の幅は、無意識のうちにこの教育起源のモデルによって限定されてしまう。「社会化」がたんなる共同体の構成員の再生産以上のものとして理解され、さらに「発達」という言葉によって、社会への適応を超えた社会を再構成する主体の側を強調して理念的に設定し直されても、この最初の定義は生き続け、共同体を超えていく生の変容の在りようを、教育学的な思考のなかに適切に位置づけることを困難にしてしまうのだ。

ここで、これから提起しようとする教育起源のモデルは、共同体の習俗としての子育てとは非連続な実践をもって教育の起源を捉えるモデルである。私は、教育の起源を、共同体の外部に離脱した世俗外個人が、共同体の内部に戻るときに、共同体の構成員に出会うことから生じる教える－学ぶ関係の成立にあると考える。このように思考実験をすることによって、自動的に発動してしまう教育学的思考回路のスイッチをオフにして、教育という事象のもつ不思議さと底なしの深淵に開かれる可能性をもつことができる。思考実験という特質上、本章ではこのモデルを精緻に体系的・組織的に描きだすというよりは、荒い太い線でモデルと関わる問題群の輪郭線を描いてみることにしよう。

## 2　世俗外個人の誕生と共同体への帰還

教育の起源を、共同体内部における習俗としての子育ての延長線上にではなく、習俗としての子育てとは非連続な出来事である「教える－学ぶ」という非対称の関係の出現においてみてみよう。共同体の内部にいるかぎり、あらゆる関係は、規則を共有した者同士の言語ゲームであり、そこでなされるコミュニケーションは、相互に交換可能なモノローグであり、どこまでも同一性の自己実現としての社会化にとどまることになる。そこには教える－学ぶという関係はない。教える－学ぶとは、言語ゲームを共有していない他者との出会いのなかからはじまる。[5] そうするとこの教える－学ぶ関係は、共同体の内部から生じたのではない。したがって、教える－学ぶという非対称の関係を生みだす先生は、共同体の外部から来たと考えるしかない。それでは、なぜ先生は共同体の外部から来るのだろうか。

この問いに答えるために、作田啓一の個人主義および個人の誕生についての研究に手がかりを求めよう。作田の理論は、デュルケーム学派のなかのモースの流れをくむデュモン（Dumont, L.）の『個人主義論考』（一九八三年）の理論を参考にしている。そのためまずデュモンの理論をシンプルにまとめておこう。デュモンによると、「個人」とは独立した自律的な精神的存在で、至上の価値を担う存在である。この「個人」が共同体において至上の価値とされている場合を「個人主義」と呼び、それと対照的に、ひとつの全体としての共同体に価値が見出されている場合を「ホーリズム（全体論）」と呼ぶ。「ホーリズム」が歴史的に先行するところから、個人主義誕生の問題は、全体論的共同体からどのようにして個人主義が誕生したのかということになる。

この問題にたいする従来の答えは、共同体の内部で生活する市民からというものであった。しかし、デュモンは市民から個人が誕生したのではなく、世俗的世界の外部に離脱した人が、超越的存在と交わることによって、個人が誕生したと考えた。このような共同体の外部で超越的存在と交わった個人を、デュモンは「世俗外個人（individual-ité hors du monde）」と呼んでいる。つまり、デュモンにしたがえば、個人は共同体の内部からではなく外部で生まれたというのである[6]［Dumont 1983＝1993：39–95］。

集団所属を超えた個人という観念は、エピクロス派、キニコス派、ストア派というヘレニズム期の三学派においてすでに現れている。プラトン（Platon）やアリストテレスにおいては、ポリスは自己充足的なものと考えられていたが、ポリスの没落によって、公的な奉仕と私的な満足とが乖離したことから、現世放棄を唱え自己充足性を価値とするこれら賢者の思想が生まれたのである。この賢者たちの個人についての思想が、「人格の尊厳」を生みだしていく。しかし、世俗外個人の出現をもって、すぐさま個人主義が確立されたわけではない。

個人主義の中核をなす「人格の尊厳」という観念は、古代キリスト教の方がストア派よりはるかに鮮明であった。この観念の根拠は、人格が彼岸の超越的存在と深く関わっているという点にあった。キリスト教の広がりによって、人はすべて神の愛に照らされているかぎり尊敬に値するのだという観念が、俗人にも共有されていくことになった。さらに、宗教改革はこの流れを推し進めた。プロテスタンティズムの影響のもとで、世俗外個人の価値が世俗世界においても体現されていき、世俗外個人は世俗世界に生きる「世俗内個人」へと変換していった。そして、この段階で初めてイデオロギーとしての個人主義が成立したというのである。

作田は、このデュモンの「世俗外個人」の「世俗内個人」への変換による個人誕生という「宗教的個人主義」説を評価し、そしてこの宗教的個人主義が個人主義の発生にとって基本的であることを認める。その上で、この「宗教的個人主義」説と、等価交換によって支配される市場経済システムの出現がホーリズムから人間を引き離し、自己利益を追求する主体としての「個人」を生みだしたとする従来の「経済的個人主義」説との統合を唱える。作田によれば、宗教的個人主義と経済的個人主義とが相互に対立しながらも共振して、全体論的秩序を解体してきたというのである［作田 1996a: 39］。

作田のこの指摘は、個人主義の誕生について新たな視点を開いてくれる。しかし、作田の指摘でさらに重要なのは、世俗外個人が、どのようにして人格の尊厳を獲得したのか、言い換えれば、個人がどのように誕生したのかを、溶解体験と結びつけて説明しているところである。

> 個人は世俗内ではなく世俗外で誕生した。……中略……彼はその秩序の外で神あるいは自然といったなんらかの超越的存在と交わる。この交わりにおいて、彼はみずからの個体性の範囲を溢れ出てゆく。詳言すれば、世俗的秩序の中では周囲からみずからを区切る輪郭をもっていた人間が、世俗外で超越的存在と同化し、個体性の枠を越えた時点で個人となるのである。世俗的な意味での個体性を失うこと、超越的存在との交わりによってそれの尊厳をみずからの中に取り込み、そのことによってみずからが尊敬に値する存在と化すること、これが個人誕生のストーリーなのだ。［作田 1996a: 36f］

超越的存在との交わりという体験について、いま少し補足して述べておこう。ここでいう超越的存在との交わりは、宗教が生きていた時代には、魂と神との合一として直ちに神秘主義的な宗教体験として理解されたものである。それは、自己と外界との間の隔壁が消失する体験であり、そのとき人は感情の比類のない高揚感と、恍惚感を得ることになる。これはたんに、集会などで体験されるような、自己が所属集団と一体化する自己の拡大する体験（拡大体験）

ではなく、自己と世界との境界が溶解する体験（溶解体験）である〔本書終章3節参照〕。このような溶解体験は、宗教体験にかぎらず、序章でも述べたように、遊びへの深い没入や祝祭や供儀への参加、あるいは芸術の創造と享受においても、みることができる。

この作田の個人誕生の理論は、私たちに多くのことを教えてくれる。なによりも重要なことは、個人となるためには、世俗的秩序の外部にでて（抽象的にいえばこの世界の外部）、超越的存在と交わるという溶解体験を必要とするということである。ところで、この超越的存在との交わりは、どのようにして生じるのか。世俗的秩序のなかで、人は有用性の原理にしたがって、生産的な活動に従事している。そして、生産的な活動とは、現在という時間を未来の利益のために用いる生活を意味している。超越的存在と交わるためには、まずこの有用性の原理が支配する世俗的秩序から離れる必要がある。共同体から離脱し、森や砂漠といった自然のなかに隠遁することが、超越的存在と交わるための古代の賢者や中世の隠者たちの方法であったことを想起しておこう。忘れてならないのは、このような世俗外個人のなかに、共同体にふたたび帰還したものたちがいたことである。

デュモン－作田説は、この世俗外個人の生の在り方を、個人主義の誕生という歴史学的・社会学的問題として論じているのだが、作田が個人の誕生と溶解体験との関係を論じているところからも理解できるように、これを原理上の図式として捉えることができる。デュモン－作田説から、私たちは、共同体の外部で溶解体験によって変容した世俗外個人がふたたび共同体に帰還するという生の変容の図式を、仮説的に導きだすことができる。私はこの生の変容の図式をもとに、共同体の外部から来る「最初の先生」の原型を捉えることができるのではないかと考える。そのように考えたとき、これまで互いに結び合うことのなかったさまざまな生の変容に関わる出来事の間の関係が、新たに見えてくるはずだ。あるいは私たちがよく知っているテクストのなかにも、そのような「最初の先生」が描かれているに違いない。そのように調べていくと、例えば、ニーチェが造形したツァラトゥストラが「最初の先生」であることに気がつく。

ツァラトゥストラという世俗外個人は、超越的存在との交わりという溶解体験をもった個人として共同体へと戻ってくるのではないだろうか。三〇歳のとき故郷を去って山奥に入ってから十年、その間、自らの智恵を愛し孤独を楽しみ倦むことがなかったツァラトゥストラは、なぜわざわざ山を下り共同体へと戻ってくるのか。『ツァラトゥストラはこう言った』(一八八三―八五年)の冒頭で、彼は次のように叫ぶ。「私は分配し、贈りたい。人間のなかの賢者たちにふたたびその愚かさを、貧者たちにふたたび己の富を悟らせて喜ばせたい。そのためには私は下へ降りていかなければならない」[Nietzsche 1968 (1887): 5＝1967: 10]。彼は、共同体の外部で非－知の体験をして来た者である。彼はその体験を人々に贈与するために幾度も共同体へと戻ってくる。彼の贈与は、商品交換と異なり、また贈与交換とも異なり、一切の見返りや利益を期待することのない純粋な贈与なのである(彼がなぜ純粋贈与者となったのかについては本書終章で明らかにする)。

## 3　世俗外個人の還相あるいは先生の誕生

結論をすこし急ぎすぎたようだ。いま一度この仮説的図式の精度を高めるために、デュモンの古代における世俗外個人の誕生に立ち戻り、そこから外部から来る最初の先生の姿を描きだすことにしよう。隠れて生きることをテーゼに、エピクロス派やキニコス派のように共同体に戻ることをしなかった人もいたが、ストア派のように積極的に共同体の生活に参加する人もいた。しかし、このようなヘレニズム期に先立ち、世俗的秩序のなかで世俗外個人として生き、世俗的秩序の価値観に亀裂を入れ、共同体の外部を垣間見せた人物がいた。この人物こそ、教育の起源となるべき実践を最初にした人物、「最初の先生」であった。いうまでもないことだが、共同体に戻るとか戻らないとかは、たんに空間の移動のことを言っているのではない。世俗外個人は共同体のなかにも生活していたのである。

「最初の先生」の最大の特徴は、共同体に帰還するというその贈与性にあるのだが、その贈与の意味を考えるためにも、まず古代の「経済学」から出発する必要がある。マルクス（Marx, K.）が明らかにしたように、商品交換は、共同体のなかでではなく共同体と共同体との境で生じた。商品の交換は、都市の壁の外や村はずれや港や川原などで行われた。マルクスは次のように言っている。「商品交換は、共同体の果てるところで、共同体が他の共同体または成員と接触する地点ではじまる」［Marx 1962＝1972：161］。共同《ゲマインシャフト》体的な社会は、貨幣を媒介とした商品交換によって成立している貨幣経済の社会とは異なり、兄弟盟約と呼ばれる関係によって成立しているという。兄弟となった者同士は、相手からの利益を受け取ることを前提としてモノやサービスを与えることができない。つまり、この兄弟盟約のあるところでは、互いの間での商業活動は不可能なのである［岩井 1985：11-15］。その意味で、商人とはつねに共同体の外部からやってくる他者なのである。しかし、商人は共同体の構成員ではないという点において他者ではあるが、それは他の共同体に属する他者として、どこまでも相対的な他者にすぎない。

ソフィストも、この意味において、別の共同体の知を所有し、他の共同体で売りさばく知の商人である。彼らは、共同体の間に生じる価値や知の差異を売り物にしていた。事実、ソフィストたちは、商業（貨殖術・商品交換）を非難したプラトンやアリストテレスと違って、貨幣にたいして悪意をもたず、貨幣を蓄積し貨幣と交換に知識を売った最初の知識人たちであった［今村 1988：60］。そして、このソフィストたちもまた商人と同様に相対的な他者にとどまる。

それにたいして、超越的存在との交わりという体験は、商人やソフィストとは異なったしるしを、世俗外個人に付与することになる。さらに、この溶解体験によって、世俗外個人は共同体内部に閉ざされた価値観や規則に縛られることなく、むしろこれらの根拠のなさを露わにする者となる。世俗外個人とは、どの共同体にも内属してはいないという点において、さらには共同体という枠組み自体を突破してしまったという点において、社会化された共同体内部の人間にとっては絶対的な他者である。

この世俗外個人は、超越的存在との交わりというしるしをもった純粋な贈与者として、共同体の構成員の前に現れる。このしるしは世俗外個人に権威を与えるが、それは世俗的な意味での権威ではない。共同体の内部で通用する共同体の価値体系において位置づけられる権威は、どこまでも相対的な権威にすぎない。そうではなく、共同体を超えた者の権威は、共同体の価値体系によって位置づけられることなく、その共同体の価値体系自体を無化するような絶対的権威である。そのため、世俗外個人は「自ら権威をもつ者」として現れるのである。しかし、この権威は共同体の世俗的な価値に支えられていないという点で、実質的な権力を一切もたない不安定な権威でもある。

このとき、世俗外個人とその絶対的権威を認める共同体の構成員との出会いでは、平等なコミュニケーションを交わす対称的な関係ではなく、教える−学ぶという非対称の関係が出現することになる。しかし、このときの教える−学ぶという関係の在り方は、私たちがイメージするような、学校にみられる教師−生徒関係とは違っている。学校では、教師は生徒に教える内容について熟知しており、教師は生徒に学習の内容を伝達する。これが一般に想像される教えることと学ぶこととのイメージであろう。ソフィストとは、この意味において、今日の教師となんら変わるところがない。なにしろソフィストは知の所有者であり、自ら徳を教えることができると豪語しさえしたのであるから。ところが、世俗外個人は、ソフィストのような意味では、教えるべき教授内容をあらかじめ所有しているわけではない。これは極めて奇妙な事態である。教える人が教える内容をもっていないということは、それ自体パラドックスではないだろうか。ここでは、いかなる意味において、教える−学ぶという関係が生じるというのだろうか。

この問いに答えるために、世俗外個人として共同体の外部から来た最初の先生の名を明かさなければならない。ここでいう世俗外個人とは、ソクラテスのことである。このとき「ソクラテス」という名は、古代アテネ市民として歴史上実在したあのソクラテスを指す個人名であるとともに、教える－学ぶ関係を生みだすすべての世俗外個人を指す一般名称でもある。したがって、ここでいう「ソクラテス」は単数形ではなく複数形である。

さて、ソクラテスは、ポリスという空間的には共同体の内部に居住しながらも、世俗外個人として生き、いかなる意味でも共同体内部の人間ではなかった。彼はアテネ共同体のなかで絶対的な他者として生き続けた。彼は当時の喜劇にも取りあげられるぐらい、注目を集めた人物ではあったが、市民によって知者が遇されるように、敬意をもって快く受け入れられたわけではなかった。なにしろ、問い詰められ答えに窮して怒りだしてしまった対話の相手から、問答の最中に彼は殴られたり髪の毛をひっぱられたりしたという話が残されているのだから［Diogenis Laertii 1964＝1984: 135］。そして、新しい神々を創作し、共同体の神々に不敬をはたらき、青年を惑わしたと告発され、さらに投獄され、死刑の判決まで受け、逃れるチャンスがあったにもかかわらず、自死したのが彼の運命であったのだから。

ソクラテスは、この奇妙な教える－学ぶ関係のなかで、書物を書くことではなく、問答という方法で人びとと関わる道を選んだ。もちろん、古代ギリシャは、口語文化には違いなく、この聴覚型文化を表音アルファベットによる視覚文化へと移し替える作業は、ローマ人によって完成されるのだが、当時すでに文字文化への移行は進んでいた［Mc-Luhan 1962＝1986: 40］。事実、ソクラテスの弟子であったプラトンは、ソクラテスの問答を書物として残したのである。したがって、ソクラテスが書物を書かなかったのは、筆記レベルの技術的な問題からではなかった。それではなぜソクラテスは書物を書かなかったのか。このことの積極的な理由を問う必要がある。

秀でた先生であったソクラテスは、共同体のなかで生活しながら、世俗外個人として生きた。同じ共同体に属する者同士は、同じ言語ゲームに属している。しかし、ソクラテスは、対話者と同じ共同体の言語ゲームに属しているわけではない。ソフィストが同じ言語ゲームのなかで、弁論競技に勝利すること、ゲームに卓越することを知の力と考えたのにたいして、ソクラテスはその言語ゲーム自体を疑い問い直すのである。そのためには、読者が自分の中核的な部分が問われはじめたときには、途中で読書を容易に中断することができる書物ではなく、身体と身体とが直接に向かい合い、その場から逃げることを許さず、対話者を絶体絶命へと追い込む問答法よりほかに方法はなかった。そもそも対話者の間には規則が共有されていないのであるから、この両者の関係は教える-学ぶという非対称な関係をとらざるをえない。

「ダイモニオンの声を聞く」というしるしをもったソクラテスは、その絶対的権威において何を教えるのか。ソクラテス自身は、いかなる意味でも、なにかを教えることはしないし、しようとしてもできない。「無知の知」といわれるように、ソクラテスが知っているのは、自分が何も知らないという無知の自覚である。そこから、ソクラテスが教えるのは、私たちが無意識のうちに共同体のなかで培った習慣的な知から抜けでることである。言い換えれば、世俗外個人への道を踏みだすことである。

社会化によって、私たちは共同体のなかでさまざまな役割を学び、規範を学び、帰属集団の価値を内面化する。つまり、社会的関係のなかで生きるすべを学ぶのである。もちろん、このような社会化の価値を否定することなどできない。人は本能らしい本能をもたず、無力なものとして生まれ、直立して歩くことから言葉を学ぶことまで、すべて共同体のなかで学ばなければならないのである。さらに、社会化において内面化される価値のなかには、宗教的な価値も入っている。すでに述べたように、成人式が神聖な宗教的儀式であるように、宗教さえも、制度化された共同体の宗教（ベルクソンのいう「静的宗教」）の場合では、共同体のなかに人間を限定するものとして機能し、社会化の一翼を担っているのである。したがって、共同体の宗教は帰属集団へと自己を拡大させるにとどまり、社会化を強化するだけで、社会化の枠を超えることはできない。

ソクラテスが別の神々を創作しようとしたというアテネ市民による非難は、ソクラテスを自死へと追い込むことになるのだが、ある意味で、この非難は的を射ていた。ソクラテスは、無自覚のうちに習俗として身につけた共同体の神々への信仰を、弟子たちに超えることを促したということにおいて、この非難は正しいのである。社会化によって無自覚のうちに身につけられ反省されることなく学ばれてしまった知の在り方に、亀裂をいれるために、ソクラテスの問答法は駆使される。問答の場面では、対話者のうちに深く身体化された共同体の既存の知にたいし、ソクラテスは異なる共同体の知を対置させて、その正当性を主張して議論するのではない。もしそうなら、たんにいまある共同体の知に代わって、別の共同体の知を置き換えるだけにすぎない。それでは問答法も新たな社会化の手段にすぎなくなる。

ソクラテスは、問いを繰り返すことによって、対話者に共同体の知にしたがった思考を徹底化することを促す。「徳は教えられるか」「善とはなにか」「正義とはなにか」、こうした徳の本質をめぐって価値の吟味がなされる。ソクラテスの「ほんたうは何か」という問いに導かれ、問答し議論しているうちに、当初、自明と思われた言葉の意味はわからなくなり、磐石と確信されていた命題は、いつのまにかパラドックスに陥ることになる。ここでは、禅問答と同様、ダブル・バインド（double bind）状況が生じている。

ダブル・バインド状況というのは、教える－学ぶのような非対称なコミュニケーションの関係で、メッセージのレベルと、そのメッセージがどのようなメッセージであるかを伝えるメタメッセージのレベルという、異なるレベルのコミュニケーションで、互いにパラドクシカルなメッセージが提示されながら、その場を逃れることができないような状況のことをいう。これが繰り返されると、コミュニケーションのレベルの区別が困難になり、統合失調症のような病が生じる。しかし、このような悪循環を打ち破るのもまたパラドックスのコミュニケーションなのである［Bateson 1972: 206–208＝1990: 294–295］。

パラドックスのために、「はい」とも「いいえ」ともどちらを答えることもできないような宙吊りの状態に追い込まれ、しかも対話の場から逃げだすこともできないのである。対話者は蛸壺に入り込んだタコのように、最初の命題にへばりついているかぎり、にっちもさっちもいかなくなる。ここから逃れるには、パラドックスを作りだしている問いと答えとを枠づけている思考枠組み自体を、破壊する以外にはない。それでもパラドックスを乗り超えることができず窮地に追い込まれた対話者は、ソクラテスの前から逃げだそうとしたり、あるいはソクラテスに殴りかかるしかないのだ。

パラドックスの破壊力によって、対話者の間での命題の吟味は鋭さを増し、言葉から既成の意味が脱落していき、ついには知るという行為は極限に達し、無へと、つまり非-知へといたる。そのときに、対話に参加した者たちの世界や自己を捉える枠組み自体の組み替えが行われる。したがって、よく言われるように、ソクラテスは何も教えない。また教えることのできる知をあらかじめもっているわけではない。ただ共同体的な知の枠組みを破壊し、社会化された身体を根底から解体し無に直面させ、非-知の体験へと返していくのである[7]。

## *4* 先生の死とその後の弟子

共同体の外部から来る先生は、制度化された教育を実証的に捉えようとする立場からは、その痕跡しかみつけることができず、想像力と論理の力なしには捉えることができない。このような先生は、歴史的な痕跡からみるなら、「古代型の先生」ということができる。古代型の先生の特徴は、彼らの教えが共同体の外部に向けた教えであったために、共同体の内部で収束せず、さらに彼らの死自体が教え全体に大きな意味をもったということである。先生の死は、先生から弟子への最後のそして究極の贈与であり、その意味で先生は供犠の最高の生贄でもある。

ティリッヒ（Tillich, P.）は、勇気を問題にした著作『生きる勇気』（一九五二年）のなかで、キリスト教における勇気論と比較しながら、ストア主義者の勇気はいったいどこから来るのかと問うている。

ストア的勇気は、けっしてストア哲学者の発見ではない。彼らがしたことは、この勇気に理性的概念でもって古典的表現を与えるということであった。しかしその根は古くさかのぼって神話や英雄伝説や古代的箴言や詩や悲劇にあるのであり、ストア主義出現以前の数世紀にわたる古代哲学の伝統のなかにある。ストア的勇気に永続的な力を与えた特別な出来事はソクラテスの死であった。この死は、古代世界全体にとってただ単にひとつの出来事であっただけでなく、それは運命と死とに直面する人間の状況を露わに示すようなシンボルでもあった。そのなかに勇気が示されている。それは死を受け入れることができたゆえに、生もまた受け入れることができるところの勇気である。ソクラテスの死は、勇気についての伝統的な意味に深甚な変化をひきおこした。ソクラテスにおいて、それまでの英雄的勇気は、理性的かつ普遍的な勇気に変わった。〔Tillich 1952＝1995：25〕

先生の死というテーマは、教える－学ぶ関係の総決算として現れる。弟子は、先生が死に直面したときの立ち居振る舞いのなかに、先生が日頃語ってきた教えが真理であることの証と根拠とを見出そうとする。『孔子』（一九三八年）のなかで、和辻哲郎は、先生の死が弟子にとってどのようなものであるか、イエス、ブッダ、ソクラテスの死について述べている。この「人類の教師」たちの伝説は、彼らの死からはじまっているのだ。

（師の死についての伝承は）単なる師の終焉を語っているのではない。その死がちょうど師の教説の核心となるような独特な死を語っているのである。イエスにおいては十字架の死は人類の救済を意味した。釈迦においても、永遠に生き得る覚者が明らかなる覚悟をもって自ら死を決意するということは、まさしく涅槃を、すなわち解脱を、人類の前に証示することであった。ソクラテスもまた、逃亡によって生を永らえ得るにもかかわらず、自ら甘んじて不正なる判決に従い、その倫理的覚醒の使命の証として毒杯を飲むのである。これらの死はいずれもその自由な覚悟によって弟子たちに強い霊感を与えた。そうしてその生前の教説がこの死を媒介としてかえって強く死後に効果を現わし始めた。だからこれらの教師の伝記がその死に重大な意義を付することは当然なのである。〔和辻 1962a（1938），vol. 6：338、傍点は和辻、括弧内は矢野〕

先生の死は弟子にとって根源的な謎でもある。プラトンは『ソクラテスの弁明』『パイドン』を、そしてクセノフォン（Xenophon）は『ソクラテスの思い出』を書かざるを得なくなるし、使徒たちは『福音書』を残すことになる。ソクラテスの死がそうであるように、イエスの死は、キリスト教徒にとっての勇気の源泉である。先生の死は、循環的な時間のなかで、繰り返される反復的な供犠の儀式などではない。そのときが、絶対的なゼロ時間の開始となる。残された弟子にとって、先生の死のときが、自分の生きる意味を新たに生みださせる新生のときとなるのだ。先生の死は、先生について語る弟子の誕生のときでもある。弟子は、先生がかつて語った言葉や行いを物語として語るようになる。ニーチェの創造した先生の場合でも、『ツァラトゥストラはこう言った』という題名からもわかるように、ツァラトゥストラの言葉を聴いた弟子が語る設定となっている。

ジラール（Girard, R.）によれば、共同体に差異（秩序）が喪失しはじめると、共同体の構成員それぞれが同じ欲望を模倣し、同じ憎しみ、同じ策略をもった分身になるという。したがって、すべての構成員が暴力の対象に選ばれる可能性があり、暴力は復讐と報復によって歯止めなく共同体に蔓延する可能性をもつようになる。このような相互暴力の危機を回避するために、ある特定の人物（例えば孤立者、なぜなら孤立者は殺されても報復する縁者がいない）や動物を「贖罪の牝山羊（scapegoat）」として選び、その生贄を満場一致の暴力によって殺害し、共同体内部の対立を解消しようとする。ジラールは、供犠を共同体内部における暴力のエスカレーションを抑止し、相互暴力に脅かされた秩序を回復する儀礼として捉えた［Girard 1972＝1982: 128–130］。あらためていうまでもなく、このジラールの供犠論は、供犠を共同体を超えでる内的体験（expérience intérieure）とみるバタイユのそれと異なっている。

ところで、このジラールのいう供犠の過程は、共同体の秩序の解体→供犠→以前の秩序の回復→その解体→供犠というように繰り返される。そして、供犠によって再建される共同体の秩序は、つねに以前の秩序と変わらない。それにたいして、別のタイプの供犠が存在する。その供犠は、古い秩序の回復ではなく、新しい秩序を形成する機能をもつ供犠である。ジラールはこのタイプの供犠の例をイエスの受難に見出している。このジラールの区別を受けて、作田啓一は前者のタイプの供犠を「反復型の供犠」、後者のタイプの供犠を「再生型の供犠」と呼んでいる［作田 1988：381］。この分類にしたがうなら、古代型の先生の死のレッスンは、過剰な贈与として、均衡を保って循環する共同体の交換の体系を破壊し、さらには共同体秩序の再構成を超えてしまうところから、「再生型の供犠」の可能性をもっているということができる。

## 5　外部へと開かれる教育

私は、このソクラテスの実践を、教育起源のモデルとして捉えるべきだと考える[8]。

最初に述べた教育の起源を成人式に求めるモデルは、学校の起源を歴史的に求めるときにはわかりやすいモデルである。歴史的な起源として教育起源を実証的に考察しようとするときには、民族誌学の研究成果をもとにプリミティブな共同体に「発見」することができ、習俗としての客観性と持続性をもつ成人式が、教育起源のモデルとみなされるのは当然のことであった。この方向での理論的な蓄積がなされてきたのは、今日の教育実践の大部分が学校教育としてなされており、しかもその目的として社会化を第一の使命としていることからも当然といえる。また、教育学が、宗教教育を批判し世俗教育を実現しようとした近代教育学として、あるいはまた国民の形成を主題とする国民教育学として、このモデルの組織化の方向に進んできたことからも当然である。さらにまた、戦後教育学が社会科学的な研究方法によって出発することで、戦前の理想主義的な講壇教育学を批判し、「教育と政治」というジャンルを開いてきたことからも当然のことであった。

しかし、私たちは共同体の一員として一人前になるとともに、もう一方で、共同体のなかで生きる以外の生き方も学ぶ必要がある。一人前になるとは、世俗的世界のなかでの有用性を保証されることである。しかし、有用性に生きることは、人間の世界との関係を目的－手段関係に限定し、世界との十全な交流を妨げてしまうことを意味する。前に述べたように、個人として生きるためには、人格の尊厳をもつことが不可欠であり、そのためには、世俗的秩序の有用性の原理を超えた生を体験しなければならない。

教育学には、溶解体験の理論的解明が必要なのだ。もちろんこのことが、これまで教育学において一度も語られることなく、無視されてきたと主張するつもりはない。例えば、本章で取りあげたソクラテスは、教育学においてしばしば語られてきた有力なキャラクターのひとりである。彼にたいして「人類の教師」といった言葉さえ贈られている。しかし、ソクラテスの教育は、その対象が子どもではなく青年や大人であり、その方法が授業ではなく問答であり、その目的が社会化ではなく覚醒である点で、従来の教育のイメージからは傍流とみなされてきたのである。したがって、ソクラテスの実践を教育の起源として位置づけられはしなかった。

また、この共同体の外部との接触から生じる教育は、宗教教育というジャンルにおいて、部分的に語られてきたものである。しかし、いま述べてきたことからも理解されるように、ソクラテスの問答法を宗教教育の名称のもとに含めるのは正しくない。ソクラテスの非－知を求める対話は、どのような意味においても宗教教育ではない。たしかに、共同体の外部に立つということにおいて、位相的には宗教体験と同一の相に立つことになる。しかし、そこには神や超越者が主題として関わっているわけではない。

さらにまた、精神科学的教育学あるいは教育人間学の研究者は、ソクラテスの実践をその極限において理解しようと努めてきた。シュプランガー（Spranger, E.）は、人間存在を生物学的層・精神的文化的層・実存的層というそれぞれ異なる層からなる存在として捉え、それと結びつけて、教育を「発達援助の教育」「文化財の伝達としての教育」「覚醒としての教育」というように、三つの機能に区分した。そのなかで、「覚醒としての教育」の重要性を示した点をソクラテスの功績として論じている［Spranger 1955＝1987］。森昭も同様に、教育観を「伝達主義の教育観」「成長主義の教育観」「形成主義の教育観」「覚醒主義の教育観」の四つに区分し、それぞれを人間の生成における諸相として総合的・統合的に捉えた教育人間学を構想した。ここでも、社会化‐発達を超えたものとして、実存的覚醒主義の教育観が主張されている［森昭 1978（1961）］。教育哲学者は、この社会化‐発達を超えたところに、人間教育ということの不思議さと秘密とが存在することを理解していた。

しかし、問題は、教える‐学ぶ関係を覚醒主義の教育として人間存在の階層論的区分に対応させて、教育学の概念に組み込んでいるかどうかということではない。共同体の外部から来る最初の先生によって生起する教える‐学ぶ関係を、人間存在の階層論でもって位置づけてしまうことは、共同体の外部からの贈与の一撃によって初めて生起する出来事を、反対に人間の本質から展開してきたもののように扱うことになり、その結果、教育の起源問題は交通からではなく、ふたたび人間の本質という共同体の内部から出発する思想の形式に隠蔽されることになる。

このような隠蔽は、従来の教育人間学が、哲学的人間学の成果から影響を受けて作りだした教育のはじまりについての理論にもみられる。教育人間学は、「本能の欠如」（ゲーレン）や「生理的早産」（ポルトマン）といった動物との比較対照から導きだされた人間固有の生物学的標識によって、教育の起源を基礎づけようとしてきた。つまり、教育という出来事によって事後的に初めて発見される「人間の教育の可能性と必要性」を、生物学的知見をもとに最初から設定してしまうのである。このように教育人間学的思考は、教育という出来事から出発するべきところを、人間の本質から教育の可能性と必要性を導きだし教育の起源を説明しようとする。このような思考法は転倒しており、共同体内部に教育の起源をみる見方と根本において同じである。ここからは、社会化‐発達の次元を超えようとしても、せいぜいのところ、文化を獲得し、さらにその文化を発展させるものの育成としての教育を導くことにとどまり、教育という奇跡的な出来事を問うことすらできないのである。

「限界への教育学」の課題は、純粋贈与者としての「ソクラテス」の産婆術が、対話者たちを共同体の桎梏から解き放ち、共同体の外部へと開いていく出来事の探究にある。ここにこそ、社会化－発達を超えた出来事としての教育を語る可能性が、隠されているのである。共同体と外部との境界線に、教育の起源を発見することは、教育という不思議な出来事の謎を、謎としてあらためて考えることを促すのである。

# 第2章――先生と弟子の物語としての『こころ』
## 死と贈与のレッスン

自己の心を捕へんと欲する人々に、人間の心を捕へ得たる此作物を奨む。
『心』広告文］より［夏目（1914), vol. 16 : 572］

### 1　先生と弟子という問題

前章で捉えた「最初の先生」は「人類の教師」であり、その意味でいえば、人が出会うことのできない極限の先生ということができる。私たちがこのような先生と出会う可能性は皆無に等しいといえるだろう。しかし、私の人生の導き手としての先生になら、出会う可能性は皆無とはいえない。このとき先生とは、学ぶ者にとって人生のモデルであり人生の目的を体現した人物である。それにしても、私たちは、なぜある特定の人物を先生として尊敬したり畏敬の念を抱いたりするのだろうか。また「先生」と敬意をもって呼んだ同じ人物にたいして、なぜ後になって羨望や嫉妬や対抗意識といった感情を抱いたり、あるいは憎悪の感情さえ抱くようになったりするのだろうか。このような先生とは何者か、そして弟子とは何者なのだろうか。

夏目漱石の小説『こころ』（一九一四年）は、先生と弟子との関係を考察するうえで格好のテクストである。この「先生」は、「私」にとって人生の師でありモデルである。しかし、この「先生」は、「私」の「先生」となることによって臨界点を超えてしまい、純粋贈与者としての「最初の先生」へと転回してしまう。どのようにして「最初の先生」は生まれるのか、そして彼は何を弟子に贈与するのか、『こころ』という小説は、現代の「最初の先生」の典型的な姿のひとつを描きだしているといえよう。

教育における物語批評は、教育の物語（教育言説）の文体やレトリックを歴史的・文化的に解明したり、隠されたイデオロギーを暴くという機能をもっている。これは近代教育（学）を批判するうえで、大きな威力を発揮することができる［鳶野 2003：16–18］。しかし、教育の物語批評には別の可能性がある。ロマネスク的作品の厚い記述によって、先生と出会うことで弟子となった者の欲望の諸相、あるいは先生となることではまりこむ陥穽、といった先生と弟子関係の生きた関係を捉えることができる。[1] また、教育理念から媒介なしに描かれることの多い従来の教師論や教育関係論とは異なった、リアルな先生−弟子論の可能性を開くことができる。この場合、教育の物語は、教育的現実の新たな次元や意味を発見することのできる優れた資源として理解されている。

ところでなぜ漱石の小説なのだろうか。文学作品が出来事を生起させることについては、すでに序章で明らかにしたので、ここでは漱石の小説を取りあげる理由を簡単に述べておこう。通常、先生と弟子との関係をリアルに描く記述は、小説のようなフィクションにではなく、自伝や日記などにこそ求めることができるはずだ、自伝や日記の記述は実際にあった出来事の記録だから、そのような記録こそ資料にすることができるはずだ、と考えるかもしれない。しかし、次節でも詳しく述べるように、先生と弟子関係が深くて緊密なときには、両者の間に欲望模倣が働き、弟子の記述では欲望模倣に付随する羨望や嫉妬といったネガティブな感情の記述が、意識的にか無意識的にか削除されたり変形されたり隠蔽されたりしていることが多い。それにたいして漱石のようなロマネスク作家の小説では、この欲望模倣の機構が意識化されており、したがって、欲望模倣から生じる崇拝から羨望や嫉妬への感情の揺れが、生き生きと記述されている。このことから、漱石の小説においてこそ、私たちは先生と弟子との関係について具体的な記述を手に入れることができるのである。以上のような理由から、本章ではまず漱石の小説を使用することになる。しかし、そうはいっても弟子による先生と弟子関係の記述が、教育学にとって優れた資源であることはいうまでもない。そこで本章で先生と弟子関係へのアプローチの方向を定めた後に、次章においてあらためて弟子の記述をもとに、この主題を再度論じることにする。

## 2　欲望模倣としての先生と弟子の関係

『こころ』における、先生と弟子との関係を反省するうえで、最初の手がかりを第1章でも登場したジラールの欲望模倣論に求めてみよう。欲望模倣論とは次のようなものである。欲望は通常、欲望する対象自体に価値があり、主体から生じると考えられている。しかし、欲望は自分自身の奥底から自然にわき起こるものではない。欲望が自己の内部に根ざしていると考えるのは、「自律性」というロマンティークな誤った信念に由来している。ジラールによれば、欲望は、自分がモデルとする他者（ジラールは「媒体（mediateur）」と呼ぶ）の欲望を、模倣者（ジラールは「主体（sujet）」と呼んでいる）が模倣するところから生まれる。媒体がよいと捉える「対象（objet）」への欲望を主体が模倣し、あたかも自己のうちから生じたように欲望を抱くのである。青年期などに、先輩の癖や話し方や服装などを模倣することはよく知られている。しかし、欲望模倣（l'imitation du désir）はあらゆるレベルで行われるのだ。

ところで、媒体と主体との間の距離が大きい間は、両者の間に軋轢はない。このような媒体と主体とが互いに触れないほど十分に離れている場合の媒介関係は、「外的媒介」と呼ばれる。このとき媒体は主体によって理想化され尊敬される。しかし、媒体と主体の間の距離がせばまると、両者の関係は微妙なものとなり、お互いに競い合うライバル関係となる。このように互いに願望可能圏が重なる場合は、「内的媒介」と呼ばれる［Girard 1961＝1971：9］。恋愛の三角関係のように、欲望の対象の獲得をめぐり、主体にとって媒体はモデルではなく立ちはだかる障害物となり、主体と媒体の間に熾烈なライバル関係が生じる。

ライバル関係というのは、互いに他方の欲望を刺激しあう関係だから、悪循環を作りだす。つまり主体にとって媒体の対象にたいする評価が重要であるように、媒体にとっても主体の対象にたいする評価は重要で、主体によってその対象が欲望されることによって、媒体の欲望もさらに昂進する。その結果、対象の価値はますます高まっていく。恋愛の三角関係が、異様な力でもって当事者たちを巻き込み魅きつけてはなさないのは、この理由によるのだ。このように、主体が媒体の欲望をコピーするだけでなく、媒体が主体の欲望をコピーする媒介関係を「二重媒介」と呼ぶ。

いま述べたように、媒体と主体との間に決定的な差異があるときには、羨望と嫉妬と対抗意識といったルサンチマンは起こらない。ニーチェのルサンチマン論を発展させたシェーラー（Scheler, M.）が、卑劣な召使いや、奴隷的本性をもった奴隷や、子どもには、ルサンチマンが生じないと言っているのは、媒体と主体との差異が、解消不可能なものとして主体の側に認識されているからである［Scheler 1955（1915）＝1977：61］。ところが、媒体と主体とが、本来的に平等であるにもかかわらず、主体は媒体のようになることができないと感じるとき、主体は媒体にたいしてルサンチマンを抱くようになる。近代社会は、人間の本来的な平等性を根拠とする社会であるから、媒体と主体との差異は絶対的な差異ではなく、媒体への主体による崇拝は、容易にルサンチマンに転化するのだ。

先生と弟子との関係も、またジラールのいうところの欲望模倣関係のひとつとみなすことができる。弟子は、先生の知識や技術・技巧・技能・方法を獲得するとともに、先生の欲望を模倣する。先生の世界観や価値観を模倣するのである。もし弟子が先生の欲望を模倣しないならば、そもそも先生の知識や技術を学ぼうとさえしないだろう。そうなるといかなる意味でも、その関係は先生－弟子関係ということはできない。弟子が先生の欲望を模倣することは、学習が生起するうえで重要なモーメントなのである。

しかし、この先生と弟子との関係も、やがて羨望と嫉妬の炎に焼かれる三角関係の競争者たちのように、ライバル関係に転化する可能性がある。もちろん、小学校の先生と生徒との間では、両者の力の差があまりに大きいために、ライバル関係は表面にでることはない。子どもの時期には、ただ自分より偉大な存在と見える先生への子どもの側からの敬意だけがある。ところが、先生と弟子の両者の距離が接近しはじめるような関係、例えば芸術家の師と弟子との関係、大学の教師と学生との関係、職人の親方と弟子との関係などでは、弟子の能力の高まりとともに先生との間に二重媒介が生じ、ライバル関係が顕著になる。

弟子が先生と同じ領域で先生を凌ぎはじめたなら、先生は弟子の才能や能力を羨望しさらに嫉妬するようになる。ここに病理を生みだすダブル・バインド状況が生じる可能性がある。弟子が先生の模倣を脱しようとするときには、先生は弟子に自分への忠誠を促し、反対に弟子が先生の模倣をしつづけようとするときには、先生は弟子に自分から自律せよと圧力を加える。「模倣しろ、模倣するな」という相互に矛盾するメッセージが、繰り返し弟子に向けられることになる。反対に、いつまでも先生に追いつくことのできない弟子は、先生を羨望し嫉妬し無力な憎悪感を抱き、当初の先生への心からの崇拝は、澱んだルサンチマンへと変貌することになる。このように、内的媒介は、先生と弟子との関係を緊張をもったものにかえてしまうのである。

このジラールの欲望模倣論は、『こころ』に登場するKと「先生」との関係、「先生」と「私」との関係をよく説明してくれるようにみえる。

「先生」は、経済的・精神的に追い込まれている同郷の友人Kに、自分の下宿に一緒に住むよう誘う。Kはもともと真宗寺の住職の息子だったが、医者の家に養子として迎えられていた。Kは医学の道に進むことを期待されていたが、養子先の家に隠れて別の道を進んでいた。そのことを養子先の家に告白したために学資の仕送りが止められ、また実家からも援助が得られなくなっていた。Kは自力で学業を続けようとするが、無理がたたり体を壊してしまう。「先生」は、この事情を知ってKを援助しようとした。しかし、本当の理由は別のところにあった。「先生」は学問にかぎらず、何をしてもKにはかなわない。

Kは私より強い決心を有してゐる男でした。勉強も私の倍位はしたでせう。其上持つて生れた頭の質が私よりもずつと可かつたのです。後では専門が違ましたから何とも云へませんが、同じ級にゐる間は、中学でも高等学校でも、Kの方が常に上席を占めてゐました。私には平生から何をしてもKに及ばないといふ自覚があつた位です。けれども私が強ひてKを私の宅へ引張つて来た時には、私の方が能く事理を弁へてゐると信じてゐました。［夏目 vol. 9 : 214］

「先生」にとってKは欲望模倣の媒体＝手本である。それはKの方が秀才だからだけでなく、Kが「超然」として理想を目指して自己突破できるほど「精進」を自らに課しているところから、「先生」の眼にはKがあたかも自律した「偉大」な人物に見えるからである（Kもまた、ロマンティークな自律的存在ではなく二重媒介の奴隷であることは、「先生」に静への恋をどう思うか相談する場面でも明らかである）。しかも、Kのようになりたくても、「先生」にはKを追い越すことはおろか追いつくこともできない。そのために、Kに一緒に下宿するように誘ったとき、「先生」には、最初からKを誘惑するという下心があった。「先生」は、禁欲を説くKにたいして異性への関心をもつようにすすめる。「先生」はこの関係において、主導権を握ってKの媒体となろうと努めるのだ。ここには、努力しても媒体になることのできない弱者が抱くルサンチマンをみることができる。

しかし、「先生」の思惑通りに、Kと下宿屋の娘の静との関係が深まると、今度は「先生」がKに嫉妬するようになる。Kと静とのなんでもない会話にも、隠された意味を深読みしてしまう。嫉妬はライバル意識を高め、同時に静の対象としての魅力を高めることになる。「先生」にとってKが媒体だから、Kによる静の価値の承認（Kにとっても静が魅力的な異性であること）によって、「先生」の欲望は拡大されることになる。

ある日、「先生」はKから自分は静が好きだと告白される。Kから告白されることによって、「先生」の欲望は最高値にまで高まる。Kの告白を受けて、「先生」はKに先んじて下宿屋の奥さんに娘を嫁にくれるように頼む。ちょうど、両親の遺した財産を横領した叔父のように、「先生」は自分を信頼する友人を裏切ってしまうのだ。しかし、そのときに「先生」はKにたいする罪悪感ではなく勝利感を味わう。「外の事にかけては何をしても彼に及ばなかった私も、其時丈は恐るゝに足りないといふ自覚を彼に対して有ってゐたのです。」［夏目 vol. 9: 263f］そして、奥さんから結婚の許可を得る。そのことを奥さんから聞いたKは、「先生」には何も告げず、遺書を残して下宿で自殺した。そののち「先生」は静と結婚したのだった。

「先生」は、この欲望模倣の犠牲者であるがゆえに、欲望模倣の深い認識者である。尊敬し近づこうとする青年の「私」に自分の分身をみて、「先生」はいつか君も私にルサンチマンを抱くことになるだろうと予言する。

「かつては其人の膝の前に跪づいたといふ記憶が、今度は其人の頭の上に足を載せさせやうとするのです。私は未来の侮辱を受けないために、今の尊敬を斥ぞけたいと思ふのです。私は今より一層淋しい未来の私を我慢する代りに、淋しい今の私を我慢したいのです。自由と独立と己れとに充ちた現代に生れた我々は、其犠牲としてみんな此淋しみを味はわなくてはならないでせう」[2]

［夏目 vol. 9: 41］

「先生」の欲望模倣についての明晰な認識は、「先生」自身とKとが関係した事件に負っている。Kへの尊敬と同時に打ち倒してやりたいと望むライバル意識が、Kが密かに愛を寄せている下宿屋の娘を自分のものにしようと「先生」を動かし、Kの自殺という悲劇を招いてしまったことを、彼はよく自覚していた。そのような悲劇を繰り返したくない「先生」は、「私」にたいして警告したのだ。[3] ルサンチマンを回避するもっとも消極的な方法は、人との関係をたえず希薄にして、まちがっても人に尊敬などされないことだ。しかし、そのことを守ってきたはずの「先生」は、なぜいまになって「私」に「先生」と呼ばれることになってしまうのか。

## 3　「先生」はなぜ「先生」となったか

『こころ』のなかの「先生」は、なぜ「私」によって「先生」と呼ばれているのだろうか。「先生」はどこかの学校で先生をしているわけではないし、また社会的な地位を指しているのでもない。

先生と掛茶屋で出会つた時、先生は突然私に向って、「君はまだ大分長く此所に居る積ですか」と聞いた。考のない私は斯ういふ問に答へる丈の用意を頭の中に蓄えてゐなかつた。それで「何うだか分りません」と答へた。然しにやにや笑つてゐる先生の顔を見た時、私は急に極りが悪くなつた。「先生は?」と聞き返さずにはゐられなかつた。是が私の口を出た先生という言葉の始りである。……中略……私が先生々々と呼び掛けるので、先生は苦笑ひをした。私はそれが年長者に対する私の口癖だと云つて弁解した。

［夏目　vol. 9 : 9f］

「私」が海岸で出会った人物を「先生」と呼びはじめるのは、まったくの偶然と言ってよい。しかし、「私」がこの見知らぬ人物に惹かれていった理由は、偶然というより恋愛関係に似た関係がある。このことは、本文中でも「先生」によって指摘されている。「恋は罪悪だ」と「先生」はいう。その理由は何かと「私」が問うと、君は「既に恋で動いている」から、いまに解かると答える。

「あなたは物足りない結果私の所に動いて来たぢやありませんか」
「それは左右かも知れません。然しそれは恋とは違ひます」

「恋に上る階段なんです。異性と抱き合ふ順序として、まづ同性の私の所へ動いて来たのです」

〔夏目 vol. 9 : 36〕

「私」は「先生」にそれまで一度も会ったことがないにもかかわらず、「先生」を見て「どうもどこかで見たことのある顔」のように思う。それは「私」が「先生」のうちに自分の姿を見ているからである。もちろん「先生」も、「私」のうちにかつての自分の姿をだぶらせている。両者が、お互いにお互いの姿を見ているということは、それぞれが分身となっているということである。ここには欲望模倣が働いている。

やがて、「先生」は「私」にとっての人生の「先生」となる。その「先生」としての権威は、どこから来ているのだろうか。

この問いに答えるために、「先生」と「私」の父とが、「私」の眼に、どのように映っていたかを比較してみることにしよう。第二部の冒頭で、「私」は何度も「先生」と父とを比較している。作品の構成においても、第一部の「先生と私」と、第二部の「両親と私」というタイトルが、対をなしていることからもわかるように、この両者の比較は、作者によって意図的に構成されてもいる。第二部の終わりで、「私」の父が危篤状態にあるところに、「先生」から看病にあたっていた「私」のもとに手紙が送られてきて、この手紙が届く頃には、「先生」はこの世にはいないことが告げられる。「私」は急ぎ東京行きの汽車に飛び乗る。「私」にとって重要な意味をもつ二人の人物の死を前にして、なぜ「私」は実の父を見捨ててまでも、他人の「先生」のもとに赴こうとするのだろうか。

父は、病のために自分の死を自覚しながらも、世間にたいして、大学を卒業し前途有望な若者となった息子を誇りに思うような人物である。たしかに、父は、「私」にとって生物学上の父であるばかりでなく、同時に家族という制度上の権威者でもある。しかし、制度によって生みだされた権威は、制度を否定する者にとっては、もはや権威でなくなるのは明らかだ。「私」にとって父は、なんら権威をもつものではない。

それにたいして、「先生」は、立身出世といった世俗の論理から離れているため（それを可能にしているのは彼が親から受け継いだ財産を所有しているからなのだが）、「私」からはあたかも自律した個人のようにみえる。そのことが「私」にとって「先生」が聖なるものとみえる理由でもある。しかしこれは誤りである。この「先生」こそ、自律性というロマンティークな虚偽に基づいて、あたかも自らが望んだことのようにしてKの欲望を模倣し、下宿屋の娘に求婚したその人だからである。そのことを「私」はこの時点ではまだ知らない。「私」は「先生」が世間から隠れて生きていることを、世俗を超えた超然な「至高性」と思い違いをし、父親には認めがたい権威を、「先生」のうちに見出したのである。遺書を読む以前の「私」が「先生」に認める権威は、「私」の思い違いからきている。そして、本当の「先生」の権威は、純粋贈与としての自死と、その遺書のなかの告白から生じてくるのだ。それについては後で詳しく述べることにする。

「私」にとって「先生」は先生であった。それにたいして、「先生」にとって、この「私」とは一体何者だろうか。突然に見知らぬ青年が眼の前に出現し、「先生」と呼ぶことを許可したことから、自分は「先生」となってしまう。この青年は、自分を「先生」と呼び、暇さえあれば自分の家に出入りし、尋常ならざる関心をもって自分の過去をあれこれと詮索する。[4] 古代の先生たちが共同体の外部から来て、共同体と外部との境界面で弟子を生みだしたのとは反対に、ここでは弟子の過剰さが「先生」を生みだすのだ。「先生」がKを欲望模倣のモデルとしたように、今度は「私」が「先生」を人生のモデルとするのである。

「私」の出現に警戒しながらも、「先生」はこのことを必ずしも不愉快に思っていたわけではない。「私」が自分のことを「先生」と呼ぶことを許し、また「私」が家に出入りすることを拒否しなかった。それだけでなく、「先生」は「私」を前にして同級生で出世している人たちを「ひどく無遠慮」に批判したりする。自ら選んだこととはいえ、世間から隠れて生きてきた「先生」にとって、自分が世間で認められていないことにたいする鬱屈した思いは強く残っていた。模倣者「私」の出現は、自分という存在の価値を、あらためて他者から示される絶好の機会だったのだ。

Kの死後、「先生」は不安から逃れるために読書に没頭したり、酒に溺れたりする段階をへて、「死んだ気で生きる」という決心によって、危ういバランスながら、かろうじて平衡状態を維持してきた。しかし、「先生」と静との淋しく静かな生活は、「先生」が「先生」となることによって均衡が破られ、「私」に思想的に追いつめられていった。ちょうどKが「先生」によって追いつめられたようにである。Kが静のことを好きだと「先生」に告白したとき、「先生」はその告白がKがこれまで主張してきた禁欲の思想と矛盾していると詰る。Kはこの「先生」の詰問によって思想的に追いつめられる。同じことが「先生」と「私」との関係でも再現されることになる。

「先生」と呼ばれることによって、「先生」は青年の人生の導き手となるのだが、そのことによって、危ういバランスは崩れはじめ、「先生」は純粋な人生の導き手であることを強いられることになる。「先生」は、模倣者の「私」を得ることによって、自分の生きてきた人生についての反省を先鋭化させられるのである。そのことを「真面目」という言葉に着目して考えてみよう。

## *4*　「先生」はなぜ死ぬことになるのか

「先生」は、明治天皇（国の父）の死に際して、乃木大将が殉死したことに強い印象を受けた。乃木は、本来ならば西南戦争において天皇から直接下賜された軍旗を敵軍に奪われた時点で死なねばならなかったが、明治天皇によって命を救われた。また日露戦争の旅順攻略で多数の戦死者をだした罪を償うためにふたたび死を願いでたが、明治天皇によって願いは退けられたと伝えられている［江藤 1979（1974）：236–237］。乃木は、ずっと負債感を抱え、死ぬ機会を待ちつづけて生きてきたのである。それにしても、乃木の殉死に「先生」がなぜ強い印象を受けたのだろうか。

乃木に呼応する形で、「先生」が自死するとき、この「先生」の死と乃木の殉死とは、どのような内的関係にあるのだろうか。[5]

もともと殉死とは、自己を照らしだしている贈与者としての聖なる他者（王や聖者）の死に、自己を殉ずることである。このような殉死する者の自己のうちには聖なる光がない。これは、第1章の個人の誕生を論じたときに明らかにしたように、自己のうちに光をもたない前近代的な生の在り方だと言ってよい。日本では、殉死は、封建時代の主従関係において主君の恩愛にたいする家臣の「献身の道徳」を示すものであった。しかし、このような道徳は、主君からの贈与によって生じた負債（恩愛）への返礼という貸借関係の表れに他ならない。言い換えれば、通常、殉死は、卑怯者の誹りを受けないよう社会によって強いられているのである［和辻 1962c (1952), vol. 13: 211–234］。それにたいして「個人」の価値は、社会からではなく超越的存在との交わりの体験からくる。「個人」が死を選ぶのは、「個人」の倫理の選択においてである。だから、「個人」は殉死を選択することはない。しかしながら、乃木の死は一点において「個人」の倫理に、したがって「先生」の倫理に勝っている。それは乃木の真面目さである。「先生」の死は、乃木の殉死にたいして、思想的に拮抗するだけの真面目さをもつものでなければならない。世間への面目や羞恥のような前近代的な共同体の負債感に基づく道徳原理に生きる乃木が、殉死することによって聖なる他者への忠節を示したとするならば、「先生」もまた「個人」の倫理で生き抜く苛烈なほどの「真面目」さでもって、「私」に自分の人生を贈与する必要があったのだ。

明治天皇の死と、それに続く乃木の殉死は、「先生」の死のきっかけでしかなく、Kの死に関わる長年の懺悔の念が、「先生」の死の内在的な理由であることはまちがいない。しかし、乃木の殉死の意味は軽くないとしても、その殉死の意味を決定的に重要なものにしてしまったのは、「私」という「先生」の分身の出現である。もし「先生」が「私」と出会うことがなかったなら、乃木の死にこれほど強い印象を受けることもなく、「先生」はこのときに死を選んだかどうかは定かではない。不意の「私」の出現こそが、それまで人知れず密やかに妻と一緒に暮らしてきた「先生」の生活に、歪みをもたらしたのだ。

その歪みを臨界点にまで推し進めたのは、「私」の人生にたいする「真面目」さである。この「真面目」によって、「先生」と「私」との間の悪循環が生まれて、そして昂進していったのだ。「私」が「先生」の過去のすべてを知りたいと迫る場面は、この両者の間に何が起こっているかをよく示している。


「あなたは大胆だ」

「たゞ真面目なんです。真面目に人生から教訓を受けたいのです」

「私の過去を訐《あば》いてもですか」

訐くという言葉が、突然恐ろしい響を以て、私の耳を打つた。私は今私の前に坐つてゐるのが、一人の罪人であつて、不断から尊敬してゐる先生でないやうな気がした。先生の顔は蒼かつた。

「あなたは本当に真面目なんですか」と先生が念を押した。「私は過去の因果で、人を疑《うたぐ》りつけてゐる。だから実はあなたも疑つてゐる。然し何うもあなた丈は疑りたくない。あなたを疑るには余りに単純すぎる様だ。私は死ぬ前にたつた一人で好いから、他を信用して死にたいと思つてゐる。あなたは其たつた一人になれますか。なつて呉れますか。あなたは腹の底から真面目ですか」

「もし私の命が真面目なものなら、私の今いつた事も真面目です」

私の声は顫《ふる》えた。

「よろしい」と先生が云つた。「話しませう。私の過去を残らず、あなたに話して上げませう。其代り……。いやそれは構はない。然し私の過去はあなたに取つて夫程《それほど》有益でないかも知れませんよ。聞かない方が増かも知れませんよ。それから、——今は話せないんだから、其積でゐて下さい。適当の時機が来なくつちや話さないんだから」

私は下宿へ帰つてからも一種の圧迫を感じた。

［夏目 vol. 9: 87–88］

この「私」が示す「真面目」さによって、「先生」は自分の過去の出来事を語り直し、「私」に遺書という形で残すことになる。遺書の冒頭で、「先生」は「私」の問いにたいして会って話したいと思ったが、それができなくなったのでこの遺書を書くことになった、とその理由を述べ、「あの時あれほど固く約束した言葉がまるで嘘になります」と言っている。友人を「裏切る」という過去の行為への懺悔に生きる「先生」にとって、「約束」を守るということは命がけの倫理なのである。「たゞ貴方丈に、私の過去を物語りたいのです。あなたは真面目だから。あなたは真面目に人生そのものから生きた教訓を得たいと云つたから」〔夏目 vol. 9 : 157〕と遺書にある。この「真面目」という言葉が、対話のなかでも遺書のなかでも何度も繰り返し使用されていることに注意しておこう。[6]

それでは、この遺書によって何が実現されようとしているのか。

私は其時心のうちで、始めて貴方を尊敬した。あなたが無遠慮に私の腹の中から、或生きたものを捕まへやうといふ決心を見せたからです。私の心臓を立ち割つて、温かく流れる血潮を啜らうとしたからです。……中略……私は今自分で自分の心臓を破つて、其血をあなたの顔に浴せかけやうとしてゐるのです。私の鼓動が停つた時、あなたの胸に新らしい命が宿る事が出来るなら満足です。〔夏目 vol. 9 : 158〕

「私の鼓動が停つた時、あなたの胸に新らしい命が宿る事が出来るなら満足です」という最後の言葉は、この物語の主題が「死と再生」であることを示している。ここにもっとも深い先生と弟子との関係のテーマが存在する。この先生と弟子という異なった人格の間を貫いて実現される受け渡しという事象こそ、その受け渡される内容はなんであれ、先生と弟子と呼ばれる関係を関係たらしめているものなのだ。死する者と生まれ変わる者との「血」を通しての受け渡しが、かぎりなくエロス的な関係に近いのは当然だと言ってよい。この引用文からも明らかなように、これは「先生」から「私」に純粋に贈与された供犠なのである。

ではなぜ「先生」は自分を「私」に差しだすのか。それは「私」の真面目さによってである。ソクラテスのような人物は、はじめから純粋贈与者であり「最初の先生」である。それにたいして、「先生」は当初は「私」のたんなる媒体にすぎない。しかしながら、「私」の人生にたいする真面目さによって、「先生」はますます真面目であることを求められる。「先生」にとって「真面目」とは、自分の「心臓を立ち割つて、温かく流れる血潮を啜らうと」する態度を相手に求めることである。そして、乃木の殉死を契機にして、「先生」は「真面目」であることの臨界点にまで達する。悪循環の昂進によって自己が自壊し、新たな形態が生起する。この跳躍によって、「先生」は告白し自死することによって自己を贈与する「最初の先生」となる。それは文字通り命がけの跳躍である。[7]

「先生」の跳躍は、欲望模倣に囚われた在り方からの解放を意味する。「先生」はその人生の最後において、「私」への伝達という未来に関わることで、Kへの懺悔という過去の呪縛を脱し、人間への不信を超えることができる。「先生」は過去の誤りのため自責の念に耐えかねて死ぬのではなく、未来に向けての贈与として死ぬのだ。

## *5* 「先生」の死とその後の「私」

『こころ』に登場する「先生」は、ソクラテスのような古代型の「人類の教師」などではなく、急速な近代化を目指すアジアの辺境の地に生まれた一知識人にすぎない。それでも、残された弟子の「私」にとって、「先生」はなぜ死を選んだのか、「先生」の死の謎の意味を考えることは、実存を賭けた問いである。それは、Kがなぜ死を選んだのかと考え続けた「先生」の問いと無関係ではない。しかし、Kの死はそれが謎であるとしても決して贈与ではない。それにたいして「先生」の死は、「私」にたいする惜しみない贈与である。「私は今自分で自分の心臓を破つて、其血をあなたの顔に浴せかけやうとしてゐるのです。私の鼓動が停つた時、あなたの胸に新らしい命が宿る事が出来るなら満足です」と「先生」はいう。これは贈与でなくて一体なんだろうか。
だからこそ「先生」に残された「私」は、なぜ「先生」が死を選んだのかを、人生を賭けて問わざるをえない。そして、「先生」も死の意味を「私」が「生きた教訓」として「真面目」に理解してくれることを期待しているのだ。この贈与によって「私」は跳躍する。そして、「先生」との出会いと教えと別れとを語りだそうとするのである。『こころ』の書きだしを読んでみよう。

> 私は其人を常に先生と呼んでゐた。だから此所でもたゞ先生と書く丈で本名は打ち明けない。是は世間を憚かる遠慮といふよりも、其方が私に取つて自然だからである。私は其人の記憶を呼び起すごとに、すぐ「先生」と云ひたくなる。筆を執つても心持は同じ事である。余所々々しい頭文字抔《など》はとても使ふ気にならない。
> [夏目 vol. 9: 3]

先生の死後に、「私」によって書かれたこの手記では、「先生」という言葉が新たに自覚的に選択されていることがわかる。たまたま使用されたにすぎない「先生」という敬称は、「先生」の死によって、「先生」から受け継いだ血によって、揺るぎないものとして選び直されているのだ。「先生」が遺書で友人をKという頭文字で呼んだのとは対照的に、「私」はあえて「先生」という敬称を使用するというのだ。ここに「先生」とKとの関係を超えた、「私」と「先生」との新しい関係をみることができる。[8] このような跳躍を「私」ができたのは、とりもなおさず「先生」の贈与によるのである。

通常、贈与は人間関係のバランスを揺るがし、贈与者への返礼の義務を生じさせる。しかし、贈与されたものが愛であるとき、贈与を受けた者を負債で苦しめはしない。「先生」が「私」に与えたものとは、自らの罪にたいする懺悔に満ちた遺書という物語だけでなく、その遺書を「私」に託し自ら供犠として自死したという出来事である。それは、世間の道徳と異なるロマネスクな個人の倫理に基づいている。そのため、「私」に喪の作業を強制しはしないはずであった。それにもかかわらず、純粋贈与という不可能性が「私」をこの物語の書き手へと転回させるのである。

## 6　そして「私」から「私」たちへと贈与は続く

Kも「先生」も「私」も、三人とも地方出身の知識人であるだけでなく、それぞれの故郷の親や親戚たちの意志に反して自分で道を歩もうとした人々である。その意味で、彼らは「個人」として生きようとした。恋愛は個人として生きることのひとつの証である。しかし、そのような自由な恋愛においてさえ、Kと「先生」によって示されたように、他者の欲望模倣にすぎない。そのことが認識ができなかったために、Kも「先生」もともに罰せられる。そして彼らと「精神的親族」〔江藤 1984（1956）: 88〕である「私」もまた、この二人と同じ危険に直面していた。「先生」は自死と告白とによって、「私」に欲望模倣の奴隷であるロマンティークな個人としてではなく、自尊心の放棄というロマネスクな個人として生きる可能性を開いたのである。

先生との出会い、先生による教え、そして先生の自死、そのことを思いだしながら語る「私」……、『こころ』は、サン＝テグジュペリ（Saint-Exupéry, A. d.）の『星の王子さま』（一九四三年）と同じ構造をもっている。しかし、『星の王子さま』の最後は、王子さまの死による喪失感とともに、星の彼方で笑っている王子さまを感じる幸福感が漂っている。その幸福感を感じることができる者は、ノンセンスとして描きだされた人々の悪循環を前にしても、狐の秘密の教えを知る者として生きていくことを可能にしていくだろう〔矢野 2000: 191–204〕。

ちょうど狐が教えてくれた秘密の教えのように、「先生」から教えられたのは、他の誰にも口外することのできない「先生」の生の「秘密」である。秘密の告白とは、告白された者にとって「絶対的な伝達」である。語ることを禁じられた秘密をただ一人受け継ぐことで、人は他者のまなざしによっては決して見通すことのできない内面を所有することになる。さらに、秘密の受け渡しが死の贈与としてなされることで、この「私」は聖なる出来事を体験する。それは、共同体のいかなる「物語」にも回収されることのない、個人が誕生することである。そして、今度はこの秘密が「私」から供犠の出来事ともに「私」たち読者へと贈与されることになる。

「私」たち読者は、『こころ』の語り手である「私」を、直接には知らないし、まして「先生」に会ったこともない。なによりこれは小説でありフィクションである。しかし、漱石の小説は、「私」たちの心を強くつかみ、揺さぶり、供犠に立ち会うのと同様の事態をもたらす。「私」たちは、いつのまにか「私」となって、「先生」の死の贈与を受け取ることになる。「私」たちがこの小説を読み心が揺さぶられ、このことをめぐって友人と語りはじめたら、それは「私」たちが「私」となったからである。「先生」はなぜ死ぬのか。この過剰な贈与は、「私」たちにとっても謎であり続ける。こうして「私」たちは「贈与のリレー」に参加し、この先生の贈与の教えを伝達する者へと転回する。

『星の王子さま』の「私」は、星の王子さまから贈与されることで、言いしれぬ幸福感に包まれる。それにたいして、『こころ』の「私」や、「私」たちには、贈与されることからくる幸福感はない。たしかに「私」と「私」たちは、「先生」からの贈与によって深く変容する。それは二重媒介による欲望模倣の奴隷となることなく「個人」として生きていく可能性が、「先生」の贈与によってわずかながらでも指し示されているからだ。しかし、近代の日本に生まれた「最初の先生」は、「立身出世」を目指し、お互いが欲望模倣に身を焼かざるをえない「近代」と、個人の尊厳を認めない「世間」という二重構造のなか、「暗い人世の影」を生きざるをえない「個人」である。欲望を放擲するロマネスクな個人の可能性を開いた漱石にも、この「暗さ」を『こころ』のなかで完全に払拭することはできなかった。しかしながら、漱石の歩みはここにとどまりはしなかった。そしてその歩みは、「則天去私」という言葉にまで進む。次の章では、漱石その人と弟子たちとの関係から、純粋贈与者としての先生と弟子との問題を考えてみよう。

# 第3章 「先生」としての漱石
## 師弟関係における贈与と負債

依稀暮色月離草
錯落秋聲風在林
眼耳雙忘身亦失
空中獨唱白雲吟

依稀《いき》たる暮色《ぼしょく》に　月　草を離れ、
錯落《さくらく》たる秋声に　風　林に在り。
眼耳《げんに》　ならべ忘《ぼう》じ　身《み》もまた失《しつ》す、
空中に独《ひと》り唱《うた》う　白雲の吟《ぎん》を。

「無題」より［夏目（1916）, vol. 18: 476、飯田 1994: 415］

### *1*　漱石とその弟子という問題

芥川龍之介の短編小説、『枯野抄』（一九一八年）という作品は、その題名からも推測されるように、芭蕉の臨終とその場面に立ち会った門人たちの姿を描いたものである。それぞれの門人たちと師芭蕉との関係が、鋭く書き分けられている。其角、去来、支考とつぎつぎと門人たちが、末期の水を芭蕉の口元にもっていく。門人たちの思いはさまざまだ。そのなかの一人「老実な禅客」丈草もまた眼前で師を喪うことに恐れを抱いていた。しかし、実際に師が亡くなったときに起きたことは、丈草が予想もしていなかったことだった。その瞬間の丈草の変化を、芥川は次のように鮮やかに描いている。

……丈草は、芭蕉の呼吸のかすかになるのに従って、限りない悲しみと、さうして又限りない安らかな心もちとが、徐に心の中へ流れこんで来るのを感じ出した。……中略……丈草のこの安らかな心もちは、久しく芭蕉の人格的圧力の桎梏に、空しく屈してゐた彼の自由な精神が、その本来の力を以て、漸く手足を伸ばさうとする、解放の喜びだったのである。彼はこの恍惚たる悲しい喜びの中に、菩提樹の念珠をつまぐりながら、周囲にすすりなく門弟たちも、眼底に払つて去つた如く、唇頭にかすかな笑を浮べて、恭しく臨終の芭蕉に礼拝した。

〔芥川（1918), vol. 3: 277-278〕

『枯野抄』という作品は、夏目漱石の臨終の場面がモデルとなっているという解釈がある〔高橋 2001: 132〕。芥川の眼には、漱石の弟子たちのなかに、漱石の死が「人格的圧力の桎梏」からの解放の体験になるという、アイロニカルな出来事が見えたのだろうか。しかし、芥川自身が、漱石に「人格的なマグネティズム」〔芥川（1919), vol. 4: 150〕を感じ、惹かれるとともに遠ざかろうとするアンビバレントな感情を抱き、漱石の死にさいして、「歓びに近い苦しみ」〔芥川（1927), vol. 16: 46〕を経験したと告白しているように、丈草は芥川本人でもあるのだ。それにしても、師の死が、弟子にとって解放とされたのはなぜだろうか。

本章では、弟子を世界の外部へと開き変容させる「最初の先生」と、その「最初の先生」に魅せられる弟子との、教育関係の可能性と病理とを考察する。このような師にとって弟子とはどのような存在なのか。このような師を仰いだ弟子にとって、師とはいかなる存在なのか、さらにその師の死とは一体いかなる事態なのかということである。

漱石と弟子との関係は、たんなる知識の伝授といったものではなく、自己の根幹における変容をもたらすものであったが、ここで漱石とその弟子との関係を取りあげる最大の理由は、漱石の小説『こころ』における「先生」と「私」との師弟関係がそうであったように、漱石と弟子の師弟関係が、現代における「最初の先生」とその弟子との関係の可能性と病理とを、同時に示しているからにほかならない。また、そのとき、漱石の弟子に書いた手紙から、漱石が弟子とどのような関わりを目指していたかを知ることができ、観察力と的確な描写力とをもった弟子たちによる記述から、弟子が漱石をどのようにみていたかを知ることができ、漱石と弟子との関わりを、師からと弟子からの二重の視点から立体的に捉えることができるからである[1]。

前章の1節において、師弟関係を考えるときに、弟子による伝記や回想や追憶や日記における師にたいする記述が、必ずしも優れた記述とはなり得ない理由を明らかにし、そこから出発せずフィクションを手がかりにすることが明らかにされた。本章では前章の議論を踏まえ、漱石と弟子のテクストを前章で捉えた『こころ』を解釈のフィルターにして読解することになる。つまり本章では『こころ』の「先生」と「私」の関係を手がかりに、漱石と漱石の弟子との関係を論じることになる。その意味において、第2章とこの第3章の考察とは、対となった考察ということができる。

## *2*　漱石と「先生としての漱石」像

漱石は、弟子にたいして作品の発表の場を与えたり、困っている弟子には金を都合したりもしたが、弟子からみれば漱石はたんなる文芸上の成功者などではなく、なにより人格的な理想を体現した人生上のモデルであったといわれている。このことについて弟子の証言は、いくらでもあげることができる。例えば、和辻哲郎は、漱石という先生について「(漱石が)公正の情熱によって『私』を去ろうとする努力の傍には、超脱の要求によって『天』に即こうとする熱望があるのであった」と述べ、さらに「漱石はその遺した全著作よりも大きい人物であった。その人物にいくらかでも触れ得たことを、私は今でも幸福に感じている」と続けている［和辻 1963 (1918), vol. 17 : 92］。

弟子の描いたもののなかで、小宮豊隆の『夏目漱石』(一九三八年)における漱石像は、このような漱石像の典型であり、後世にもっとも強い影響力をもったものである。この著作は、漱石の生涯と文学作品の解釈とを重ね合わせて論じたものだが、弟子との関係を詳細に書き込むことで、「偉大な師」としての漱石の「人格」の発展に焦点が当てられている。このなかで小宮は、「修善寺の大患」と呼ばれる生死の境をさまよった臨死体験を契機（小宮はこれを「大転回」と呼んでいる）に発展した「即天去私」という言葉で捉えられた境地こそが、漱石の晩年に到達した最終の境地であり、これが同時に漱石の文学上の到達点でもあることを明らかにしようとした。

しかし、「偉大な師」を伝えるこれらの言葉は、すべて漱石の死後に弟子によって語られた言葉であることに注意しなければならない。「先生としての漱石」の境地をもっとも象徴的に表す言葉として有名な「則天去私」は、一九一六（大正五）年十一月九日と十六日の木曜会で語られたのだが、十一月二十二日には胃潰瘍が再発し、その後病状は次第に悪化して、それがもとで漱石は十二月九日には亡くなる。しかしながら、「則天去私」が漱石によって語られたときには、弟子たちは漱石がそれほど早く亡くなるとは予想もしておらず、語られた事柄の重大性についても十分に理解していたわけではなかった。「則天去私」は、語りによって伝えられたため、それを聞いた弟子の一人の森田草平は、「則天去私」ではなく「捨私則天」、あるいは「則天捨私」というように、記憶していたほどである。漱石が「偉大な師」として、あらためて弟子たちの間で受けとめられるのは、「則天去私」を到達点とみなし、その「頂点」から反転したパースペクティブのなかに、生前の漱石の言行と作品とが位置づけて解釈されるようになった漱石の死後のことであると言ってよい。なぜ漱石の死後、弟子によってそのような漱石の「神話化」がなされるにいたったのか、その理由については後で述べることにする。

「則天去私」を漱石の到達点として描いた小宮の『夏目漱石』は、「生命の息吹きが欠けた」漱石の「非常に精巧な剝製」〔中村 1972b (1945), vol. 3: 137〕のようだといった厳しい批判を浴びつつも、読書界において漱石の神格化を促し、「人格者＝師」漱石という評価の仕方を、定着化させたのみならず、漱石の作品解釈の方向をも規定してきた。言い換えれば、漱石の死後、弟子によって、「先生としての漱石」が前面に押しだされた漱石の作品解釈がなされてきたのである。

それでは弟子にとって生前中の漱石とはどのような存在だったのだろうか。残された手紙類が教えるところでは、弟子の漱石への思いは、理想の体現者としての師への尊敬や敬慕の念といった微温な感情に収まりはしなかった[2]。

前章でも述べたように、師と弟子との関係は、ジラールのいうところの欲望模倣関係のひとつとみなすことができる。弟子は師の知識や技術・技巧・技能・方法を模倣し獲得するとともに、同時に師の欲望を模倣する。つまり師の世界観や価値観をも模倣するのである。もし弟子が師の欲望を模倣しないならば、そもそも師の知識や技術を学ぼうとさえしないだろう。そうなるといかなる意味でも、その関係は師弟関係ということはできないだろう。弟子が師の欲望を模倣することは、学習が生起するうえで重要なモーメントなのである。漱石の弟子たちにとっても事態は同様であったが、弟子たちにとって漱石は通常のレベルを超えた過剰な欲望模倣のモデルであった。例えば、内田百閒は次のように述べている。「私は若い時非常に漱石先生を崇拝したので、先生の真似をした。真似をしたのは私許りでなく、先生のお弟子の中には、先生の様な歩き方をしたり、先生の様に笑つたりする人があつた」［内田 1972（1941），vol. 4: 270］。内田自身は、漱石が原稿執筆に使用した机の寸法を測り、まったく同じ大きさの机を自分用にわざわざ作らせたのである。

弟子による漱石への心酔ぶりは、漱石の仕草から価値観にいたるまでの模倣を超えて、さらに直接的に漱石と合一したいという「殆んど異性に対する情合《ママ》のようなもの」（小宮豊隆）を引き起こしもした。例えば、鈴木三重吉の漱石への手紙にたいして、「あの手紙を読むと三重吉君は僕のことを毎日考えて神経衰弱を起こしたように思はれる。……中略……三重吉君は僕の細君抔より余程僕の事を思つて居るらしい」という漱石の感想が手紙に残されているし［「中川芳太郎あて手紙」夏目 (1906), vol. 22: 405］、三重吉自身の言葉でいえば、「先生の睾丸を握っている」ように振る舞ったといわれる。また和辻哲郎の漱石への熱い思いを込めた最初の手紙にたいしても、「殆んど異性間の恋愛に近い熱度や感じ」がすると、漱石が感想を書き添えて返事したように［夏目（1913), vol. 24: 209］、弟子たちの漱石への思いは、たんなる尊敬というレベルを超えて同性愛的な恋愛感情に近いものであった。このような事態は、『こころ』の「先生」が自分に惹かれて近づいてくる青年の「私」にたいして、君は恋愛の前段階として自分に近づいてくるのだと指摘した箇所を思いださせることだろう。[3]

若い崇拝者たちは、漱石の仕草を真似するだけでなく、漱石からの積極的な評価を得ることを熱望した。そして、さらなる漱石からの評価と愛情を得るために、同じ欲望模倣をもつ弟子の間で熾烈なライバル関係が生まれることになった。森田草平が『夏目漱石』（一九四二年）のなかで、「（弟子のうちで）誰がいちばん故先生に愛されていたか」と問うているのは、自分が一番愛されたのではなかったという苦く屈折した感情に由来する問いであるが、漱石の愛情の獲得をめぐる競争の厳しさを示している。そして、このライバル関係は、当然のように弟子間に羨望と嫉妬を生みだしていくことになる。

弟子たちは、漱石からの愛情を獲得するために、漱石に認められるような優れた作品を書くというような正攻法だけでなく、恋愛において相手の愛を勝ち取るときのように、漱石の関心を得るためにさまざまな策を試みた。例えば、森田は自身の出自の秘密を漱石に「告白」し、二人だけで秘密を共有しあうことによって、漱石を独占しようとしたといわれる［小森・石原編 2000: 108］。森田はのちに「（弟子たちは）めいめい先生は自分のものだと思っていた。少なくとも、自分達共同のものだと思っていた」と述べている。

江戸時代における儒学の師弟関係が、礼儀作法を媒介として師弟間の距離を厳格に維持することで、垂直の師弟関係を作っていたことと比べると、漱石と弟子との関係は、弟子の年齢や個性の違いで温度差があったとはいえ（例えば芥川のアンビバレントな感情）、相互に距離感が少なく、人格者としての師とそれを崇拝する弟子との関係というより、アイドルとファンとの関係に近いものであったことを示している。このことは、弟子が漱石からいろいろな教えを受け感化されたという事実と矛盾するわけではなく、それだからこそ漱石は強力なモデルたりえたと理解すべきである。

### 3　「先生としての漱石」像批判とその再吟味

ところで今日、「先生としての漱石」という主題を論じようとすることは、文学研究者からは時代遅れの試みとみなされることだろう。その理由は、江藤淳が『夏目漱石』（一九五六年）において、「則天去私」に象徴される小宮ら弟子の漱石像を「漱石神話」として徹底的に批判し、同時に「人格者＝師」としての漱石像を退け、新たな漱石像を描いてみせたからである。さらに江藤は、漱石の伝記的研究『漱石とその時代』（一九七〇―九九年）においても、弟子の描く漱石の伝記に対抗しながら、漱石の嫂《あによめ》登世への隠された愛とその罪意識の暗部を描きだすことによって、執拗に漱石神話の破壊を目指している。江藤の切り開いた漱石観がどのようなものであったかはここでは問題ではない。ただ、江藤が「則天去私」の神話を批判するために、「先生としての漱石」という側面を漱石理解にとって重要でないと断言し、「則天去私」を漱石の教師臭さとして批判していることが問題である。江藤は次のように言っている。

> 漱石の最初の職業は学校教師であった。彼と門弟との間ではこのことが決定的な意味を持ってしまったので、漱石が只の職業作家になった後でも、門弟達にはどこかしら教師臭さの抜けない人間の残像がこびりついていたのである。弟子にむかって「則天去私」などといえば、崇高らしくきこえるだけの術は、漱石の方でも充分に備えていて、それをかなり積極的に利用したような形跡もないではない。
> 
> 〔江藤 1984（1956）: 14〕

江藤が『夏目漱石』を発表した当時、直接に漱石の教えを受けた弟子たちは亡くなり、あるいは老いてもはや創作の力を失い、漱石研究は弟子の視点の縛りから解放されたテクスト読解の段階に開かれつつあった。しかも、江藤の仕事によって、「先生としての漱石」を問うことなど意味がないと断言されたことから、この主題はもはや魅力のある研究テーマとはなりえなかった。しかし、「先生としての漱石」は、人間漱石にとってこのような表層的なものにすぎないのだろうか。たしかに弟子の描く「先生としての漱石」の姿は、弟子によってたぶんに歪められ偶像化されたものであることはまちがいないにしても、わざわざ毎週木曜日に弟子との面会日を設けたことひとつとっても、生活全体のなかで、漱石にとって弟子との関係がいかに重要なものであったかを示してはいないだろうか。

江藤淳の「則天去私」の「神話化」にたいして、京都学派の系譜に立つ哲学者上田閑照は、論文「夏目漱石——『「道草」から「明暗」へ』と仏教」(一九九五年) において、漱石の仏教への関心と修行という観点から「則天去私」を捉え直し、神話化以前の「則天去私」を、漱石の「根本趣向」として論じている。このなかには「先生としての漱石」を考えるうえでも重要な指摘が含まれている。

木曜会で「則天去私」について漱石から直接に聞いた弟子たちの証言をもとに、上田は「則天去私」が、「実存的ないし人間の生き方・あり方としての則天去私」「文学・芸術作品の質としての則天去私」「文学概論ないし文芸理論の基礎範疇としての則天去私」三つのレベルに分けて、論じられていることを指摘している。そして、「この三つのレヴェルを通して何か或る統一的総合的な一つの質における新しい連関を際だてようとした」と考えるのである。この議論の中心は、「修善寺の大患」という「根本経験」に求められる。

一九一〇(明治四十三)年修善寺に逗留中だった漱石は、宿痾の胃病の再発によって多量の血を吐いて、のちに「徹頭徹尾明瞭な意識を有して注射を受けたのみ考へてゐた余は、実に三十分の長い間死んでゐたのであつた」と『思ひ出す事など』(一九一一年)で記しているような臨死の体験をした。有名な箇所だが重要なので引用しておこう。

強ひて寝返りを右に打たうとした余と、枕元の金盥に鮮血を認めた余とは、一分の隙もなく連続してゐるとのみ信じてゐた。其間には一本の髪毛を挟む余地のない迄に、自覚が働いて来たとのみ心得てゐた。程経て妻から、左様ぢやありません、あの時三十分許は死んで入らしったのですと聞いた折は全く驚いた。子供のとき悪戯をして気絶をした事は二三度あるから、夫から推測して、死とは大方斯んなものだらう位にはかねて想像してゐたが、半時間の長き間、其経験を繰返しながら、少しも気が付かずに一ヶ月あまりを当然の如くに過したかと思ふと、甚だ不思議な心持がする。実を云ふと此経験――第一経験と云ひ得るかゞ疑問である。普通の経験と経験の間に挟まって毫も其連結を妨げ得ないほど内容に乏しい此――余は何と云ってそれを形容して可いか遂に言葉に窮して仕舞ふ。余は眠から覚めたという自覚さへなかった。……中略……其間に入り込んだ三十分の死は、時間から云っても、空間から云っても経験の記憶として全く余に取って存在しなかったと一般である。妻の説明を聞いた時余は死とは夫程果敢ないものかと思った。さうして余の頭の上にしかく卒然と閃めいた生死二面の対照の、如何にも急劇で且没交渉なのに深く感じた。何う考へても此懸隔った二つの現象に、同じ自分が支配されたとは納得出来なかった。よし同じ自分が咄嗟の際に二つの世界を横断したにせよ、其二つの世界が如何なる関係を有するがために、余をして忽ち甲から乙に飛び移るの自由を得せしめたかと考へると、茫然として自失せざるを得なかった。

［夏目 1994（1911），vol. 12 : 401–402］

上田によると、この臨死体験は漱石において「根本経験」となって、そこから「死は生よりも尊い」という転回が生じ、「我」は本性ではなく「我なし」を本当のことと感得したのだという。[4] 上田はこの根本経験を「則天去私」理解の中核として捉えて、大患以降の漱石の心の軌跡を次のように論じている。

「我なし」という原事実（同時にこれが本当の自己だという覚証）が与えられて（根本経験）、時空的実存におけるそのゆるみとともに理想化され、その再現実化が課せられてくる。これが「理想と現実」という事態であるが、この場合の理想は単なる理想ではなく、いったん原事実として原与されたものであるから、実存の現実から理想の再現実化が自覚の中で方法化されてくるのである。

［上田 1997 : 220］

この「無我の再現実化」の自覚が、実存レベルでの「道に入ること」であり、作家としての方法のレベルでの『私』のない芸術」となるのである。つまり、「則天去私」ということをいうようになる境地には、生きることと小説を書くこととを互いに分けることのできない、漱石の「無我の再現実化」に向けての生があったというのである。

この上田の論は、「則天去私」にみられる漱石の「根本趣向」を考察したものであり、別に「先生としての漱石」について論じているわけではない。しかし、江藤が神話としての「則天去私」と「先生としての漱石」とをセットにして批判したことからもわかるように、「則天去私」の評価は「先生としての漱石」の評価と密接に連動している。「則天去私」が弟子を捉えるためのたんなるキャッチコピーでなく、実存のレベル・文学作品のレベル・文芸理論のレベルと連動して、漱石のある統一的な境地の変容を表していたと理解されるなら、当然「先生としての漱石」の在り方もまた変容していたと解釈できるだろう。しかしそれは、「則天去私」の副次的な結果として、「先生としての漱石」の変容が引き起こされたというような意味においてではない。「則天去私」は不可避的に「先生としての漱石」を生みだすのである。

「則天去私」という言葉を漱石は、作品にはおろか日記にも手紙にも言葉としては一言も書き表してはおらず(ただ墨跡が遺されている)、弟子を前にして肉声を通して語ったという事実の意味を考える必要がある。これまでの「則天去私」についての研究は、すべてこのことを偶然であるかのように扱い、「則天去私は弟子を前にして語られた」という事実を看過している。「則天去私」とは、師弟関係のなかで、対話し吟味されるべきテーマとして漱石によって選択されたのである。そのように考えていくと、たしかに「則天去私」の語られた内容においては、先に述べた三つのレベルの問題であるにしても、「語り」というパフォーマンスに着目するなら、第四のレベルともいうべき師弟関係のレベルの問題こそが中心なのである。だからこそ、のちに述べるように、「則天去私は弟子を前にして語られた」という事実が、漱石の死によってその意味を変え、その結果、「則天去私」は死とともに弟子に贈与された遺語となり、その後の弟子の生に重大な帰結をもたらしたのである。したがって、「則天去私」も師弟関係のレベルから新たにふたたび問われなければならない。このことを論じる前に、師弟関係を描いた漱石の作品『こころ』において、「先生」と「私」との関係がどのように描かれたかを再確認し、「則天去私」と「先生としての漱石」との内的な連関を論じるための補助線を引いておこう。

## 4 『こころ』の「先生」と漱石

『こころ』は、修善寺の大患の後で執筆された『彼岸過迄』(一九一二年)、『行人』(一九一四年)に続いて一九一四(大正三)年に発表されたものであり、作品上の大きな変化をみせる『道草』(一九一五年)につながるものである。漱石が、和辻哲郎に「私は今道に入ろうと心掛けています」と手紙に書いたのは、前年の一九一三(大正二)年十月のことである。『こころ』は、道に入ろうと心掛けている漱石が、師と弟子との関係を突き詰めて描いた作品ということができる。

前章でも詳しく検討したように、『こころ』において、漱石が自分に心酔して近づいてくる青年たちをどのように醒めた眼で捉えていたかを知ることができる。「先生」は、先に述べたジラールのいうところの欲望模倣の犠牲者であるがゆえに、欲望模倣の明晰な認識者となった。自分を尊敬し近づこうとする青年の「私」のうちに自分の分身をみて、「先生」はいつか君も私にたいしてルサンチマン感情を抱くことになるだろうと予言する［夏目 vol. 9: 41］。「先生」の欲望模倣についての明晰な認識は、「先生」自身が関係した悲劇的な事件に負っている。あのような悲劇を繰り返したくない「先生」は、「先生」の分身でもある「私」にたいして警告したのだ。ルサンチマンを回避するもっとも消極的な方法は、人との関係をたえず希薄にして、まちがっても人に尊敬などされないことだ。この認識は漱石自身の認識でもあっただろう。

小宮は『夏目漱石』のなかで、『こころ』の主人公の「先生」と作者の漱石とを重ね合わせながら、先の引用箇所を捉えて、「この先生の言葉は、漱石が若い弟子どもによって嘗めさせられた、苦い経験を背景としている」と述べている。「先生としての漱石」と弟子との関係を考えるうえで、この指摘は興味深いものである。しかし、小宮は『こころ』の「先生」と漱石との関係を、表層的に重ね合わせたにすぎず、小宮の指摘には彼自身も気づかないもっと深い意味が隠されていた。そのことを明らかにするには、この『こころ』の「先生」についてもう少し考察する必要がある。

『こころ』という小説が師弟関係の理解において重要なのは、これが「先生」と「私」との関係において、「最初の先生」が作る師弟関係の現代版の可能性と困難さを提示していることにある。

ルサンチマンを回避するために、人との関係を希薄にしてきたはずの「先生」は、「私」に「先生」と呼ばれ、さらには人生のモデルとして心から崇拝され、「先生」から真面目に人生の教訓を得たいと迫られる。この「私」からの呼びかけによって、「先生」にとって「先生」という呼びかけはたんなる年長者への尊称を超えて、次第に「師」としての意味を純化してくる。最後には「先生」は「私」からの呼びかけに応えるために、自分の隠された秘密を「私」に遺書のなかで告白し自死するのである。したがって、この「先生」の自死は、通常理解されているように、Kを欺き死なせてしまった過去の罪の償いのために自分を裁いて死んだのではなく、人生の教訓を得たいと願う「私」への贈与（供犠）として未来のために自分を捧げたものである。そのことは、遺書の冒頭の箇所で、「先生」が自分の血が「私」に浴びせられることによって、自分はあなたに再生するのだというところからも明らかだろう。重要な箇所なので再度引用しておこう。

私は其時心のうちで、始めて貴方を尊敬した。あなたが無遠慮に私の腹の中から、或生きたものを捕まへやうといふ決心を見せたからです。私の心臓を立ち割つて、温かく流れる血潮を啜らうとしたからです。……中略……私は今自分で自分の心臓を破つて、其血をあなたの顔に浴せかけやうとしてゐるのです。私の鼓動が停つた時、あなたの胸に新らしい命が宿る事が出来るなら満足です。

［夏目 vol. 9：158］

このような自己を贈与として弟子に差しだすといった師弟関係は、日本近代文学のなかではじめて表現された師弟関係である。しかし、私たちはこのような師の在り方にはじめて出会ったわけではない。この師弟関係を人類史における師弟関係の文脈に置くと、その意味がよりよく理解できる。

第1章で述べたように、人類史のなかで多種多様に見える師の在り方を、その発生の起源を共同体の内部に求めるものか、あるいは共同体の内部と外部との境界に生まれたのか、という基準で捉えれば、先生は二つの理念的なタイプに分けることができる。第一の先生のタイプは、歴史的な淵源を古代ギリシャのソフィストに求めることができる。彼らは、共同体の内部の先生として、金銭と交換に弟子に有用な知識や技能や技術を教える。彼らの目標は未熟な構成員を一人前にすることである。第二の先生のタイプは、ソクラテスに代表されるようなタイプの先生である。ソクラテス型の先生は、共同体の外部で「溶解体験」によって生まれ、「純粋贈与者」として共同体に戻り、共同体と外部との境界線で弟子を生みだす。ソクラテスが広場で頼まれもしないのに対話という贈与を繰り返したように、このタイプの先生は、溢れ出るものを見返りなしに人々に贈与しようとする。しかし、彼らが贈与するのは、生きるうえで役に立つ知識でもなければ、世界をよりうまくコントロールする技能や技術ではない。彼らは、「ほんたうは何か」を問い、直接的な対話によって弟子の意味世界に亀裂を入れ、新たな自己の生まれ変わり（生の「最初」）をもたらす先生である。このような先生は、制度化することのできない一回かぎりの先生であるということで「最初の先生」

と呼ばれるべき先生である。

この第二のタイプの先生が力を発揮するのは、その教えがソフィストのように交換ではなく、見返りを一切期待しない純粋贈与だからである。そして、その純粋贈与の強度が一番強く作用するのは、このタイプの先生の死の場面においてである。ソクラテスの死の場面を思い浮かべればよいのだが、ソクラテスは、逃亡し死から逃れることができたにも拘わらず、自らすすんでその死を受容した。その死の贈与の重さが、弟子に『ソクラテスの弁明』を書かせるのだ。ソクラテスの弟子プラトンは、ソクラテスの足跡を残すべく、さまざまなテクストを生みだしていくのである。

前章で詳しく論じたように、『こころ』の「先生」も、この意味において「最初の先生」ということができる。この「先生」は、「私」から「先生」とみなされ自己への反省のまなざしを純化することによって臨界点を超えてしまい、純粋贈与者としての「最初の先生」となるのである。なぜ弟子の「私」が、「先生」の死後に「先生」を物語らなくてはならないのか、その理由をよく理解することができる。それはソクラテスの弟子と同じく、師の死という贈与の重さにたいする返答なのである。しかし、「先生」の贈与には、「我」と「我」の相克を克服する明示的な方向が示されてはいなかった。その分、贈与の純粋性が曇っており、「私」は「先生」からの贈与にたいする負債感をもたされることになる。このことが『こころ』という小説を暗く重いものにしているのだ。

小宮は「先生」と漱石を重ね合わせたとき、「弟子に嘗めさせられた苦い経験」といった師弟関係の表層部ではなく、より本質的なレベルで両者を結び合わせて理解するべきであった。「先生」が「最初の先生」であり、その死が「私」にたいする純粋贈与であったように、漱石もまた「最初の先生」「純粋贈与者」にかぎりなく近づいていたのである。この両者の符合はもちろん偶然によるものではなく、道に入ろうとしていた漱石は、『こころ』を書くことで、より深く師としての自覚に迫られたといえよう。それでは、漱石がどのような意味において「最初の先生」「純粋贈与者」にかぎりなく近づいたといえるのか、その理由を明らかにしよう。

## 5 漱石の死と「先生としての漱石」像の誕生

先に述べた上田の論を敷衍しながら、漱石の「最初の先生」へのプロセスを簡潔に論じてみよう。修善寺の大患における臨死体験は、自己と世界との境界線がなくなる「我なし」の体験、すなわち溶解体験であった。この根本経験の再現実化、つまり「無我の再現実化」を求めて、漱石は「道に入ろうと」したのであり、『私』のない」文学作品を創作しようとした。このような漱石の変容のプロセスは、溶解体験によって共同体の外部を垣間見、自己から溢れるものを他者に贈与しようと共同体へと帰還する「最初の先生」の誕生のプロセスと同型である。「則天去私」は、そのような変容の軌跡において、「最初の先生」としての到達点でもあった。つまり、このとき漱石は、それまでの深い教養に裏打ちされた絶妙の切り返しとユーモアやウイットに富んだ座談の名手から、ライバル関係にみられるような「我」と「我」とが相克する「我」の在り方を破壊する「最初の先生」へと転回し、「純粋贈与者」として「則天去私」を贈与しはじめようとしていたのである。

このような「最初の先生」への転回は、一足飛びになされたわけではなかった。大患以降、漱石と弟子との関係が変化したことを小宮は伝えている。それによると、漱石の生存中には、この大患以降の転回の意味が弟子にはほとんど理解できず、むしろ、漱石のそのような転回は、一種の衰弱あるいは老化として捉えられた。

しかし草平や豊隆は、漱石のその心境が、いかに尊いものであるかということを、理会することができなかった。大病以前の漱石は、自分らと一緒になって芸術を論じ、自分らを高めるような議論を、自分らとともに上下してくれた。然るに大病以後の漱石の話は、何か平凡なものになってしまった。少くとも自分たちを高めてくれるようなものがなくなってしまった。これは漱石が大病のためにその若々しさを失って、すっかり老い込んでしまったために違いない。――彼らはそう判断して、漱石を老人扱いにし、あるいは「老」と呼びあるいは「翁」と言い出した。

［小宮 1987b（1938）：147］

「いかに尊いものであるか」といった小宮の大仰なレトリックは、教養主義・人格主義の臭さが感じられ、それが「則天去私」のみならず「先生としての漱石」を「神話化」してもいるが、しかしここで描かれている姿は、漱石と弟子との大患以前と以後との関係の変化をよく伝えているといえよう。大患以後の漱石の話が、「何か平凡なもの」となったと小宮は述べているが、この「平凡」の内実がポイントである。いずれにしても、小宮や森田や鈴木三重吉といった古くからの弟子たちは、次第に木曜会に足を向けなくなっていたといわれる。

先にも述べたように、「最初の先生」がもっとも大きな力を発揮するのは、自分の死を見返りを一切求めない純粋贈与とするときである。死に臨んで弟子に語り行うことは、師から弟子の最後の教えであり最高の贈与である。ソクラテスの死が、弟子に死の思い出や対話編を描かせるのは、その死がとても大きな贈り物だったからである。ソクラテスの死は、後のストア主義者の人生に「生きる勇気」を与えたのである。

漱石の死後、「則天去私」という真理の言葉が、万人に向けられた活字によってではなく、直接的・個人的な対話の場面で自分たちにのみ肉声で「語られた」という事実が、臨終に立ち会った弟子たちに師の遺言のような重みをもたせることになった。ソクラテスの死に直面した弟子たちと同様、師から直接に自分たちに贈られた最後のそして最高の贈与として、「則天去私」という言葉が受けとめられたのは自然なことであった。そして、真理を伝えられた者こそが、師の思想と作品の秘密を知り、その師と作品の真意を語ることができるという使徒的な使命感を、弟子に抱かせることになった。

しかし、漱石の死において弟子に生じたのはこれだけではなかった。むしろ事態はより錯綜したものであった。

『こころ』においては、漱石自身も欲望模倣のためにロマン主義の虚偽に陥った自他関係の地獄を克服する方向を提示できたわけではなかったが、少なくとも「則天去私」にはその方向が示されていた。したがって弟子の「人格的圧力の桎梏」も解体される可能性をもっていた。しかし、漱石の死がそのような可能性を現実に師弟関係において実現する前に訪れたために、漱石の死は弟子たちに使命感への自負とともに贖いきれない負債の贈与となってしまった（『孔子』のなかで、師の死を論じたときに、和辻は自らの師である漱石の死と弟子たちとの関係を、思い浮かべなかっただろうか）。

とりわけ、小宮や森田といった弟子には、漱石の死はもはや永遠に返済することのできない負債として受けとめられ、そのため彼らは師から解放される機会を失った。彼らの自己批判や自責の念が、漱石へのルサンチマンを引きずりつつ、かつ使徒的な使命感をともなって、彼らに何度も何度も自分と師との関係を振り返らせることになり[5]、その結果、彼らに漱石の思い出を書き続けさせた。そのために、彼らは創作者としての伸びやかな自由を失い、「偉大な師」漱石の言行を克明に描く記録者・報告者、漱石作品の編集者・解説者となったのである。

漱石の遺された作品や手紙類を精力的に収集し『漱石全集』の編集・校正をする一方で、小宮は『漱石襍記』（一九三五年）、『夏目漱石』（一九三八年）、『漱石の芸術』（一九四二年）、『漱石 寅彦 三重吉』（一九四二年）、『知られざる漱石』（一九五一年）を、森田も小宮に対抗するかのように『文章道と漱石先生』（一九一九年）、『夏目漱石』（一九四二年）、『続夏目漱石』（一九四三年）、『漱石の文学』（一九四六年）、『漱石先生と私』（『続夏目漱石』の増補改訂版、上巻は一九四七年、下巻は一九四八年）を上梓した[6]。小宮の『夏目漱石』においては、弟子として小宮自身が登場し、漱石を理解できず犯した愚かしさについて、しばしば慚愧の念が表明されるのだが、この小宮が漱石について語る語りの在り方は、漱石の『こころ』のなかの「私」の語りと同じ構造になっている。どちらも師の死による弟子の負債感に基づく語りなのである（小宮もこの構造が同じであることに気がついたからこそ、「先生」と漱石とを重ね合わせたのである）。

また、自ら「永遠の弟子」を任じる森田の場合も同じで、『漱石先生と私』の下巻の序では、「この書は先生に対する私の懺悔である」と述べている［森田 1948：2］。

ところで、小宮の『夏目漱石』と森田の『漱石先生と私』を比較すればわかるように、両作品はテーゼとアンチテーゼのような構図を作りだしており、記録者・解説者の次元においても、漱石を自分のものとしようとする欲望模倣に基づくライバル関係は続いた。「誰がいちばん故先生に愛されていたか」という問いは、師漱石の死後においても彼らの生を賭けた課題であり続けたのである。

冒頭の芥川の小説に戻ってみよう。芥川にとっては、漱石の死はすでに述べたように両義的ではあるにしても、一種の解放として体験された。芭蕉の死の瞬間の丈草はこう表現されていた。「丈草のこの安らかな心もちは、久しく芭蕉の人格的圧力の桎梏に、空しく屈していた彼の自由な精神がその本来の力を以て、漸く手足を伸ばそうとする、解放の歓びだったのである」。偉大な師である芭蕉の「人格的圧力」によって囚われていたのは、「本来の力」をもっているはずの「自由な精神」である。

しかし、別名「個性」と呼ばれる本来的な力が自己の内部に根ざしていると考えるのは、人間の「自律性」というロマン主義的な誤った信念に由来している。これは漱石が『こころ』のなかですでに徹底的に批判したものである。前章で述べたように、「先生」は、Kの欲望模倣にすぎなかった女性への愛情を、自分のうちから生まれたと誤解した。漱石が『こころ』で描いたのは、このようなロマン主義的な自律観に基づいて行動した人間の悲劇であった。漱石は具体的な師弟関係のなかで、「則天去私」を実現し、芥川を解放することができなかった。言葉を換えれば、芥川も「最初の先生」に出会えなかったのである。

芥川龍之介・阿部次郎・和辻哲郎・小宮豊隆、彼らはすべて漱石山房に出入りしていた漱石の弟子たちであると同時に、大正「教養」主義を推進した日本の人間形成における革新者たちであった。彼らは「個性」の重要性を主張することによって、前の世代が修養や修行によって形成した伝統的な「型」や「形式」を習得することを否定した。彼らは、身体行為をともなった修養や修行を退けたばかりか、一人の特定の師をもつことも否定し、そのかわり古今東西の文学や人生論の読書によって自己形成を図ることを青年に促したのである[7]〔唐木 1967 (1949), vol. 3、また本書第11章2節を参照〕。

「先生としての漱石」は、「型」を身につける「修養」から、「個性」を開発する「教養」へ、という日本の人間形成史の転換点において、重要な意味をもっていたということができるだろう。[8] 師をもたない世代の師として、漱石とは一体何者だったのだろうか。漱石と弟子との関係について考えることは、日本の先生の精神史における大きな転換期の意味を考えるうえでも重要なのである。このことは歴史的文脈で明らかにする必要があるが、本章はそれを問うための師弟関係の人間学的な考察を明らかにしたにすぎない。

# 第4章——贈与・死・エロスにおける先生と弟子
第I部のまとめに代えて

第1章では、教育の起源を共同体に求める従来の研究にたいして、共同体と外部との境界線上に現れる外部からの贈与的な先生の出現を教育の起源と見なし、そのような先生のモデルとして、ソクラテスを手がかりに、その贈与する「最初の先生」の誕生と死とを論じた。第2章では、そのような「最初の先生」の近代日本のモデルとして、夏目漱石の作品『こころ』に登場する「先生」を取りあげ、その「先生」の純粋贈与者への転回とその贈与的な死、そして残された弟子の「私」の生成変容について論じた。さらにこの章で論じた先生と弟子との動的な関係についての解釈をもとに、第3章では、先生としての漱石とその弟子たちとの関係のダイナミズムを論じた。とりわけ漱石死後の弟子の負い目に焦点を当てて、先生の贈与がもたらすものを考察した。本章では、第I部のまとめに代えて、これまで論じてきた「最初の先生」とその弟子との関係を、贈与・死・エロスに焦点を当ててあらためて問い直し、このような先生と弟子との関係において生起する出来事を考察することにする。

## 1　先生と弟子における贈与のリレー

田辺元の絶筆となった「メメント　モリ」(一九五八年)には、絶対的なるものと相対者とを媒介するものとしての先生(師)の在り方、そして先生の死が何を意味するのかをめぐる考察がある。ソクラテスとその弟子の関係、『こころ』の「先生」と「私」との関係、漱石と弟子との関係、そしてそれぞれにおける先生の死の意味の理解と関連するので、少し長くなるがその箇所を引用しておこう。

科学の一般的理論は師につかないで独学することも可能であらう。しかし絶対に具体的個別的なる自覚の真実は、出会ひに依つて結ばれた生ける師弟の間で、実践的に行ぜられた所を師から学びつつ自ら悟ることに依つてのみ、伝へられるのである。生ける個別的人格の交通なくして、絶対的真実は学ぶことも悟ることもできない。従つて絶対無即愛も、生ける師の愛を通じて媒介実現せられるのである。しかしてその師の愛を通じて自ら真実を悟得した弟子は、それに感謝する限り、当然に、自ら悟り得た真実を報謝して、更に新しく他人に回旋し、彼をして彼自身の真実を自悟せしめるための媒介としなければならぬ。ここに自ら真実を悟るに師を要すると同時に、その真実を更に他に回旋するに、夫々自己に固有の真実を自覚する主体（すなわちいはゆる実存）が、個別的にしてしかも普遍的なる真実に対応してモナドロジー的に実存協同を形造るべきゆゑんがある。自己は死んでも、互に愛によつて結ばれた実存は、他に於て回旋のためにはたらくそのはたらきに依り、自己の生死を超ゆる実存協同に於て復活し、永遠に参ずることが、外ならぬその回旋を受けた実存によつて信証せられるのである。死復活といふのは死者その人に直接起る客観的事件ではなく、愛に依つて結ばれその死者によつてはたらかれることを、自己に於て信証するところの生者に対して、間接的に自覚せられる交互媒介事態たるのである。しかもその媒介を通じて先人の遺した真実を学び、それに感謝してその真実を普遍即個別なるものとして後進に回旋するのが、すなわち実存協同に外ならない。この協同に於て個々の実存は死にながら復活して、永遠の絶対無即愛に摂取せられると同時に、その媒介となつて自らそれに参加協同する。その死復活は師弟間の愛の鏡に映して自覚され、間接に永遠へ参じ不死を成就するといつてよい。

［田辺 1964（1958）, vol. 13: 170–171、括弧内は田辺］

「実存協同」としての先生と弟子との関係、またそこにはたらく「死復活」は、贈与者としての先生の本質と、そのような贈与者としての先生と出会った弟子が、ふたたび贈与者となる関係の在り方をよく言い表している。『こころ』のなかの「先生」と「私」との関係も、このような文脈で理解することができる。これは古今東西に出現した師弟関係の原理的な考察ということができるだろう。しかし、漱石と弟子との関係におけるように、具体的な師弟関係には、「愛」に基づく先生からの贈与、それへの弟子の「感謝」、そしてふたたび「報謝」から先生となり弟子への「愛」に基づく贈与、といったサイクル（このサイクルも、「贈与のリレー」から、後に詳しく述べる「贈与＝犠牲のリレー」や「贈与交換」に、変質してしまう可能性があるのだが）へと進むことを妨げる、多くの躓きの石が待ちかまえているのである。

## 2　エロスの共同体としての師弟関係

本書の主題は、交換と対照しつつ、贈与を中心にして溶解体験あるいは非‐知の体験に関わる教育人間学的主題を推し進めることで、従来の教育的‐教育学的思考と実践とを、臨界点にまでもたらす限界への教育学を試みることにある。贈与とは、なにより非‐知の体験であり、それはエロス‐供犠‐死の連関のもとで捉えられるものである。したがって、本書の考察の範囲は、次の第Ⅱ部と第Ⅲ部に見られるように、死へのかぎりない接近ということで、贈与にとどまらず、必然的にエロティシズムや供犠や他者そして異界へと広がり、これまで教育的‐教育学的マトリクスにおいて排除され、あるいは発達の論理の言葉に無理矢理に翻訳されてきた多種多様な生成変容を、そのマトリクスにおいて露わにし、そのマトリクスが裂ける臨界点にまで考察を深めることになる。つまりは贈与のような法外の出来事を問う教育人間学は、限界への教育学の試みとなることを明らかにすることになる[1]。

ところで、そのような試みにおいて、最初に立ち現れてきたのは、近代の学校教育においては見ることのできない、惜しみなく贈与をもたらす「最初の先生」と名づけられた異様な人物たちであった。このような最初の先生は、ソクラテスを端緒にして、ツァラトゥストラや『こころ』の「先生」といった複数の「ソクラテス」たちにおいて例示された。

このように最初の先生を贈与する先生として捉えるとき、古代ギリシャの特殊な慣習としてたんなるエピソードとして語られるにすぎないソクラテスのホモセクシュアルな師弟愛に、古代ギリシャの習俗としての少年愛といった特殊性を超えた意味を見出すことになるだろう。『こころ』の「先生」と「私」との関係が、そして漱石とその弟子との関係が、同性愛的感情に基づいた関係であることは、これまでにも漱石研究者によって繰り返し指摘されてきたことである〔作田 1981 : 136〕。例えば、本書第2章3節に引用した「恋に上る階段なんです。異性と抱き合ふ順序として、まづ同性の私の所へ動いて来たのです」〔夏目 vol. 9 : 36〕という『こころ』のなかの「先生」の言葉は、字義通りに解することができる言葉である。このように贈与する最初の先生とは、エロスによって弟子たちと戯れる愛の先生として捉えることができよう。

先に述べたように、田辺元は、師弟関係を「愛によって結ばれた実存」として「実存協同」と呼んだが、このような贈与論に立つ師弟関係としての共同性は、従来の共同性とは異なるエロス的な共同体形成の可能性を示している。例えば、ブランショ（Blanchot, M.）は、『明かしえぬ共同体』（一九八三年）において、二人の間で恍惚が互いに交感する体験をコミュニカシオン（communication）と呼び、このコミュニカシオンにおいて生起する共同体を、「恋人たちの共同体」と呼んでいる。その意味でいえば、贈与する先生とその贈与を受け取る弟子とが生みだす関係も、「恋人たちの共同体」のひとつということができる。このような共同体は、有用性をもとにした交換ではなく、贈与の瞬間において生起する他者との交感において成立する共同体である。

バタイユによれば、エロティシズムとは、「死におけるまで生を称えること」〔Bataille 1957b = 2004 : 16〕であり、「本質的にエロティシズムの領域は暴力の領域であり、侵犯の領域である」〔同 : 27〕。エロスと死とは連続性に関わる侵犯の出来事である。エロティシズムは、贈与のレッスンであり、それはまた死のレッスンでもあるといえよう。その意味でいえば、「最初の先生」とは、死＝エロス＝非−知の体験に生まれ、己の死＝エロス＝非−知の体験を贈与とすることによって、弟子に死＝エロス＝非−知の体験を伝える者のことであるということができる。

師弟関係におけるエロスについては、たしかに伝統的な教育学のテーマのひとつであった教育愛論においても、教育愛がエロス的愛とアガペー的愛の弁証法的に統合されたものであると定義されてきたことからもわかるように［稲富 1961：129］、主題的に論じられてきたことである。このときエロス的愛の場合にはソクラテスが、そしてアガペー的愛の場合にはイエスが、それぞれ代表的な愛の体現者のモデルとして取りあげられてきた。教育愛がこのように論じられてきたことは、教育学的思考がこの最初の先生たちの言行にいかに大きく負っているかを示すとともに、同時に、教育学的思考が交換と贈与との次元的差異に考慮を払わず、最初の先生の誕生＝贈与という出来事を、「交換の物語」あるいは「贈与の物語」に回収することで、結果として初発の力をいかに縮減してきたかをも示している。このようにして教育愛は、教師の生徒への機能的な役割としての「危険」のない「愛の物語」に書き変えられたのである。

最初の先生の愛は、交換のなかで返された返礼などではなく、一切の見返りを求めない無償の贈与であるがゆえに、日常の生＝交換の環に安住しようとするものにとって危険きわまりないものであり、だからこそ贈与された者に生成変容をもたらす力となる。もともとエロティシズムは、教養者の文化への愛などにとどまることなく、死におけるまで生を称えることなのである。だからこそ愛の贈与者としての最初の先生は、小さな振幅で生成と発達を生きようとする者の経済的な均衡を大胆に破壊し、生成と発達にダイナミックな振幅をもたらし、より高く人間であること（人間化）を生みだすとともに、同時にできるかぎり遠くへ動物であること（脱人間化）をも促すのである。

## 3　贈与された弟子の生

ソクラテスとその弟子、「先生」と「私」、漱石とその弟子……、最初の先生は共同体の外部から到来し、弟子を外部へと開き、自己の死を最後のそして最大の贈与とする。残された弟子たちは、ある場合は、先生の究極の贈与への負債感を抱きつつ、ある場合は、その贈与を謎とし力として、先生の思い出を書き記していく。それは肉親や恋人といった親しい人に先立たれた者が、喪の作業として自伝を書きはじめることと似ていなくもない［石川 1997］。しかし、供犠としての先生の死は、その死に立ち会った者の生と死との通俗的な境界線を揺るがし、世界との連続性を体験し、深い生の変容をもたらす［本書序章3節参照］。先生の言動を回想し言葉に書きとどめようとすることは、先生と自己との関係を反省させ、とめどもなく深く自己の生の外部に触れる作業でもある。

先生の死が弟子にただ負債感を残すだけであれば、弟子によって描きだされる先生の姿は、理想化され神話化され「聖人伝」のように生身の人の姿を失ってしまうだろう。弟子のもはや返済不可能であるという悔悟の念が、先生を理想化し、さらには神話化してしまい、贈与の力を個人の像のうちへと実体化してしまうのだ。このように贈与の出来事は実体化されることで、先生の贈与はまとまりのよい美しい「贈与の物語」として定着され、贈与に立ち会った者の息を止めてしまうような圧倒的な衝撃力を失うことになる。しかしそれでもなお、贈与はいかなる物語によっても語り尽くすことができない特質をもっている。それゆえ贈与としての死は、無数の解釈を許容しつつ、いやむしろ予期しない出会いを生みだしてしまうことで、未来にわたり謎として運動し続けることになる。汲み尽くせない謎として、先生は死んでもなお弟子を安心の境地にとどめることなく、運動のなかに引き込むのである。だからこそ、直接にその先生と会い面したことのない者さえも、その贈与を謎として深く受けとめることができたときには、その

「最初の先生」の弟子となることができるのである。

ソクラテスの死は、生前のソクラテスと直接の交渉のない後の世代のストア派の哲学者にとっても勇気の源泉となり続けた。『こころ』の「先生」の死は「私」を変容させ、「私」は「先生」の命を引き継ぐ者として生きることを決意する。そして「私」の手記を読んだ読者も、その贈与の謎を贈与されたことで、第二・第三の「私」となることが促される。それにたいして、漱石の弟子たちの受けとめ方は、漱石との関係の作り方によって多様な形で現れている。ある者は返済不能な負債として受けとめ生きるし、ある者にとっては己の生を押さえていた圧力からの解放である。ここには、贈与が愛であるとともに暴力でもあるという贈与の両義的な性格がよく示されている。それは、「愛の証」とともに「毒」をも同時に意味する「贈与《ギフト》」のように、どちらであるかを確定することは、そもそも最初から困難なものとしてある。贈与が愛として受けとめられるか、あるいは暴力として受けとめられるかは、贈与の純粋性と受け取る者の在りようと深く関係している。

先生は、死を媒介にして、弟子との関係を作りだすだけではない。そもそも人間が死ぬことがなければ、どのような伝達も切実さや必要性をもつことはないだろう。私たちが死すべき存在であるからこそ、序章で述べたように、「ほんたうは何か」を自他に問わざるをえず、死＝エロス＝非‐知の体験として「教育」という名の贈与は生起する。贈与が生起した瞬間に、先生は先生＝贈与者となり、弟子は弟子＝被贈者となるのである。このようにして、圧倒的な非対称の関係が生起する。贈与の体験は、主体に死をもたらし、最大の贈与である贈与者の死とともに終わる。そしてそれは新たな贈与者の誕生のはじまりでもある。贈与者の死によって伝達されるのは、内容ではなくこの死の体験そのものである。言い換えれば、共同体の外部の先生とは、死＝エロス＝非‐知の体験に生まれ、己の死＝エロス＝非‐知の体験を贈与とすることによって、弟子に死＝エロス＝非‐知の体験を伝える者のことである。このように贈与としての教育は、死によって駆動されている。しかし、このことを論じるには、私たちはさらに遠く内奥へと遍歴を続けなければならない。

私たちは、日常生活のなかでこのような先生に出会うことはないし、これまでに出会ったこともない、と言われるかもしれない。本当にそうだろうか。たしかに古代型の先生であるソクラテスのような人物に四つ辻で呼び止められることはまずないだろう。しかし、『こころ』の「先生」や、漱石のような人物に出会うことはないとはいえない。そして、私たちはたびたび無償の贈与をする「最初の先生」として学校の先生に、友人に、恋人に、子どもに、老人に、異邦人に、あるいは犬や猫や動物たちに、そして「月あかり」や「虹」や「風」に出会っているのではないだろうか。そのとき私たちは、息の止まるような深い贈与の体験を生きているのではないだろうか。贈与するものこそが、私たちの「最初の先生」なのである。

次の第Ⅱ部では、宮澤賢治の作品を手がかりにして、純粋贈与のみならず、他者との出会いや異界への接近といった子どもに起こる生成変容の出来事を論じることで、贈与と交換とが孕む教育人間学的主題を論じることにしよう。またそのような体験を、どのようにして賢治が描くことができたのかについて考察していこう。

# II——贈与と交換を体験する子ども

# 第5章——子どもの前に他者が現れるとき

## 生成する物語としての賢治童話

太刀は稲妻萱穂のさやぎ
獅子の星座に散る火の雨の
消えてあとない天のがはら
打つも果てるもひとつのいのち
dah-dah-dah-dah-dah-sko-dah-dah
『原体剣舞連 (mental sketch modified)』［宮澤 (1922), vol. 2: 109］

### *1*　「教育問題」という物語

「教育問題」というテーマは、問題に先行し問題を問題として構築するある構えを想起させる。その構えとは、教育の諸事象を、例えば、「登校拒否」や「いじめ」や「校内暴力」や「学級崩壊」と名づけ、問題として捉え、それを教育学的・心理学的・社会学的観点から分析し、有効な解決手段を提示しようとする一連のプロセスを発動させようとする構えである。このとき、私たちは医学的な問題解決モデルに立って問題を捉えている。

医者は、まず患者の病状を注意深く観察し検査し、その観察と検査の結果をもとに診断を下し、処方箋を書き、処方箋にしたがって病気を治癒しようとする。このような医学モデルは、直線的な因果関係の機構として取りだすことのできる局所的な病状の場合にはとても有効である。しかし、病状の原因を直線的な因果関係で提示できないときには、このモデルは役にたたないだけでなく、病状を悪化させる危険性をもっている。ところで、これまでの経験が教えるところによると、教育の「問題」事象で、原因が一義的に特定され問題の解決された事例はほとんどといってない。教育の「問題」事象のどれを取りあげても、その因果関係は直線的ではなく、複雑に錯綜しながら循環しており、局所的に病状の因果関係の機構を確定することは困難なのである。

もともと、医学モデルで教育の「問題」事象を捉えることができるという構えには、子どもを客観的に観察し記述し理解することができるという前提があった。医学モデルを目指す実証科学の方法論にしたがえば、子どもに質問したり、あるいは子どもの生活を注意深く観察したり、実験をしたり、テストをしたり、統計をとったりすることによって、「教育問題」を理解可能な処方箋的言説に変換することができるはずであった。しかし、それは本当に可能なのだろうか。

子どもの理解という課題は、精神科医や心理臨床家が直面している精神的な病者の理解や、人類学者が直面している文化を異にする人々の理解と同様の学問的な困難さに直面している。その理由は、客観的な記述ということの理論的困難さに由来している。それは主観的な思いこみを徹底的に排除し、できうるかぎり客観的な観察のうえで書かれた記述といえども、事実の収集や選択や省略といった編集作業において、またなにより言葉によって複数の事実間の有機的な構造化を実現することにおいて、「物語」の構造を不可避的にもたざるをえないということである。つまり、記述とは、リアリズムが信じていた鏡のように現実を正確に模写することなどではなく、ある歴史的・政治的に限定されたポジションに立って、「物語」として「現実」を「再構築」することなのである。このことは、教育学者や心理学者によって制作された子どもについての記述にもあてはまる。記述者は、好むと好まざると、あるいは意識しようとしまいと、子どもについて書くことにおいて、「子どもについての物語」を読者に提示していることになる。

しかし、子どもについての記述が「物語」であるということから、どれも信用のおけない主観的な思いこみにすぎないという結論が、直ちに導かれるわけではない。反対に、子どもについての記述もひとつの物語であるという自覚から出発するとき、記述者に新たな構えが可能性として開かれることになる。この新しい構えに立つとき、これまでの子どもについての記述の機能が変わるばかりか、記述の価値をはかる評価の基準も異なるものとなる。

これまでの実証科学における記述の機能は、できうるかぎり主観を排して子どもの現状についての客観的な記述をすることであり、その価値の基準は、こうしてできあがった記述が「客観的な事実」にどれほど近いかということであった。しかし、このような客観的な記述も、歴史的・政治的に限定されたあるポジションから構成された物語のひとつであるという理解に立つとき、記述することは、記述者（大人）と被記述者（子ども）との関係においてなんらかの具体的な意味を実現することであり、歴史的・政治的な現実、教育的な現実を作りだすことであることがわかる。言葉を換えれば、それは描く者と描かれる者との両者の生の変容をもたらすことでもある。そのとき評価の基準は、どのような生の変容がその記述によって実現されたのかということになる。

すでに序章でも述べたように、従来の教育学のテクストでは、教育学の作者は、テクストの外部に立ち、超越的な視点から被教育者（子ども）の生を「客観的」「実証的」に捉え、「彼／彼女の物語」として、客観化され標準化された発達段階の物語を作りだしてきた。この「発達という物語」は、誕生から死まで生の全体を見通すことのできる全能の作者によって構築された閉じた物語世界である。この物語は、正典（canon）として、教師や親や子どもにたいして現実に規制力・強制力をもち、この物語のうちに生が全面的に回収されるように作られている。このような物語を作ることが可能なのは、人間の生成変容を、共同体内部における社会化－発達として教育的－教育学的マトリクスのうえで縮約することによってである。このマトリクス上では、社会的有能性を基準にして、閉じた物語を作ることができる。しかし、閉じられた物語は、その物語の内容がどれほど優れていようと、閉じているというその形式自体において、多数多様な生成変容を否定してしまう。「物語」自体の向こう側を考える必要があるのではないだろうか。物語であることを自覚する「限界への教育学」の作者は、作者自身がテクストのなかの時間に定位し、子どもという他者との出会いを、自身の生の変容との関わりで、自身の生涯全体の課題として物語を制作することになる。しかし、そのような物語は、「彼／彼女の物語」と「私の物語」とが最終的にひとつの声に結び合わされてしまう弁証法的な物語ではない。それではモノローグがたんに複数化するにすぎない。そうではなく、他者の声がそのとおり（後述するように「客観的」ということではない）記されるとき、物語はモノローグとはならず、多数多様なの声が響くポリフォニーとなる。他者の声は弁証法には回収されず、したがって物語は完結することなく、たえず意味を開いていく出来事そのものであるような「生成する物語」へと変わるのである。

しかし、教育学のテクストでこのような「生成する物語」として書かれた例はない［矢野 2000 参照］。「生成する物語」としての限界への教育学を試みるために、第Ⅱ部では、宮澤賢治の作品を出来事そのものであるような「生成する物語」の一例として検討してみたい。賢治の童話は、読者が子どもという点でテクストが子どもに開かれているだけでなく、その読者である子どもを共同体の外部に向けてできるだけ遠くへと連れだそうとするところに特徴がある[1]。そしてこのような出来事としての作品を可能にしたのは、心象スケッチと名づけられた賢治独特の生の技法である。ここでは教育学の作者が子どもと出会うのではなく、子ども自身が共同体の外部の他者と出会う。その意味で「生成する物語」としての教育学の直接のモデルとなるわけではないが、私たちはこれから子どもが出会う他者・異界・贈与という外部へと開く賢治の物語を順番に考察することで、共同体の一員となるというこれまでの社会化－発達を中心とする教育の物語を超える方向を、垣間見ることができるとともに、そのような出来事を言葉でもって描きだす可能性を見ることができるのである。

## 2　他者が出現する子どもの物語

「生成する物語」の中心テーマのひとつは、子どもにとって、共同体外部の「他者」は、どのように現れるかということである。「教育問題」(「発達という物語」の一形態)では、「他者」は即座に社会的な他者と同一視され、親や兄弟姉妹、同輩や教師、そして地域住民といった社会的他者との人間関係の問題へと限定されるだろう。しかし、他者とは、そもそも同じ言語ゲームに参加していない者のことである。社会的な他者とは、その意味では同じ共同体のなかで同じ言語ゲームに参加している相対的な他者にすぎない。もちろんこのような社会的な他者との交流のなかに、今日の社会化をめぐるさまざまな問題があるということはよく言われていることでもある。それでも、このような共同体内部の他者は、子どもにとって一次元的な水平の次元の共同体への導き手以上の者ではない。

子どもは、このような実体的な社会的他者との関係だけで生きているわけではない。第Ⅰ部で明らかにしたように、むしろこのような共同体内の他者ではなく、共同体の外部から来る他者との出会いこそが、子どもを共同体の外部へと連れだし、生成と関わる垂直の次元で子どもを深く変容させるのである。この子どもをどこまでも遠くへとつれていく他者とは何者だろうか。そして、子どもは、他者とどのような関係を発見することができるのだろうか。

賢治の作品のなかから、比較的マイナーな作品である『種山ヶ原』(生前未発表一九二一年頃か)を、取りあげてみよう。『種山ヶ原』は、四百字詰原稿用紙にして三十数枚ほどの短編の村童スケッチ風の作品である。この作品の一部は改変されて、嘉助が高田三郎とともに霧のなかで逃げた馬を探す場面として、『風の又三郎』(生前未発表一九三一―三三年頃)のなかに取り入れられている。後で述べるように、『風の又三郎』の方が、作品としては優れているのだが、『種山ヶ原』には子どもが出会う他者のさまざまな位相がわかりやすくでているので、この作品を手がかりにすることにする。

夏休みの最後の日、達二は母に命じられて、種山ヶ原（北上山地の高原）に草刈りにでている兄と祖父のもとに、牛を連れて弁当を届けにいくことになる。高原の入り口に到着し、兄と会い弁当を手渡す。兄は達二にそこで弁当を食べているように言い、祖父のところへいく。しかし、牛が急に逃げだしたため、達二は牛を夢中になって追いかける。晴天だった天候は悪くなりはじめ、風が吹きさらに暗く冷たい霧に覆われる。達二は霧のなかを牛を追いかけているうちに、道を見失ってしまい、いつのまにか草のうえに倒れて眠ってしまう。そして達二は続けて四つの夢をみる。夏祭りでの剣舞の夢、新学期の教室の夢、可愛らしい女の子の夢、そして山男を殺害する夢。夢から目覚めると、見失ったはずの牛はすぐ近くにおり、達二を探している兄の声が聞こえてくる。達二は兄と祖父と再会し、祖父から達二が危険な場所のすぐ近くにいたことを知らされる。やがて霧は消え天気は好転して晴れる。

ここに登場する四つの夢には、異なる位相にある他者と少年との交流が表現されている。ひとつずつ丁寧にみていくことにしよう。

夏休みの祭りの日、達二は、鶏の黒い尾を飾った頭巾をかぶり、昔からの赤い陣羽織と硬い板を入れた袴をはき、脚絆や草鞋をきりっと結んで、種山剣舞連と大きく書いた沢山の提灯に囲まれて、友人や兄とともに町に踊りにいったのだった。最初の夢はこの祭りに参加したことがもとになっている。

【第一の夢】（要約）
黄昏時、達二は異形の装束で友人の楢夫や兄や大人とともに、「ダー、ダー、ダー、ダー、ダースコダーダー」と叫びながら、剣舞を踊りにいく道中を歩いている。やがて、町長のうちに到着しそこで剣舞が踊られる。この剣舞には次のような歌がついている。
「ホウ、そら、やれ、

むかし　達谷《たっこく》の　悪路王、
まっくらぁくらの二里の洞《ほら》、
渡るは　夢と　黒夜神《こくやじん》、
首は刻まれ　朱桶に埋もれ。
やったぞ。やったぞ。ダー、ダー、ダースコ、ダーダ、……」

この歌は、言葉は少し異なるが、賢治の有名な詩『原体剣舞連 (mental sketch modified)』(『春と修羅』所収) とほぼ同じである。この歌に登場する「達谷の悪路王」とは、坂上田村麻呂によって滅ぼされた陸奥蝦夷の酋長のことである (一説には朝鮮半島からの渡来者という)。「首は刻まれ　朱桶に埋もれ」というように、とても血腥《なまぐさ》い歌である。このような歌にのせて、先に述べた異形の装束をした踊り手たちが、二組に分かれて、剣をカチカチさせて踊るのである。日常生活では経験することのない異様な興奮が伝わってくる。

賢治の童話のひとつ『狼《おいの》森と笊《ざる》森、盗《ぬすと》森』(一九二四年) では、入植者たちが初めて森に入り込んでコロニーを建設するとき、入植者と森や先住民である狼や山男たちとの間に生じた葛藤とその和解の過程が描かれている。入植者の進出は、先住民にとって大きな脅威となったであろう。『狼森と笊森、盗森』では、入植者は先住民に粟餅を供することによって和解が成立する。しかし、現実には両者の葛藤はもっと深く陰惨で暴力的なものであった。そのように考えると、剣舞の意味は明らかだ。悪路王の殺害は、このような達二たちの先祖による共同体建設の起源と関わっているのだ。坂上田村麻呂という中央から派遣されたものによる「征伐」が、剣舞として再現され反復されている。こうして達二たちは、剣舞によって時間を超えて歴史と伝説の世界と融合し、共同体建設の原初の時間に立ち戻るのだ。

町長の家で、剣舞をみていた小さな子どもたちが泣きだすのにたいして、「達二は笑いました」という一文がはいっていることに注意しておこう。達二もかつてはこの子どもたちのように、仮面をかぶった異様な姿の者たちが演ずる剣舞を前に泣いていたに違いないのだ。笑っている達二は、剣舞の踊り手としていまや家族からも離れ、同胞関係に包まれた共同体の一員になっているのである。

この刃と殺害のイメージは、後で述べる第四の夢のなかでの山男の殺害と結びついている。そのことは第四の夢の説明で述べることにする。また、ここで仲間と交わされている会話が、すべて「方言」であることにも注意しておこう。そのことに注意を向ける理由は次の夢の解釈で明らかになる。

【第二の夢】(要約)

達二は、新学期の最初の授業がはじまった教室にいる。教師が、夏休みの宿題の提出を求めるが、最後までやってきていたのは達二と楢夫の二人だけだった。教師は生徒に夏休中で一番楽しかったことは何かと尋ねる。教師に指名された達二は祖父と仔馬を集めたことだと答えるが、楢夫は剣舞だと答える。すると教師は次のようにいう。「達二さんも、さうですか。よろしい。みなさん。剣舞《けんばひ》は決して悪いことではありません。けれども、勿論みなさんの中にそんな方はないでせうが、それでお銭を貰ったりしてはなりません。みなさんは、立派な生徒ですから。」「先生。私はお銭を貰ひません。」「よろしい。さうです。それから……。」夢はここで終わる。

まず指摘しておかなければならないのは、この出来事が起こったのが、夏休みの終わりの日、つまり新学期がはじまる前日だということである。この二つの時間を隔てる「境界の時間」は、構造主義者たちが指摘したように、日常の世界とは異なる特別な意味をもった時間となる。その意味で「境界の時間」は、危機的な時間である。新しい時間に移行するときにはさまざまなことが起こりうる。ひょっとすると新学期のはじまる九月一日に学校に行くと、自分の席に「まるで顔も知らないをかしな赤い髪の子供」が座っているかもしれないのだ(『風の又三郎』)。

この二つの時間の境界を作りあげているのは、達二が夏休みを過ごした家族－農業共同体と、大日本帝国のエージェントとしての学校との差異である。学校が日常の生活の場である共同体と異なった秩序空間であることを示すもっとも特徴的な指標のひとつは、学校では教師のみならず子どもたちも「標準語」で会話をしていることである。

明治期以降、近代的な国民国家の建設を目指して、帝国は「標準語」すなわち「国語」を創出し、学校教育によって帝国の隅々まで普及させようとした。イ・ヨンスクは、『「国語」という思想』（一九九六年）のなかで、『国語』とは、はじめから存在している事物ではなく、近代国家に適合する言語規範を求める意志が作り出した価値対象なのである」［イ 1996: 93］と述べている。標準語政策によって制作された第一次国定国語教科書『尋常小学読本』（一九〇四年）では、「異様なまでに綿密な（方言の）発音矯正がもくろまれた」［イ 1996: 150］といわれる。そのために、学校内では、「方言」の使用は、厳しく禁止されていたのである。したがって、教師と生徒の標準語での会話の背後に、抑圧された「方言」の声と身体とをみなければならない。

学校と共同体は、子どもの形成をめぐって互いにライバル関係にある。母親は達二のことを「善い童《わらす》」と呼ぶが、共同体にとって「善い童」が、いつも学校＝国民国家にとっての「立派な生徒」であるわけではない。教師は子どもに「善い童」ではなく「立派な生徒」として振る舞うように要請している。[2] 達二と楢夫の二人は、教室で唯一夏休みの宿題を忘れなかった「立派な生徒」である。しかし、教師がこの夏休みに一番楽しかったことは何かと問い、楢夫が剣舞に参加したことだと答え、さらに達二も参加したことを知ると、教師は次のようにいう。「よろしい。みなさん。剣舞は決して悪いことではありません。けれども、勿論みなさんの中にそんな方はないでせうが、それでお銭を貰ったりしてはなりません。みんなは、立派な生徒ですから」（傍点は矢野）。教師の応答のうちに、共同体とは異なる学校の秩序を読みとることができる。

なぜ教師は子どもが共同体の祭りに参加することを疎ましく思い、子どもが金銭を受け取ることを禁止しようとするのか、なぜそれらが「立派な生徒」にとってふさわしいことではないのか。その理由は、学校が子どもをできうるかぎり抽象的な存在に維持しておきたいからである。近代学校は、言語においては土着の方言を禁止し、「国語」教育を通して国民国家の成立に不可欠な標準語を使用させることによって、子どもが地縁・血縁的な農業共同体の一員である以上に国民国家の一員となることを要請する。また身体性においても、ある特定の地域や職業（例えば農民）の身体技法に固定化されることがないようにし、「体育」教育を通して、どのような労働や兵役でも可能な身体に作り変えようとする。言葉を換えれば、近代学校の目的は、子どもを農民や商人や職人といった共同体内での「一人前」の大人に形成することではなく、将来何者にでもなりえるような抽象的な国民を形成しようとするのである。

それにたいして、共同体の祭りへの子どもの参加は、農業共同体の地方性・土着性に、子どもが精神的にも身体的にも染められることを意味するし、また子どもによる金銭の授受は、商品世界への早すぎる参入を意味する。どちらにしても、子どもに求められている抽象性を破壊してしまうのだ。学校は子どもを商品世界から隔離し、何色にも染められる可能性を維持させることによって、子どもの抽象性を高めていこうとするのだが、このことは同時に、子どものイノセント性を作りだすことでもある。

学校と共同体、この二つの世界の間には対立線が引かれている。このことを子どもはよく理解している。夢の冒頭のシーンで、「先生がなんだか少し痩せたようです」という一文がある。達二の眼に教師が少し痩せてみえるのは、夏休みの間に剣舞に参加したことにより共同体の精神が達二に宿ったため、比例して国民国家のエージェントとしての教師の権威が、低下しているからである。だからこそ、教師は共同体との競争に負けないためにも新学期早々に手を打つのである［本書終章2節参照］。

この二つの夢をみた後、達二は一度覚醒し、これらが夢だったことを確認する（このこと自体夢だった可能性もあるのだが）。そして達二はふたたびまどろみ、三番目の夢をみるのだ。

【第二の夢】（要約）

「可愛らしい女の子」が登場し、「おいでなさい。いゝものあげませう。そら。干した苹果《りんご》ですよ」という。達二が「ありがど、あなたはどなた」と尋ねると、「わたし誰でもないわ」と女の子は答える。女の子はお返しに達二に驢馬を求めるが、達二は驢馬をもっておらず仔馬ならあるという。すると「只の仔馬は大きくて駄目だわ」と女の子はいう。「そんなら、あなたは小鳥は嫌ひですか」「小鳥。わたし大好きよ」「あげませう。私はひわを有ってゐます。ひわを一疋あげませうか」「えゝ。欲しいわ」「あげませう。私今持って来ます」「えゝ、早くよ」達二は自分のひわを家からもちだし、女の子に与えようとする。家を出ようとすると母親に「達二、どこさ行く」と呼び止められるが、達二はひわをもったまま走りだす。するといつのまにか掌の鳥は、萌黄色の生菓子に変わってしまっている。

第三の夢は、四つの夢のなかで一番わかりづらく、それだけ不気味な夢でもある。女の子が小鳥を望んだのは、おそらく食べ物として望んだのだろう。ひわが生菓子に変わってしまったのはそのせいである。女の子は「只の仔馬は大きくて駄目だわ」という。いったい大きくて何が駄目なのだろう？　驢馬なら呑み込むことができるというのだろうか。どうもこの女の子は、生命を取り込む存在であるようだ。あるいは抽象度を上げていえば、すべてを食べ尽くす「時間」の喩《ゆ》のようでもある。

しかし、この喩はそれほど明瞭ではない。例えば「干した苹果」である。賢治の作品には、しばしば苹果が特別な価値ある食べ物として登場するが、「干した苹果」が描かれることはない。『銀河鉄道の夜』のなかでは、ジョバンニとカムパネルラ、そして氷山に衝突し沈もうとする船で他の人を押しのけてまで救命ボートに乗ろうとしなかった家庭教師と二人の子どもたちに、燈台看守から「黄金と紅でうつくしくいろどられた大きな苹果」が与えられる。苹果は、特別な人間に贈与される特別な果物なのである。女の子がくれる「干した苹果」は、この苹果のようなみずみずしさを失っている。しかし、それでも食べることのできる苹果であることには違いない。だからこそ「干した苹果」

を与える行為は、両義的な印象を受ける。

この短い夢のなかに、達二と女の子のほかにただ一人達二の母親が登場するのは、この女の子と母親との関係を暗示させているのだろう。わざわざ「可愛らしい女の子」と表現されているのは、魅力的な異性ということなのだろう。異性のもつ魅力と畏れ、生命を取り入れること（食べる＝生命の破壊）と取りだすこと（出産＝生命の誕生）とが同じ存在、女性によってなされることの驚き……。夢のはじまりは「霧が生温かい湯のやうになった」と表現されている。羊水の内部のような生温かい霧の世界に包まれた世界、エロスが瀰漫《びまん》している世界での生命と死の相即性がこの夢の主題なのだ。

また母親と達二との場面を除いて、この女の子と達二との間の会話が教室の場面と同様、「ありがど」の言葉を除いては標準語によって交わされている。その理由は、女の子（死－生）が教師と同様、共同体の外部に位置する存在だからであろう。しかし、両者の外部性は異なる次元にあるように思われる。教師は共同体成立の後で新たに付加された相対的な外部の存在者なのにたいして、この女の子が示しているのは、共同体成立以前の外部性である。ヒトが、死を意識し死体に関わるタブーを生みだすことによって、人間として動物性から離陸したとするなら、女の子のもつ外部性の次元は、共同体成立以前のみならず言語成立以前の次元と結びついている［矢野 2000：24-45］。だから本当はこの女の子は名前をもたないだけでなく、言葉によって会話することが不可能な他者なのだ。

達二は夢からふたたび目覚める。「伊佐戸の町の電気工夫のむすこぁ、ふら、ふら、ふら、ふら、ふら、」とどこかで言っているのが聞こえる。そして空がミインミインと鳴り、また達二はうとうとしはじめる。達二は四番目の夢をみる。

【第四の夢】（要約）

山男が楢の木の後ろからまっ赤な顔をだす。山男をみつけると、達二は脇差しを抜いて山男を脅して家来にし、さまざまな仕事を命じる。しかし油断をしているうちに、山男に刀を取りあげられてしまい、反対に家来になるように言われる。達二が拒んでいると山男につれていかれそうになる。達二は山男から刀を奪いかえして、山男の脇腹を刺して殺害する。「山男はばたばた跳ね廻って、白い泡《あわ》を沢山吐いて、死んでしまひました」

第四の夢は、山男の殺害がテーマである。このときの山男とは、賢治の作品に登場する山男がそうであるように、木樵《きこり》や木地師やあるいは登山家などではなく、人間と異なる異類の存在者である。山男はあるときには黄金色の眼をしたまっ赤な顔として描かれたりする（『狼森と笊森、盗森』『紫紺染めについて』）。山猫や狐といった動物と同様、人里にではなく森や山に生きる存在である。賢治の描く山男は、柳田国男の『遠野物語』（一九一〇年）に描かれているような里の女を攫《さら》うような恐ろしい存在というよりは、むしろ里人によって圧迫を受けているような存在として描かれていることの方が多い。

しかし、人間と異類の存在者との間の境界線を超える体験には、いつも危険が存在している。例えば、『雪渡り』（一九二二年）では、四郎とかん子は、狐の紺三郎から幻燈大会に招待される。この物語は、賢治の童話のなかで、異類のもの同士のもっとも友好的な出会いが描かれているといえよう。それでも、幻燈大会が終わり、狐の世界から人間の世界への境界を超えようとする四郎とかん子の眼には、人間の世界から迎えにやってきた兄たちが、あたかも異類の存在であるかのように「三人の黒い影」となって現れる瞬間が描かれてもいる。四郎とかん子の視線は、狐の側にたっているのだ［別役 1990: 169］。このような狐の側の視線にたつことができない十二歳以上の人間は、はじめからこの境界線を超えることができず、招待からはずされるのである［宮澤（1922）, vol. 12: 103］。

ここに登場する山男は、賢治の作品には珍しく、むしろ柳田の山人譚に近く、恐ろしい存在として描かれている。

この山男の殺害の意味は何だろうか。達二を「意識性」とみなし、山男を「動物性」だと考えると、この二人の戦いは意識と無意識との戦いということになるのかもしれない。そうだとすれば、ちょうど朝廷から派遣された坂上田村麻呂が悪路王を殺害することによって、「野蛮」な蝦夷の地に「文明」的な秩序を形成したように、動物性が殺害され意識が勝利したことになる。しかし、注目すべきことは、達二と山男とは、「方言」でもって脅しあい、相手を自分の家来にしたいという同じ欲望をもっていることである。だから両者は、立場がくるくる入れ代わってしまう対称型の行為パターンを作りだす。その意味では、この殺害は半身同士の戦いの結果としての殺害であり、兄弟殺しなのである。

この夢を最終的にどのように捉えればよいのか、節をあらためてほかの夢との相互の関係のなかで述べることにしよう。

## *3* 外部の他者との出会いと自己の変容

なぜ達二はこの四つの夢をみたのだろうか。そして、四つの夢の相互の関係をどのように考えればよいだろうか。この一連の夢の秘密を解く鍵は、最初の夢にある。夏祭りで剣舞を踊ったのは、達二にとって初めての経験だった。この経験はたんに剣舞を踊ったということにとどまらず、イニシエーションの経験－体験でもあった。そして、これが達二と世界とのそれまでの関係の在り方を根本的に変容させる引き金となっている。

まず、この経験によって、彼は初めて共同体の一員になり、共同体の一員となることで、学校の秩序との間に微妙な異和を作りだしてしまう。達二はこのことに気づいており、それが第一の夢に続けて第二の夢をみた理由である。この二つの夢は一対の夢として扱うことができる。

剣舞の経験に加えて、山男が子どもをさらっているという噂を聞いたことが第四の夢をみるきっかけを与えている。「伊佐戸の町の、電気工夫の童《わらす》ぁ、山男に手足ぃ縛らへてたふうだ」は、第一の夢の世界への移行時に聞こえてくる言葉でもある。剣舞が坂上田村麻呂による悪路王の「征伐」を反復しているのなら、この山男は、悪路王の末裔に位置づくといえるだろう。第一の夢でみた祭りにおける悪路王の殺害の再現が、第四の夢で山男の殺害という形で繰り返されている。その意味では、第四の夢は第一・第二の夢と結びつく夢でもある。この他者への恐れは、帝国の領土拡大によって流入してきた共同体外部の他者である「外国人」（「異邦人」）の増大によって現実的なものだった。『風野又三郎』（誤記ではない。賢治には『風の又三郎』とは別に『風野又三郎』という作品がある）で、子どもたちに転校生が「一向語《ことば》が通じない」「外国人（ロシア人）」とみえたりするのはそのせいである。のちに最初の印象はあらためられ、この転校生は「風の又三郎」とみなされるようになる。

それでは第一・第二の夢と第四の夢との狭間にある第三の夢とは何か。第三の夢は、第一の夢がもっていた死と生に関わるモチーフを、社会化のレベルではなく垂直軸の次元で深化する形で表している。その意味では、ここに賢治童話における他者の秘密が隠されている。このことを考えるには、賢治の擬人法について言及する必要がある。

賢治が他者がもつ異質性を読者に贈与することができたのは、賢治特有の方法論によっている。賢治の作品のなかには、宇宙と交感する人の姿がしばしば描かれている。この宇宙は細やかなリストに仕上げることができるだろう。星座、銀河系、鉱物、植物、昆虫、動物、さらには雲・霧・雨・風・雪……といった大気の諸相。この交感の体験の表現を実現しているのが、賢治の擬人法である。動植物のみならず鉱物のような無機物でさえも賢治の世界ではまるで人間のように言葉を話すのだ。

ところで通常、擬人法は、動物や植物などを人間化することによって、それらが本来もっている固有の異質性を消去するモノローグの表現法である。イソップ（Aisopos）の物語を読めばわかるように、擬人法で描かれた世界は、狡賢い人物は狐、力と威厳のある王様はライオンといったように、人間の世界を動物の世界に置き換えただけなのだ。動物が登場する児童文学や絵本でも、多くの場合、動物は典型的な性格をもつ人間のべつの姿にすぎない。言い換えれば、擬人法は動物や異類の存在者がもつ異質性を、理解可能な同質性へと変換させる魔術的な手法である。こうして唯一人間の言葉によるモノローグとして語られることによって、本来言語ゲームを共有しないはずの他者も、透過性をもった見慣れた隣人に変わるのである。

それにたいして、賢治の擬人法は、通常の擬人法とまったく正反対のポリフォニックな語りを可能にする生の技法である。

賢治の擬人法は、人間の声だけが語る世界を、多数多様な存在者たちの多声が互いに響きあう世界に変えてしまう。この技法は、賢治によって「心象スケッチ」と名づけられた実験的な生の技法によっている。しかし、それは原始的なアニミズムにたち返って世界を主観化＝人間化＝擬人化することではない。反対に、人間の方が世界化される生の技法と言い換えてもよい。自己がどこまでも拡大して世界を覆いつくすのではなく、自己と世界との境界が溶解してしまい、自己が世界化し、同時に世界が自己化しているのである。賢治の擬人法では、世界の方が基準になって作られており、人間の方が宇宙の全存在者から召還されているのである。したがって、この世界では人間であることの特権性はない。むしろ、人間からそのような特権性を奪うためにこそ擬人法が機能しているのだと言ってよい。このことによって、描写の視点は、人間の視点に限定されることがなく、あるときは遥か上空から地上を見下ろす鳥の眼となり、あるときはキノコを巨大な建築物のように見上げる小さなアリの眼に移るというように、多数多様であるだけでなく、時空を自在に移動することができるのである[3]。

描写の視点の次元だけでなく、存在という次元でも、人間はもはや世界の中心という特権性をもたず他の存在者と等価であり、全存在者によって作りだされる風景の一部分となる。そのとき、動物や昆虫や植物や鉱物は、人間が欲望を実現するための手段や道具であることをやめて、異なる言語ゲームに生きる他者となる。したがって、賢治の擬人法では、動物や植物や鉱物は人間と意思を交わすことによって、かえって人間には測り知れないそれぞれに固有の得体の知れなさが露わとなる。いくらそれらが言葉を話したところで、それらは人間にとって不透過で不透明な異質性を背負っている。言葉を交わすことによって、一層それらがもつ人間とは異なる固有の異質性が際だってくる（例えば『かしはばやしの夜』（一九二四年）のなかの木樵の清作と柏の木大王との会話）。翻って考えてみれば、それは人間という存在が、他のすべての存在者にとって他者であることを明らかにするのである。

この擬人法の特質は、賢治の童話に頻出するオリジナルなオノマトペ（擬音語・擬態語 onomatopoeia）をみてもわかる。オノマトペは、普通、動物の鳴き声のような事象を言語のもつかぎられた音の表記法で写し取ることであり、それは事象を人間化する作用をもっている。その意味ではこれもまた擬人法なのだが、しかし、賢治のオノマトペは私たちの文化的・伝統的、つまりは共同体に内属する標準語の音の規範を突き崩してしまう。それは標準日本語の音の表記法が、その内側から異化される事態であるとともに、「言語の牢獄」を超え事象をそのまま直接に写し取る原初の言葉として、世界と出会う瞬間でもある。

この擬人法によって何が起こるのか。この他者との交感によって、「私」という人間は、社会の軸によって構成されている人間の原理を失い、垂直の軸において深く変容させられることになる。擬人法によって、人が「異事」や「異空間」に出会うときは、「にんげんの壊《こわ》れる」［「小岩井農場」宮澤 vol. 2: 85］危機に曝されているときでもあり［見田 1984: 194］、同時に自己の新たな変容に開かれるときでもある。賢治の擬人法は、世界の生命的な本質を明かすための生の技法であるばかりでなく、自己解体の危機を招くとともに、垂直の次元の生に触れ自己変容の可能性を開くものでもある。賢治の擬人法は、このような共同体の外に触れる生の技法なのである。賢治の擬人法については次章でさらに詳しく論じることになる。

ふたたび第三の夢に戻ろう。先に述べたように、賢治の童話では、人間は人間である特権を失い、世界の中心ではなくなり、ほかの存在者と同じレベルへと変容させられる。この名前をもたない女の子が、誕生以前と死後とを示しているとするなら、誕生以前と死後の状態というのは、もっとも極端な在り方で「世界」の一部そのものになることであるといえよう。そのような共同体の外部を表す他者の出現によって、前の夢との間に位相的な切断点が作りだされる。

　そのように考えると、第四の異人殺害の夢は、第一の夢のたんなる反復ではなく、より深いところで生じているといえよう。山男は、共同体の内部で出会う社会的他者ではなく、共同体の外部から顔をだしてこちらを伺う異類の存在者である。彼は方言を話し達二と同じ欲望をもっており、その意味では達二の鏡像として兄弟である。それは達二が共同体の一員として自己を確立することによって初めて現れる、自己の外部の存在者であると言ってもよい。

　したがって、この殺害は、剣舞として初源の殺害を再現することによって、共同体の起源に立ち返るという共同体神話の次元を超える殺害である。「打つも果てるもひとつのいのち」（『原体剣舞連（mental sketch modified）』）の歌が示すように、達二と山男のどちらもが「ひとつのいのち」であるような共同体の外部である「世界」の次元へと、突き抜けていくための闘争なのだ。つまり、第一と第二の夢は、共同体の一員になるという社会化の次元でのイニシエーションと関わる夢であったのにたいして、第三・第四の夢は、共同体を超えた世界へと開く次元でのイニシエーションと関わる夢だったのである。

　この異人の殺害をテーマとした剣舞への参加、そして異人の殺害の夢は、アドレッセンスに入ろうとする達二の心に新たな次元を開いた。達二は、学校においては抽象的でイノセントな存在であった。しかし、夏祭りの剣舞への参加を境にして、達二は共同体の一員になるとともに共同体外部の他者と出会うことになる。この他者との出会いは、「危ぃがった。危ぃがった。向ふさ降りだらそれっ切りだったぞ」と祖父がいうとおり、達二を生と死の境界線という危険なところに追い込む。この第三と第四の夢のなかで出会う他者とは、共同体の内部にともに生きる社会的な他者ではなく外部の他者である。他者の殺害によって、イニシエーションは新たな次元を生みだし、達二の抽象的でイノセントな少年期は終わることになる。

『種山ヶ原』は、賢治の作品のモチーフとして共同体外部の他者との交流があることを明示している。また、子どもが出会う他者のさまざまな位相を分化して提示している。しかし、作品として成功しているわけではない。読者である子ども自身が、読書体験としてこの共同体外部の他者と出会う必要があるのだ。そのため、『風の又三郎』では、達二の夢の部分はバッサリと削られて、ガラスのマントを着て光るガラスの靴をはいた風の又三郎の幻影をみる場面に変わる。転校生高田三郎は風の又三郎だったのか、さいかち淵《ぶち》で「雨はざっこざっこ雨三郎／風はどっこどっこ又三郎」と最初に叫んだのは本当は誰なのか、『風の又三郎』は、子どもの日常生活に生起する小さな亀裂から異界が垣間見られるようになっており、作品として『種山ヶ原』よりはるかに優れたものになっている。

こうして賢治は、読者である子どもたちに、共同体外部の他者が何者であるか、他者とどのように出会うのかを提示する。そして、子どもがもつ自己理解や他者理解の基盤となる物語の構造に、ひずみを入れ揺さぶるのである。

## 4　外部世界からの贈与としての賢治童話

読者である子どもは、賢治の童話によって、共同体の物語（発達という物語）に回収されてしまうのではなく、共同体のうちに閉じた物語を超えでて物語の限界にまでいくように促される。賢治の童話は、夢のようなファンタジーではないし、手に汗握る冒険物語でもない。そうかといって、子どもの日常を生き生きと描いたリアリズム小説でもない。むしろ、賢治の童話には、名状しがたい不気味さや、声にならない孤独感、言いしれぬ暗さがつきまとっている。しかし、賢治の童話を読んで、不気味だったり孤独感を喚起されるときには、いつも、共同体の内部のなじみやすさとは異なる不透過な共同体の外部の他者と出会っている瞬間でもあるのだ。

この共同体外部の世界は、なじみやすい人間化された世界ではなく、非人間的な世界そのものである。それは賢治の童話というものの起源自体が、共同体の内部ではなく、共同体の外部である世界の側にあるからである。童話集『注文の多い料理店』（一九二四年）の「序」において、賢治は自分の童話の由来について次のように述べている。

> わたしたちは、氷砂糖《こほりざとう》をほしいくらゐもたないでも、きれいにすきとほつた風《かぜ》をたべ、桃《もゝ》いろのうつくしい朝《あさ》の日光《につくわう》をのむことができます。
>
> またわたくしは、はたけや森《もり》の中《なか》で、ひどいぼろぼろのきものが、いちばんすばらしいびらうどや羅紗《らしや》や、宝石《ほうせき》いりのきものに、かはつてゐるのをたびたび見《み》ました。
>
> わたくしは、さういふきれいなたべものやきものをすきです。
>
> これらのわたくしのおはなしは、みんな林《はやし》や野《の》はらや鉄道線路《てつだうせんろ》やらで、虹《にじ》や月《つき》あかりからもらつてきたのです。
>
> ほんたうに、かしはばやしの青《あを》い夕方《ゆふがた》を、ひとりで通《とほ》りかかつたり、十一月《ぐあつ》の山《やま》の風《かぜ》のなかに、ふるえながら立つたりしますと、もうどうしてもこんな気《き》がしてしかたないのです。ほんたうにもう、どうしてもこんなことがあるやうでしかたないといふことを、わたくしはそのとほり書《か》いたまでです。
>
> ですから、これらのなかには、あなたのためになるところもあるでせうし、ただそれつきりのところもあるでせうが、わたくしには、そのみわけがよくつきません。なんのことだか、わけのわからないところもあるでせうが、そんなところは、わたくしにもまた、わけがわからないのです。
>
> けれども、わたくしは、これらのちいさなものがたりの幾《いく》きれかが、おしまひ、あなたのすきとほつたほんたうのたべものになることを、どんなにねがふかわかりません。
>
> ［宮澤 vol. 12: 7］

もともと、賢治の童話は、作者が構想したのではなく、「林や野はらや鉄道線路やらで、虹や月あかり」から賢治が贈られたものを、「ほんたうにもう、どうしてもこんなことがあるやうでしかたないといふことを」というように賢治自身の身体（メディア）を一度通過させて、「そのとほり書い」たのだという。つまり、賢治の童話は、共同体の外部からの贈与物であり、それを賢治がメディアとなって、子どもに贈与したのだ。さらに、「あなたのためになるところもあるでせうし、ただそれつきりのところもあるでせうが、わたくしには、そのみわけがよくつきません」というように、賢治の童話は共同体内部で子どもを教育的に方向づけようという意図とは無縁でもある。作者は「あなたのすきとほつたほんたうのたべものになること」を願っているだけなのだ。賢治の童話は、その起源からして非人間的な外部性をもっているのである。

絵本も含む児童文学は、子どもが共同体外部の他者に出会うための優れたメディアとなりえる。[4] もちろんすべての児童文学がこのことを実現できるわけではない。むしろ多くの児童文学は、共同体内部での「発達」を促すものである。たとえファンタジー文学のように共同体の外部を描いているようにみえても、その多くは共同体をたんに反転させたものにすぎず、登場人物が妖精であっても、動物であっても、それは他者ではなく擬人化して人間を置き換えたものにすぎない。しかし、児童文学は、賢治童話に実現されたように、「生成する物語」として、子どもを共同体の外部へと開く垂直の次元での「生成」を実現する可能性をもっているのである。[5]

限界への教育学は、このようなメディアとしての賢治の童話を自己の視界のうちに入れながら、子どもの記述を試みる必要がある。このとき賢治の童話とは、共同体での発達という水平の軸の変容に回収できない、共同体の外部へと開く垂直の軸の変容に関わる他者の重要性を教えてくれる。限界への教育学は、賢治童話との出会いにおいて、「共同体の内部における社会化－発達という物語」に囚われてきた思考から一歩ずれることができる。しかし、この最初の一歩は教育的－教育学的マトリクスに亀裂を入れる大きな力を発揮するだろう。

次章では、賢治の童話を通して子どもの異界体験を考察することで、従来の人間中心主義の教育関係論から、人間ではなく世界を中心にした教育関係論への転回を論じ、そのことを可能にする賢治の擬人法の特質を、深めていくことにしよう。それは経験ではなく体験を語る生の技法を問うことでもある。

# 第6章——異界が子どもを引き寄せるとき

## 生の技法としての賢治の逆擬人法

風がうたひ雲が応じ波が鳴らすそのうたをたゞちにうたふスールダッタ
星がさうならうと思ひ陸地がさういふ形をとらうと覚悟する
あしたの世界に叶ふべきまことと美との模型をつくりやがては世界をこれにかなはしむる予言者、
設計者スールダッタ

「竜と詩人」より［宮澤 vol. 12: 304］

### *1* 問題としての擬人法

一九二四（大正十三）年、宮澤賢治が世に問うたイーハトヴ童話第一作『注文の多い料理店』（東京光原社）は、賢治の願いも空しくほとんど評価もされず、そのタイトルから料理の本とまちがえられたりして売れなかった。しかし、この出版を機に、当時の中心的な童話雑誌である『赤い鳥』の主宰者鈴木三重吉（本書第3章の登場人物のあの三重吉である）と関係ができた。賢治は、『注文の多い料理店』に挿絵を描いた菊池武雄を介して、三重吉のもとに『タネリはたしかにいちにち噛んでゐたやうだった』（生前未発表一九二四年春頃か）といういささか奇妙なタイトルの短編童話の原稿を送ったが、この原稿が『赤い鳥』に掲載されることはなかった。理由は明らかではないが、原稿を返してもらいに来た菊池に、三重吉は「おれは忠君愛国派だからな、あんな原稿はロシアにでも持っていくんだなあ」と語ったと伝えられている［堀尾 1991：241］。

「子供の純正を保全開発する」（『赤い鳥』の扉の文より）ことを目指した『赤い鳥』全盛期の編集者や童話作家たちには、賢治の童話は理解しがたいものであった。[1] その理由のひとつは、前章でも少しふれたように、賢治の擬人法が、当時の他の童話作家の擬人法と大きく異なっていたからだと思われる。賢治の擬人法の特異性は、賢治の作品が多くの人に読まれるようになった今日でも、それほど十分に理解されているとは言いがたい。とにかく、「心象スケッチ」という詩作の技法と密接に関係している賢治の擬人法は、当時の編集者や童話作家たちには理解できなかったのだ。例えば、中心的な童話作家であった坪田譲治は、賢治の死後、詩人としての名声が高くなった後で出版された『風の又三郎』（一九三九年）の作品解説のなかで、賢治の擬人法について次のように説明している。

この『セロひきのゴーシュ』の猫とかくこう、狸と野ねずみは、これは子供の話だからこんな動物が出してあるのであります。その方がわかりいゝし、玩具の好きなあなた方に、面白いからさうしてあるのです。もし大人の話だつたら、もとより人間で出て参ります。だからこれらの動物は、動物であつても実は人間と考へていゝわけです。［坪田 1939：254–255］

もちろん坪田の解説は、子どもの読者に向けて、擬人法の説明としては当たり前のことを語っているにすぎないのだが、賢治の擬人法は坪田のいうようにたんに方便で使用されているわけではない。賢治の擬人法は、後で詳しく述べるように、賢治の作品世界を構成する中心的な技法である。しかも、賢治の擬人法とは、坪田がいうような擬人法(anthropomorphism) の常識である人間中心主義 (anthropocentrism) に立って、自然を人間化するものではなく、その反対に、自然や世界の方に人間が溶解するものである。

本章では、賢治の作品を手がかりに、前章でも触れた賢治の擬人法について論じようと思う。それは賢治の文学研究のためではない。賢治における擬人法とは、文学上の手法といったものにとどまらず、他者としての自然との新たな関係を作りだす生の技法なのであり、さらには「他者」「異界」「ミメーシス」そして「贈与」という「限界への教育学」にとって重要なテーマと深く結びついているからである。そして、今日の教育における関係論を論じるためにも、この人間と自然との関係を考えることが、なにより不可欠なものと考えるからである。なぜこのことが不可欠なのか。そのことを説明するためには、まず教育における関係論のこれまでの論じられ方を、再吟味するところからはじめる必要がある。

## *2* 教育における関係論の貧困と教育の二つの次元

教育における関係論を考えるとき、私たちはまず最初に学校における子どもと教師の関係のように、人と人との関係を思い浮かべる。いじめや校内暴力、あるいは不登校といったさまざまな「教育問題」が、子どもと親や教師との人間関係、子どもと子どもの人間関係といった関係の問題として説明されているのも当然といえよう。たしかに、教育問題は、子どもをめぐる社会的な人間関係の変容の問題として捉えることができる［例えば、門脇 1999 参照］。

このような指摘は、私たちが日常に接する子どもの姿からも納得のいくものであろう。しかし、問題はこの関係性が人間同士の関係に焦点化されることによって、社会を軸とした発達の次元には回収することのできない教育のもうひとつの次元の存在を見失ってしまうことにある。具体的な場面を思い浮かべれば、成長において子どもが関わるのは、人との社会的な関係にとどまるものではないことは明らかだ。遥か彼方の銀河から動物や虫や花や石、人間以外にもさまざまな事物や事象と関係を切り結びながら子どもは成長する。それだけではない。子どもは眼に見えるものを超えて、大人にとってはこの世に存在しないものとみなされている異類の者とも深い関係を築き、その関係のなかで成長していくのである。

私はここで、子どもの成長を考えるときには、社会的な人間関係のほかにもいろいろな関係を考慮しなければならないといった、総合的で包括的な関係についての研究の重要性を主張しようというのではない。このような人間以外の事物との関係を捉えることによって、人間関係だけをみていたときには気づくことの困難な、社会を軸とした発達の次元とは異なる、教育のもうひとつの次元の存在に、思いいたることができるからである。さらに詳しく述べよう。

子どもの生活を反省するときに、なぜ教育問題は社会的な人間関係の問題に回収されるのか、この疑問に答えることはそれほど困難なことではない。それは私たちの教育の基本イメージが、社会の軸という一次元においてしか捉えていないからである。一般的な教育のイメージにしたがって教育を定義するなら、教育とは共同体において未熟な成員を一人前にすることである。もちろん教育学者は、この一般的なイメージを、より洗練された教育概念を駆使することによって、精密な教育の定義を発展させてきた。その代表的なものは「発達」や「社会化」に関する用語群で、これらによって、教育という複合的な事象を、客観的に観察し記述し分析し評価することの可能な現象群へ翻訳し直してきた。「発達」と「社会化」とはその出自に違いがあり、個性の発展か、社会への適応か、という力点の置き方が異なっているとはいえ、どちらも有用性の原理を基準にしている点では同じである。以下議論をシンプルにするために、このようなイメージを基にした教育観を「発達としての教育」と呼ぶことにしよう。

今日、学校教育の論理は、子どもの有用な能力を発達させることを目的とする、この「発達としての教育」である。ところで、この「発達としての教育」の論理は、近代の労働をモデルにして作られている。労働の時間的特徴は、未来に目的をたてて、その未来の目的の実現のために現在の行為を組織だてることである。労働では事物のみならず他者やさらには自己にいたるまで、すべてが目的-手段関係へと組織づけられることになる。この労働の世界を特徴づける思考の原理は、目的のために役にたつかどうかという有用性の原理である。この労働によって、私たちは「水のなかの水」のように環境と溶け合った動物状態を否定して、目的意識をもって自然を対象として捉え、コントロールすることが可能になった。

労働をモデルとする「発達としての教育」は、教育を有用性の原理にしたがって評価する。私たちは「良い経験をした」という言い方でもって、自分の関わった出来事をひとつの経験としてまとめることがある。そのときには、それまで自己に疎遠だったものを自分のうちに取り込み、その結果、自己を以前より豊かに作りかえるようになった事態を指している。言い換えれば、発達をもたらす経験では、さまざまな矛盾や葛藤を自己が努力によって克服していき、自己のうちに取り込むことによって、自己の意味をますます豊かにする。以前の自己より高次の自己へと「発達」するわけである。また「発達としての教育」は、それ自体が労働と同型だから、計画を立て対象（子ども）に働きかけ、その結果を評価し、次の働きかけ方を改変することができる。

ところで、労働は生存の必要性を満たすだけでなく、人間を環境に従属した動物状態から離陸させ、発達（人間化）を促進させるのだが、別の問題を生みだすことになる。私たちが行為するときには、行為の開始前に行為の目的がすでに存在している。だから目的を実現する行為は、いつも目的にとっての手段となる。労働の世界では、あらゆる目的は実現されたときにはもう目的であることをやめてしまい、次の目的（未来）のための手段に転化してしまうから、最終的な目的は存在しないことになる。労働の世界すなわち有用性の世界に生きるということは、終わりのない目的－手段関係によって分節化され断片化された世界を生きることであり、また自然のみならず他者もそして自己までも手段として捉えることになり、その結果、私たちは動物のときのような世界との十全なコミュニケーションができなくなる。

「発達としての教育」が、人が成長していくうえで不可欠なことはまちがいないにしても、「発達としての教育」が原理となる学校教育では、遊びのような体験もすべて有益な「経験」として発達の論理に回収されてしまう。遊びによって子どもは体を丈夫にするとか、役割と規則を学ぶとか、社会的な人間関係を豊かにするとか、自然や社会についての認識能力を高めるとかいわれてきた。なるほど、このような指摘は、遊びの効用として主張するかぎり、どれもまちがってはいないのだが、教育的効果という有用性が前面に押しだされることによって、遊びが本来もっているはずの生成の力と奥行きとが縮減させられてしまう。遊びの中心は、そのような「経験」としての側面にはない。遊びはもともと有用性の秩序を否定し、エネルギーを惜しげもなく過剰に蕩尽する自由な行為である。遊びは遊ぶために遊ぶのであって、遊びを超えるどのような目的ももっていない。

私たちは遊びに没頭しているとき、優れた芸術作品に接したとき、あるいは自然に畏怖を感じているときなどに、いつのまにか私と私を取りかこむ世界との間の境界が消えていくことがある。優れた体験は、このような自己と世界とを隔てる境界が溶解してしまう瞬間を生みだす。労働のように、有用な関心によって目的−手段関係によって切り取られる部分と関わるのではなく、私たちは世界そのものへと全身的に関わり、世界に住みこむようなことになり、世界との連続性を味わう。このときの世界は、日常生活における世界以上にリアルな奥行きと、そして比類なき輝きをもったものとして、また生き生きとした現在として、私たちの前にたち現れる。本書では、このような脱自の体験を、作田啓一にならって溶解体験と呼んできた［作田 1993：36］。

この自己の溶解という体験は、「私の経験」として意識によって対象化することができない。それというのも、溶解体験では、主体が溶解するわけだから、対象との距離はなくなり、既成の言葉によっては言い表すことのできない体験となる。深い感動は言葉にはならない。驚嘆しているときには言葉を失ってしまう。したがって、溶解体験を概念的用語でもって捉えようとしたときの表現上の困難さは相対的なものではない。しかし、このような概念化の困難なところにこそ体験の価値はある。つまり意味として定着できないところに、生成（脱人間化）としての体験の価値がある。私たちはこうして、深く体験することによって、自分をはるかに超えた生命と出会い、有用性の秩序を作る社会的な人間関係とは別のところで、自己自身を価値あるものと感じることができるようになる。未来のためではなく、この現在に生きていることがどのようなことであるかを、深く感じるようになる。このような体験による教育を、「生成としての教育」と呼ぶことにしよう。

「発達としての教育」は、遊びのみならずさまざまな体験を有用性の原理で理解しようとする。こうして、体験はより高次の発達のための手段（経験）として把握され、発達の論理の基準に基づいて評価されることになる。そうして体験は紛《まが》い物となる。景色に魅入られて風景を描くこと、自然のリズムに呼応して歌をうたうこと、公園の鉄棒で思わず一回転することといった本来なら体験とみなされるべき事象が、学校で教科として教えられたとたんに体験の奥行きと輝きを失うのはそのためである。

もちろん子どもが共同体のなかで一人前になるためには、共同体のなかで蓄積されてきたさまざまな文化的遺産を継承しなければならず、「発達としての教育」でもって子どもの成長を捉えるのは当然のことといえる。しかし、このような「発達としての教育」のなかでは、すべてが有用性の網の目に組み込まれてしまい、その結果、生命の全体性から切り離されて世界との深い全体的なコミュニケーションが失われることになる。私たちは、世界との連続性から離脱し、生命全体との関わりを失なったまま生き続けていくことはできない。「発達としての教育」だけで、人は十分に成長することはできない。

最初の問いに戻るならば、「発達としての教育」の視点から単眼的に捉えられてきたため、子どもの関係性は、水平の社会的な人間関係に回収されるだけでなく、有用性の原理に基づく関係概念に回収されるのは当然である。このような関係の論じ方が、社会的な人間関係に回収できない別の次元の関係が存在していることに気づきにくくさせ、教育における関係概念を平板にし、その結果、子どもの多数多様な垂直の生命的な関係がもたらす体験を衰弱させているのである。この生命的な関係は、経験するだけではなく体験を生きる人間として誰でも身体ではすでに気づいていることではあるが、言葉として表現することが困難なために、そしてまた有用性の原理で覆い隠されているために気づきにくいことなのである。重要なのは、生成と発達の直行する二つの軸が作りだす場において、子どもの関係性を考えなければならないということである。体験の次元、すなわち生命的な関係の軸を設定することで、社会的な関係を軸とする人間関係に収斂するように見える教育の諸現象には、発達とは別の次元が存在していることが見えてくる。

かつてベイトソン（Bateson, G.）は、「精神の生態学」（ecology of mind）という言葉で、それまで分けられてきた主体と客体、心と体、人間と自然をコミュニケーションとして一元的に捉えることによって、生態学の領域を生物圏から人間の精神の宇宙にまで拡張し、そこから生の変容（学習）の諸相を捉えようとした。ベイトソンは、目的意識が陥りやすい偏狭な見解を改変することに智恵（wisdom）の本質を見たのだが、その智恵が広がる領域を、次のようにリストアップしている。①愛、②美術・技芸・詩・音楽・人間精神の探索に関わる諸学、③人間と他の動物あるいは人間と自然との交流、④宗教［Bateson 1972: 447］。

本章では、もっとも深い形で動物や植物や大気といったさまざまな自然との交流を体験し、「精神の生態学」を童話や詩として言葉でもって再現＝実現してみせた宮澤賢治のテクストを手がかりに、社会的な人間関係に還元することのできない、子どもが他者としての自然と取り結ぶ生命的な関係を捉える言葉を、探り当ててみたい。そのなかで注目するのは、他者との関係を記録し、また関係を実現する生の技法としての賢治の擬人法である。まず擬人法がなぜ他者との関係を捉えるうえでポイントになるか、擬人法の認識論と政治学という視点から論じてみよう。

## *3*　擬人法の認識論と政治学

すでに前章において賢治の擬人法に触れたが、本章では、前章での議論を踏まえ、より詳細に論じることにしよう。

動物や草木はもとより石にいたるまで、まるで人間のように意志と感情をもち言葉を話す。このような文芸表現上の手法は「擬人法」と呼ばれている。擬人法は児童文学や絵本にしばしば用いられている一般的な手法であることから、賢治が擬人法で作品を描いていることに、特別な関心が向けられてきたわけではない。しかし、この擬人法のなかに賢治童話の特異性の核心がある。賢治の擬人法の特異な性格を明らかにするために、まず擬人法の思想史的系譜を簡単に捉えておこう。

普通、擬人法は、合理的思考に発展する以前の古層の思考法であるアニミズムに由来するといわれている。アニミズムは、すべての存在者に精霊が宿ると考える思考法のことである。このアニミズムをもとに、神話や民話に言葉を話す動物が登場する理由が説明されたりしてきた。アニミズムは融即(participation)的な性格をもっており、アニミズムを生きるシャーマンは、鳥獣草木と一体化するところから、先に述べた自他の溶解による脱自を体験する[Eliade 1968=2004]。

しかし、ここで注意すべきことは、古代においてもすべての動植物や岩が話すと考えられていたわけではないということである。柳田國男は『口承文芸史考』(一九四七年)のなかで、次のように述べている。「いくら大昔でもまた未開の社会でも、あらゆる天地間の物がことごとく魂を具え、すべてが対等に言語し交渉し得たと、認めていた証拠はないのである。それには種類があり条件があり、その上にまた時の進みに伴なう制限が加わって来たはずで、現に植物ならば希有の老樹、岩石ならば形の最も畸なるもののみが、それもわずかに夢幻の機会に乗じて、来たって話しかけるということを信ぜられ、他の多数の凡常のものまで、そのような可能性を付与してあったのではないと思う」[柳田 1990(1947), vol. 8: 140]。どのようなものでも人間のように話す存在にかえることができる擬人法というのは、極めて近代的なものだというのである。

文学上の擬人法ということで、すぐに思い浮かぶのは「寓話」である。擬人法で描かれた寓話の世界は、坪田譲治が賢治の擬人法を説明したように、人間の世界を動物の世界に置き換えただけだ。そのため寓話のなかの動物は、どこまでも素材としての動物にすぎない。もっとも、アニミズムを脱却した寓話的擬人法は、動物や植物などを人間化したが、それでも自由に擬人化できたわけでもなく、伝統的な動物観やシンボル観に強く規定もされていた。近代における擬人法は、動物をシンボルのように捉えるイソップのような寓話的擬人法からの解放としてある。それを可能にしたのは、近代化の過程のなかで、それまで動物観を支配してきたキリスト教的宇宙観が力を失い、人間と動物の自然における位置が変更されたことである。このことではもちろんダーウィン（Dawin, Ch.）の進化論に代表される生物学の発展の果たした役割は大きい。このことは擬人法の適用できる領域を無際限に拡張することになった。この近代の擬人法がもつ問題点については後でまた述べるが、この生物学をはじめとする科学の発展が、動物のみならず自然にたいして、これまでとは異なる擬人法の可能性を開いたことはとても重要である〔矢野 2002: 171–212〕。

よく知られているように、賢治は盛岡高等農林学校で科学者としての訓練を受けている。賢治は動植物のみならず鉱物や地形や銀河にいたるまで、精密で正確な自然観察の眼でもってその特質を捉え、その特質を保持しながら擬人化することができた。例えば、賢治は『春と修羅』（一九二四年）のなかで、雲の多様な風貌を一八五例ほど書き分けることができるほど、大気の変化についても細やかな注意を払うことができた。[2] 草野心平は、このような雲を書き分ける賢治の特異性を、「万葉の原始の眼もこれ程までに原始ではなかったし、所謂近代知性の眼も、あの雲々の転変生成をこれほどまでに分解してしかも新鮮度無類の姿を展開してはくれなかった」〔草野 1991（1981）: 114〕と的確に指摘している。賢治の擬人法は、世界の内側に入り込むシャーマン的資質〔鎌田・佐々木 1991: 120–141〕が、自然科学の研究者としての訓練を積むことによって、初めて可能となった技法である。

認識論としての擬人法は、動物や異類の者がもつ異質性を理解可能な同質性へと変換させる魔術的な手法である。こうして唯一人間の言葉によるモノローグとして語られることによって、本来言語ゲームを共有しないはずの他者も、透過性をもった見慣れた日常の他者にかわるのである。結局、多種多様な動物も、家畜のように人間の秩序に組み込まれ、こうして人間秩序空間は完結してしまう。

ところで、この擬人法は、ちょうど近代西欧の人類学者が、非西欧の人々の生活の場にフィールド調査と称して参入し、観察し、記述し、整理し、分類し、理解した仕方とパラレルである。人類学者は他者としての異民族を自己の意味の体系へと包摂する。そして包摂できない差異性を動物性に置き換える。もっとも異民族を動物に見立てる認識は古代から存在するが、人類学者はこの認識を「実証的」で「客観的」な「科学」の名のもとに遂行する。[3] この人間を動物とみなす見方は、一見すると擬人法と反対の認識のように思えるかもしれない。しかし、そこには包摂と排除という擬人法と同一の認識メカニズムが働いている。人間と動物との間には無数の類似性と差異性とがある。同様に、私が属する民族Aと私が属さない民族Bとの間にも無数に類似性と差異性がある。どちらの場合においても、この類似性と差異性を判別する認識者は外部の第三者ではない。この関係は「われわれ」と「彼ら」という互いに交換することのできない非対称な関係である。

このとき、擬人法は、私たちの言語の規則が動物にも働いていると捉える（見立てる）、類似性を根拠にした捉え方である。動物は人間との類似性の方に包摂される、理解できない他者性は、動物性として消去されたり縮減されたりする。そのとき、人間の秩序に組み込まれた動物は、全く人間と等価というわけではない。人間に包摂できない動物性は、多くの場合劣位のしるしを帯びることになる。それにたいして、人間を動物とみなす見方の場合、民族間の類似性は消去されて差異性が強調される。そして、私たちに理解が困難な民族Bとの差異は、「野蛮」や「野性」といった動物のカテゴリーに置き換えられることによって、民族Bを動物に近い存在あるいは動物そのものとみなし、民族Bから人間としてのさまざまな権利を剝奪し排除するのである。

このように他者との差異性を消去する包摂も、類似性を消去する排除も、どちらも他者の他者性を認識の力によって消去しようとする方法である。ここで「理解」とは、とりもなおさず他者にたいする暴力なのである。したがって、私たちが他者としての動物をどのように認識し、動物とどのような関係を作りだすかは、「動物愛護」といった人間中心主義的なテーマにとどまらず、この人間中心主義・自民族中心主義の課題を克服し、言語ゲームを共有しない他者とどのように関わるのかという現代の課題と通底するものである[4]。

そして、このような包摂と排除の原理は、教育学においても見ることができる。かつて人類学のテクストが、「文明」や「文化」との対照のなかで、非西欧の人々のうちに克服されるべき「野蛮」や「野性」(動物性)を発見し、植民地支配を正当化したように、近代教育学のテクストもまた「教養」や「理性」との対照のなかで、共同体内部の子どものうちに克服されるべき「野蛮」や「野性」(動物性)を発見し、主体にたいする積極的・強制的な介入を正当化したのだった。子どもはしばしば「野蛮人」と同じと言われ、「動物」とみなされたのである。このことはペットを子どもと見立てる擬人法によって、反対の方向からも強化された。これらのことについては、「野生児」の事例が、「教育」という物語を正当化するうえで、どのように使用されてきたかを考えてみればよい［矢野 2000: 12–23］。人間と動物との間の類似性と差異性に関わる擬人法の問題は、この両者の間に子どもを置くことで、教育学的思考にとっても中心的な問題であることがわかる。

このように考えてくると、『なめとこ山の熊』『フランドン農学校の豚』『ビヂテリアン大祭』『注文の多い料理店』『鹿踊りのはじまり』『雪渡り』『氷河鼠の毛皮』『オツベルと象』……といったように、賢治が人間と動物との抜き差しならない関係を、何度も何度も繰り返し描いた理由を見出すことができるだろう。つまり賢治の擬人法とは、私たちがどのように他者と出会うのかという課題を、生命の深い相に関わる形で描く手法なのである。

例えば、『フランドン農学校の豚』(生前未発表一九二二—二三年頃か)には、「流暢な人間語」を話すことができる豚が登場する。この豚は、人間が一方的に決めた「家畜撲殺同意調印法」にしたがって、自身を撲殺する承諾書に同意するよう爪印を求められる。この豚は「流暢な人言語」を話すばかりに、農学校の校長に説得され、抵抗しながらも最後には渋々同意書に爪印を押すことに同意させられてしまう。たしかに豚の同意なしには撲殺されることはなく、一見すると豚の権利は守られているようにみえるが、反対にどのような場合であろうと豚が人間を撲殺することが認められているわけではなく、フランドン農学校の豚は、人間の言語ゲームに不平等なまま組み込まれている。

賢治の作品のなかで、「流暢」という言葉がもう一箇所でてくる場面がある。それは『ビヂテリアン大祭』（生前未発表一九二三年か）のなかで、ビヂテリアンの国際会議において、「支那服」を着て堂々と「流暢な英語」で演説する中国人を描いているところである（この作品の草稿では、インド人が「流暢な英語」で演説する場面がある）。しかし、それでも賢治において母語以外の言語を「流暢」に操るとは、強力な多数者の規則に不平等なまま参加させられる在り方である。このような言語を「流暢」に話すことへの屈曲した評価は、賢治自身の言語についての経験と深く結びついているように思える。

日清戦争以後、国民国家形成と植民地支配において標準語の制定は急務となった。この標準語の制定によって、同時に標準語以外の言葉は「方言」として位置づけられ、さらには矯正されるべきものとして捉えるようになる［安田 1999：17］。そして、前章でも述べたように、一九〇四（明治三十七）年には標準語政策によって綿密な方言の発音矯正をもくろんだ第一次国定国語教科書『尋常小学読本』が使用されるようになる。賢治が町立花巻川口尋常高等小学校に入学するのは、一九〇三（明治三十六）年のことであるから、賢治は標準語の発音訓練をする教科書で「国語」（標準語）を習いはじめたもっとも早い時期の生徒の一人ということになる（とはいうものの当時の教師に標準語を正確な発音で教える能力があったとは思えないが）。

このような標準語のレッスンを課せられた賢治は、上京して「流暢な標準語」を話すことができたのだろうか。おそらくそうではなかったろう。作品『革トランク』（生前未発表一九二三年頃か）のなかで、村長の息子の斉藤平太は楢岡工学校を卒業の後、地元で「建築図案設計工事請負」をするが、仕事に失敗して東京に逃げる。「それから仕事をさがしました。けれども語がはっきりしないのでどこの家でも工場でも頭ごなしに追ひました」〔宮澤 vol. 9: 175、傍点は矢野〕と書く賢治は、東京で「方言」を話す人間がどのように評価されるのかを骨身に感じて知っていたに違いない。

賢治は、岩手県の花巻で生まれ、花巻の「方言」のなかで育ち、花巻川口尋常高等小学校で標準語としての「国語」の訓練を課せられ、盛岡中学校・盛岡高等農林学校で英語とドイツ語とを学習し、さらに自ら求めてエスペラント語を学んでいる。詩人として言語感覚が鋭敏なのは当然だとしても、学校教育と度重なる上京の経験は、賢治の言語観に社会的・政治的次元を与えただろうことはまちがいない。そのことは彼の童話のなかで方言と標準語の書き分けが自覚的になされているところからもわかる。標準語で育った人間にとって、「国語」（標準語）は思想を表明するための透明なメディアとみなされるかもしれないが、賢治にとって「国語」（標準語）は、「国語」（日本語）を強制的に学ばされた帝国の植民地の人々と同様に不透明な言語であった。標準語であるのか方言であるのか、英語なのかエスペラント語なのか、使用される言葉自体がすでに思想を表明してしまうメディアと自覚されていたのである。このような賢治の言葉に関わる経験は、賢治を植民地の人々と類似した位置に置くことになった。

擬人法とは、先に述べたように他者（異民族・異邦人・女性・子ども・動物……）の認識に関わる主題であり、そのさい「言葉」がもつ政治性を明示化して捉えるための重要な手法である。[5] しかし、賢治の擬人法が今日重要なのは、このような政治的な認識の主題を気づかせてくれるだけでなく、同時にこの問題を自覚したうえで、他者との共生の可能性をも開いている点である。

## 4　逆擬人法という賢治の生の技法

賢治の作品のなかには、自然と交感する人の姿がしばしば描かれている。この交感体験の表現を実現しているのが賢治の擬人法である。この賢治の擬人法の特徴を端的にいえば、登場する動物や昆虫や草木や石や大気は、あたかも人間のように思考し、人間のように言葉を話すのだが、通常の擬人法のように人間中心主義的な世界に回収されるわけではなく、むしろ反対に、人間の方が草木虫魚あるいは鉱物といった多様な存在者の方に溶解する生の技法である。そのため、多様な存在者の語りは通常の擬人法のように単一のモノローグに回収されるのではなく、正反対のポリフォニーの語りとなるのである。

冒頭にあげた作品『タネリはたしかにいちにち嚙んでゐたやうだった』(以下『タネリ……』と略す) を例に取りあげよう[6]。ホロタイタネリ (ホロタイはアイヌ語で「大きな森」の意味、タネリの意味は諸説ある) は母親から藤の蔓を嚙んで布を編むための糸を作るように命じられている。タネリが早春の景色に誘われて外に出ようとすると、母親から「森へは、はいって行くんでないぞ。ながねの下で、白樺の皮、剝いで来よ」と言われる (会話がすべて「方言」で書かれていることに注意)。タネリは藤の蔓を口でにちゃにちゃ嚙みながら、遊び相手を求めて子鹿のように走りだすのだった。

　ほんたうに、その雪は、まだあちこちのわづかな窪みや、向ふの丘の四本の柏の木の下で、まだらになって残ってゐます。タネリは、大きく息をつきながら、まばゆい頭のうへを見ました。そこには、小さなすきとほる渦巻きのやうなものが、ついついと、のぼったりおりたりしてゐるのでした。タネリは、また口のなかで、きうくつさうに云ひました。

「雪のかはりに、これから雨が降るもんだから、

さうら、あんなに、雨の卵ができてゐる。」

そのなめらかな青ぞらには、まだ何か、ちらちらちらちら、網になったり紋になったり、ゆれてるものがありました。タネリは、柔らかに噛んだ藤蔓を、いきなりぷっと吐いてしまって、こんどは力いっぱい叫びました。

「ほう、太陽《てんたう》の、きものをそらで編んでるぞ

いや、太陽の、きものを編んでゐるだけでない。

そんなら西のゴスケ風だか？

いゝや、西風ゴスケでない

そんならホースケ、蜂《すがる》だか？

うんにゃ、ホースケ、蜂でない

そんなら、トースケ、ひばりだか？

うんにゃ、トースケ、ひばりでない。」タネリは、わからなくなってしまひました。そこで仕方なく、首をまげたまま、また藤蔓を一つまみとって、にちゃにちゃ噛みはじめながら、かれ草をあるいて行きました。向ふにはさっきの、四本の柏が立ってゐてつめたい風が吹きますと、去年の赤い枯れた葉は、一度にざらざら鳴りました。タネリはおもはず、やっと柔らかになりかけた藤蔓を、そこらへふっと吐いてしまって、その西風のゴスケといっしょに、大きな声で云ひました。

［宮澤 vol. 10: 77–78、傍点は矢野］

ここでは「西風のゴスケ」だけが擬人化されているわけではない。「太陽の、きものをそらで編んでる」のは、大気の流れである。タネリが出会う大気や草木や動物すべてのものが、早春に萌上がるさまざまな生命の風景を示すものとして擬人化されている。そしてタネリも、その風景の外部に立つ観察者ではなく、この生命の風景を言葉にすることによって、生命の風景に新たな次元を加える風景の一部である。この引用箇所からも明らかなように、賢治の擬

人法は、人間の声だけが語るモノローグの世界を、多数多様な存在者たちの多声が互いに響きあうポリフォニーの風景に変えてしまう。タネリは、まるでカラフトのシャーマンのように、交感の興奮に揺りうごかされながら生命の多様な声に耳を傾け、その声を言葉にして謳いながら歩くのだが、このタネリの姿は、首にペンシルを掛けて小岩井農場を「スケッチ」しながら歩いた賢治の姿そのものでもある。

この風景を写し取る擬人法は、賢治によって「心象スケッチ」と名づけられた実験的な生の技法によっている。賢治は自分の作品を「詩」とは呼ばず、「心象スケッチ」と呼んでいたことからも知られるように、「心象スケッチ」は『春と修羅』における賢治の実験的手法なのだが、童話もまたこの心象スケッチによって作られている。『注文の多い料理店』の広告ちらしには次のように書かれている（この広告文は賢治の作と考えられている）。「この童話集の一列は実に作者の心象スケッチの一部である。それは少年少女期の終り頃から、アドレッセンス中葉に対する一つの文学としての形式を取つてゐる」［宮澤 vol. 12（校異篇）: 10、傍点は宮澤］。心象スケッチと擬人法とは分かちがたく結びあっているのだが、その関係を捉えるためには、心象スケッチの方が賢治の全体を表しているので、心象スケッチから議論するのがよいだろう。心象スケッチは賢治文学の核心に関わる問題で、この小論で答えられるものではないが、ここでは擬人法に関わるかぎりでその輪郭線を示しておこう。

心象スケッチは、「それぞれの心もちをそのとほり科学的に記載して置きました。……中略……厳密に事実のとほりに記録したもの」（「岩波茂雄あて手紙」）［宮澤（1925), vol. 15: 234］といったように、自己と世界との二分法といった前提を退け、「心もち」「事実」をそのまま厳密に記述しようとする。それは世界を主観に回収することでもなければ、客観的に対象化することでもない。「わたくしという現象は……」という一節からはじまる『春と修羅』の有名な序からも明らかなように、「わたくし」は単数の実体ではなく「あらゆる透明な幽霊の複合体」であり、「人や銀河や修羅や海胆」もまた実体として差別することのない「けしき」のひとつとみなしている。まず心象スケッチとは、このような風景をスケッチする記録＝表現の手法であるが、それにとどまらず自己が世界に関わる構えでもある。

心象スケッチは、人間中心主義に立って自己をどこまでも拡大して世界を覆いつくし、世界を主観化＝人間化（通常の擬人化）することではない。心象スケッチは自己の拡大ではなく、自己と世界との境界が溶解してしまう自己溶解、すなわち先に述べた溶解体験をもとにしている。溶解体験においては、自己と世界との境界線が溶解し、そのため自己が世界化し、同時に世界が自己化しているのである。むしろ、心象スケッチでは、世界（自己＋世界）の方が基準になって作られており、人間の方が世界の全存在者から召還されている感じを抱かせる。したがって、この心象スケッチで描かれる世界では、人間であることの特権性はない。そして、人間からそのような特権性を奪うためにこそ賢治の擬人法が機能しているのだ。つまり記録＝表現の手法としての心象スケッチは、擬人法を不可欠としている。

このように人間中心主義という人間の視点の絶対化を放棄することによって、賢治の描写の視点は、人間の視点に限定されることがなく、あるときは「もう山焼けの火はたばこの吸殻のくらゐにしか見えません」といったように遥か上空から地上を見下ろす鳥の眼となり（『よだかの星』）、あるときはキノコを巨大な建築物のように見上げる小さなアリの歩哨の眼に移るというように（『朝に就ての童話的構図』）、時空を自在に移動することができる。しかし、そのような視点の自在さは、近代の小説作家が作りあげたような全能の超越者の眼のような自在さではなく、多数多様な存在者の固有の知覚にたつ自在さなのである。つまり心象スケッチという構えが、擬人法を可能にしているのである。

心象スケッチを重ね合わせるとき、擬人法とは言葉でもって風景を描く技法であるとともに、風景となって生きる生の技法であるということができる。そのことをより明らかにするために、この擬人法のひとつである賢治のオノマトペに着目してみよう。

オノマトペは、擬音語・擬態語とも呼ばれ、普通、動物の鳴き声や動作・運動のような事象を言語に固有のかぎられた音の表記法で写し取ることである。オノマトペは、異質な言い表しがたい事象を、理解しやすいものに変える作用をもっている。すなわち事象を人間化する作用をもっている。その意味ではこれもまた擬人法なのである。

一見すると事象を写し取るオノマトペは、もっとも普遍的な言語であるように見えるかもしれない。しかし、その言語の有限の音韻システムに規定されており、さらにはその写し取り方には文化的にも時代的にも違いがある。犬の鳴き声を「わんわん」と表記するのか、英語のように"bowwow"とするのか、あるいは江戸中期のように「びよ」「びょう」と表記するのか、どれが一番本当の犬の鳴き声に近いのか問うだけ無駄なことである。日本語にはオノマトペの数が多く、一説によると英語の三倍から五倍にあたるという［山口 2002: 13］。このようにオノマトペは、予想に反して普遍性をもっていない。オノマトペの多用されている賢治の作品を外国語に翻訳することが困難な理由のひとつはここにある。

しかし、賢治の作品の翻訳が困難なのは、たんにオノマトペの数が多いということだけではなく、そのオノマトペが極めて異質であり、さらにはそのオノマトペ自体に賢治の文学の中心があることである。賢治のオノマトペは、日本語による音の規範、つまりは共同体を規制する標準語の音の規範を突き崩してしまう。それは日本語の音の表記法が、その内側から異化される事態であるとともに、事象の原初の力をそのまま直接に写し取る言葉として、生成する世界と出会う瞬間でもある。その瞬間に賢治は風景と溶解し、この章冒頭に掲げたスールダッタの詩のように、風景は言葉として出現し、言葉は風景を象《かたど》るのである。

先に引用した『タネリ……』に戻ってみよう。参考のためにオノマトペに傍点を打っておいた。ひとつ例をあげよう。例えば、「ちらちらちらちら」は、平凡ともいえる「ちらちら」を重ねることによって、雨や雪のふるさまが生き生きと視覚と聴覚に作用するオノマトペとして働くように作られている。「ち」と「ら」は、その文字の形状がとても近似しているため、「ちらちらちらちら」と続くと、小さな差異の点滅がリズミカルに反復され、文字の一列がそのまま表と裏が交互に反転しその反転で光を反射して落下していく姿を、視覚的に描きだすことになる。また「ちらちらちらちら」は視覚的表現にとどまらず、落下する音なき音を感じることができるようになっている聴覚的表現でもある。このように感覚が複数にまたがり感じるように表現されている。さらに言葉としての意味は、最小にまで希釈され、ただ文字の形状が一鎖となることによって、そのまま言葉となるといったらよいのだろうか。このように即物化していくことによって、事象そのものの原初の力を露わにすることこそ、賢治のオノマトペの向かう方向である。そのことでいえば、この「ちらちらちらちら」を、「ちらちら」で一度切り、ふたたび「ちらちら」と重ねるのでは、その力が半減してしまう。これは一息に「ちらちらちらちら」と読むべきなのだ。

賢治の擬人法を、このように理解することによって、賢治のおびただしい造語の理由も理解できるようになる。例えば、「ばるこく　ばらんげ　ぶらんど　ぶらんどぶらんど　らあめてぃんぐりかるらっかんの　さんのさんのさんの　らあめてぃんぐりらめっさんの　かんのかんのかんの　だるだるぴいとろ　だるだるぴいろ　ただしいねがひはまことのちから　すすめすすめ　すすめやぶれかてよ」（劇『種山ヶ原の夜』）〔宮澤 vol. 12: 365-366〕という「応援歌」にもなったほとんど造語によって作られた歌がある。ここにはオノマトペのような事象を写すというモチーフではなく、対応する事象はどこにもなく、音がそれ自体で自立している。意味はかぎりなく薄くなり、しかしそれでいて、あるいはそれだからこそ、声に出され朗唱されたときひとつの固有の世界が生まれ出てくる。もともとオノマトペは、「ちらちら」のように同音反復によって作られており、リズムと韻が重要な構成要素となっているのだが、このように言語の外に対応する事象をもたなくなると、言葉は純粋に透明な音となり、音はリズムをもち韻を響かせて音楽へと変わる。こうして風景の多声は人間語で表されるのではなく、風景と人間との中間の音楽－言葉で表され、風景の言葉に一歩近づく。なぜこのようなことが実現されるのか。しかも、そうして構築される世界が、なぜひとつの世界として体験されるのか。

賢治がオノマトペの卓越した表現者であることは、これまでにも多くの研究者から指摘されてきたことである［吉本 1989 : 315–335、滝浦 1996］。これほど膨大な数のオノマトペを使用し、また新たに創作した理由はいったい何だろうか。このような賢治のオノマトペは、近代的な擬人法の手法によるものというよりは、むしろアニミズムに由来する言葉そのものが生命を帯びている言霊思想の延長として捉えることもできるだろう。あるいはアニミズムから神道の影響を受けた「草木国土悉皆成仏」といった日本的仏教の系譜において、賢治の生命観そしてオノマトペを位置づけることも、あながち無謀なことでもないだろう［梅原 1993 : 348–352］。

しかし、先にも述べたように、賢治の擬人法において科学的な眼の在りようはとても大きな比重をもっており、賢治の擬人法は単純にアニミズムや言霊を再興しているわけではない。賢治の擬人法を「アニミズム」や「言霊」といった用語でもって特徴づけるのは、かえって賢治が実現した在り方の特異性を見逃すおそれがある。そのため、賢治の擬人法の特長を端的に表すような新しい名称をつける方がよい。賢治の擬人法は、最初のアニミズム的なものを否定して登場した人間中心主義的な擬人法にたいして、新たにアニミズムがもっていた世界との溶解の体験を取り戻す否定の否定としての擬人法である。そこで通常の擬人法と区別するために「逆擬人法」と名づけたのである。

## 5　異事と異界が出現する逆擬人法

この逆擬人法によって描かれる世界は、銀河・修羅・海胆《うに》から人間にいたるまで存在する者はすべてその存在において根源的に平等の世界である。しかし、異類のものとの出会いにおいて、相手の言葉を一方的に理解できるようになるときには、このような平等性は壊れてしまい、相手の言葉を話す者・相手の言葉に耳を傾ける者は、相手の世界（異界）に呑み込まれてしまう。賢治は、異界の他者との交流による華やいだ生命の多様な声が謳いだすエロス的な体験を描くとともに、異界の他者との交流によって無に触れて、自己の同一性が破壊されてしまうタナトス的な畏れの体験も描いている。

ここでふたたび『タネリ……』に戻ろう。タネリは、藤蔓を噛みながら四本の柏の木のところまでやってくる。柏の木に「遊びに来たから起きてくれ」と声を掛けるが応えてもらえない。そこでさらに遊び相手を求めて歩いていると、今度は蟇に出会う。

丘のうしろは、小さな湿地になってゐました。そこではまっくろな泥が、あたたかに春の湯気を吐き、そのあちこちには青じろい水ばせう、牛の舌の花が、ぼんやりならんで咲いてゐました。タネリは思はず、また藤蔓を吐いてしまって、勢よく湿地のへりを低い方へつたはりながら、その牛の舌の花に、一つづつ舌を出して挨拶してあるきました。そらはいよいよ青くひかって、そこらはしぃんと鳴るばかり、タネリはたうたう、たまらなくなって、「おーい、誰か居たかあ。」と叫びました。すると花の列のうしろから、一ぴきの茶いろの蟇《ひきがへる》が、のそのそ這ってでてきました。タネリは、ぎくっとして立ちどまってしまひました。それは蟇の、這ひながらかんがへてゐることが、まるで遠くで風でもつぶやくやうに、タネリの耳にきこえてきたのです。

(どうだい、おれの頭のうへは。
いつから、こんな、
ぺらぺら赤い火になったらう。)
「火なんか燃えてない。」タネリはこわごわ云ひました。蟇は、やっぱりのそのそ這ひながら、
(そこらはみんな、桃いろをした木耳《きくらげ》だ。
ぜんたい、いつから、
こんなにぺらぺらしだしたのだらう。)といってゐます。タネリは、俄かにこわくなって、いちもくさんに遁げ出しました。

［宮澤 vol. 10: 78–79、傍点は宮澤］

タネリが恐くなったのも当然だ。蟇が考えていることが突如として言葉となって聞こえてきたなら、誰でもそうだろう。しかし、本当に恐いのは蟇が人間のように考えていることではなく、考えている内容が全く理解できないことである。「ぺらぺら赤い火になったらう」とは、いったい何のことを言っているのだろうか。長い冬眠から目覚めたばかりの蟇の眼に自身の姿や世界はいったいどのように映るのだろうか、もちろん私たちには理解しがたいものである。タネリは言葉の流れとして蟇の思考を受け取ることはできるが、その言葉はタネリと交換可能な言葉ではなくタネリにはまったく不可解な異言である。賢治によって描かれたこの世界は、人間中心主義によって人間化する通常の擬人法ではあり得ない、人間の意味世界に回収することのできない不気味な世界である。

賢治の逆擬人法は、認識の次元だけでなく存在の次元でも人間中心主義の人間の特権性を揺さぶり宙吊りにする。賢治の作品世界では、人間はもはや世界の中心という存在上の特権性をもたず他のすべての存在者と等価であり、全存在者によって作りだされる宇宙の風景の一部分となる。それは人間と動物とが友愛に満ちて暮らすというメルヘンのような調和の世界ではない。賢治の逆擬人法では、動物や昆虫や植物や鉱物との回路が突然開かれ、意思を交わすことによって、かえって人間には測り知れない得体のなさが露わとなる。そのとき、動物や昆虫や植物や鉱物は、人間が目的を実現するための手段や道具であることをやめてしまい、人間とは異なる言語ゲームに生きる「他者」となる。翻って人間という存在者も、他のすべての存在者にとって「他者」であることが明らかになる。そして、雲になり鹿になりよだかになり火山岩になった眼から、人間の日常を作りだしている原理の異質性が、逆に浮かびあがるのである。

そのとき私たちは、他者と関わることにおいて、社会的次元の道徳とは異なる別の次元の倫理が存在することに気づくことになる。例えば、「なぜ人を殺してはいけないのか」という社会的次元の問いは、切実さもって生命的次元で問い直されることになる。この問いは、人間のみならずすべての存在者との関係への問い、「私たちは他の生命を奪い生きることが赦されるのか」という根本的な問いに変わる。そのときこの問いにどう答えるのかは問題ではなく、この問いが要請する倫理の方向が、社会的次元で流通している道徳を問い直し、生命的次元へと転回する契機となりうることが重要なのだ。このようにして、他者は擬人法によって包摂し「理解」する「対象」などではなく、かえって他者によって私たち自身の生が問い直されて、その結果、私たちの生の次元が一次元の社会的関係から多次元へと開かれることになる。

三度『タネリ……』に戻ってみよう。タネリは森に行かないようにという母親の禁止を犯して、森のすぐそばにまでやってくる。森は人間の世界ではない「彼ら」が属する共同体の外部の世界である。こちらの世界とあちらの世界との境界線では、人は何に出会うかわからない。境界線を越えてあちらの世界からやって来るのが、いつも小狐の紺三郎のように好意的な他者だとはかぎらないのだ（『雪渡り』）。この母親の禁止は、人間を人間たらしめる普遍的な禁止（taboo）のひとつの例である。反対に、禁止を犯すことは脱人間化をもたらす。タネリは最初から森に近づこうとしていたわけではない。タネリは木々に語りかけ、先に引用したように蟇に遭遇し、やどり木をからかい、それから鴇《とき》に会い一緒に遊ぼうと誘う。しかし、鴇は森の方に飛んでいったために、タネリはその鴇を追いかけ森のそばにやってくる。

……そこは、ゆるやかな野原になってゐて、向ふは、ひどく暗い巨きな木立でした。鳥は、まっすぐにその森の中に落ち込みました。タネリは、胸を押えて、立ちどまってしまひました。向うの木立が、あんまり暗くて、それに何の木かわからないのです。ひばよりも暗く、榧《かや》よりももっと陰気で、なかには、どんなものがかくれてゐるか知れませんでした。それに、何かきたいな怒鳴りや叫びが、中から聞《きこ》［ ］えて来るのです。タネリは、いつでも遁げられるやうに、半分うしろを向いて、片足を出しながら、こわごわそっちへ叫んで見ました。

「鴇、鴇、おいらとあそんでおくれ。」

「えい、うるさい、すきなくらゐそこらであそんでけ。」たしかにさっきの鳥でないちがったものが、そんな工合にへんじしたのでした。

「鴇、鴇、だから出てきておくれ。」

「えい、うるさいったら。ひとりでそこらであそんでけ。」

「鴇、鴇、おいらはもう行くよ。」

「行くのかい。さよなら、えい、畜生、その骨汁は、空虚《から》だったのか。」

タネリは、ほんたうにさびしくなって、また藤の蔓を一つまみ、噛みながら、もいちど森を見ましたら、いつの間にか森の前に、顔の大きな犬神みたいなものが、片っ方の手をふところに入れて、山梨のやうな赤い眼をきょろきょろさせながら、じっと立ってゐるのでした。タネリは、まるで小さくなって、一目さんに遁げだしました。

[宮澤 vol. 10 : 81]

タネリの冒険は、最初の草木や大気との喜びに満ちた交感からはじまり、蟇へやどり木へ、そして鴇に誘われて怪しく正体もわからないものへ、さらには「犬神みたいなもの」との恐れを抱く異類の他者に遭遇するに至った。鴇が入り込んでしまった木のなかから語っているものは何者だろうか。何の骨汁を食べているのだろう。姿を見せないこの声の主はとても不気味だ。また森の前つまりこちらの世界とあちらの世界との境界線に立っている「犬神みたいなもの」も正体はわからない。

この童話のタイトル『タネリはたしかにいちにち噛んでゐたやうだった』が示しているように、タネリはこの冒険のなかでいつも藤の蔓を噛んでいる。しかし、せっかく噛んでいた蔓を、タネリは何度も吐き捨ててしまう。なぜそうなのか。蔓を噛むことは噛む人と噛まれる蔓との間の交流ではあるが、食事のように呑み込むことによってエロス的な一体化を体験することはなく、噛む人にとって噛まれる蔓はどこまでも異物として残る。反復して噛む行為は反省のように時間を蓄積させ、世界との距離を生みだすことになり、しかも藤の蔓を噛む行為は糸を作るための有用な仕事でもあるところから、嚙む行為はこちらの日常世界に安全に戻るための仕掛けでもある。だから、タネリは何かと出会うと、喜びや驚きや恐れのために我を忘れ、嚙んでいた蔓を吐き捨て、自己を世界に開きそのものとの溶解を体験する。そして、またふたたび藤の蔓を嚙んで我にかえり、こちらの世界とのつながりを取り戻す。タネリはこの行為を繰り返しながら、「我を忘れる」ことと「我にかえる」という往復運動の振幅を拡大深化してきたのである。

そして、この異類の「犬神みたいなもの」との遭遇は、その往復運動の振幅が大きく我を忘れる体験の側に振れた瞬間である。我を忘れて異界の入り口にまできてしまっては、もはや蔓を口に入れたぐらいでは、容易にこちらの世界に戻ることができない。タネリはすぐさまこれまでやってきた道を引き返して、ようやく自分の家にたどり着くのだ。

「行きて帰りし物語」という子ども向けの物語の約束にしたがったこの物語は、それでも体験描写の深さを可能にしたのは逆擬人法である。そのために、透明な交感の相から暗い畏れの相まで、これまで日本文学の歴史においては実現できなかった他者や異界との出会いの瞬間を描くことができたのである。

人が「異事」や「異空間」に出会うときは、賢治自身が言っているように、「にんげんの壊《こわ》れる」〔「小岩井農場」〔宮澤（1924）, vol. 2: 85〕危機に曝されているときである。しかし、それはまた同時に、壊れた「にんげん」が新たな変容に開かれるときでもある。この異界の他者と交感することによって、「わたくし」は社会の軸によって構成されている人間化＝発達の原理から離脱し、「我を忘れる」ことによって脱人間化し、生命的関係の軸において深く生成変容させられることになるのである。それは発達のようにどこまでも自己同一性に基づいた拡大のプロセスとは異質の変容である。

それにしても、この賢治の童話の逆擬人性がこれほど徹底しているのはどうしてだろうか。その理由は、賢治の童話がもともと人間賢治の頭のなかで作られたものではないからである。それはすべて人間世界の外部から伝えられたものだ。前章でも述べたように、『注文の多い料理店』の序で、「これらのわたくしのおはなしは、みんな林や野はらや鉄道線路やらで、虹や月あかりからもらつてきたのです」〔宮澤 vol. 12: 7〕と述べられていたことを思いだしておこう。賢治の逆擬人法は、このように人間中心主義という通常の擬人法と正反対の方向に働く。なにより「おはなし」の語り手は、人間ではなく、虹や月あかりであり、その虹や月あかりが賢治に語り、賢治はもらったおはなしを人間の言葉に換えて語るのである。賢治という媒介者を通して人間語に翻訳されはするが、その言葉はもともと風景自身の言葉であり、その意味では擬人法などではなく、ただ賢治を媒介したために便宜的に「擬人法」と呼ばれるにすぎない。つまり賢治の童話にとって、擬人法は思想を伝達したり表現するための便宜上の手法ではなく思想そのものなのである。したがって賢治の逆擬人法が人間中心主義でないのは当然である。

　賢治は、このように心象スケッチに基づいた自分の童話が、それまでの『赤い鳥』などに掲載されてきた童話などとまったく異質な難解さをもっていることをよく自覚していた。同じく『注文の多い料理店』の広告文のなかで、賢治は「これらは決して偽でも仮空《ママ》でも窃盗でもない。／多少の再度の内省と分折《ママ》とはあつても、たしかにこの通りその時心象の中に現はれたものである。故にそれは、どんなに馬鹿げてゐても、難解でも必ず心の深部に於て万人の共通である。卑怯な成人たちに畢竟不可解な丈である」〔宮澤 vol. 12（校異篇）: 11〕と述べている。「どんなに馬鹿げてゐても、難解でも必ず心の深部に於て万人の共通である」と賢治が断言する根拠は、これらの物語が賢治のなかから生まれた物語ではなく、世界とのインターフェイスにおいて、賢治が現れたままを「そのとほり……厳密に事実のとほり」言葉で記録した、風景のスケッチそのものだからである。その意味で、これらの物語は賢治個人の恣意性を越えた普遍性をもったものであったわけである。このことを可能にした技法が逆擬人法であった。

　しかし、有用性の原理に立ち人間中心主義をどこまでも転倒することのできない「卑怯な成人」には、このような能動的な受動性によって開かれるポリフォニーの風景は、「馬鹿げて」「難解で」で不可解なままである。ここでふたたびこの風景のスケッチを評価できなかった鈴木三重吉に戻ることにしよう。

## 6　人間中心主義関係論の転倒に向けて

賢治の逆擬人法は、共同体の外部に触れる「生の技法」であった。つまり、逆擬人法は、世界の生命的な本質を言語によって明かすための「生の技法」であるばかりでなく、垂直の生成の次元の生に深く触れ自己解体の危機を招くとともに、生成変容の可能性を開く技法でもある。このように、自己を異事や異界に開く手法としての賢治の逆擬人法は、とても特異なものであった。人間中心の童心主義に立つ鈴木三重吉をはじめとして、当時の編集者や童話作家たちに、賢治の作品が理解できなかったのは、当然と言わねばならない。

鈴木三重吉は、「鈴木関門」と呼ばれるほど『赤い鳥』の編集に辣腕を発揮し、芥川龍之介の『蜘蛛の糸』（一九一八年七月号）の文章を添削したほど童話に明確な基準をもっていた〔坪田 1978, vol. 12: 202〕。そして『赤い鳥』に掲載された童話の世界と賢治の描きだす童話の世界とは根本的に異なっていた。例えば、鈴木三重吉の童話の代表作『湖水の女』（一九一八年九月号）の書きだしは、「昔ウエイルスといふところの或山の上に、寂しい湖水がありました。その近くの或村に、ギンといふ若ものが、母親と二人で暮してをりました」〔鈴木 1918: 60〕といったものである。この「昔」あるいは「むかしむかし」あるいはまた「或ところに」という定型の安全な枠づけからはじまる三重吉の童話は、たしかに不思議な出来事が描かれてはいるが、それは所詮西欧の伝説やお伽噺を翻案（再話）した童話にすぎず、読者の子どもに異事を実現することなどできない。

『赤い鳥』（一九一八年創刊）は、三重吉自身による綴方指導や、北原白秋による児童自由詩、山本鼎による児童画の自由画教育運動などと結びついて、大正自由教育の発展に大きな貢献をしたといわれている。子どもを教育の中心に据え、子どもの自由と自発性とを認め、子どもの自己表現を通して個性を伸ばすといった言葉は、今日でも人間的な教育を語ろうとする者が必ず口にする言葉であるが、このような子ども観や教育観はこの時期に登場する。一九一七（大正六）年の沢柳政太郎の「成城小学校」に始まり、一九二一（大正十）年の羽仁もと子の「自由学園」の創立、一九二四（大正十三）年には赤井米吉の「明星学園」、野口援太郎の「池袋児童の村小学校」の開設といったように、この時期は大正自由教育が開花した時期であった。この大正自由教育を支えたのは、新しく勃興してきた都市の新中間層であったが、そのような新中間層に『赤い鳥』は新しい子ども観と教育観を象徴するものとして迎えられたのだ。しかし、結局のところ大正自由教育で実現しようとしたのは、学校教育に馴致された「体験」、言葉を換えれば経験化された「体験」にすぎない。

三重吉が『タネリ……』の原稿にたいして、「おれは忠君愛国派だからな、あんな原稿はロシアにでも持っていくんだなあ」と語った理由は、最初にも述べたように不明だが、共同体の原理に閉ざされた三重吉にとって、この賢治の作品が評価基準を超えた法外な作品であったことはまちがいない。[7] しかし、賢治の作品が『赤い鳥』に採用されなかったことは、三重吉の個人的な文学観の問題にとどまらず、新教育における「生命主義」といったものの生成のレベルがどの程度のものであったかをよく示している。

私たちの出発点は、教育を「発達としての教育」と「生成としての教育」の二つの次元に分け、そのうえで言葉による概念化の困難な体験をもとにした「生成としての教育」を捉え、そしてそれを実現するための言葉を見つけることであった。そのような試みとして、体験を記録し体験を実現する賢治の擬人法を考察することであった。

いま私たちは、この賢治の擬人法を「逆擬人法」と名づけ、そこにおいて記録され実現される擬人法が他者の問題を考えるうえで意味のあることを見出した。このときの他者とは、最初から同じ共同体の言語ゲームに属している者ではなく、異なった言語ゲームを生きる者のことである。この他者のリストには異民族、女性、子ども、動物のみならず、昆虫や植物そして鉱物や大気や銀河まで名を連ねている（あるいは電信柱もシグナルも山男もそして死者も）。このような共同体の外部の他者との包摂や排除といった暴力をともなわない出会いの技法として、逆擬人法について考えてみた。

このような生の技法の習得は、社会的コミュニケーション能力の習得のように、集団生活を通して訓練できるようなものではない。それは直接他者からの純粋贈与の体験、あるいは他者への純粋贈与の体験としてなされるものである（賢治の作品は虹や月あかりからの純粋贈与である）。私たちは、交換（社会的コミュニケーション）の世界に慣れているため、交換に亀裂を入れる純粋な贈与の体験に気がつかない。たしかにそのような贈与の体験があるにもかかわらず、私たちにはこの出会いと交感の体験を言い表すことがむつかしい。しかし、私たちは、賢治の実験的な逆擬人法の助けによって、体験を語り同時に体験を実現する言葉を見出すことができ、そのような体験がたしかに存在していることに思いいたるのである。興味深いことは、深く体験を語る言葉は、結局、体験を再現＝実現する言葉でもあるというところだ。賢治の作品群は、体験を実現するメディアとして、言葉の力を介して子どもが他者に出会い異界に触れることを可能にし、生の技法を伝授してくれるのである。

お伽噺の「むかしむかし」という語りだしは、異事の浸入を防ぐ安全なフレイムとなって、子どもが異界に呑み込まれることから守り、結果として子どもの体験を縮減する。そのため童話にしても甘いメルヘンの世界を見せるにとどまる。しかし、深く生きることは異界に触れることであり、あるいは禁を破り異界に踏み込んでしまう危険を犯すことでもある。そのとき大切なのは、タネリのように一束の藤の蔓をもち歩く智恵をもつことである。異界に触れ、我を忘れたときに、こちらの世界に戻るための一本の蔓が必需品である。「我を忘れ」て世界に溶解すること、そして溶解したままにとどまらずふたたび「我にかえる」こと、この両方の相をダイナミックに往還することのできる智恵をもった生の技法を学ぶことが不可欠なのだ。かつてこのような往還は、死と再生のイニシエーションとして制度的な枠組みをもっていたが、私たちはもはやそのような制度を生きてはいない。だからこそ一層このような体験を生きる生の技法を学ぶ必要があるのだ。

教育における関係論を、人間間の社会的関係に収斂させてしまい、子どもの社会的関係でもって教育問題を捉え、「我を忘れる」–「我にかえる」という体験の次元を忘却している教育学は、子どもをコントロールしようとする科学的対象化の思考に回収されてしまう危険性をもっている。教育における関係を社会の軸に一次元化する教育の思想は、結局のところ人を対象化し手段化するだけでなく、他者を擬人法でもって包摂してしまう思想であり、意図とは関わりなく差別と排除を自ら作りだすことになる。

このような教育における関係概念の貧困化は、人間中心主義・合理主義・民主主義に基づく戦後の教育学において、生成変容の出来事について語ることが、ほとんどタブー視されてきたことと関係している。そのため、教師や教育学者といった教育関係者は、人間の生を構成している互いに交換不能な「経験」と「体験」という二つの次元の差異を、正しく感じることができないのだ。つまり、教育における関係概念の貧困化は、教育関係者自身の体験の貧困化と結びついている。私たちは、人間中心主義・合理主義・民主主義に基づく教育思想の一次元的で平板な生の理解を批判しつつ、同時に蒙昧な神秘主義やファナティックな信仰に取り込まれることなく、「限界への教育学」の可能性を求めるという、デリケートで大胆な試みを必要としているのである。本章で予備的に提示した「生成としての教育」と「発達としての教育」との関係については、あらためて第Ⅲ部の第9章で、戦後教育学と対照させながら詳しく論じることにする。次章では、いよいよ賢治の物語を手がかりに、贈与を物語ることの不可能性と可能性について論じることになる。

# 第7章——交換の物語と交換の環を破壊する贈与
## 賢治の語りえぬ贈与の語り方

まづもろともにかがやく宇宙の微塵となりて無方の空にちらばらう
『農民芸術概論綱要』より［宮澤（1926）, vol. 13 : 15］

### *1* 罪と罰の物語

宮澤賢治の作品には、物語としてのバランス（均衡）が、極端に崩れたように見える作品が少なくない。もちろん通常の物語の約束事自体を破綻させる不条理な作品、自己言及によって物語自体をどこにも到達できなくさせるメタフィクションの作品を知る私たちにとって、バランスの悪さなどそれほど重要な作品解釈のモーメントでさえないかもしれない。しかし、賢治の作品のバランスの悪さは、そのようなものではない。

このバランスの悪さは、「バランス」という言葉が暗示するように、贈与と交換をめぐる私たちのうちにセットされた約束自体を問うものとなっているように思われる。序章でも取りあげた『銀河鉄道の夜』で、自ら犠牲となって人を助けたわけではないのに、ジョバンニだけがなぜどこまでも行くことのできるチケットをもっているのだろうか、あるいは、『よだかの星』で、よだかは何も特別なことはしていないのに、なぜ星になることができるのだろうか、この行いと報いとのアンバランスを生みだす理由がよくわからないところに、賢治の作品の秘密があるように思われる。『貝の火』（生前未発表一九二一年頃）もまたそのような秘密を宿した作品のひとつである。

子兎のホモイは、川に流されるひばりの子どもを、我が身を顧みずに川に飛び込み助けた。ホモイはそのために熱病にかかり死の縁をさまようことになるが、ようやく健康を取り戻す。ホモイの行為を称えて、鳥の王から貝の火という美しい炎をうちに宿した伝説の宝珠を授けられる。ホモイは鳥獣たちの間で特別な敬意を払われる存在となるが、自分が鳥獣たちの大将になったと思いこんだホモイは、狡賢い狐にだまされて鳥たちを捕まえるという大きな罪を犯してしまう。そのことを知ったホモイの父親は、ホモイを連れて鳥たちを救うために狐のもとにやって来て、狐を追い払い鳥たちを救いだす。しかし、貝の火の光は失われて砕け、その砕けた粉が眼に刺さりホモイは失明してしまう。

子ども時代に初めてこの作品を読んだときから、私にはなぜホモイが最後に失明しなければならないのかが不可解だった。報いとはいえ眼が見えなくなるという罰が、ホモイの犯した罪と比べて、不釣り合いなほど重すぎるように感じたのだ。この罪と罰との間の不均衡はずっと不可解なものとして残り、重く暗い作品というイメージを抱いてきた。そして、この作品にこのような不可解さを抱くのは、私だけではないことを後で知った。

しかし、最近になってこの問いは、自分はなぜ罪と罰の間の均衡が合わなければいけないと感じたのだろうかという、別の問いに取って代わるようになった。罪と罰とが釣り合いのとれた等しいものでなければならないというのは、言い換えれば、罪と罰とが等価として交換されることを前提としている。この等価交換の思考法自体がむしろ不可解さを生みだす正体ではないのだろうか。そして、この思考法に回収できない事象を、不可解なものと捉えてしまうのは、詰まるところ、等価交換を超えた事象に正面から向かい合うことに、私たちがなにかしら恐れや畏れのようなものを抱いているからではないだろうか。もしこの問いが正しい方向に向けられているとするなら、この交換の均衡という思考法は、交換を超える事象にたいする私たちの感受性を鈍らせているのではないかという、新たな問いにつながっていく。

なぜこのような問いを本書のなかで提示するのかというと、教育をはじめとして、看護や福祉のように、人間に直接に関わる実践には、交換の均衡を超えた出来事が生起しているにもかかわらず、その実践を反省し指導する理論の方は、均衡を求める根深い交換の思考法に規定されているために、その出来事をうまく捉えきれていないのではないか、そしてそのため、それらの実践の理解を歪めるばかりか、そのような領域で働く人々の職業倫理をも不十分なものにしているのではないかと思われるからである。

正確には、これらの理論は単純に交換の理論に基づいているのではなく、合理的な計算に基づく市場交換とは異なる原理を模索し続けてきた。そのためこれらの理論では、市場社会における交換とは別の次元の財貨や人の移動を表すために、人類学や経済人類学で発展してきた「互酬性（reciprocity）」という概念が使用されている。互酬性とは、贈与とそれにたいする返礼とが釣り合っている関係、あるいはそのように釣り合わせる相互の行為を指し、平たくいえば“give and take”のことである。

経済人類学者ポランニー（Polanyi, K.）は、市場経済社会が成立する以前の、そしてより普遍的でもある非市場経済社会における社会的経済行為を研究した。そのような非市場経済社会においては、経済は社会のうちに埋め込まれており、市場交換には回収できない別の経済の形態が働いており、そのような形態を捉えることなしには、経済行為を十分に理解することはできないと考えた。そこで、ポランニーはそのような形態として「市場交換（market exchange）」のほかに、「再分配（redistribution）」、そして「互酬性」という概念を導入する。「市場交換」が、任意の集団や個人の間での単発的な財物の交換を意味するのにたいして、「再分配」というのは、王や国家といった政治的または宗教的な中央権力へ社会的義務として財物を支払うことと、そこから反対に周縁へと配分されることである。そして「互酬性」というのは、職能組合や血縁関係や友人関係といった対称的な関係において、社会的義務となっているような贈与行為のことである［Polanyi 1966＝2004（1981）: 16］。この「互酬性」の概念は、モースが「贈与交換」

の例としてあげていたマリノフスキー（Malinowski, B. K.）のクラ交易が例として引かれていることからもわかるように、モースの「贈与交換」にあたる。

よく知られているように、このポランニーの研究を受けてサーリンズ（Sahlins, M. D.）は、この用語を広義に捉え直して、国家をもたない未開社会の交換形態を、「一般的互酬性」（利他的なもので一方的に与え見返りは要求されない）、「均衡的互酬性」（受け取ったものと等価なものを短い期間に返還する必要がある）、「否定的互酬性」（一般的互酬性とは逆に利己的であり利益を目指して行われる活動の背後にある理論）の三つの類型に分けている[1]［Sahlins 1972＝1984: 230–236、川北編 1994: 269–271］。このように互酬性の概念は、これまで述べてきたモースの贈与交換論を拡張したものということができる。

市場交換になじまない交換の事象を捉えるうえで、この互酬性は応用範囲の広い概念である。イリッチ（Illich, I.）は、「ヴァナキュラー（vernacular）」な事象を捉えるさいに、やはり「互酬性」という用語を使用している［Illich 1981＝1998: 118］。ケアや子育てや介護といった家政に関わる諸事象は、互酬的な性格をもっており、合理的な市場交換とは異なる性格を捉えるには有効なものである。またノディングズ（Noddings, N.）は、「ケアリング（caring）」を互酬性の倫理と定義している（翻訳では「助け合い」となっている）［Noddings 1984＝1997: 6］。あるいは金子郁容は、ボランティア活動を互酬性（贈与交換）で定義している［金子 1992: 4章］。教育も看護も福祉もヴァナキュラーな性格を色濃くもっていることからも、互酬性の概念が、これらの性格を捉えるうえで、どれほど有効なものかが理解できるだろう[2]。

しかし、対人援助に関わる教育も看護も福祉も、「互酬性」だけでは十分に捉えることのできない事象である。それというのも、そこには互酬性を超えた贈与の出来事があるからだ［矢野 2000 参照］。ところが、いざ贈与の出来事を記述しようとすると、贈与の出来事のはずのものがいつのまにか、「交換の物語」に回収されることになる（最悪は「贈与の物語」に回収されることだが)。例えば、ノディングズも「ケアする人」の特徴として、マルセル(Marcel, G.)の「自由裁量(disponibilité, disposability)」という言葉を引いて、「身を捧げ投げうって、自分を役立てる気構え」〔Noddings 1984＝1997 : 31〕と説明している。ここで「自由裁量」と訳されているのは、もともと意のままにできるという自由処分権のことなのだが、マルセルはこの原意を反転させ、むしろ自由裁量の極限に現れる所有権の放棄すなわち贈与というべき性格を言い表している。[3] このようにケアリングの理論にも、互酬的な交換を超える贈与の側面が描かれているわけだが、多くの研究者はケアリングを互酬性に引き寄せて理解している。

同様に、贈与についての記述は、注意深く見れば、教育や看護や福祉に関わるテクストのなかにも散見されるのだが、それが「贈与」として互酬性と異なる次元が十分に捉えられていないために、「交換の物語」を彩る地となってテクストのなかに埋もれてしまっている。そのような記述を、ふたたびテクストのなかから浮かびあがらせ、交換との間に統合なき弁証法的関係を生起させるには、私たちの側に交換を超えた「出来事としての贈与」への感受性を必要としているのである。

本章では、『貝の火』の不可解さそのものを導きの糸にして、均衡を求めようとする交換の思考法の性格と限界点を指摘し、同時に、このような思考法からの態度変更をもたらす交換を侵犯し破壊する出来事としての贈与について考えてみたい。なぜ最初から贈与と交換の一般理論を展開せずに、『貝の火』のような文学作品を通して論じるという回り道をするのか、その理由については、すでにこれまでの諸章でも説明されているが、本章ではさらに踏み込んで論じることになる。

## 2　交換不能でプライスレスな物語

ホモイは、ひばりの子を助けたことから、鳥の王から宝珠「貝の火」を授かった。その夜、ホモイは美しい風景と共に、伝説的な宝珠の持ち主「仁義をそなへた鷲の大臣」が、見まわっている夢を見る。

一日目…ホモイは朝目覚めて外に出ると、年をとった野馬からホモイが宝珠を授かったことについて丁重な祝福を受け、さらにリスたちからも敬意を受ける。ホモイは、一夜にして皆の自分にたいする接し方が変化したことをうまく理解できずにとまどい、母に「僕はもう大将になったんですか」と問う。母親は、「まあさうです」と曖昧に答えてしまうが、それ以後この解釈枠でホモイは事態を理解していくことになる。ふたたびホモイが外に出ると、これまでいじめられてきた狐に出会うが、早速、狐を少尉に任命して、自分にしたがうように命令する。その夜もホモイは美しい夢を見る。

二日目…母親から鈴蘭の実を集めるように頼まれたホモイは、なぜ大将の自分がそんなことをしなければならないのか不満に思う。自分でやらずにモグラに仕事をさせようとするが、陽の光を苦手とするモグラにはできない。怒ったホモイは、狐に命じてお前の仲間に罰を与えるとモグラを脅す。そしてほかの動物たちに命じて、鈴蘭の実を集めさせる。その夜、ホモイがモグラの家族を脅したことを知った父親は、ホモイを強く叱り、貝の火はもう光を失っているに違いないと断言する。しかし、貝の火はこれまでよりもさらに光りさえしている。それを見て父親は黙ってしまう。

三日目…ホモイはふたたび狐に出会う。狐は人間の家の台所から角パンを盗んできてホモイに渡し、これで自分が鶏を捕るのを咎めないように求める。ホモイはそれを認め、角パンを家にもって帰る。ホモイの父親は狐が盗んだものなどは食べないと角パンを投げ捨て、貝の火はもう砕けているに違いないという。しかし、「玉はお日様の光を受けてまるで天上に昇って行きさうに美しく燃え」ている。それを見た父親は黙ってしまう。

四日目…ホモイは狐にそそのかされて、ふたたびモグラの家族をいじめる。それを見た父親は、すぐにモグラを助けに入る。狐は素早く逃げ去ってしまう。父親はホモイにもうお前はだめだと断言し貝の火を確かめる。しかし、貝の火はこれまでになく美しい姿を示している。そのため父親は黙ってしまい、家族で角パンを食べはじめる。ホモイは「たとへ僕がどんな事をしたってあの貝の火がどこかへ飛んで行くなんてそんな事があるもんですか」という。その夜にホモイは泣いて目を覚ます。

五日目…ホモイは夢を見る。「高い高い錐のやうな山の頂上に片脚で立ってゐるようです」。ホモイは泣いて目を覚ます。そ

五日目…ホモイは霧の立ちこめる野に出る。そこに狐が現れ、ホモイに網で動物たちを捕まえて動物園を作ろうともちかける。ホモイは狐の悪企みに乗せられてしまうが、捕らえられた鳥たちから助けてくれるよう訴えられて、ホモイは捕まった鳥たちを助けようとする。しかし、狐に脅されて恐ろしくなったホモイは、その場を逃げだしてしまう。ホモイは家に戻り貝の火を見るが、貝の火には小さな白い曇りが見えている。ホモイはなんとかしてその曇りを取ろうとするが消えない。何も知らない父親は、玉の曇りは油で取れるだろうと言い、貝の火を入れた箱に油を注ぐ。そして家族は寝てしまう。

六日目…夜中にホモイは目を覚まし、貝の火の様子を確かめるともう赤い火は燃えていない。ホモイは泣きながら父親に昼間のホモイと狐との仕業を打ち明ける。それを聞いた父親は、ホモイにお前は命がけで狐と戦うのだと言い、ホモイを連れて夜明けの野に出ていく。狐は鳥たちを捕らえた箱をもって逃げようとするが、父親が箱を取り戻し、箱のなかから捕らえられていた鳥たちを無事に解放する。狐は逃亡し、鳥たちは皆でホモイの家にある貝の火を見に行く。そのとき貝の火は煙のように砕け、ホモイの眼にその粉が入り眼はつぶれてしまう。その煙はだんだん集まりふたたび欠片《かけら》となり、見る間に元の貝の火となって窓の外に飛びだしていく。鳥たちが去り、最後まで残っていたフ

クロウも、嘲笑しながら立ち去っていく。残された母親はただ泣いている。

お父さんが腕を組んでじっと考へてゐましたがやがてホモイのせなかを静かに叩いて云ひました。
「泣くな。こんなことはどこにもあるのだ。それをよくわかったお前は、一番さいはひなのだ。目はきっと又よくなる。お父さんがよくしてやるから。な。泣くな。」
窓の外では霧が晴れて鈴蘭の葉がきらきら光り、つりがねさうは「カン、カン、カンカエコカンコカンコカン。」と朝の鐘を高く鳴らしました。

[宮澤 vol. 8 : 60]

こうしてあらためて『貝の火』の六日間を整理してみると、ホモイへの罰の重さの不可解さは増すばかりだ。欺くことに長けた狐に、子どものホモイが手もなく誘惑されるのは当然であり、狐にこそ罰が与えられるべきではないか。「僕は大将になったのですか」と訊いたホモイに、「まあさうです」と曖昧に肯定した母親に責任はないのだろうか。さらに最初は拒否しながら、宝珠に判断をゆだねてしまい、狐が盗んできたパンを食べた父親に責任はないのか。またホモイが道を踏み外しているにもかかわらず、宝珠は美しく光り続けるのはどういうわけか。もし光が失われはじめたなら、父親はホモイをもっと厳しく諌めることができたはずだ。それ以上に問われるべきは、ホモイのような子どもに大きな責任がともなう宝珠を与えた鳥の王に責任はないのだろうか。そのように考えると、なぜホモイがこれほど重い罰を負わなければならないのかわからない。なぜこれほど罰が苛烈なのか。「貝の火」と「純粋贈与」という対立する原理に焦点を当てて考えてみよう。まずは貝の火からはじめよう。

倫理学者シューメーカー（Shumaker, M.）は、古代倫理の根本原理であった「完全義務（perfect obligation）」と「不完全義務（imperfect obligation）」の区別を、互酬性の理論を手がかりに現代に復活させようとしているが、この区分は貝の火を捉える手がかりとなる［Shumaker 1992＝2001］。完全義務というのは、「正義」「法的拘束」「必然的義務」のように義務として必ず果たさなければならないものである。それにたいして、不完全義務とは、義務づけられていない「慈善」「親切」「愛情」「任意の善意」のことで、別にその義務を必ず果たすようには要請されないし、その義務を果たさなかったところで咎められることもないものである。つまりその行為になすことは、義務を超えたこと（supererogatory）なのである。シューメーカーは、完全義務を「均衡的互酬性」に、そして不完全義務を「一般的互酬性」に結びつけている（むしろ「贈与」と呼ぶべきものである）。この原理にしたがって貝の火を捉え直してみる。

もともと貝の火は、ホモイが最初受け取りを断ったにもかかわらず、鳥の王からの命令であり、受け取ってもらえないと自分たちが切腹しなければならないとひばりの親子が訴えたから、しかたなく受け取ったものである。その意味でいえば、貝の火は与える義務と共に、受け取り義務を課せられた贈与交換のなかの「贈物《ギフト》」である[4]［押野 2000: 99–100］。それには当然返礼を返す義務も課せられている。このように貝の火は交換の環のなかの贈物だが、この贈り物のためにホモイの行為も交換の環のなかに組み込まれることになる。

ひばりの子どもを助けたために、ホモイは貝の火を授けられるが、貝の火はこの救助にたいする褒美にとどまらない。褒美ならその時点で交換が完結することになるのだが、貝の火が美しい炎を宿し、立派な行いをしたときにはその輝きが増すことで持ち主の行いを評価するために、これを受け取った者には新たな義務が課せられることになる。つまりホモイの立派な行いは、褒美で完結してしまわず、新たな不均衡を生みだす貝の火のために、さらに立派であり続ける義務を招聘してしまった。そして貝の火の光を輝かせるという義務を担うことで、ホモイはいわば先行的に他者からの尊敬と名声を受け取るのである。その結果、ホモイへの尊敬の理由が、ホモイがひばりの子を助けたという出来事から、ホモイが貝の火の所有者であることに横滑りしてしまうことになる。

宝珠が担保となることで、宝珠を受け取ったのちに為されるホモイのどのような行いも、義務によって為された正義の行いとなる。そのため、宝珠を受け取ることで、ホモイにはひばりの子を助けたときのような贈与的行為はもはやできなくなる。つまり貝の火とは、その持ち主に「不完全義務」としての贈与を不可能にし、授かった後のすべての行為を交換の環に回収し「完全義務」に変えてしまう装置なのである。

なぜ多くの動物たちが、これまでこの宝珠を最後までもち続けることができなかったのか、その理由はここにある。この宝珠をもつということは、自分のどのような行いも「完全義務」となり交換の環のうちに回収されることを意味している。しかし、人はこの交換の環のなかにすべての行為が回収されてしまうことに耐えられない。貝の火の炎の美しさが、すべての行いの絶対的基準となり、交換を超える生きた力を奪ってしまうのだから。そのような交換に基づく義務の圧力に抗して、なおかつ純粋な贈与に転じるのには途轍もなく大きな力が必要だろう。

このことが貝の火を最後までもち続けることができた伝説の鳥が、なぜ「鷲の大臣」だったのかの理由でもある。鷲は「大臣」となることで、自己のすべての行いを仕事上の義務と一体化することができ、矛盾なく自分の生を全うすることができたのである。しかも、鷲という生得的で特権的な力がそれを可能にした。

それにたいしてホモイは、軍隊を模した階級に基づく閉鎖的なヒエラルキーをフィクショナルに構築することによって秩序を作りだし、「完全義務」の世界になじもうとした。ホモイが母親に「僕はもう大将になったんですか」と問うたとき、母親が「まあさうです」と曖昧にではあるが承認したことが、その後のホモイの方向を決定づけている。リスを少将に、子馬を大佐に、狐を少尉に、モグラを軍曹にと、会う動物、会う動物、それぞれに軍隊の階級を与えることで、ホモイと他の動物との関係は安定した秩序をもった交換関係に変えることができる。ホモイ大将は命令し、部下の動物たちが食料を集めるというように。しかし、ホモイには、鷲の大臣のように社会的な関係において有用な義務を果たす場面はない。このフィクショナルな軍隊には、実際的な目的が欠けている。「鷲の大臣」ならぬ「兎の子ども」のホモイが、交換の環のなかで「大将」として振る舞い、その結果、立派な仕事を何もできぬまま、慢心が高じて身をもち崩していったのは当然の帰結と言ってよい。

そして「完全義務」の世界を生きることでホモイが失った最大のものは、自然世界との生き生きとした関わりである。『貝の火』の書きだしの場面では、子ども特有の自然との交感の姿が、例によって賢治らしいオノマトペを多用する文体で生動的に描かれている。


今は兎たちは、みんなみじかい茶色の着物です。

野原の草はきらきら光り、あちこちの樺の木は白い花をつけました。

実に野原はいい匂で一杯です。

子兎のホモイは、悦んでぴんぴん踊りながら申しました。

「ふん、いい匂だなあ。うまいぞ、うまいぞ、鈴蘭なんかまるでパリパリだ。」

風が来たので鈴蘭は、葉や花を互にぶっつけて、しゃりんしゃりんと鳴りました。

ホモイはもう嬉しくて、息もつかずにぴょんぴょん草の上をかけ出しました。

［宮澤 vol. 8：38］

あるいはホモイが熱病からようやく癒えて、初めて家から出たときの場面もそうだ。衰弱した体がふたたび自然との交感を体験する場面である。


ホモイは、或る雲の無い静かな晩、はじめてうちから一寸出て見ました。

南の空を、赤い星がしきりになゝめに走りました。ホモイはうっとりそれを見とれました。すると不意に、空でブルルッとはねの音がして、二疋の小鳥が降りて参りました。

［宮澤 vol. 8：40］

「うっとり」と我を忘れて見とれるホモイの交感体験を「不意に」破るのは、二匹の小鳥である。この二匹の小鳥こそ宝珠を運んできたひばりの親子である。宝珠をもらった翌日、ホモイは「ぴょんぴょん」跳んではいくが、宝珠を授かったことでほかの動物たちとの関係が急変した後では、ホモイはもはやこのように「ぴんぴん」踊ったり「ぴょんぴょん」跳んだりという、無邪気な悦びを体で表すことはない。ホモイは貝の火によって自然への感応力を失うのだ。それは、ひばりの子を助けたときの贈与の力を失うことでもある。「ホモイはいきなり水の中に飛び込んで」というように、ホモイがひばりの子どもを助けるときにはなんの計算もなかったのだ。

貝の火はこのようにホモイの行為を判断する基準となる。しかし、そのほかにもホモイの行為を判断するものがいる。それはもちろんホモイ自身であり、ホモイの父親であり、そしてホモイの見る夢である。この三者と比較することで貝の火の性格がより一層明らかとなる。

貝の火は、何かを考えるには、まずホモイの父親と比較すればよい。ホモイの行いが立派な行いかどうかを判断し評価するということでは、貝の火も父親も社会の掟、正義の次元を代表している。もっとも貝の火が絶対的な基準であるのにたいして、父親のそれは相対的なものにとどまらざるをえない。そのため、貝の火が家に来て以来、貝の火と父親の評価のズレが生じるたびに、そのズレは父親の敗北として自覚されていく。四日目がすべての運命の分かれ道だった。四日目に父親の敗北が決定的となる。それまで狐が盗んできたものは食べないと言っていた角パンを、父親が黙って食べはじめるのはそのためである。

それにたいして、ホモイが見る夢は、貝の火とも父親とも異なる別の次元の判断と評価があることを暗示している。ホモイの見る夢は、鮮やかな象徴的イメージとなってホモイの内側を照らしだす。四日目の父親が貝の火に完璧に敗北した夜、貝の火はモグラを恫喝してもその光は損なわれないばかりか、それまでにない美しさを湛えてさえいるのにもかかわらず、ホモイが見る夢は、ホモイが「高い高い錐のやうな山の頂上に片脚で立ってゐる」夢である。ホモイはその夢を見て泣いて目を覚ます。さらにこのことはまた、ホモイの夢が覚醒時のホモイの判断とも異なる判断を下していることを示してもいる。「たとへ僕がどんな事をしたってあの貝の火がどこかへ飛んで行くなんてそんな事があるもんですか」とホモイがすっかり慢心してしまうときでさえ、ホモイの夢は、ホモイの言葉とは反対に、ホモイののっぴきならない危機を告げ知らせているのだから。

このホモイの夢は、律法の次元とは異なる生命の次元を示しているように思われる。ホモイが貝の火を授かった最初の夜に見る夢は、次のような夢だった。

その晩の夢の奇麗なことは、黄や緑の火が空で燃えたり、野原が一面金色の草に変ったり、沢山の小さな風車が蜂のやうに微かにうなって空中を飛んであるいたり、仁義をそなへた鷲の大臣が、銀色のマントをきらきら波立てゝ野原を見まはったり、ホモイは嬉しさに何遍も、

「ホウ。やってるぞ、やってるぞ。」と声をあげた位です。［宮澤 vol. 8: 43］

この夢では、ホモイの自然との交感で沸き立つ生命感と立派に生きたいと願う正義への思いが、理想的な形でひとつのイメージを形象していることがわかるだろう。それ以降のホモイの没落は、ただ光を放つ抽象的な判断しか示さない正義の次元に、夢に代表されるイメージに満ちた生命の次元が回収されていく過程である[5]。

## 3　交換の環を破壊する出来事としての贈与

賢治の作品にもっとも特徴的な贈与の形態といえば、一切の見返りを考慮することのない純粋贈与をあげることができる［中沢 1998 (1995) : 17］。この純粋贈与の在りようは、賢治研究者によって「自己犠牲」と「自己焼尽」と「デクノボー」とに分けて捉えられてきた［見田 1984］。『銀河鉄道の夜』のカムパネルラは、「自己犠牲」という形で我が身を差しだす登場人物の一人である。カムパネルラは川に落ちた学友を助けるために命を落とす。ホモイの物語は

カムパネルラの終わったところからはじまるということができる。死ななかったカムパネルラともいうべきホモイは、銀河鉄道に乗ることもなく、純粋贈与にもかかわらず／純粋贈与ゆえに最後には失明し世間から嘲笑されるのだ。このホモイの「失明」という結末は、この純粋贈与の過剰な性格と関係している。

この純粋贈与は交換の環に何をもたらすというのだろうか。ジャンケレヴィッチ（Jankélévitch, V.）は、「ベルクソンとユダヤ教」（一九五六年）のなかで、旧約の「律法」と新約の「慈愛」という、これまでにもよく引かれる枠組みを提示しつつ、それを交換と贈与と結びつけて論じている。律法は交換と結びつけられる。「『目には目を』、『火傷には火傷を』とタリオンの法は言う。物々交換における交換で、『牛には牛を』、『雌羊には雌羊を』と言われるのと同様に。これはピタゴラスのいう補償の正義であり、ラダマンチュスのいう相互性であろう！」[6]［Jankélévitch 1994＝1996：458］それにたいして慈愛は贈与に結びつけられる。重要なのは次のような文章だ。ジャンケレヴィッチはいう。「もう一方の頬を差し出すような逆説的にもわれわれに命じる不当な慈愛は、応報の相互性を超越する。傷ニハ傷ヲ―反応による作用の相殺、受動性の引き潮による能動性の満ち潮の中和はこのように要請していたのだが、突然無限に至る愛の動きは、相殺するものとしての反射を一掃し、報復の呪われた円環を一挙に破るものである」［Jankélévitch 1994＝1996：460–461］。

律法が交換（お返し、仕返し）として「応報の相互性」を生みだしてしまうのにたいして、慈愛は純粋贈与として交換に基づく「報復の呪われた円環」を侵犯し破壊することが示されている。この「一挙に」ということが重要なのだ。ホモイの行為もまた純粋贈与として、交換に基づく世界を一挙に打ち破ってみせた。しかし、この慈愛＝純粋贈与がもたらす破壊は、交換に基づく世界にとっては暴力でもあった。純粋贈与によってひばりの子を助けたことは、交換の世界に一撃を与えることとなり、その代償であるかのように、ホモイは重い病気にかかり、生死の縁に立たされたのである。

ここに純粋贈与の過剰さがもたらす消しがたい危険性がある。純粋贈与は、交換の環を侵犯し打ち砕き社会秩序の外部を示す。例えば、ホモイの行為はいかなる根拠もなくただ助けること自体を目的とした純粋贈与である。そのためこの行為は法外な行為として共同体のどのような行為にも共約することができない（もはや取り返しがつかない＝済まない＝返済不能）。その意味でいえば、純粋贈与もまた犯罪と同様に一種の逸脱行動であることには違いない。ところが、犯罪が処罰という儀礼（応報の原理の明示化）を通過することで、かえって法と正義を聖化し、道徳的感情を高め秩序を強化するのとは違い［Collins 1982＝1992: 168–177］、純粋贈与は、交換を超える行為として贖いきれない次元の存在を出現させ、日常、明示化されることのない人の打算を反対に明らかにしてしまう可能性をもっている。日常の秩序を揺るがすという点において、純粋贈与は犯罪以上に危険な面をもっている。ホモイの物語は、このような法外な過剰さが交換の環を破壊してしまう危険性についても自覚的である点で優れてもいるのだ。

ふたたび交換の均衡を求める思想に戻ってみよう。正義を均衡＝均等において実現しようとした代表的思想家はアリストテレスである。アリストテレスは、法（共同体）にしたがって正義を実現しようと考えた。アリストテレスが、法と貨幣とを結びつけて考えたのは、貨幣を通して初めて異質な者同士の間に共約可能性を作りだすことができるからである。言い換えれば、アリストテレスの正義と法の思想は、貨幣によって共約可能性が可能となった「相互給付」の環＝交換の環のなかで考えられている。『ニコマコス倫理学』における正義論では、次のような議論が述べられている。

共同関係の生ずるのは二人の医者の間においてではなくして、医者と農夫との間においてであり、総じて異なったひとびとの間においてであって、均等なひとびとの間においてではない。かえってこれらのひとびとは均等化されることを要するのである。交易さるべき事物がすべて何らかの仕方で比較可能的たることを要する所以はそこにある。……中略……あらゆるものに価格を付しておくことの必要なのはそのゆえである。すなわち、そうすれば交易は常に可能となるのであり、しかるに交易あって共同関係はあるのである。かくして貨幣はいわば尺度として、すべてを通約的とすることによって均等化する。事実、交易なくしては共同関係はないのであるが、交易は均等性なしには成立せず、均等性は通約性なしには存在しない。もとより、かくも著しい差異のあるいろいろのものが通約的となるということは、ほんとうは不可能なのであるが、需要ということへの関係から充分に可能となる。

［Aristoteles 1894＝1971：187–189］

例えば、大工が靴工から靴工の生産物を獲得するとき、その報償として大工は靴工に自分の生産物を給与しなければならないが、そのときこの取引の応報は均等的でなければならない。そして両者の取引が均等的であるためには、一軒の家屋が何足の靴に等しいかの計算が不可欠である。このような文脈において、アリストテレスは正義を「比例的な仕方でのお互いの間の『応報』」［同：186］における「均衡」の問題として展開するのである。ここでは過剰も過小も均衡を破るがゆえに不正なものとなる。

貝の火はそのような「相互給付」の環＝交換の環＝共同体に基づく正義を再建するための装置である。ホモイの贈与の一撃によって破られた交換の環は、貝の火の出現によって破壊者ホモイを中心とする交換の環として新たに修復される。貝の火を所有するホモイは交換の環からはずれることで交換の環を超越した絶対的な中心となり、交換の環を新たに形成することができる。そこでの正義とは、共同体に枠づけられた法に基づいた正義であり、ホモイが「比例に即した均等」［同：190］が可視化された軍隊を模した階層的秩序を作りだしたのはこのことに対応している。

しかし、ホモイにはもうひとつ別の正義と法の可能性に開かれてもいた。そもそもその可能性を開いたのはホモイ自身だった。名前も知らない他者にたいするホモイの無償の贈与行為は、共同体における交換の均等（均衡）に枠づけられた正義ではなく、共同体の外部に開かれた正義の原理となりうるものであった。言い換えれば、それは応報の原理を無にする「赦し」や法外な「慈愛」が、つまり無償の贈与が先行するものであり、仲間（われわれ）でない他者にも開かれた正義の秩序であった。そして、それはホモイが貝の火を授けられた夜に見た、生命の美と仁（慈愛）と義（正義）とが溶け合っている夢に表現されたものであった［本章2節］。この可能性は、ホモイが軍隊を模した閉じた秩序を選び取った時点で消え失せたのである。

純粋贈与が交換の環を破壊する暴力（過剰）として出現していることが、ホモイへの罰の過酷（過剰）さと結びついている。[7]『貝の火』は、純粋贈与（ひばりの子を助ける）という交換を超えた出来事ではじまり、供犠（ホモイが眼を失う）という交換を超えた出来事で終わると言ってもよい。この二重の暴力が、交換の環に隠された贈与の瞬間の力を示しているのである。

## *4* 交換の物語・贈与の物語・出来事としての贈与

私たちは、「交換の物語」の代わりに、「贈与の物語」を置き換えようと主張しているのではない。「贈与の物語」も、それが物語として自己の解釈枠に新たに定着するということであるなら、それは名前を変えただけの「交換の物語」にすぎない。贈与は、解釈枠に位置づけることのできない過剰な出来事だから、経験として定着することはできないと語りながら、そう語ることで今度は、贈与が概念的に捉えることのできる経験のひとつということになってしまう。

通常、贈与について語られる物語も、ほとんどの場合において最後には収支の決算が合い、人を感動させることで終わる。神（々）からの圧倒的な贈与を描く「奇跡の物語」の場合もそうである。贈与の霊がもっとも活動的なクリスマスを描いた物語や映画には、このような圧倒的な贈与がしばしば登場する。例えば、ディケンズ（Dickens, Ch.）の『クリスマス・キャロル』（一八六一年）の主人公、吝嗇家スクルージは、クリスマスの夜に死者から、の贈り物によって回心を遂げるが、回心に先行するさまざまな遣り取りがあり、そのプロセスを含めて贈与は「奇跡の物語」として理解される。たしかに「奇跡の物語」として表現される「贈与の物語」は、読む者の心を揺さぶり感動させはするが、解釈枠を破壊し改変することなどなく、最終的には心地よく既存の解釈枠のうちに位置づくのである。このような「奇跡の物語」には、「出来事としての贈与」の体験を引き起こす過剰さはない。

『貝の火』は「贈与の物語」ではない。たしかに、最後の場面で、父親が「こんなことはどこにもあるのだ。それをよくわかったお前は、一番さいはひなのだ」と言い、父親はこの出来事を苦い経験の物語としてまとめあげ、そこから有用な教訓を導きだすことによって、経験として収支のバランスを合わせようとしているかのようだ。お前は辛い経験をしたが、その辛さゆえにほかの誰にもわからない人生の真理を知ることができた、だから収支が合っているのだと。もし「お前は、一番さいはひなのだ」という父親の言葉が正しければ、この作品全体は教訓話として落ち着くだろう。教訓話は道徳的あるいは宗教的な教えを伝達するための方便である。だから、作品の主人公が教訓を得ると同時に、それを読む読者にも教訓が与えられる。[8]

ところがどう見ても、「こんなこと」（父親はどのような事態を指して「こんなこと」とまとめたのだろうか）は、どこにでもあるわけではないし、このことを教訓として学ぶことで、ホモイが犯した罪とホモイの被った罰とを計る正義の天秤のバランスが、適切な均衡をえることはない。やはり天秤のバランスは、過剰にホモイの方の罰の側に傾いたままなのだ。『貝の火』はホモイの受難の過剰さのために、まとまりのよい物語として解釈枠に収束できない。ホモイの失われた眼の分だけ過剰で、その過剰さが私たちに明確な像を結ぶことを不能にし、いつまでも安心感を与えない。

「なぜホモイは眼がつぶれたのか」、その答えは宙吊りにされたままである。ただ私たちは、過剰さゆえに教訓話をはみだした部分がただならぬ聖性を帯びていることに気づき、ホモイが個人として犯した罪のために眼がつぶれたのではなく、私たちの慢心という罪ゆえに私たちの供犠として失明したのではないかということを、感知することができる。この聖なる供物の物語を、物語としてではなく、出来事として体験し、交換には回収されることのないものの存在をたしかに感じることができる。このはみだした過剰な部分が、交換の環の外部なのだ。

この過剰な部分を解釈枠に位置づけようとして、理解の光をどのような角度から当てようとしても、ちょうど序章で述べた『銀河鉄道の夜』のなかの暗い宇宙の孔「まっくらな孔」=「石炭袋」のように〔宮澤 vol. 11: 167〕、理解の光を吸い取り深く暗い孔のままに残るのである。そのような孔が生みだされることで、完全な環として閉じることができず、交換の思想による理解は機能不全を起こすことになる。この暗い宇宙の孔を何と名づければよいのかわからないし、そもそも名づけうるものではないのだろう。しかし、過剰さが生みだすこの暗い宇宙の孔こそが、賢治の文学の中心であり、私たちの心を引き寄せ続けるものでもある。

こうして読者は、交換の環を破壊する純粋贈与と供犠とを体験することになる。作品『貝の火』は過剰さゆえに、「贈与の物語」として安定するのではなく、交換の均衡を求める解釈枠を破壊し、「出来事としての贈与」をもたらすのである。「贈与の物語」からは贈与の痩せた概念を知ることができるにすぎず、ただ「出来事としての贈与」からのみ溢れる贈与の霊を感じ取ることができる。『貝の火』のような作品のみが、そのような体験を実現するのである。

## 5　贈与と交換の教育人間学に向けて

それではこの「出来事としての贈与」が、教育や看護や福祉を考えるうえでどのような意味があるのか。最初に述べたように、教育や看護や福祉の現場には交換を超えた贈与が生起している。しかし、この「出来事としての贈与」が、言葉によって語られテクスト化されると、「贈与の物語」になる危険性がある。さらにテクストにおいて、積極的に贈与が必要だということを主張することは贈与という在り方に反している。私たちが「犠牲」や「献身」や「奉仕」の物語を取りあげる道徳の教科書に、ある種のいかがわしさを感じるのは、それらの物語がかつて歴史のなかで果たした苦い記憶をもつからだけでなく、ダイレクトに言葉によって義務として贈与が主張されることで、贈与自体の至高性が消去されてしまい、贈与が何かの手段に貶められてしまうからである。それは「交換の物語」への変質を意味している。

しかし、そうだからといって贈与について語らないということでは、教育や看護や福祉といった他者に関わる行為がすべて「交換の物語」に回収されることになってしまう。その結果、私たちは、他者に関わる行為を、合理的で機能的な有用性の言葉でもって語るしかなくなってしまう。そのような言説は論理的に構築され体系だった説得力をもった理論とはなるだろうが、他者に関わる生きた力を切りつめたものとなるだろう。そしてそこでは共同体の仲間同士に閉じられた正義が実現されるだけである。他者に関わる法外な力を衰弱させることとなり、そのような力の発動を感受する力もまた衰弱する。その結果、教育や看護や福祉の学は、市場交換の合理的な計算に基づく「サービス」というカテゴリーのうちに取り込まれていくことに抗する原理を、失ってしまうことになる［Hyde 1979＝2002：157］。このことは、教育や看護や福祉を、より打算的で厳格な「応報の相互性」に身をゆだねることを意味している。やはり私たちは贈与について語らねばならないのだ。

この「語れないこと」と「語らなければならないこと」というアポリアに、どのように向かい合えばよいのだろうか。このアポリアの存在が、『貝の火』のような物語を取りあげて贈与と交換を考察するという回り道がなぜ必要だったのかの理由である。私たちが経験として語ることのできない過剰な「出来事としての贈与」に近づくためには、このような優れた物語の力に沿いながら語る必要があったからだ。もちろん、「出来事としての贈与」として感受された『貝の火』も、すぐに表象化され「『出来事としての贈与』の物語」として「贈与の物語」となり、最終的に

「交換の物語」のうちへと回収されてしまう危険性はある。不可解さを手がかりに開始された自覚のプロセスも、それを結論だけ取りだしてしまえば、すべてを呑み込む「交換の物語」のひとつとして読み替えることも可能だからである。それにもかかわらず、交換の環を破壊するプライスレス（価格の外にある＝法外な価格）な物語によって、私たちはしばしば眼には見えない「出来事としての贈与」を言葉として感知することができる。それが文学作品の力でもある。

このように直接に贈与について名指しで語るのではなく、その「出来事としての贈与」の体験を生みだす文学作品を手がかりに語ることで、過剰な贈与の痕跡を感受できるようにすることができる。それを通して、私たちの経験として解釈枠組みの網の目のうちに沈み込んだもののなかから、事後的にではあるが贈与を想起することができる。またこのような作品を経ることによって、私たちは交換の環を破壊する贈与の力を知るとともに、贈与のもつ暴力性の危険を知ることができる。ホモイの物語が示しているように、贈与の一撃は交換の環を侵犯するがゆえにそれ自体が暴力でもある。このような贈与の一撃の創造的な力と暴力性を、私たちはすでに「ソクラテス」の死に、『こころ』の「先生」の死に、そして漱石の死に見た。教育や看護や福祉のテクストのなかから、交換の記述の背後に隠された贈与の運動を捉える記述を注意深く読みとるためには、このような贈与の力への感受性と同時に、贈与の暴力性の自覚も不可欠なのである。そして、なにより贈与が生起する場である教育や看護や福祉において、この贈与の暴力性の自覚は、人間と直接向かい合うときには不可欠なことである。

# 第8章——生命の倫理としての贈与と心象スケッチ

## 第Ⅱ部のまとめに代えて

雲からも風からも
透明なエネルギーが
そのこどもにそゝぎくだれ

［あすこの田はねえ］より［宮澤（1927），vol. 4 : 275］

第Ⅱ部の諸章では、第Ⅰ部のように、それぞれの章において単一の主題を描きだすのではなく、教育学的な主題とともに子どもの生成変容の諸相を考察するという二つの主題を、同時に描きだそうとした。第一の教育学的な主題としては、第5章では子どもの生成変容を記述する生成する物語の可能性を、そして第6章では教育関係論の生命論的な組み替えの方向性を、さらに第7章では、教育学をはじめとする看護や福祉の学における交換をもとにした理論への批判と、贈与を組み込んだ理論への転回の可能性を、それぞれ宮澤賢治の作品を手がかりに論じた。また、子どもの生成変容の出来事を具体的に考察するという第二の主題としては、第5章では子どもの他者との出会いを、そして第6章では異類の者との遭遇と異界への接近を、さらに第7章では比類なき贈与の体験を見てきた。

しかし、これらの主題とは別に、第Ⅱ部で一貫して論じられてきた主題がある。それは「心象スケッチ」という賢治独得の生の技法のことである。この心象スケッチへの関心は、まず心象スケッチが生成変容の出来事を記述する技法であるところにあるのだが、それとともに心象スケッチ自体が生成変容を生起させるものだからでもある。第Ⅱ部を終えるにあたって、本章では賢治その人の純粋贈与者への転回と心象スケッチとの関係を明らかにすることで、生成変容と純粋贈与との関係を考えてみたい。それはあらためて第I部で論じた「最初の先生」の誕生の問題を考えることでもある。

## *1* 純粋贈与者としての宮澤賢治

宮澤賢治は、贈与の思想から、新たな倫理の可能性を生きようとしていた。大正最後の年、一九二六（大正十五）年、賢治は花巻農学校の教師をしていたが、その年の春に「花巻国民高等学校」という名の公開講座で農民芸術を担当した。賢治はそのときの講義をもとにした『農民芸術概論綱要』（一九二六年）を書き残している。

おれたちはみな農民である　ずゐぶん忙がしく仕事もつらい
もっと明るく生き生きと生活をする道を見付けたい
われらの古い師父たちの中にはさういふ人も応々あった
近代科学の実証と求道者たちの実験とわれらの直観の一致に於て論じたい
世界がぜんたい幸福にならないうちは個人の幸福はあり得ない
自我の意識は個人から集団社会宇宙と次第に進化する
この方向は古い聖者の踏みまた教へた道ではないか
新たな時代は世界が一の意識になり生物となる方向にある
正しく強く生きるとは銀河系を自らの中に意識してこれに応じて行くことである
われらは世界のまことの幸福を索ねよう　求道すでに道である

［宮澤 vol. 13 : 9］

この「世界がぜんたい幸福にならないうちは個人の幸福はあり得ない」という言葉は、賢治の思想を論じようとする者が必ず引用する言葉のひとつである。この講演をした年の四月、賢治は花巻農学校を退職し、この綱要でいわれたような「新たな時代」を目指して、農業活動と文化活動とを結び合わせて実践する「羅須地人協会」を設立する。このような実践に同時代の武者小路実篤らによる「新しき村」の影響を見ることができる。こうして「古い聖者」ブッダの弟子として賢治は、内なる修羅を自覚しつつ、自ら「求道者」=「菩薩行」を突き進み、贈与者として生きることになる。

ところでこの菩薩行とは、普通「六度」とか「六波羅蜜多」と呼ばれているもので、この「波羅蜜多《パラミター》」というのは悟りの彼岸に到達するという意味である。この彼岸の完成に達するための行は、「布施」「持戒」「忍辱《にんにく》」「精進」「禅定」「知恵（般若）」の六種に分かれている。私たちの関心は、この六種の行のなかの「報復」をせずに堪え忍ぶ「忍辱」と、財産のみならず自己の命まで差しだす純粋贈与ともいうべき「布施」にある。とりわけこの布施においては、大乗仏教では、誰が施し、何を施し、誰に施すのかということの分別があっては真の布施波羅密ではないと考えられている点は重要である［例えば『金剛般若経』中村・紀野訳註 1960: 46–49］。そのような分別があるかぎり、「無我」の行為ではないというのである。このことは仏教では「三輪空寂」あるいは「三輪清浄」と呼ばれており［長尾 2001 (1984) : 216–234］、このとき三輪とは「施者」「受者」「施物」のことをいう。この布施の議論は、デリダ（Derrida, J.）が指摘する純粋贈与の不可能性の議論に関わっており重要な問題である［氣多 1999: 212–237］。

このような賢治の「捨身」「布施」の決意の裏には、玉虫の厨子の台座に描かれていることで有名な、餓死寸前の虎の親子の命を救うために自分の体を食べさせた「投身飼虎《とうしんしこ》」の物語や「施身聞偈《せしんもんげ》」の物語といった、賢治が幼いときから慣れ親しんだ『生前物語』（『ジャータカ』）のブッダの生前の布施に関わる仏教説話の影響を見ることができるだろう。また同じく「投身飼虎」を描いた『金光明最勝王経』捨身品第二十六、あるいは薬王菩薩の前身である一切衆生喜見菩薩が、日月《にちがつ》浄明明徳如来と『法華経』を供養するために、自分の体に火をつけて自らを喜捨したという『法華経』薬王菩薩本地品第二十三の捨身の話が思い起こされるだろう。とくにこの後者のテクストは、後に一切衆生喜見菩薩の捨身にならった多くの捨身供養者・焼身行者を生みだしたことで知られており〔山折 1985 (1973): 177–202〕、また賢治が深く帰依した経典であるだけにその影響力は大きいといえるだろう。このように「捨身」とは、他の生き物を救うために自分の身を捨てて無上菩提を得る菩薩行のことである〔原 2000: 338〕。賢治にとってこの飢えた虎の親子にたいして自己を差しだすブッダの説話「投身飼虎」は、たんなる説話としてではなく、日々の生活を営むうえで切実な倫理であった。

この純粋贈与者としての賢治というイメージは、あらためて述べる必要もないほどよく知られている〔中沢 1998 (1995): 17、押野 2003: 181–211〕。あるいは知られすぎているとさえいえるかもしれない。それというのも賢治の生は誰もが一度は耳にしたことのあるあの『雨ニモマケズ』(一九三一年) の作者として、そして「聖人」「偉人」「聖農」「農民詩人」として描かれてきたからである。しかしこのように描かれるとき、賢治の生も賢治の作品も「贈与の物語」に回収されてしまう。事実、戦時中にはこの「聖人」「偉人」「聖農」「農民詩人」として賢治像は、国家主義によって積極的に利用されたのである〔米村 2003: 196–233〕。この「贈与の物語」への回収という問題については、「死の美学化」の問題として終章であらためて詳しく考察することにしよう。

しかし、賢治は本当に純粋贈与者と言えるのだろうか。もしそう言えるのだとしたら、それはどのような意味においてであろうか。

## 2　死者への負債感と交換の不可能性

宮澤賢治は、交換という人間的な事象に終生なじめなかった。私たちは、挨拶の遣り取りから貨幣による商品の売買にいたるまで、さまざまな次元で他者と交換をすることで生きている。しかし、賢治は食べ物ひとつ取りあげても、その食べ物になにものにも代えがたい交換不能な異質性を感じ取ってしまう。例えば、一九一八（大正七）年五月十九日の親友保阪嘉内への手紙を読むとき、この主題への賢治のこだわりが尋常ではないことを知ることができる。

……私は春から生物のからだを食ふのをやめました。けれども先日「社会」と「連絡」を「とる」おまじなゐにまぐろのさしみを数切たべました。又茶碗むしをさじでかきまわしました。食はれるさかながもし私のうしろに居て見てゐたら何と思ふでせうか。

「この人は私の唯一の命をすてたそのからだをまづさうに食ってゐる。」「怒りながら食ってゐる。」「やけくそで食ってゐる。」「私のことを考へてしづかにそのあぶらを舌に味ひながらさかなよおまへもいつか私のつれになつて一緒に行かうと祈ってゐる。」「何だ、おらのからだを食つて《ママ》ゐる。」まあさかなによつて色々に考へるでせう。

さりながら、（保阪さんの前だけ人の悪口を云ふのを許して下さい。）酒をのみ、常に絶えず犠牲を求め、魚鳥が心尽しの犠牲のお膳の前に不平に、これを命とも思はずまずいのどうのと云ふ人たちを食はれるものが見てゐたら何と云ふでせうか。もし又私がさかなで私も食はれ私の父も食はれ私の母も食はれ私の妹も食はれてゐるとする。私は人々のうしろから見てゐる。「あゝあの人は私の兄弟を箸でちぎった。となりの人とはなしながら何とも思はず呑みこんでしまった。私の兄弟のからだはつめたくなってさっき、横はってゐた。今は不思議なエンチームの作用で真暗な処で分解して居るだらう。われらの眷属をあげて尊い惜しい命をすてゝさゝげたものは人々の一寸のあわれみをも買へない。」

私は前にさかなだったことがあって食はれたにちがひありません。

［宮澤 vol. 15: 69、傍点は賢治］

この引用箇所の直前には、軍隊への入隊検査の話が述べられており、その後で、突然、食べる‐食べられるという話題に転じているのは、戦場での殺す‐殺されるという主題が、友人との暗黙の了解のうちに形を変えて語られているのだと推測される[1]。この手紙が書かれたのは、第一次世界大戦のさなかであり、その年の七月には日本のシベリアへの出兵が決定する。しかし、言葉を換えれば、賢治にとって食べる‐食べられることとの問題は、戦場での殺し合いと別の問題ではなかったといえよう。それというのも、食べるということは、他の生き物の生命を奪うことだから、戦場での殺害と同様、他の生命にたいして取り返しのつかない決定的に非対称な関係を作ってしまうことである。賢治が食べられるものを「犠牲」という言葉で言い表しているところからもわかるように、賢治にとって食べることは、殺人と同様、取り返しのつかない事態なのである。

もっとも人類史を振り返れば、このような食べることへの畏れは、賢治にかぎったことではなかった。人間にとって食べるということは極めてありふれたことでありながら、他方で畏るべき事態でもあり続けた。他の生命を奪うことには、なにかしら払拭しがたい負債感が感じられてきたのである。食べることでタブーをもっていない宗教や文化はないことがこのことを示している。多くの宗教は、食べてはいけないものを決めており、また食べてよいものでもその処理の仕方を厳密に決めている。このような食べてはいけないものの存在が、反対に食べてもよいものを生みだし、他の命を犠牲にして食べることを正当化するのである。また、アイヌやマタギなどで知られているように、被食者と直接に命の遣り取りをする狩猟の民は、厳格な儀式で犠牲を捧げたり供養したりすることで、この非対称な関係をバランスのとれた贈与交換関係に作り直してきた［田口 2006］。このように、人間は感謝や祈りの儀式によって、他の生命を奪うことに由来する負債感を解消してきたのである。

ところが、市場交換は、食べることにつきまとってきたこの負い目を、ほとんど完全に払拭することに成功にした。私たちは直接に命の遣り取りをする現場から離れ、さらに牛の体でも豚の体でもなく「食材」と化した商品に交換として貨幣を支払うということで、その命の遣り取りを忘却し、他の生命に負債感を抱くことなく食べることができるようになった。しかし、賢治はこのことになじめず、そのため賢治は食べることに返済不能な負債感を抱き続けることになる。もちろん賢治がこのような負債感を抱く理由は、「私は前にさかなだったことがあって食はれたにちがひありません」という文章からもわかるように、仏教の輪廻転生の思想に賢治が深く帰依しているからでもある。

このような食べる－食べられるにかぎらず、賢治の作品には、贈与と交換をめぐる葛藤が、あるときにはメインテーマとして、またあるときには印象深いエピソードのひとつとして、しばしば描かれている。食べる－食べられる関係におけるのっぴきならない贈与と交換を描いた『よだかの星』『ビヂテリアン大祭』『フランドン農学校の豚』『なめとこ山の熊』、異人たちとの互酬的関係の黄昏を描く『祭りの晩』『かしはばやしの夜』『狼森と笊森、盗森』、市場交換と貨幣との黙契がそれを理解できない幼い子どもたちの心に突き刺さる『黄いろのトマト』、純粋贈与の不可能性と可能性の間を描く『虔十公園林』『グスコーブドリの伝記』、そして『銀河鉄道の夜』……。このように見ていくと、賢治は贈与と交換をめぐる倫理の思想家ということができる。

贈与と交換についての賢治の思想的追求の執拗さは、家長の父親との確執と連なる家業への反発と無縁ではなかっただろう。賢治の生まれた家の生業は、大きな質屋と古着商だった。賢治にとって、質屋と古着商は、交換という事象についての思想が先鋭化する場所だったろう。古代より、農業のように自然に働きかけることなく利益を生みだすということから、もともと商業自体にいかがわしさがつきまとってきたが、金融業は商業以上にその利益をもたらす原理にいかがわしさがつきまとっていた［Aristoteles 1957＝1969：28–29］。商業は、商品を別の場所に移動するところから利潤を得る。つまり商業は、地域間の価格の差異という空間的な差異をもとに利潤を得る。それにたいして、金融業における貨幣の貸し借りとは、現在の貨幣と将来の貨幣とを交換する行為であり、貸し手が借り手から得る利子とは、現在と将来という時間的な差異をもとにしている。質屋は、質草を担保に貨幣を貸し付け、その貸し付けた期間の利子から利潤を得るものだから、時間の差異が利潤をもたらしているということができる［岩井 1985: 19–20］。しかし、それは農業のように直接に労働によって生みだされた生産物から利益を得ることと比べれば、とても奇妙なことだった。

それだけではない。通常の売買における商品とは異なり、質屋・古着商にもち込まれるものは、衣服がそうであるように、所有者の生活の臭いと思い出が染みついた品々である。言い換えれば、所有者の身体の一部ともなった品々である。したがって、それは商品の特性である貨幣という一元的な尺度上に位置づけられた非人格的なものとは異質なプライスレスなものといえよう。賢治にとって、そのような品々を値踏みをし、貨幣に換算することは、とても大きな困難をともなうものだった。現実には質屋金融は高利貸しなどとは違い、金融業として庶民の生活を維持するうえで不可欠な存在であったが、賢治にとっては耐えがたいものであった。[2] 一九二〇（大正九）年、盛岡高等農林学校地質学部研究科を修業した賢治は、一時期この家業を手伝っていたことがあるが、賢治は客に品物の商品価値の何倍もの金を貸し与えたり、品物も受け取らずに金を渡したといわれる［堀尾 1991: 111–112］。『貝の火』が書かれたのは、このような時期である。

ところで、商品の交換の次元とは異なる、食べる－食べられる関係にみられる原罪的なものへの関心のありようが、賢治を経済問題として解決を目指す社会改良家ではなく、不可能事に触れる純粋贈与の思想家にした。賢治にとってこの関係は、通常の交換とは異なり両者の非対称性が露わとなる関係であった。それというのも、私たちが存在するということが、すでに他の生命の破壊＝死を意味しており、私たちは取り返しのつかない負債を日々重ねているからである。このような他の生命の「死＝犠牲」によって生じる負債を返済することは不可能である。ただこの犠牲にたいして取りうる倫理があるとすれば、それは他から求められたときには、自分もまた躊躇なしに自己を差しだす用意があることとである。「食べる－食べられる」というテーマを中心に取りあげたフィクション、『ビヂテリアン大祭』のなかで、賢治の声を代弁していると考えられるビヂテリアン大祭の報告者は、自らの立場を次のように述べている。「もしたくさんのいのちの為に、どうしても一つのいのちが入用なときは、仕方ないから泣きながらでも食べてい丶、そのかはりもしその一人が自分になった場合でも敢て避けないとかう云ふのです」[宮澤 vol. 9 : 209]。

このように賢治における「犠牲」としての自己の差しだしは、返礼できないことへの負債感から来るもので、この返礼への内的要請は、交換の原理に由来すると考えることができる。つまりこの自己の差しだしは、純粋贈与ではなく贈与交換における返礼にあたると考えられるだろう。ところが返礼として自己が差しだされたときに、とても奇妙なことが生じる。形態上は返礼にあたり、交換であるはずなのに、自己が躊躇なく差しだされた時点で、この行為は返礼ではなくなるのだ。それというのも、自己を差しだすとは、自己に死を与えることであるが、受贈者にとってこの他者の死に値する等価物はどこにも見出すことができず、受贈者にとって過剰な贈与となってしまい、結果として交換の環を破壊してしまう。だから、今度は、自己が差しだされた受贈者の側に、過剰な負債感を残すことになるのである。交換に基づき差しだされた他者の死は、そのため交換の環は侵犯されてしまい機能しなくなるからである。

翻って考えるなら、そもそも交換不能な形で差しだされた最初の犠牲が、この交換不能な「贈与=犠牲」のリレーを生みだしてしまっているのである。つまり最初の「贈与=犠牲」が、後の交換としての返礼を不能にし、負い目の連鎖による「贈与=犠牲」のリレーに変えてしまうのである。このような「贈与」は、たしかに交換を不能に陥れるものではあるが、純粋贈与ではなく受贈者に返済不能な負い目を与える暴力ともいえるだろう。そして、賢治の贈与とは、さしあたりこのようなかけがえのない(=交換不能な)他者の死と生物の犠牲の体験に由来する負い目によって、駆動されているということができるだろう。賢治の作品のなかには、このような息苦しいまでの負い目を感じさせる「贈与=犠牲」が描かれているものも少なくない。しかし、「犠牲」「供犠」「死」……交換の不可能性に直面する者は、交換とは別の次元の可能性に開かれることにもなる。賢治の作品が重要なのは、このような負い目に由来する「贈与＝犠牲」を、純粋贈与に変える生の技法が存在しているところにある。そしてその秘密の鍵は心象スケッチにある。

## *3* 負債感から溢れる贈与への転回

第I部では、欲望模倣にたいするロマネスク的回心の可能性を、漱石の作品『こころ』および「則天去私」の思想においてみた。このようなロマネスク的回心の可能性は、『こころ』発表の前年の講演「模倣と独立」（一九一三年）における「強烈な自己」、あるいは翌年の講演「私の個人主義」（一九一四年）における「自己本位」を経て、小説において試行され深められたものであった。講演「模倣と独立」は、そのタイトルが示すように、「模倣」、すなわち欲望模倣も含めて人が他者にしたがうことと、そのような模倣にたいして「独立」した自己の在り方＝個人とは何かを示そうとするものであった。しかし、ここで漱石が「独立」という言葉で示そうとした在り方は、ロマンティークな思想が想定しているような独立した自己のことを言っているわけではない。漱石は、この講演のなかで、次のように述べている。

法律上罪になることであつても、罪を犯した人間が、ありの儘にその経路を現はし得たなら、ありの儘にインプレスし得たなら、罪悪は最早ないのであると、それを然か思はせる一番いゝのは、ありの儘をありのまゝに書き得た小説である、そのものを書き得る人は、如何なる悪事を行ふたにせよ、秘しもせずに、洩らしも抜かしもせずに書いたなら、その功徳によつて彼は成仏することが出来ると思ふがどうだらう、それぢや法律はいらぬかと云ふと、そう云ふ意味ではない、如何に不道徳なことでも、その経過をすつかり書き得たなら、その罪は充分に消える丈の証明をなし得たのである、……
［夏目 vol. 25: 66–67］

この文章は、模倣による依存した生と独立した個人とを比較し、独立した個人の在り方を示すところで述べられている。しかし、この文章の出方は、前後の文脈から捉えたとき、唐突な印象をもつところで、なぜこの話題がこの講演に登場するのかよくわからない。それというのも、この「ありの儘」という言葉で、漱石が言い表そうとしているのは、もし「ありの儘」に罪を書き得るならば、人は模倣ではなく独立した個人として生きることができるということで論じられているはずなのだが、なぜこのような「ありの儘」に罪を書き得ることが、独立した個人として生きることになり、それがまたそのまま「成仏」しえるといえるのかが、講演のなかでは明らかにされてはいないからである。もちろん「ありの儘」に書くことで、自分の犯した罪への反省や道徳的な改悛に導かれるといった凡庸なことが言われているわけではない。それでは「ありの儘」とは一体どのようなことだろうか。「ありの儘」とは、後の「則天去私」の思想へとつながるものであることはまちがいない。そのように考えるならば、「ありの儘」とは、その罪の出来事を前にして自己を消し去ることにおいてしかない。このような自己を消し去る在りようは、欲望模倣にたいするロマネスク的回心の在り方を意味する。だからこそ、このように「ありの儘」に書き得るという在り方において、文学作品のレベルにとどまらず、実存レベルにおいてもすでに書き手は「成仏」しえたということができるのである。

『こころ』が、この講演の翌年一九一四（大正三）年の四月より連載されていることと結び合わせて考えてみると、『こころ』は、この講演で述べられた「ありの儘」に罪を書こうとした試みとみなすことができるだろう。そして、この「ありの儘」に罪を書くことは、一方で小説の創造レベルでありながら、他方で実存レベルの変容と結びついており、後の「則天去私」とつながるところである。いずれにしても、「ありの儘」に罪を書き得ることは、独立した個人として生きる在り方「生の技法」のひとつなのである。

ところで、この第Ⅱ部では漱石の「則天去私」と同様の可能性を、賢治は心象スケッチ＝逆擬人法という形で提示していることを明らかにした。「ありの儘」に罪を書くことで、漱石が目指したものと、「それぞれの心もちをそのとほり科学的に記載し……中略……厳密に事実のとほりに記録」（「岩波茂雄あて手紙」）［宮澤（1925）, vol. 15: 234］する心象スケッチで賢治が目指したものとは、その根本において深く通底しているといえよう。漱石の「則天去私」は、文芸理論のレベル・文学作品のレベル・実存レベル・師弟関係のレベル［本書第3章2節参照］という四つのレベルで結びついていた。それとの対応でいえば、賢治の「心象スケッチ」の場合も、認識のレベル・作品制作のレベル・実存のレベルの三つのレベルに関わっていると考えられる[3]。

すでに詳しく述べたように、心象スケッチ＝逆擬人法は、一方で人間中心主義の認識の枠組みを変容させるものである。また心象スケッチ＝逆擬人法は、作品を作りだす作品制作レベルの技法である。さらに心象スケッチ＝逆擬人法は、他者と共に生きる生の技法であり、異界へと参入する生の技法である。その意味で、心象スケッチ＝逆擬人法は、実存レベルと関わっている。

このように心象スケッチ＝逆擬人法において、自己と他者における贈与と交換とはどのようなものとして描かれているのか、このことを明らかにするには、賢治の作品全体と関連づけて論じられるべきものだが、これまでの賢治研究が指摘してきたように、賢治の自己が思想としてもっともよく表現されている『春と修羅』の「序」の冒頭の箇所が重要である。

わたくしといふ現象は
仮定された有機交流電燈の
ひとつの青い照明です
（あらゆる透明な幽霊の複合体）
風景やみんなといつしよに
せはしくせはしく明滅しながら

いかにもたしかにともりつづける
因果交流電燈の
ひとつの青い照明です
[宮澤 vol. 2 : 7]

「わたくし」とは、単一の実体などではなく、複合的な「現象」であり、しかもそれは風景や他の存在者「みんな」と有機的に交流する複合体としての「ひとつの青い照明」なのである。その照明は、因果の大きな流れのなかで、死と生とをせわしく繰り返し明滅させながらともり続けている。このとき「みんな」とは、人間にとどまらず動物や植物さらには、電信柱やシグナル、そして岩や風や雲や虹にまでおよぶだろう。このような自己と生命＝銀河系との交感は、市場交換に代表されるような合理的な計算に基づく等価交換によって結び合わさった社会的関係の環とは異質な交流である。このような生命との交感と、経済との交流の差異を、賢治は何度も描いている。例えば、『なめとこ山の熊』(生前未発表一九二七年頃か)がそうである。猟師の淵沢小十郎は、熊とは命の遣り取りという対称的関係のなかで深い交流を生きている。それにたいして、熊の毛皮と胆を商う町の商人とはこのような交流をもつことができない。その理由は、合理的な損得計算によって支配された市場交換における交換の環の原理が、生命の遣り取りとは異質な原理だからである。

「因果交流電燈」としての「わたくし」は、「風景やみんなといつしよに」明滅するという生命の原理にしたがって生きる。『なめとこ山の熊』のなかで、熊の親子が夕日を見ながら語り合う言葉が猟師の小十郎に聞こえてくるとき、鹿踊りの起源を語った物語『鹿踊《ししをど》りのはじまり』のなかで、嘉十に鹿の言葉がわかる瞬間、このようなときには人は世界の中心であることはやめ、「因果交流電燈」の「ひとつの青い照明」として明滅して生きているのである。賢治がこのような出来事を描く(＝生きる)ことができたのは、逆擬人法として詳しく検討したように、心象スケッチが人間中心主義を破壊して生命との回路を開き、生命からの作為のない贈与を受け取ることを可能にするからである。

第6章において、心象スケッチによって、社会的次元とは異なる生命的次元の倫理に開かれることを明らかにした。そのような生命的次元の倫理とは純粋贈与である。生命は、一切の見返りを求めることなく、溢れるものを惜しみなく贈与しようとする。ふたたび『なめとこ山の熊』に戻るなら、熊たちは猟師の小十郎がすきで、殺されることを喜びはしなかったが、その場で殺されることができない理由をもった熊の場合でも、小十郎と約束して二年後に小十郎のもとにやってきて死んだりするし、反対に熊たちがこれまで小十郎にたいしてそうであったように、最後には小十郎自身が供犠として熊たちに自身を差しだすのである。そして、この作品の最後の場面では、熊たちは小十郎を供犠として受け入れただけでなく神として祭るのである。

なぜなめとこ山の熊たちは小十郎のことが好きなのだろうか、なぜ熊が二年のちに約束を守って自ら小十郎のもとにやってきて死に絶えるのか、なぜ小十郎が熊の言葉がわかるような気がするのか、なぜ小十郎は最後に自分から熊たちのもとに向かうのか、そしてなぜ死んだ小十郎の顔が何か笑っているように見えるのか、さらに小十郎の死という「悲劇的」ともいえる結末を迎えるのにもかかわらず、なぜ語り手はこの物語を「なめとこ山の熊のことならおもしろい」と語り始めるのか、その理由は、この作品では生命的次元の倫理である純粋贈与が描かれているからである。

この倫理には、先に述べた『ビヂテリアン大祭』の報告者の言葉「もしたくさんのいのちの為に、どうしても一つのいのちが入用なときは、仕方ないから泣きながらでも食べてい丶、そのかはりもしその一人が自分になった場合でも敢て避けないとかう云ふのです」［宮澤 vol. 9: 209］と共通するところがある。しかし、『なめとこ山の熊』では、自己を差しだすことは負い目によって駆動されているわけではない。熊が自己を差しだすのは、自分がこれまで他の命を奪ってきたからではなく、それが生命的次元の倫理だからである。小十郎が自己を差しだすのも同様である。そして「なめとこ山の熊のことならおもしろい」のは、この物語が生命の蕩尽すなわち命の祝祭の物語だからである。

『なめとこ山の熊』の最後の場面を引いておこう。

とにかくそれから三日目の晩だった。まるで氷の玉のやうな月がそらにかかってゐた。雪は青白く明るく水は燐光をあげた。すばるや参の星が緑や橙にちらちらして呼吸をするやうに見えた。

その栗の木と白い雪の峯々にかこまれた山の上の平らに黒い大きなものがたくさん環になって集って各々黒い影を置き回々教徒の祈るときのやうにぢっと雪にひれふしたまゝいつまでもいつまでも動かなかった。そしてその雪と月のあかりで見るといちばん高いとこに小十郎の死骸が半分座ったやうになって置かれてゐた。

思ひなしかその死んで凍えてしまった小十郎の顔はまるで生きてるときのやうに冴え冴えして何か笑ってゐるやうにさへ見えたのだ。ほんたうにそれらの大きな黒［い］ものは参の星が天のまん中に来てももっと西へ傾いてもぢっと化石したやうにうごかなかった。

［宮澤 vol. 10 : 272］

ここでは小十郎の死が供犠であること、そしてその供犠が生命の倫理によってなされたことが示されている。熊の言葉がわかる気がしはじめた小十郎は、その時点ですでに人間界から生命の方に存在の重心が移りつつあるのだが、死ぬことによって完全に生命の方に移行してしまう。小十郎の死骸を取りかこんでいる熊たちが、「熊」と呼ばれず「黒い大きなもの」「黒い影」「大きな黒［い］もの」と表現され、異様な存在として描かれているのは、彼らが「化石したやうにうごかなかった」からでもあるが、この場面があくまでも「風景」として描かれ、人間による悲劇的な意味づけを拒んでいるからにほかならない。月がかかり昴《すばる》や参の星（オリオン座のベルトにあたる三星）が輝く宇宙空間を背景とする、この異様でありながら静謐で不思議に美しくまた宗教的ですらあるこの供犠＝贈与の場面が、名状しがたい違和感を引き起こし、私たちのなかの「人間」なるものを静かに壊していく［矢野 2002 : 87–88］。そして「因果交流電燈の／ひとつの青い照明」とは、このような「風景」のことである。

心象スケッチが、このような純粋贈与を原理とする生命との回路を開く。そのとき賢治は、生命の一部であること、あるいは生命と連続することの深い喜びと恍惚と畏れとを体験する。例えば、賢治は、「もし風や光のなかに自分を忘れ世界がじぶんの庭になり、あるひは惚として銀河系全体をひとりのじぶんだと感ずるときはたのしいことではありませんか」〔宮澤 vol. 15: 232〕と一九二五（大正十四）年に、弟の清六に書き送った手紙に書いている。あるいは同じ年に書かれた詩、「種山ヶ原」の下書稿（1）のなかで、「あゝ何もかもみんな透明だ／雲が風と水と虚空と光と核の塵とでなりたつときに／風も水も地殻もまたわたくしもそれとひとしく組成され／じつにわたくしは水や風やそれらの核の一部分で／それをわたくしが感ずることは水や光や風ぜんたいがわたくしなのだ」〔宮澤 vol. 3（校異篇）: 544〕という。

風が吹けば賢治が風になる。賢治が風に生成変容する。しかも賢治が生命と連続するとき驚くべきことが起こる。生命は躍動的で贈与的だが、賢治がその回路の一部となることで、賢治自身が贈与者となる。賢治の作品のなかで外部から風が吹いてくるときはいつもそうである。「かぜがくれば／ひとはダイナモになり／……白い上着がぶりぶりふるふ……」（「かぜがくれば」）〔宮澤 vol. 3: 126〕、あるいは「諸君はこの颯爽たる／諸君の未来圏から吹いて来る／透明な清潔な風を感じないのか」（「生徒諸君に寄せる」）〔宮澤 vol. 4: 300〕と学生たちに問うとき、風は紛れもなく贈与者である。

現存している賢治最後の手紙のなかでも、教え子にたいして「風のなかを自由にあるけるとか、はっきりした声で何時間も話ができるとか、じぶんの兄弟のために何円かを手伝へるとかいふやうなことはできないものから見れば神の業にも均しいものです」（「柳原昌悦あて手紙」）〔宮澤（1933), vol. 15: 459〕と述べている。この手紙を書いて十日後に賢治は亡くなるのだが、「風のなかを自由にあるける」とは賢治にとってそれほどに大きなことだった。その理由は賢治が遺した作品に表された夥しい風についての記述・詩句からも読みとれるように、風が賢治に生命のエネルギーを贈与していたからである。そのとき賢治は風になり、風という生命ェネルギーの流れとして自らも他者に息を吹き込む贈与者となるのである。[4]

なめとこ山の熊は、一切の見返りを求めない純粋贈与者である。熊にかぎらずすべての生き物は、純粋贈与者である。それだけではない。風も純粋贈与者である。風は賢治にェネルギーを贈与する。雲も水も岩も月も太陽も同様である。銀河系すべてが純粋贈与者である。そしてこの「銀河系を自らの中に意識してこれに応じて行く」とき、生命の贈与性に回路が開かれ、人は自ら贈与者として生きることができる。そのような深い体験の反復が確信となり、賢治は、最初に述べた他者の死や生物の犠牲への負い目に基づく、暗く重い負い目からの贈与者とは異なる、快活で新鮮な活力に溢れた純粋贈与者へと転回する。

心象スケッチとは、そのような生命の躍動的な贈与を、「ありの儘」言葉によって描きだす手法である。「たゞたしかに記録されたこれらのけしき／記録されたそのとほりのこのけしきで」〔宮澤 (1924), vol. 2: 8〕という『春と修羅』の「序」の続きは、このことを表している。それはまた市場交換のように合理的な計算によって交換するのではなく、また負い目による「贈与=犠牲」のリレーでもなく、生命における純粋な贈与のリレーを生きることを可能にする。そのように考えるとき、賢治のすぐ下の妹トシの鎮魂を描いた「無声慟哭」「オホーツク挽歌」といった一連の作品が、『春と修羅』という心象スケッチの作品集に収録されたことは重要な意味をもっている。心象スケッチは、トシの死を負い目による「贈与=犠牲」ではなく、純粋贈与へと転回する生の技法であった。[5] このように心象スケッチとは死者と交流し、死者からの贈与を受けとめ、そして贈与者となる生の技法でもあったのだ。この死者との交流が限界への教育学の試みにおいて重要な意味をもつのだが、そのことについてはあらためて終章で述べることになる。

賢治の作品のなかには、『銀河鉄道の夜』の蝎の話〔本書序章3節〕のように、負債感に由来する「贈与=犠牲」を描いたものも少なくないが、他方で『貝の火』のホモイや『グスコーブドリの伝記』のブドリや『虔十公園林』の虔十のように、法外な純粋贈与者を描いたものも少なくない。しかしながら、この両者の差異はそれほど明確なものではなく、同じ作品の内部においてさえ揺れ動いている。例えば、『銀河鉄道の夜』においても、蝎の回心において示す贈与は、負い目による「贈与＝犠牲」だが、カムパネルラの贈与は、純粋贈与である。さらにいえば、蝎の回心の在りよう自体も、負い目による「贈与＝犠牲」だと断言することはできず、子細に見れば、負い目に由来するもののなかに、負い目を超えていく契機が含まれているのである。蝎の回心の場面をもう一度引用しておこう。

あゝ、私はいままでいくつのものの命をとったかわからない、そしてその私がこんどいたちにとられやうとしたときはあんなに一生けん命にげた。それでもたうたうこんなになってしまった。あゝなんにもあてにならない。どうしてわたしはわたしのからだをだまっていたちに呉れてやらなかったらう。そしたらいたちも一日生きのびたらうに。どうか神さま。私の心をごらん下さい。こんなにむなしく命をすてずどうかこの次にはまことのみんなの幸のために私のからだをおつかひ下さい。

〔宮澤 vol. 11：163〕

たしかに前半部では、蝎の回心は、これまで自分が捕って食べてきた他の命への負債感へと向かい、反転として自分の命をイタチに差しださなかったことを後悔するものである。ここでは蝎の贈与の願いは負い目による「贈与＝犠牲」なのだが、「どうか神さま」以降の文章では、負債感という過去へのまなざしを未来へと転じ、自分の命を神に向けて差しだそうとするのである。つまり蝎の後半の願いは、来世において「菩薩＝純粋贈与者」たろうとする願いなのである。

心象スケッチは、銀河系＝生命の贈与の運動を感受し、言葉によって描きだし、それを生きるということを可能にした。そのことによって賢治は負い目からではなく、「布施」をし「捨身」を生きることができた。その意味でいえば、心象スケッチとは、賢治にとって負い目を乗り超え「菩薩＝求道者」として生きるための生の技法ということができる。しかし、このような贈与者への一回かぎりの生まれ変わり、転回として終わるものではなかった。贈与者とは、不可能性の可能性を実現するという限界的な運動そのものであり、この一切の見返りを求めない純粋贈与と負い目による「贈与＝犠牲」との間の揺れそのものを生きることであった。そのことがこの蝎の贈与をめぐる揺れに表れているのである。

この贈与をめぐる蝎の揺れは、賢治自身の実存の揺れそのものである。賢治自身は、生来的な暗く重い負債感・罪責感を抱きつつも、他方で心象スケッチによって躍動的な生命の次元の倫理である贈与を生きてもいた。しかし、同時に、生命溢れる贈与をなしながらも、負い目を完全に払拭することはできなかった。賢治はこの生命的次元の倫理として自己を差しだしたときにのみ「布施」「捨身」が実現できることを知っていた。負債感からはじめられた贈与は、すでになされた贈与への返礼であり、純粋贈与にはならないのだから。この揺れにたいして、賢治が提示した解答のひとつは、「デクノボー」という在り方だった。デクノボーであるとは、そのような負債感を意識することなく、また見返りを求めることなく、生命の倫理にしたがって「布施＝純粋贈与」を実現するという、不可能性の可能性を求めたときの理念的な在り方だった。しかし、賢治自身がデクノボーであろうとすることは、その時点ですでに贈与の意図を所有しており純粋贈与を不可能にしてしまうのである。ここでも可能性は不可能性に反転してしまうのである。

言葉を換えれば、賢治の贈与をめぐるこの実存の揺れは、賢治個人の資質を超えて、純粋贈与という出来事の性格に由来するものであった。仏教の行者が布施において自覚的であったように、贈与が贈与であるかぎり、どのような交換にも転化してはならず、したがって負債や感謝や返礼があってはならず、贈与は贈与者においても受贈者においても意識された時点では、もはや贈与ではなくなるという不可能性につきまとわれているからである[6]［Derrida 1989＝1989: 110］。賢治の揺れは、純粋贈与の不可能性と可能性というパラドクシカルな性格に由来しており、人間と菩薩との間を生きる生身の贈与者が、とらざるをえない運動に他ならないのである。

## 4 「教育問題」と生の技法としての心象スケッチ

私たちは、第Ⅱ部の出発点において、「教育問題」についての従来の教育学のテクストにおける記述の問題点を指摘した。教育問題における子どもについての記述は、それが科学的などのような装いをもとうと、「子どもについての物語」であり、そしてそのような物語は、子どもという他者との出会いを自身の生成との関わりで制作しなければならず、それは完結することなく、たえず意味を開いていく、「生成する物語」でなくてはならないと述べた。

このような問題意識から、賢治の作品のなかから、子どもが出会う他者や異界そして贈与の体験という外部に開く生成する物語を見てきた。賢治がそのような出来事を言葉によって描くことができたのは、心象スケッチという生の技法を身につけていたからである。この心象スケッチのなかに、私たちは、子どもの生を対象として理解することで回収してしまうのではなく、子どもの生と同じ風景のひとつになって記述する可能性を見ることができた。さらにこの章で述べてきたように、心象スケッチは、実存レベルでの生成変容と関わり、生命的次元の倫理ともいうべき純粋贈与の可能性を開いていくのであった。

たしかにこのような心象スケッチは、子どもの生を捉えるための技術として、私たちが簡単に会得し自由に使用できるようなものではない。それというのも、心象スケッチを描くという在り方が、たんにスケッチの仕方のような描画上の技術といったものではなく、実存レベルとも深く関わるものであって、さらに技術と有用性において捉えようとする捉え方自体を破壊してしまうものだからである。その意味でいえば、心象スケッチは、世界をコントロールする科学的な心性とは、最初からなじまない生の技法である。しかし、心象スケッチは、他の記述の手法では描きだすことのできない子どもとの体験を、ありのままに捉える可能性を示している。そして体験をありのままに捉えるときには、教育的－教育学的マトリクスが限界へといたるものとなるのである。

私たちは、賢治の作品を手がかりに、子どもの体験として他者・異界・贈与を考察し、さらにそのような出来事を語る心象スケッチの考察へと進み、そのなかで賢治自身の贈与の思想が、どのようなものであるのかについて考察した。ここにいたって心象スケッチとは、出来事を言葉によって語る文学上の技法にとどまらず、生の技法として生命の倫理としての贈与を感受し、またそのような贈与を言葉を通して生起させることを可能にするものであることが示された。先に私は、物語であることを自覚する限界への教育学の作者は、作者自身がテクストのなかの時間に定位し、子どもという他者との出会いを、自身の生成との関わりで、自身の生涯全体の課題として物語を制作することになる、と述べた。さらにそのような物語とは、弁証法には回収されず、したがって完結することなく意味を開いていく出来事そのものであるような「生成する物語」であると言った。心象スケッチとは、そのような子どもという他者と出会い、その出会いにおいて生命の倫理を感受し、他者への贈与を実現する生の技法でもあり、その意味において、心象スケッチとは自身の生に転回をもたらすものであるといえよう。

誰も達二のように剣舞を媒介にして社会を超えた他者と出会う者はいない。誰もタネリのように異界に触れるまで深く自然と交感し交流する者はいない。誰もホモイのように法外な贈与を体験する者はいない。これらはすべてフィクションにすぎないのだ。そのように単純に断言してしまうことができるのは、子どもの生の変容を社会の側面に限定して捉えるときだけである。しかし、これまで何度も述べたきたように、子どもの生の変容は社会的有能性の「発達」に限定されるものではない。賢治の作品は、心象スケッチによって、私たちが体験している生成変容の出来事を作品として描きだすことで、そのままでは言葉によって記述することのできない出来事の出来事性を垣間見させてくれる。そしてあらためてこの賢治が優れた教師であったことを思いだしておこう。賢治の授業は、この心象スケッチによる世界の捉え方が、学校という場においても可能だったことを示している〔例えば畑山 1988、鳥山編 1998 を参照〕。

贈与者としての教師、「最初の先生」という主題に立ち戻るとき、ブッダの弟子賢治は、心象スケッチという生の技法によって、布施する菩薩、「最初の先生」となる。この教師が「教える」とき、「贈与の教え（贈与の物語）」が伝達されるのではなく、贈与という出来事が生起するのである。このことはなにも賢治のような特別な才能をもった教師にだけ見られるのではなく、私たちが、教師として、親として、大人として「教える」ときも生起していることである。私たちも、ときとして無償の贈与者となる。その贈与の体験が、子どもを贈与のリレーへと導き入れるのである。この贈与をめぐる問題は、贈与の力を、合理的な計算による交換の次元に回収しようとする経済の原理のみならず、美しい「自己犠牲の物語」や「贈与の物語」に回収しようとする共同体の道徳とも、せめぎ合う課題であるはずだ。そのせめぎ合いは、教育の場において見ることができる。

# III——贈与と交換とがせめぎ合う教育の場所

# 第9章——生成と発達の場としての学校

## 生成としての教育の教育学的位相

これまでの漱石と賢治の文学作品を介した議論によって、概念的用語によって回収されることなく、注意深く贈与をはじめとする生成変容の出来事について論じた。それは同時に、漱石と賢治という人物を結節点とした、明治・大正・昭和にわたる贈与と交換をめぐる生の探究の歴史的な物語でもあった。このようにして深められてきた贈与と交換の教育人間学的考察は、具体的な教育の場でどのような意味を持つというのだろうか。

本章では、「社会化」や「発達」といった概念で構築されてきた戦後教育学の教育的－教育学的マトリクスに位置づけることのできない、贈与に代表される生成に関わる教育の出来事を明らかにする。このとき従来の教育を、「発達としての教育」と呼ぶのにたいして、生成に関わる次元の教育は、「生成としての教育」という言葉で呼ばれる。この枠組みはすでに第6章においても示しておいたが、この両者の特徴を教育学の歴史のなかで捉え直し、学校という教育の場がこの両者のせめぎ合いの場であることを明らかにする。

### *1* 戦後理念の空洞化と子どもの現在

戦後教育学の記念碑的実践報告ともいうべき生活綴方、『山びこ学校』が出版されたのは、日本の敗戦から六年後の一九五一（昭和二十六）年のことである。山形県の山村に生きる中学生の詩と作文が集められたこの本は、次の詩

「雪」（石井敏雄作）からはじまる。

雪がコンコン降る。
人間は
その下で暮らしているのです。

［無着編 1995（1951）: 21］

一九三四（昭和九）年はひどい冷害のため米の大凶作の年であった。そのためか、この年に母親の胎内にいた子どもたちの学年は、中学校でもっとも生徒数の少ない学年であった。敗戦後の混乱期のなか、子どもたちは大人や教師にたいして不信感をもつしかなかった。また大人や教師は、権威を失うだけでなく自信も失っていた。子どもたちの間には、「勝手だべ。勝手だべ」という言葉が流行っていたという。山元中学校に赴任してきた教師たちの多くは、一年も続かずに次から次へと他校へと転勤していった。このことがまた教師への信頼を失わせていた［無着編 1995（1951）: 297］。

師範学校を卒業したばかりの無着成恭がこの中学校にやってきたのは、このようなときであった。無着は、綴方教育を通して学校と生活と子どもたちとをつなごうとする。無着は、子どもたちが直面している生活の問題の所在とその原因とをどのように把握し、その問題にたいしてどのように取り組んでいくのかを、文章として表現することを指導した。

この詩を読むとき、「人間」という言葉に心が動かされる。「村人」でもなく「人々」でもない「人間」という言葉に込められた普遍性こそが、戦後日本の再出発の起点であった。だからこそこのテクストは教育関係者を超えて大きな影響力をもちえた[1]。この詩の作者は、「人間」という言葉を使うことによって、眼前の狭い生活空間を超え、普遍的な認識の地平に開かれている。しかし、認識の地平に普遍性を感じる理由は、「人間」という言葉の使用によるばかりではない。著者の視線は、地上に立って生きている人への水平の視線ではない。「その下で」という言葉によって示されるように、作者は地上よりやや高い視点から、斜め下に俯瞰する視線によって、見守るように「人間」の生活を描きだしている。このまなざしの角度によって、雪に閉ざされた厳しい自然のなかで、日々の暮らしを営む人間の不安や歓びを包み込むように描き、深い共感を感じさせる。ここでは「人間」という言葉は、抽象的でも空虚でもなく、ヒューマニズムの理念の膨らみと豊かさをもった言葉として、生成の力を発揮している。

子どもの前には、飢えて死ぬかもしれないという絶対的な経済的貧困が立ちはだかっていた。しかし、不幸が眼に見えるということにおいて、この絶望は具体的な解決策によって希望へと変わる可能性をもっていた。「人間」は希望のシンボルであった。五〇年後の子どもには、そのような真夜中の絶望もない代わりに、夜明けを待つ希望もない。今日では、食べるものがなく飢えて死ぬかもしれないという生活の絶対的な貧困はない。『山びこ学校』の出版から二十一世紀初頭までの間に、日本の国民総生産は一九五〇（昭和二十五）年の約一三〇倍となり、七〇年代を境に第三次産業の就業者は労働者全体の半数以上に達し、またその国民総生産に占める割合も五〇％を超えた。人口の大部分は、商品と情報とが高速で流通し高密度に集積する都市の生活者となった。

子どもの側から、この産業構造の劇的変化をまず地域との関わりで述べるなら、緊密で厳格な贈与交換によって維持されてきた農業共同体が解体し、そのため生産活動から切り離され、農作業や製造の仕事といった手応えのある「人間」の暮らしが見えにくくなる一方、そのような農業共同体によって培われてきた共同感情の軛《くびき》から相対的に解放された。自然との関わりでいえば、賢治が作品のなかで描いたような森や川での自然との濃密な身体を介した交流が、子ども時代の共通体験ではなくなった。また子ども集団でいうなら、団塊の世代以後の地域あたりの子ども数の減少が、『風の又三郎』に登場するような自立した子ども集団における遊びを中心にした子ども文化の継承創造を困難にし、他方で、子どもは生活の必需品でない記号化された商品の購入者となり、大人によって提供される文化の消費者となった。さらに知の獲得ということで述べるなら、子どもは前の世代と比較にならないほど情報メディアへのアクセスが容易にできるようになったばかりか、コンピューターの出現によって、バーチャルな現実というこれまで人類が体験することのなかった電脳世界に生きることができるようになった。そのため学校空間がもつ知の先進性は、相対的に低下してきた。

そして、子どもは、戦後の教育空間を理念的に活気づけてきた「人間」という言葉にたいする信頼感を、もはや感じることはできない。それはなにも子どもにかぎったことではなく、今日の教師も無着や敗戦直後の教師たちのように、「人間」という言葉に込められた生きた理念を身体化してはおらず、そのため「人間の命を大切にしよう」と教師に訴えられても、子どもの心にこの言葉が届くこともない。このことで、私たちは教師を一方的に批判することはできない。戦争体験における死者への負い目によって駆動されてきた戦後の教師たちが大切にしてきた「人間」という言葉から、理念としての深みと厚みを奪ったのは、私たち自身だからである（このことについては終章2節で詳しく述べる）。本章では、先行的に提示された「生成としての教育」と「発達としての教育」を区別するための原理を明らかにし、そこから「人間」の原理がなぜ深みと厚みとを失ったかを示し、あらためて生成変容という運動に開いていく日本の学校の可能性について考えてみたい。

## *2*　生成の論理と発達の論理

子どもが遊んでいる姿を思い浮かべてみよう。そして、自分が遊んでいた幼年時代の記憶を重ねてみよう。子どもの遊びは、例えば、ごっこ遊びにみられるように、「はいどうぞ」と差しだされた土の団子を前にして、「土だけど団子」「団子だけど土」というパラドックスをやすやすと乗り超える。そして、子どもは、土の団子をまちがえて口に入れてしまうことなく、それでいて土の塊を団子として見立てることができる、自由で歓びに満ちた意味の生成の場を自在に生きる。そこでは、自分が遊んでいるというより、遊び自体が生き物のように自己展開していく。そして、遊びのなかで、子どもは世界と自分とを隔てている境界が解けるという自己の溶解を体験する。このことにより、遊びの体験は、日常以上に生き生きと鮮烈なものとなり、強い現実感を与えてくれることになる〔矢野 1996a：4章、5章また矢野 2006を参照〕。

今度は、自分が幼稚園の保育者であると仮定してみよう。そうすると、子どもの遊びへのまなざしは、どのように変わるだろうか。幼稚園での子どもの遊びは、たんなる「気晴らし」や「刹那的な快楽」であってはならない。保育者は、この遊びはこの子どもの発達にとって、いったいどのような意味があるのかを問うだろう。どのようにこの遊びに介入すれば、あるいはどのような環境を設定すれば、より高次な発達へとこの子どもを導くことができるかと自問するだろう。

生の変容を捉えるのに、「生成の論理」と「発達の論理」という二つの理論モデルが存在する。それぞれの見方を適用するのに適した体験と経験がそれぞれにある。その体験と経験とを取りあげながら、二つの理論モデルを比較してみよう。この二つの論理は、すでに第6章において先行的に述べておいた「生成としての教育」と「発達としての教育」を捉える論理である。本章では、この二つの論理を明確にすることで、「生成としての教育」と「発達としての教育」の差異を、さらに詳しく述べることにする。

まず最初に「発達の論理」から明らかにしよう。この発達の論理の特徴は、なによりもまず生成の論理と比べて定義しやすいというところにある。[2] それというのも、発達の論理は、客観的に観察可能な事象を捉えるからである。ある人が発達したかどうかは、観察し記述することができ、さらにさまざまなテストによって測定することができる。発達という事象の観察可能性は、教育する側に確かな手応えを与え、評価を下すことを可能にさせる。そしてそれをもとに新たな教育的働きかけを企図することができる。教育と発達とは、こうして相互に連関しあって進んでいく。

発達はたんなる変化ではなく、劣った状態からより優れた状態やよりよき状態への変化を意味している。発達とは、「進歩」「成長」「獲得」「達成」「適応」といった言葉で表現される、よりよい状態への変化である。したがって、ある有用な能力がよりよい方向に高まる変化は発達と呼ぶが、「衰退」や「後退」といった反対の変化について発達と呼ぶことはない。またある時間と後のある時間との間における同一個体の状態には、無数の差異を見出すことができる。この無数の差異のなかから、有用な情報としてある差異を選択して配列し、その差異を関連づけて、「進歩」「成長」「獲得」「達成」「適応」としてまとめあげていくのは、観察者がこの事象のなかにもち込む編集の枠組みによってである。つまり、発達という生の変容の捉え方には、できうるかぎり主観を排して客観的・実証的な手続きを踏まえるにしても、事象の観察や記述や選択や配列の仕方を枠づける物語編集の枠組みが、背後で働いているということである（時間の組織化と歴史記述の物語論に関する関係については、Danto［1965＝1989］, White［1973］, Ricœur［1983–85＝1987–90］を参照）。そして、この枠組みは価値の枠組みでもある。なぜなら、発達することの方が、発達しないことより、価値があるという前提があるのだから。それではそのときの価値の基準とはいったいなんであろうか。

例えば、ピアジェ（Piaget, J.）のような心理学者の場合、発達の最終段階に置かれているのは、西欧近代の哲学によって達成された人間の合理的な認識の歴史的な到達点である。また、教育学者の場合では、「人格の完成」「民主的人間」といった理想的な人間像である。どちらの場合も、発達の論理の研究成果が価値基準にたいして影響を及ぼすことはあるにしても、価値基準は発達という事象自体によって根拠づけられたものではなく、事象の外部からもち込まれたものである。その意味で、発達の論理は共同体の価値基準にしたがっている。このことは、一九八〇年代以降ピアジェの「個人能力還元主義」に取って代わられるようになった、ヴィゴツキー（Vigotsky, L. S.）らの「関係論的な発達観」においても変わるものではない。

重要なことは、発達には最終の到達段階が存在していることである。つまり、発達の論理では時間は閉じている。そして、最終の到達段階に向けてのプロセスが、いくつか特徴ある期間に区分されて段階づけられている。このとき過去の時間はただ過ぎ去るのではなく、蓄積されて次の段階を準備する。また、この発達段階の出現には、一定の順序があると考えられている。ときには一時的に退行が起こるかもしれないが、正しく教育されるならば、最終の到達点へと定まった順序で段階を踏んで人間は上向（発達）していく。言い換えれば、このプロセスで起こるさまざまな出来事は、より高次の自己へと発達する契機として理解されるのである。

このような発達の論理のモデルには、近代の労働の観念が大きな影響を与えている。発達概念が近代的自己の成長をモデルとして発展してきたことから、このことは当然のことといえる。発達の論理のモデルは、世界にたいして、目的的に生産的に関わり、何か有用なものを産出する人間、そのために合理的に世界を捉え計算し計画し支配する人間、つまり最小限の努力で最大限の成果を得ようとする労働する近代人の成長である。

また、発達の論理の時間の捉え方も、労働において特徴的な時間経験と共通している。労働においては、時間は未来が優位に立っており、現在は未来の利益のために用いられる。したがって、時間の運動は、過去から現在を通り未来へと向かうのではない。労働においては、まず目的として捉えられた未来から出発し、過去となった経験をもとに、現在において未だないものを実現しようとする。発達も同様に未来が優位に立っており、現在の時間は未来の段階を準備するものとして蓄積していくのである。発達の論理は、労働（生産と蓄積）という近代において生じた世界との関わり方をモデルにしていることが理解できよう[3]。

ところで、この労働モデルに基づく発達の論理は、人間にとって重大な生の変容を捉えるのに十分であるわけではない。ヘレン・ケラー（Helen Keller）が初めて「水」という言葉を学習し、ものにはすべて名前があるのだというシンボル世界を発見したことは発達と呼ぶことはできるだろうが、同時にヘレンが「世界が生命にわないてみえた」ことを発見していることはどうだろうか［Keller 1954（1902）: 36–37＝1982: 34］。このことも発達と呼ぶことができるのだろうか。ヘレンの後の生涯を考えるとき、この生命への開けがどれほど彼女の生にとって重要なことであったかを知ることができる。ヘレンがシンボルの世界を発見したその日の夜に、ヘレンがサリヴァン（Sullivan, A.）先生に初めてキスをしたことを、サリヴァン先生は感動しながら手紙に残している。言葉の学習とともに豊かな内面の出現と生命への開けが同時に生起していたのである。このことは発達なのだろうか［矢野 1996a: 3章］。発達を論じた多くの研究者が、シンボル能力の発達の事例としてこの場面を取りあげながら［例えば堀尾 1991: 218–219］、なぜこの「世界が生命にわなないてみえた」というヘレン・ケラーの言葉は、研究者によって無視され続けたのだろうか。それは、このような出来事が、発達とみなされなかったからではないだろうか。

ふたたび『山びこ学校』の冒頭に引用した詩に戻ってみよう。詩の作者が「人間」という言葉を手に入れたとき、重要なことは、新しい言葉としてその言葉の使用法を覚えたことではなく、ヘレンと同様のことが起きていることである。作者は詩作において、眼前にいる個別的な誰それではなく、連綿と続いてきた自然史（生命の歴史）のなかで類として生きる「人間」の姿に感動したに違いない。しかしこれも発達なのだろうか。

ここには、まちがいなく人間が生きていくうえで大切な生の変容が起こっている。他者や自然との全体的な交流の生成変容が生じている。しかし、これは能力の高まりでもなければ、機能の高次化でもない。このような生の変容を言い表す言葉として「生成」を考えてみたい。

「生成の論理」は、遊びや芸術や宗教によって端的に体験されるような、人間の意識できない感情や無意識のレベルでの生の変容全体を捉えようとする論理である。しかしながら、生成の体験は、発達と違って記述し定義すること自体が極めて困難である。深い生成で得られるのは、一義的で明晰な概念では表現できない恍惚や陶酔の体験、不気味なもの、慣れないものの体験である。それは多義的でメタファー的な表現によってしか伝えることのできないものである。しかしそれすらも十分ではない。言葉で言い表された時点で、多数多様な生成は既存のレトリックによって定着され、しばしば誰もが思わず口にしてしまう決まり文句の鋳型におしこまれ、首尾一貫した「物語」に回収されてしまうからである。そのうえ、生成の体験は内的な体験であるため、生成したのかどうかなど外部の観察者には客観的に観察することも、まして何か共通の尺度にしたがって判定したり評価したりすることもできない。発達の論理が観察者の視点から語られた変容の「物語」とするなら、生成の論理は生成する者によって生きられた「物語を超える物語」、すなわち「生成する物語」である。

発達の論理では、生の変容はあくまでも主体の変容として主体へと帰される。経験はさまざまな葛藤や不安を生じさせはするが、それら「危機」「不均衡」「矛盾」は、主体をより高次の統一性へと導くものであり、主体完成の行程における契機としてみなされる。言い換えれば、発達の論理とは主体の同一性の完成へと向かう「物語」である。それにたいして、生成の論理では、遊びの体験で述べたように、主体を形作る外部との境界は溶解するし、供犠にみられるような聖なるものとの出会いにおいては、恍惚（extase＝自己の外にある）によって主体の意識は喪失し同一性は裂けてしまう。このように生成の論理においては、変容は主体の発達へと導くのではなく、脱主体化（脱人間化）へと帰されるのである。

生成の論理と発達の論理自体は、事象の差異ではなく生の変容の見方の差異である。遊びの例でみたように、具体的な遊びは体験と経験の複合体だから、生成の論理と発達の論理では、強調されて取りだされ肯定される次元が異なることになる。単純に言い切れば、発達の論理がみているのは、経験の結果あるいは構造であるのにたいして、生成の論理がみているのは、体験のプロセスと力である。当然、この生成の深さを外部から計る科学的で客観的な手法など存在しない。したがって、生成の論理では、生成は発達のように科学的な思考法に基づいて観察することも、客観的に記述することも、因果論的に説明することもできないものとみなす。

また、発達が時間の蓄積による漸次的な構造の変容であるのにたいして、生成は蓄積とは関係なく一閃の瞬間に生じる。したがって、生成はどこまでも偶然であり、賭けであり、幸運と結びついている。つまり、生成は持続的に訓練していくことや、あらかじめの準備と計画によって引き起こすことはできない。むしろ、生成はそれまで築きあげてきたものを破壊し蕩尽してしまう。その意味では、生成の論理は、労働ではなく遊び（消費と蕩尽）をモデルにしていると言ってよい。

さらに生成は、共同体における交換の環に基づく善悪の価値判断にしたがわない変容である。そしてこの善悪を超えたところに生成の倫理の可能性はある。暴力や死や性は、主体の同一性を破綻させ、主体の完結性を極限において超えていく生成と深く結びついている。例えば、自分にとってもっとも大切なものを破壊する供犠は、聖なるものを出現させて人間に変容をもたらすが、この変容は善悪を超えた自己全体の変容である。その例を私たちは漱石の作品において検討した。またイニシエーションが、死と再生を通してどのように人を変容させるかについて、賢治の作品において具《つぶさ》に捉えた。そこから見出される倫理についても、贈与を中心に詳しく検討してきた。

生成によって、私たちは有用性に支配され目的－手段関係に限定された共同体の秩序関係から離脱し、自己や自然との全体的なコミュニケーションが可能となる。しかし、いったいなぜこのような生成変容の出来事が、教育に必要なのだろうか。

## *3* 侵犯する生成としての教育

発達の論理の源泉は、堀尾輝久によると、十七・十八世紀におけるロック（Locke, J.）やコンディヤック（Condillac, E. B.）に代表される経験論の認識理論と、発達的な思考方法ともいうべき弁証法的思惟方法を展開したヘーゲルの思想といった哲学的源泉、人間の精神発達への関心を導き発達心理学を生みだした進化論に見出される生物学的源泉、ルソー（Rousseau, J.-J.）に代表されるような子どもを発見した教育思想的源泉、障害児の治療と教育によって子どもの発達の筋道を明らかにしようとしてきた教育実践の系譜という四つの源泉において発展してきたといわれる［堀尾 1974a: 75–85］。このように発達の論理にはいくつかの源泉を考えることができるが、そのなかでも発達の論理の理論としての原モデルは、このなかのヘーゲルの思想に求めることができる。ヘーゲルは近代哲学の完成者として君臨してきたのであるから、それは当然といえば当然のことであるが、それ以上に、ヘーゲルの思想は、発達の論理の原モデルと呼ぶにふさわしいものである。ここでは、まずヘーゲル思想のなかで発達の論理と関連する基本構造にのみ焦点を絞りシンプルに描きだしてみよう。

ヘーゲルにおいて人間を特徴づけるのは、行為における否定作用である。人間は欲望に促されて、行為によってありのままのもの（自然）を作り変え（否定し）、有用な生産物に変える。つまり、行為とは否定による自然の人間化であり、人間的な世界を産出する生産であり労働である。このプロセスは、自然の人間化にとどまらず、同時に人間自らの自然性をも否定し、人間性を実現していくプロセスでもある。さらに認識もまた行為であり、したがって認識も否定である。人間は無限定な自然を知るという否定の働きを通して、自然を分節化し意味ある世界に転化する。この否定の働きによって、人間は世界を征服し同化し統合していく。こうして、ヘーゲルにおいて人間は意識から出発して、否定の果てに最終点である絶対知へと到達するのである［Hegel 1970（1832–1845）＝1971–79］。

発達の論理は、否定（矛盾・不均衡・葛藤）を契機にしながら、どこまでも完成に向かうという主体の完成の物語であるという点で、基本形においてヘーゲルなのだといえる。また労働の時間経験が時間の基本モデルであるという点でもヘーゲルである。最終の完成段階をまず設定し、そこから時間軸を逆転させて、生涯の時間の流れを遡行しながら段階論的に区画して生涯の出発点に到達し、さらに時間軸を反転させ理念としての完成段階へと必然性をもって発展するという物語の叙述形式という点においてもヘーゲルである。また、弁証法であることを明言するかしないかにかかわらず、閉じた有機的システムの内在的な発展（自己実現）という発達の図式モデルは、やはりヘーゲルである。記述的ではなく論理的で体系的な発達の論理は、そのすべてをヘーゲルの思想に還元できないまでも、理論の形式的な枠組みにおいて世俗化したヘーゲル思想である。[4]

　バタイユの理論は、このヘーゲルの知の完成に向かう理論への批判として設定されている[5]［Bataille 1967（1949）＝1973, 1976＝1990、湯浅 1997 参照］。したがって、バタイユのヘーゲルへの批判から導かれた理論は、発達の論理の限界を捉えようとする本書の試みにとって手がかりを与えてくれる。ヘーゲルは最終的な否定によって絶対知の世界に到達すると考える。そこで最終的であるということは、知のシステムが環となって自己完結することを意味するが、バタイユによれば、完了すると同時にその完了した知のシステムは根拠なき底なしのめまいを体験するという。そもそもヘーゲル自身が深淵に出会い、めまいに襲われた体験をもっていた。ヘーゲルは、この深淵を閉ざすために、閉じた体系の構築を目指したのである。しかし、知のシステムが、絶対知としてまさに自己完結したそのときに、自己完結したシステムの外部の深淵が、つまり非‐知の体験が、開くというのである。

　これは理論体系上の問題にとどまらない。なぜならそれは次のような人間学的な課題となって現れるからである。有用性を原理とする日常生活において、人間は生産に従事し、さまざまな生産物を生みだす。労働とは、現在の欲求の直接的な表出を克服し、目的（計画）を立てて、自然的・人的な対象に働きかけ、元の状態とは異なった別の状態へと変形させ、生産物を生みだすことである。時間の軸でこの事態を言い換えれば、労働においては、未来の目的の実現のために現在の時間を従属させることである。労働では人もモノも世界のすべてが事物化され、目的‐手段関係へと組織だてられる。この労働の世界を特徴づける考え方とは、世界を目的‐手段関係へと組織だてる「企図の観念(idée du projet)」であり、目的実現のために役に立つかどうかという有用性の原理である。このような原理にしたがって、世界は「事物の秩序」となる。さらに労働は、ただ生産物を外部に生みだすだけでなく、その過程において主体の側に身体的・精神的な有用な能力をも生みだす。そのような新たな能力や意味が産出する過程を、私たちは「発達（die Entwicklung, development）」という名前で呼んできた。

このように、私たちが行為するときには、行為に先立ってすでに何か行為の目的が存在している。だから目的を実現する行為は、いつも目的にとっての手段となる。この有用性の世界では、最終的な目的など存在しないから、あらゆる目的は、その目的が実現されたときにはもう目的であることをやめてしまい、次の目的（未来）のための手段に転化してしまう。生きることはそれ自体が目的となることができないのである。「私たちは何のために生きているのか」と自問することがあるが、このような自問自体がすでに生を手段的に捉えている証左なのである。この事態を世界との関わりのアスペクトに絞って言い換えると、経験ではすべての活動が有用性の網の目に組み込まれてしまい、世界は手段・素材となり、関心によって断片化され、その結果、世界との深い全体的な交流が失われることになる。しかし、私たちは、主体でもなく客体でもない連続性の次元を失ったまま、あるいはより一般的な言い回しで言い換えれば、生命との接触を失ったまま生き続けていくことはできない。

バタイユによれば、ヒトは死に関わる禁忌をきっかけとして、世界と連続して生きるという動物性を否定することによって人間となった。禁止が人間化を実現しているのである。「企図の観念」に基づく労働は、このような人間化をさらに促進する。しかし、先に述べたように、労働は人間を事物へと変えてしまう。そこで、人間は有用性の世界を形作っているさまざまな禁止を侵犯（否定）することによって、世界との連続性を取り戻すのだという。「禁止の侵犯」とは、労働に典型的に見られるような生産的な活動の成果を打ち消すことであり、有用性の世界の秩序である「事物の秩序」を破壊する試みなのである。その意味でいえば、「禁止の侵犯」とは、動物性を否定して成立した「事物の秩序」をふたたび否定することであるから、否定の否定という二重の否定ということができる。非－知の体験とは、この「禁止の侵犯」によって生起するのである。

例えば、消費は生産の成果を打ち消す働きをもっていることから、消費は非 - 知の体験となる。しかし、事物をただ消費するのでは、事物を次の生産のために有効に使用することとなんら変わらない。それでは依然として、有用性に基づき世界を目的 - 手段関係へと組織だてる「企図の観念」に支配されていることになる。この企図の観念から離脱するためには、事物を何ものかのために消費したり使用したりするのではなく、ただ消費そのことのために消費し尽くす必要がある。このような有用性に回収されることのない消費を、バタイユは「蕩尽」と呼んでいる。

一年間の辛く苦しい労働によって蓄積した財貨を、熱狂的な歌と踊りと煌《きら》びやかな衣装と大仕掛けの山車とに、数日のうちに蕩尽してしまうリオのカーニバルなどは、その最たるもののひとつである。そのとき財貨や食物は、惜しみなく消尽され、本来なら有用な生産的な行為にあてられるはずの時間とエネルギーも、無用なことへと濫費し尽くされる。そのような生の燃焼のなかで、人は陶酔し世界との十全な関わりを実現するのである。

供犠もまた蕩尽である。人間にとって一番大切なものは人間自身であるが、供犠においてはこの主体自体を滅ぼそうとする。バタイユの〝超〟人間学は、供犠によって人間が過剰な恍惚体験や、最高度の興奮と快感を得ることを明らかにしている。本書の序章3節において示しておいたように、供犠は参加者が捧げられた犠牲と同化することにより、「死なずに死ぬ」「部分的な死」の体験となる。そして、この恐怖と陶酔の感覚こそが、世界との深い連続性の次元を開き、人間のものへの従属から解放し生成変容の出来事をもたらす。ソクラテスの死が供犠であり、『こころ』の先生の死が供犠であるために、弟子にそのような「死なずに死ぬ」「部分的な死」の体験が与えられるのである。

そして純粋贈与もまた蕩尽である。このことについてはすでに前章で詳しく述べたので、あらためて説明する必要はないだろう。一切の見返りを求めることのない純粋贈与は、有用性を求める交換の環を破壊し、日常の秩序を侵犯し、供犠と同様の連続性の次元を開くのである。

しかし、蕩尽は祝祭や供犠のような非日常の時間にのみ、実現されているわけではない。日常生活のなかでも、私たちは小さな蕩尽の瞬間を生きてもいる。例えば、目的地をもたず、歩むことそのものが純粋に目的である散歩もまた蕩尽のひとつなのだ。散歩では、道程はどこかに到着するためのものではなく、一歩一歩の歩みそれ自体が目的となる。そのために私たちは道ばたに人知れず生きている草花を見つけたり、移りゆく季節の繊細な変化を感じることができる。本来なら有用な事柄に使用されるはずであった歩行行為は、目的地をもつこともなく、どこにも到達しないという無用性によって破壊される。歩みの道具的性格が否定され、歩みは私のものとなり、反対に私は純粋な歩みそのものとなることができる。私たちは後の章で、ボランティア活動やマナーといった身近なことのなかに、純粋贈与がどのように息づいているかを見ることになるだろう。

このように有用性に回収されないエネルギーの濫費の瞬間には、私たちは「企図の観念」から離脱し、「事物の秩序」を破壊し、そのことによって世界との十全な交流が開かれている。つまり、ここでは蕩尽は聖なるものを呼び起こし、「全体的人間」に立ち返る体験となる。それが、祝祭はもとより、供犠や贈与、散歩や遊びがなぜ人間にとって魅力があるかの理由なのだ。遊びに深く没頭しているとき、優れた文学・芸術作品に接したとき、自然の美しさに溶け込むとき、あるいは、死や性といったおぞましいものやエロティシズムに接したとき、日常の禁止は侵犯され、自己と自己を取りかこむ世界との間の境界線が消失し、陶酔の瞬間や脱自的な恍惚の瞬間を生みだす。このような体験を、バタイユは「非‐知の体験」と呼んでいる。

非‐知の体験では、労働のように「企図の観念」をもち、目的‐手段関係として世界を分節化し、世界と部分的に関わるのではなく、世界そのものへと全体的に関わり、世界に住みこみ、世界との連続性を体験する。このとき、日常生活における経験以上にアクチュアルで比類なく輝くものとして体験される場合と、日常の支えを失う深淵・無として体験される場合とがある。前者を「エロス的体験」、後者を「タナトス的体験」として分けるのは、すでに序章で述べた通りである［詳細は作田 1996b、また矢野 2002 を参照］。

ところで、戦後教育において発達の中心目的のひとつである個人の形成もまた、この非－知の体験を不可欠とする。このことは第1章でもすでに詳しく述べた。簡潔に繰り返すなら、作田啓一によると現世放棄を説いた古代ヘレニズム期の賢者や、神との関係を説いた原始キリスト教徒たちが、個人主義の中心観念である「人格の尊厳」を生みだし発展させたという。彼らは有用性を原理とする共同体秩序から離脱し、超越的存在と交わるという体験を得ていた。普通、人は世俗的秩序のなかでは、自己と周囲との境界を区切ることによって生きている。しかし、彼らは世俗外で超越的存在と同化し、超越的存在の尊厳をうちに取り込むことによって個人となる。つまり、宇宙との境界が溶解する体験（溶解体験）をもつことによって個人は誕生したのである。このような個人を指してデュモンは「世俗外個人」と呼んでいる。そして、この世俗外個人がやがて世俗的共同体へと戻ってくることによって、世俗的共同体の内部に個人主義が浸透するようになる。さらにプロテスタンティズムの運動が西欧社会に広まることによって、近代の個人が誕生したのだというのである［Dumont 1983＝1993, 作田 1996a, 1996b］。

このことを発達の論理のコンテクストに引き寄せて言い換えるならば、人間中心主義・合理主義・民主主義にしたがう発達としての教育は、個人の形成を目的としているが、発達の論理には、個人の核となる「人格の尊厳」を生みだす生成変容の出来事を組み込むことができず、したがって、発達が十全に実現するためには、生成変容の出来事を必要とし、発達の背後に発達を超えた生成の力をみないわけにはいかないということを意味している。私たちが子どもを発達の論理のみで捉えているときには、発達もまた不十分なままで終わるのである。

認識の上でも価値の上でも人間を世界の中心に考える人間中心主義、知によって世界を正しく理解しコントロールしようとする合理主義、人間一人一人が同等の権利をもつとする民主主義、これらの思想と結びついた戦後教育にとって、「発達」という思想は、戦後教育思想の特徴を端的に示す中核的概念のひとつである。発達の論理は、教育実践において、未来に向けての具体的な指針を与え目標を提供してきた。さらに、発達としての教育は、人間の基本的権利として、政治的な概念としても機能したため、教育運動において大きな力を発揮してきた。それにたいして、生成の論理と体験は、教育実践において無視され、また教育学の学問的対象としてもほとんど取り扱われることはなかった[6]。

教育学は、生成変容の出来事を発達の論理に従属する狭隘なレベルでしか語ることができなかった。例えば、遊びがそのよい例である。遊びは遊びの外部に目的をもたず、有用なものを生みだすための手段ではなく、遊び自体のうちに自己が溶解する自由で歓喜に満ちた生成の体験である。遊びとは、時間とエネルギーとが無用に濫費される蕩尽なのである。遊びは「企図の観念」から離脱し、有用性に基づく網の目としての「事物の秩序」を破壊していくのだ。しかし、教育の世界では、遊びの本質である体験の次元は二次的なものとみなされ、遊びは経験として捉えられ、結果としてもたらされる発達的効果をもって遊びの本質にされてきた。遊びは子どもの体を丈夫にするとか、さまざまな役割や規則を学ぶことができるようにするとか、人間関係を豊かにするとか、自然や社会についての認識能力を高めるとか言われてきた。どれもまちがっているわけではないが、発達としての教育は、遊びを経験とみなし、遊びが結果としてもたらす教育的効果を強調し、保育者・教師に遊びを教育の手段であることを教えることによって、遊びが本来もっている生成の力を縮減し衰弱させてきたのである。モースに学びバタイユとともに「聖なる社会学」を探究したカイヨワ（Caillois, R.）が、遊びの類型論で指摘しているように、賭け遊びのような遊戯者の努力のおよばぬ偶然の遊びである「アレア（運）」と、ぶらんこ遊びのような知覚と平衡感覚の軽い一時的な混乱をもたらす「イリンクス（めまい）」に分類される遊びが、教育学者や発達心理学者によって無視されてきたのは、どちらの範疇の遊びも経験として能力の発達と結びつかないからである［Caillois 1958＝1970：235–249］。

序章でも述べたように、教育学は、イニシエーションをはじめ贈与、供犠、祝祭といったように、生の変容において人類史上で巨大な力を発揮してきた生成変容の出来事を思考の主題とすることを避け、その人間学的意味を展開することができていない。なぜこれが問題なのかというと、発達の論理だけでは生の変容の全体性を捉えることができず、発達を促す経験だけでは「全体的人間」となりえず、そのためには生成の論理と生成変容の出来事を必要とするからである。人が個人＝「全体的人間」となるためには、たんに共同体のなかでこれまでの社会的・歴史的に蓄積された諸観念や身体技法を獲得するといった発達を促す経験だけではなく、生成の体験が必要である。言い換えれば、教育は生成変容の出来事を必要としているわけである。しかし従来の教育観では、教育を共同体の内部において誕生したものと捉えるところから、社会化‐発達の論理を超えた生の変容をイメージすることが困難である。生成の論理と発達の論理の二つの視点を元に、次に日本の学校教育について考察することにしよう[7]。

## 4　発達に向けて組織化された世俗空間としての学校

近代日本の学校は、「国語」の授業を通して、風土と生活に密着していた言葉（方言）を、標準日本語へと変換させ［本書第6章3節参照］、また体育の授業を通して、農耕作業と結びついた土着的な身体技法を、身につけた身体を軍事と工場労働を可能にする近代的身体へと変換させてきた。つまり、近代学校とは、在来的で土着的な言語と身体を、管理し統制し計画するのに見通しやすい標準化した言語と身体へと変換させ、「国民」を作りだす装置であった［森 1993、また本書第5章2節参照］。

しかも、戦後の日本の教育関係者は、戦前・戦中の国家主義的・軍国主義的教育への反省から、国家や民族へと合一化する超越性だけでなく、あらゆる種類の超越性を教育空間から排除しようとしてきた。それを促したのは、人間中心主義・合理主義・民主主義の戦後思想に基づいた戦後教育学であった［和田 1985］。この教育学は、その実現の場面において、文部省対日教組というように政治的な力関係によって実現の形態は異なったが、『日本国憲法』と『教育基本法』とによって法制度的にも支持されてきた。「人間」という言葉は、このような戦後思想によって原理的な承認を与えられ、正当性が根拠づけられた。そして、「発達」は「人間」の理想を具体化する理論と理解されてきた。それまで「国家」が占めていた位置に置き代わった「人間」は、当初においては生成の力を発揮し、学校を生成と発達の場とした。それゆえ、発達の理論に基づく学校の世俗化は、問題とはならなかった。『山びこ学校』に収められている卒業生代表の佐藤藤三郎の「答辞」は、戦後教育において「人間」という言葉が担った理想の力をよく示している。

私たちが中学校で習ったことは、人間の生命《いのち》というものは、すばらしく大事なものだということでした。そしてそのすばらしく大事な生命も、生きて行く態度をまちがえば、さっぱりねうちのないものだということをならったのです。……中略……私たちはそういう教育を受けて来たのです。私たちの骨の中しんまでしみこんだ言葉は「いつも力を合わせて行こう」ということでした。「かげでこそこそしないで行こう」ということでした。「働くことが一番すきになろう」ということでした。「なんでも何故？　と考えろ」ということでした。そして、「いつでも、もっといい方法はないか探せ」ということでした。……中略……私たちはもっと大きなもの、つまり人間のねうちというものは、「人間のために」という一つの目的のため、もっとわかりやすくいえば、「山元村のために」という一つの目的をもって仕事をしているかどうかによってきまってくるものだということを教えられたのです。

〔無着編 1995（1951）: 298–300〕

ところで合理主義の教育は、非合理な神話や封建的な因習や心性に惑わされない、観察と実験と検証による科学的で批判的な精神の育成を目指した。〔8〕しかし、これは一義的で明晰な言語系による機械論的・決定論的な世界把握であり、世界のみならず人間をも像（対象）として捉えることから、極端な合理主義教育は、結果として人間をモノ化させることになった。つまり、合理主義の教育は、「人間」という理念の普遍性を支えていた生命感情に、エネルギーを供給しなかった。理念としての「人間」の衰弱にともなって、教室での人間関係は、ますます水平なものに変わっていった。

学校と軍隊は、工場や病院や監獄と並んで近代システムの代表として、空間内での人間を均質化・画一化するシステムである。だからこそ、封建時代には考えられないような「戦友」や「学友」といった近代的な意味での平等な人間関係である友情が、軍隊と学校にまず誕生したのである。また、戦時中の戦争遂行に向けての総動員体制下において国家主義教育は、「小国民」として学校空間における子どもの平等化を促進し、民主主義に基づく戦後の平等主義は、人格の尊厳を確立することなく学校空間での平等化をさらに進めることになった。

学校では平等主義のたてまえから、差異をつけることよりも生徒・学生間の差異を消し去ることが目指された。そうすることによって、標準化したすなわち共約可能な身体と言語の形成という戦前の日本の学校教育が目指してきたことを、戦後の学校教育は、さらに前進させたともいえるだろう。そのため、戦後日本の学校という場所は、その校舎の形態に象徴されているように、歴史的にみて脱聖化した世俗性と徹底した均質性と画一性とによって、平坦化された空間を構成することになった。

さらにまた、日本の学校は人間中心主義の教育思想によって、暴力を否定し、性を隠蔽し、死に触れることのないように子どもを世界の外部から保護する、明るく清潔な秩序空間を目指してきた。しかし、シャカに生老病死を隠そうとしたシャカの父親のように、その結果は、企図した目的とは反対のものとなっている。すでに述べたように、強い禁忌がともなう暴力と死と性は、これまで何度か言及したように、自己と世界との境界線を溶解させ、他者や世界へと開いていくものである。したがって、このような出来事は、人間の個体性を破壊し、危機を生みだし、人間の生成にとってもっとも深いレベルの力をもっている。子どももまた、禁止とその侵犯のダイナミズムに無関心ではおれない。とりわけ、大人になろうとしている思春期の子どもたちは、暴力や死や性といった生成と関わる出来事にたいして、強い関心をもつようになる。しかし、学校では、これらの関心が子どもによってあからさまに表明されることを認めない。子どもを大人へ方向づけるはずの教育空間が、大人になろうとする子どもの関心を抑圧する。さらには共同体の一人前の大人になることを超えた、人格への尊厳をもった個人へと生成変容することをも不可能にする。つまり学校では、教育の目的と過程とが否定しあって悪循環を形作るのである。

現代の日本の学校では、生成変容の出来事、生成の体験が極度に衰弱しているため、子どもの生きている意味や価値の根拠は、教室という共同体の内部の人間関係においてしかなくなった。したがって、このような状況で、「われわれ」から「彼ら」として除け者にされ排除されるということは、自分を支えるすべての意味や価値の根拠を失うことを意味する。第1章でも述べたように、いじめによって子どもが自殺してしまうのは、自分の生きている意味や価値が共同体での人間関係のなかでしか確認できないからである。

ところで、学校が一元的な価値が支配する場所であっても、学校の外の地域社会では、いろいろな職業をもった人々の営みがあり、地域に固有のイニシエーションがあり、節約や蓄積といった世俗的価値を超えた蕩尽に溢れた祭りがあり、市場交換に回収されてしまわないさまざまな贈与交換の仕組みがあり、交換不可能な多様な価値が共存しているはずであった。あるいは、賢治の作品に登場した達二やタネリのように、子どもが草木虫魚といった生命と出会える自然が存在しているはずであった。事実、学校教育が、生成を顧みることなく、発達の論理だけである時期までやってこられたのは、学校の外に子どもに深い生成の体験を与える場所と時間とが存在していたからである。

しかし、戦後の都市計画によって、森や林を破壊し、川を暗渠に変え、池や海を埋め立てて開発された地域は、だいたいにおいて似た階層の人々によって形成された、均質的で機能的な人工空間である。このような地域においては、住民同士のライフスタイルも共通するため、欲望模倣から生じるライバル関係の昂進をとどめることができない。そのため隣人との差異化が子どもの学校での成績によってなされることになり、学歴獲得競争が住民の関心の中心の一角を占めることになる。この価値の一元化は、親の間だけでなく子どもの間での競争を激化させ、成績の振るわない子どもから、よくできる子どもにいたるまで重い枷《かせ》となっている。このような場合、互いに似ていれば似ているほど、ますます欲望模倣は昂進し、そのためますますお互いの差異化をめぐって競争は加熱し、悪循環を起こしていく。この事実を、学校内部の世俗化の進行と重ね合わせるとき、子どもを取り巻く環境が、どれほど生成の体験を欠いているかを理解することができよう。

こうして、生成の体験が学校だけでなく家庭や地域社会においても困難になるにしたがって、子どもは世俗的世界を逃れ生成の体験を求めて、世界の秘密を探求するファンタジックなテレビゲームや、不気味なオカルト話や残酷なホラービデオ、あるいは暴力的・性的な主題のマンガやノンセンスなアニメといった外部へと放浪することになる。しかし、これらの多くは、ジャンク・カルチャーとしてバーチャルな体験を提供するにすぎず、むしろ子どもを「なしくずしの神秘主義」[中沢 1997: 161] へと陥らせる危険性を孕んでいる。カルト教団の跋扈を生みだしているのは、このような状況である。

## 5　学校は生成の場となりえるか

以前、子どものための演劇をしている演出家に、次のような話を聞いたことがある。新しい創作劇をみてもらうと、教師は必ずといってよいほど、その劇の主題や教育的意味を質問するという。その質問に応えることのできないような劇は、子どもにどれほど受けようとも、学校からは声がかからず、興行成績にさしつかえるのだという。そのため、ノンセンス劇のように、子どもがリズミカルに舞台の役者と呼応して、日常の言葉の意味を崩し、社会的な価値や規則をずらして笑い飛ばすような祝祭劇は、どれほど子どもの強い支持をえようとも、教師には理解されにくく受け入れられることは少ないのだという。そのような劇では、いったいなにが子どもの発達に寄与しているのか、演出家自身にも説明することができないからだ（ノンセンスと生成の体験との関係については矢野［2000：第3章］参照）。

学校教育における発達としての教育の意義を否定しようとしているのではない。子どもが社会的・科学的技術を習得し、認識能力を高め、社会化することを否定する教育の論理はない。そして、学校がそのための重要な場であることもまちがいはない。ここで私が主張しているのは、発達だけでは人間は人間として十全に生きていくことができないということであり、そして、生成の力を発達の論理へと従属させてきた教育的思考の在り方が、教育問題の根本にあるということである。すでに述べたように、個人の誕生が「超越的存在との交わり」による「人格の尊厳」を取り入れることと結びついていたとするならば、日本の学校空間が個人を生みだすことは困難というしかない。これが学校空間に生成の論理と体験が、すなわち「生成としての教育」が不可欠な理由である。

しかし、生成変容の出来事は、発達のようには合理的に手段化されない。計画的に導こうとするならば、その体験は生成としての基本的な性格が失われてしまう危険性がある。命令して強制的に子どもを遊ばせることはできない（反対に子どもは強制された仕事をいつの間にか遊びに変えてしまうことはできる）。したがって、生成と結びつく体験は、学校教育の原理の外にはみだしてしまうように思える。さらにまた、市民生活を揺るがせかねない供犠や蕩尽など学校で行うわけにはいかないと考えるだろう[9]。ところが、このように生成変容の出来事の重要性に眼が開かれ、生成の論理から教育空間を構成する視点が複眼化されるとき、これまで不必要なもの、非教育的あるいは反教育的なものとみなされてきた学校生活のさまざまな局面が、新たな意味をもって立ち現れてくる。

重要なことは、「教育にとって遊びとは何か」と自動運動のように教育的－教育学的マトリクスの上で問うことを一度やめ、反対に生成の深さと広がりから「遊びにとって教育とは何か」と問い直してみることである。そのとき、ホイジンガが、『ホモ・ルーデンス』（一九三八年）のなかで、祭祀も詩も音楽も舞踏も知識も法律も、文化はすべて遊びの形式のなかに成立し、文化は最初から遊ばれるものであったと述べたことの本当の意味が理解できるだろう。なによりホイジンガをして遊びの研究におもむかせたのは、ニーチェによって暴かれたニヒリズムという歴史的・文化的な病への危機感だった。ここでいうニヒリズムとは、たんに意味の喪失といったことではなく、生を超えた価値に生を従属させる在り方を指している。そのためホイジンガは、遊びをニヒリズムの克服という思想課題とからめて論じようとしたのだが、このことは、遊びを労働との二項対立関係をなすものとしてではなく、文化の根本的な事象として見なおそうとする大胆な、そして画期的な試みとなった。ホイジンガは次のように述べている。

社会的衝動としての遊び的競争は文化そのものよりも古いが、それは遠い原始時代から生活を充たし、古代文化のさまざまの形式を酵母のように発育させるものだった。祭祀は聖なる遊びのなかに発達した。詩は遊びのなかに生まれ、いつも遊びの諸形式から最高の養分を吸収してきた。音楽と舞踊は純粋な遊びであった。知識、英知は祭式的競技の言葉のなかに、その表現を見いだした。法律は社会的遊びの慣行から生じた。戦争の規定、貴族生活の慣例は、遊びの形式の上に築かれた。結論はこうなるはずである。文化はその根源的段階においては遊ばれるものであった、と。それは生命体が母胎から生まれるように遊びから発するのではない。それは遊びのなかに、遊びとして、発達するのである。［Huizinga 1958 (1938) = 1973: 355、傍点はホイジンガ］

ここでホイジンガが言おうとしているのは、誤解されているように文化の発生の起源が遊びにあるといったことではない。文化が文化として人間の生に力を与え、生動的に展開しているときには、それは遊び（過剰な体験）なのだといっているのである。文化が遊びの形式のうえに築かれ、遊びとして発達したとするなら、労働のように行為の外部の目的に縛られない自発的で能動的な生成としての遊びにこそ、ニヒリズムの克服の可能性があるに違いないとホイジンガは考えたのである［矢野 2006: 45–46］。このホイジンガの課題は、本書でこれまで論じてきた主題と通底していることがわかるだろう。遊びは、生成の可能性として、私たちに開かれている沃野のひとつなのである。そして、このように生成とのつながりで文化を捉え直すとき、この文化のエッセンスともいうべき学校で教えられる各教科の意味も、これまでとは大きく変わることになるだろう。このとき、教育自体にも図と地が入れ替わるような劇的な転回が生じることになる。

例えば、詩を読むということは、言葉の意味を正しく理解し、詩の内容を正しく解釈することなどではなく、遊びとして学ばれることになり、これまで見ることも感じることもできなかった新たな世界が、言葉によって開かれる瞬間の悦びを体験することになるだろう。賢治の詩が、読者にどれほどこのような驚嘆と歓喜の体験を生みだすかは、あらためて述べるまでもないだろう。オノマトペの考察からもわかるように、詩の音読のすすめは、詩の意味にではなく音やリズムに注意を向けることで、詩が言語として出現する瞬間に立ち会うもっとも優れた生の技法として理解することができる。また文学や芸術は、供犠の代わりをするのであるから、その意義はいうまでもない［Bataille 1988（1949）＝1994: 61–73］。その具体的な事例を、私たちはこれまでの章で漱石や賢治の作品を通して明らかにしてきた。漱石の『こころ』が、供犠をテーマにしているだけでなく、そのテクスト自体が非－知の体験を生みだすのである。かつてニーチェは『この人を見よ』（一九〇八年）のなかで、自著を読むものは「学習することの真の恍惚感を体験することであろう」［Nietzsche 1969（1908）＝1990: 80］と述べている。身体と身体とが直接に向かい合う対話や問答とは異なる形態で、非－知の体験をもたらすメディアの存在が、学校における生成としての教育の大きな可能性なのである。

次章で、鉄棒による体操がもたらす非－知の体験について具体的に述べることになるが、授業としての体育や音楽や美術がもつ可能性は、実践的にも理論的にもいまだ十分に開かれているとはいえないとはいえ、その重要性はいうまでもないだろう［佐藤・今井編 2003 参照］。また学校行事や特別活動の時間が、そして道徳の時間が、どれほど生成の可能性に開かれているかは、これまでの議論からも容易に想像することができるだろう。それでも自然科学は生成の体験とは無関係だと考えるものは、あらためて賢治の花巻農学校での授業を見るとよいだろう。子どもを「いま」「ここ」の狭い世界から開き、ワンダーな自然へと誘い、宇宙の不思議に思いを馳せさせるのは生成の体験である。生成としての教育を発達としての教育に回収したり従属させることをやめ、この二つの教育の次元の差異を注意深く区別しながら、学校を伸びやかな生成の力が生起する場に転回することが必要である。そのとき、同じ教材に基づく同じ授業が、これまでとは異なった別の次元を開く通路に変わるのである。

さて以上のような教育観をもとに、次の二つの章においては、贈与と交換を中心にして、生成としての教育と発達としての教育がどのようにせめぎ合っているかを、具体的な教育の課題によってさらに明らかにしたい。

# 第10章——純粋贈与としてのボランティア活動体験

## 贈与と交換がせめぎ合う場所

贈与と交換は、教育のさまざまな領域においてせめぎ合っている。そのなかでももっとも顕著にそのせめぎ合いを見ることのできる領域は、おそらく道徳教育の領域であろう。なかでもボランティア活動体験に関する近年の議論は、教育が贈与と交換とのせめぎ合いの場であることを、あらためて教えてくれる。それというのもボランティア活動は、「自発性」「公共性」と並んで「無償性」を特徴としていながら、そのボランティア活動が、学校では義務化され授業となるのである。このときに一体どのような問題が生じるのか。このような観点からこのボランティア活動体験について考察する。しかし、本章にはもうひとつ別の課題がある。それは前章で述べた「生成としての教育」と「発達としての教育」の差異を論じたときの「体験」と「経験」との区別が、ボランティア活動体験のような具体的な教育の主題において、どのような意味があるのかを明らかにすることである。本章はこの二つの課題をめぐって展開される。

### *1* 経験学習における理論的混乱

前章でも述べたように、戦後の子どもの生活は大きく変化している。情報メディアへのアクセスの容易さやバーチャルな現実での経験などその変化は著しいといえる。そのような状況のなかで、近年の子どもは、かつての子どもと比較して、対人関係や対事物関係において、具体的で直接的な経験が不足しているのではないかという危惧を多くの人が抱いている。人や自然や事物との全身を使った直接的な関わりの経験が、子どもの成長にとって不可欠だと考えると、このことは見過ごすことのできない事態といえる。そのような子どもの経験不足を補償するために、総合的学習に代表されるように、学校教育に具体的な経験の機会を導入するさまざまな試みがなされている。

しかし、学校教育で経験の貧困を補償しようという取り組みには、どこかこれまでの学校教育の原理になじみにくい性格があるように思われる。それはなぜだろうか。その理由は、いま私たちが問題にしている経験には、「経験」と「体験」という二つの相異なる次元が存在しているからである。一方の「経験」は、子どもの能力の発達を実現して、従来の授業の原理になじみ深いものであるのにたいして、他方の「体験」は、子どもの能力の発達と直接に結びつかず、前もって計画することもできず、外部の観察者によって客観的に評価することもできないところから、授業の原理と性格を異にしている。問題は、総合的学習もボランティア体験学習も、この授業の形態に乗りにくい「体験」の次元に深く関わっていることからくる。

本章では、第6章および第9章ですでに述べたように、教育の世界で広く使用されている経験の概念を、次元の異なるものとして「経験」と「体験」とに分けて考えることの必要性と重要性を、ボランティア体験学習の考察を通して明らかにしたいと思う。この二者を分けることによって、これまで一次元的に捉えられてきた人間の経験を立体的に捉え、教育現場での経験学習の理論的混乱を質し、実践上の諸課題を整理し理解することができるのである。まず「経験」と「体験」の原理上の差異と、それに対応する教育「発達としての教育」と「生成としての教育」の性格の違いについて明らかにしよう。以下、原理上の差異を厳密に使用するときには、鍵括弧をつけて「経験」「体験」と表記する。また鍵括弧をつけずに経験と表記しているときには、「経験」と「体験」の二つの次元を包含しているものとする。

## 2　発達をもたらす経験と生成を生みだす体験

前章において明らかにしたように、今日、学校教育を支える論理は、子どもの能力（共同体において有用とされる身体的・精神的な諸能力）を教育によって発達させる「発達としての教育」である。この「発達としての教育」は、基本的に近代の労働のプロセスをモデルとして作られている。そのため、教育界で「経験」という言葉が使用されるときには、多くの場合、労働と同じ有用性の次元での能力の獲得と結び合わされて使用されている。例えば、後で詳しくその内容を検討することになる、ボランティア体験活動の小中高校の授業への導入を推進する中央教育審議会（以下「中教審」と略す）の答申、『青少年の奉仕活動・体験活動の推進方策等について』（二〇〇二年）の次のような文章は、教育の文脈での「経験」という言葉の一般的な使用法を示していると言ってよい。

人間は生まれてから、次々と経験を蓄積して人間としての成長を遂げていく。新たな経験をすると、それが既に蓄積されている経験の中の関連する要素と結合して、その一部を変形したり、切り捨てたりしながら、新たに蓄積される経験を形成していく。そのような経験には、奉仕活動・体験活動などのような直接経験もあるし、書物、テレビやコンピュータなどによる間接経験もある。それらが様々に結合して、その人の行動の仕方やものの考え方を形成していく。

したがって、経験は直接、間接の両方をバランスよく豊かにした方が良いとされる。青少年の奉仕活動・体験活動は、まだ直接経験の乏しい段階において、直接経験を豊かにするという貢献をする。

［中教審　2002: 3］

この答申には、「体験」という用語も使用されているが、経験と意味上の差異はほとんどなく、おそらく経験において身体的側面が特に意識されたとき使われているぐらいのことである。ここでは、経験も体験も「発達としての教育」と結びついた「経験」のことを指しているのである。

「経験」は、主体が客体の他者や事物に働きかけ、その働きかけた結果が、「経験」の主体の肌身へと立ち返ってくる。その帰結によって働きかけた主体は、なんらかの変容を遂げるのである。「経験」は蓄積され、次の「経験」を形成していく。この意味で「経験」とは学習のことでもある。そして、労働はこのような「経験」の構造をもっとも具体的に示している。私たちは「良い経験をした」という言い回しでもって、自分の関わった出来事を物語ることがある。そのときには、さまざまな矛盾や葛藤を努力によって克服し、自己のうちに取り込み、自己の能力を高め意味をますます豊かにした事態を表している。「経験」によって、以前の自己より高次の自己へと発達したわけである。しかし、「経験」という在り方は、人間の生の半面を表すものにすぎない。「経験」に基づく「発達としての教育」も、それだけでは人間の十全な成長において十分ではない。

このような発達と結びつく有用な「経験」にたいして、蕩尽、供犠、贈与、遊びといった有用な経験を破壊し侵犯する「非‐知の体験」がある。このような「体験」が、人間の十全な成長にとってどのような関係にあるかは、すでに前章で詳しく述べたので繰り返す必要はないだろう。

ところで、「経験」の場合では、「私の経験」といった表現で「私」の所有物であるかのように取り扱うことができるのにたいして、「体験」の場合では、自己が溶解するために「私の体験」というように、「私」によって所有することと捉えることもできない。「非‐知の体験」では、主体が溶解してしまうため、客体との距離がなくなり、明晰で一義的な言葉によって筋道のある一貫した物語として「体験」を言い表すことができない。人は驚嘆したときには言葉を失ってしまうし、深い感動を体験したときには、「おお」とか「ああ」といった言葉以前の声でしか言い表すことができない。しかし、これは貧しい表現ではない。「体験」が何であるか、そして「体験」を表現するとはどのようなことであるかを深めるために、ここで村野四郎の詩『鉄棒』（一九三九年）を例にとって、この「おお」とか「ああ」の「体験」に近づいてみよう。

鉄棒

僕は地平線に飛びつく
僅に指さきが引っかかった
僕は世界にぶら下った
筋肉だけが僕の頼みだ
僕は赤くなる　僕は収縮する
足が上ってゆく
おお　僕は何処へ行く
大きく世界が一回転して
僕が上になる
高くからの俯瞰
ああ　両肩に柔軟な雲

〔村野 1997：94〕

「僕」と鉄棒との間の張りつめた緊張感、身体そのものとなった僕、その僕＝身体の移動による新たな世界との出会い、そして最終行での世界に開放された喜びと安らぎ、ダイナミックな運動から静止への転換の調和的なリズム。鉄棒経験における生成の瞬間を、これほど的確に表現している例はないといえる。ちなみに、鉄棒はプロイセンの民族主義的体操教育家ヤーン（Jahn, F. L.）によって発明されたのだが、英語では"horizontal bar"（水平棒）と呼ばれており、一行目の「僕は地平線に飛びつく」はこの英語訳を踏まえているのだろう。

村野の詩が表しているように、鉄棒をしているときには、運動とともに新たとなった自己と世界との関係に新しい意味が生まれでる経験をする。しかし、それだけではない。運動のなかでいつのまにか「私」と私を取りかこむ世界との間の境界が消えていくことがある。運動はこのような自己の溶解の瞬間を生みだす。この自己の溶解という出来事は、原理的に「経験」として言語によって捉えられることを拒否する。しかし、このような言語化の困難なところにこそ「体験」の優れた価値はある。つまり意味として定着できないところに、生成としての運動の価値がある。

詩の半ばと最後の箇所で「おお」と「ああ」といっているところが溶解体験にあたる。ここでは「僕」は抜け落ちている。それればかりではなく対象としての世界も抜け落ちている。この詩では二行が対となり、その対の最初の行の冒頭に、いつも「僕」が登場する。そして、対となる後半の行では、最初の行で「僕」がなした事柄と結びついた事態が表現される。ところが七行目ではこの「僕」の前に「おお」がおかれることになる。六行目から七行目へと移る瞬間に、言葉にはならない主客の境界の溶解があり、かろうじて「おお」と言葉ならざる言葉が発せられた直後に、ふたたび「僕は何処へ行く」といって、「僕」が取り戻されることになる［本書序章2節の「あゝぼくは……」を参照］。

もちろんこの詩の読解ということでいえば、最初の「おお」は、運動が開始されることによる世界の新たな意味が経験されることへの驚嘆の現れであり、後の「ああ」は、意味の経験の運動が終了し安らいだときの感情を表現したのだといえるだろう。しかし、この詩が鉄棒経験の優れた詩的表現となっているのは、逆説的なことには、繰り返し登場する「僕」に示されているように、「僕」の主体的な「経験」を言い表しながら、他方で「おお」とか「ああ」といった言葉ならざる言葉（あるいは言葉以前の言葉）によって、「僕の経験」を超えた「体験」自体の測りがたい深みを言い当てているからなのである。賢治の詩がそうであったように、詩というジャンルは、このような「体験」を言葉で言い表すという不可能性の可能性を求める冒険のひとつなのである。

さて村野の詩を経由することで、私たちは「体験」がどのようなものであるか「体験」した。そしてあらためて、社会的有能性を生みだす「経験」という水平の次元と、生命との関係を深める「体験」という垂直の次元とは、相互に次元が異なっていることが確認できた。前章でも論じたように、「経験」の次元、すなわち水平の次元に関わる教育を「発達としての教育」と呼ぶのにたいして、「体験」の次元、すなわち垂直の次元に関わる教育を「生成としての教育」と呼んできた。教育は「発達としての教育」と「生成としての教育」の二つの異なる次元の教育から成立している。しかし、これまでの教育は、理論においても実践においても、この二つの次元の差異を区別しないために、両方の次元の価値を損ねてしまっている。そしてボランティア体験学習も同様の問題に直面している。ボランティア活動は、発達としての教育の視点から「経験」として捉えられている。しかし、ボランティア活動の中心は、「経験」ではなく「体験」なのである。そして、その「体験」の中心は純粋贈与にある。発達としての教育の一次元的な視点では、ボランティア体験学習を変質させる危険性をもっているのである。

## *3*　純粋贈与としてのボランティア活動

純粋贈与という出来事は、序論でも述べたように、これまで教育学で問われることのなかった出来事である。しかし、この出来事は、共同体内部の同質性を基にした仲間同士の道徳ではなく、共約できない異質性を前提とする共同体外部の他者との倫理に関わる出来事である。つまり「われわれ」と「彼ら」という差別と排除を乗り超える可能性に関わる出来事でもある。したがって、私たちが「共生」ということを教育の課題として真剣に考えるなら、当然、純粋贈与は考えなければならない出来事といえる。

モースによると、「贈答」「進物」「歓待」「供犠」「喜捨」といった、一見すると太っ腹で気前のよい見返りを期待しない贈与は、実は贈与者に贈与の義務があり、受贈者には受け取る義務があり、さらにその贈与に返礼する義務がある制度なのだという。贈与者は、贈与すべきときに気前のよさを発揮しないと、威信を保つことができず吝嗇家として非難を受けることになる。また、受贈者は贈与を受け取ることによって、贈与者にたいして負い目（負債感）をもち、贈与者に返礼することを義務と感じる。このような義務化した贈与・受納・返礼のシステムを、モースは「贈与交換」と呼んでいる。モースのいう贈与とは、見返りが期待される社会的活動なのである。贈与は、連帯関係を形成し維持するための手段であり、あるいは名誉や名声といった威信を獲得し優位関係を形成し維持するための手段なのである。モースにしたがえば、一切の見返りを期待しない純粋贈与といったものは存在しないことになる［Mauss 1966＝1973］。

　私たちは、モースにならって、純粋贈与に見えるものもすべて「企図の観念」に制限された、贈与・受納・返礼が義務化している贈与交換なのだということもできる。あるいは、今村仁司がいうように、人間を根元的に負い目をもつ存在と捉え、この人間論に基づき純粋贈与の存在を否定し、そこから贈与や交換の事象を理解することもできる［今村 2000］。しかし、このような人間論＝贈与論では、あらゆる贈与は最初からすべて社会的な「経験」の次元に回収されてしまう。

　本章ではこのような人間論＝贈与論を退け、バタイユにしたがって、人間を禁止を侵犯する過剰な存在として捉え、贈与を贈与交換ではなく純粋贈与のうちに位置づけようと思う。制度に着目するかぎり、すべて贈与は贈与交換に回収されてしまい、純粋贈与を見出すことはできないが、出来事に着目するとき、私たちのまわりには近接したものとはいえ、さまざまな純粋贈与が生起していることがわかる［中沢 1996］。

　純粋贈与は、市場交換のように、貨幣によって共約可能な等価なもの同士を交換するという対称的な交換のことではない。私たちは、市場交換をモデルに思考することに慣れているために、交換に先立って交換するものの間に共通の尺度にしたがう共約可能性が存在していると考える。しかし、合理的な計算を超えた惜しみない純粋贈与は蕩尽なのである。一切の返礼を期待しない純粋な贈与は、有用性の回路からの離脱であり、事物の秩序の破壊であり、「体験」なのである。このとき贈与の主体は、自己同一性にしたがう「私」ではなく、「体験」のうちにその同一性が破綻した「私」ならざるものである。したがって、純粋贈与には言い表すことのできず絶対的に共約できない異質な部分が含まれているのである。つまり、純粋贈与には、同一性を混沌へと転倒させる計りきれない過剰なものが、含まれるのである。

なるほど、一切の見返りを計算しない純粋贈与は、現実にはあり得ないものにしても、例えば、大切なカヌーや毛布といった有用な品物にとどまらず、住居までも相手の目前で惜しげもなく破壊してみせる、北米先住民によるポトラッチは、その破壊によって労働する人間の次元を乗り超えて、聖なる次元を出現させる。これはモースのいうように、威信の獲得という贈与交換に回収されもするのだが、それでもやはりこの瞬間、かぎりなく純粋贈与に近い「体験」が実現されるのである。

ボランティア活動は、労働と報酬の交換のような市場交換の原理に基づく活動でないことは明らかだが、自分が人を助けたなら、いつか返礼としてその人が自分を助けてくれるだろうといった、贈与と返礼が義務化している贈与交換の原理をもとにした活動でもない。ボランティア活動とは、相手からの一切の見返りを期待しない純粋贈与であり、歓待なのである。ボランティアの精神が、自発性と無償性にあるというのは、この贈与性を基にしているからである。しかし、遊びの研究と同様、ボランティア活動もまた「経験」に引き寄せて理解されている。ボランティア活動を「経験」として捉える理論を吟味しながら、「体験」としてのボランティア理解を明らかにしよう。

金子郁容の『ボランティア――もうひとつの情報社会』（一九九二年）は、ボランティア活動と新たな情報社会の可能性との関係を示し、ボランティア活動についてのこれまでの観念を変えた優れたテクストである。そして、このテクストは「経験」としてボランティア活動を捉えたときの典型例を示しているといえよう。まず金子のボランティアの定義を示しておこう。

ボランティアとは、なんらかの困難を抱えている人を前にしたとき、その人の問題を自分から切り離すのではなく、その人の問題は、ある意味で自分の問題でもあるという結びつきを見て取るという事態へのかかわり方をしたうえで、その状況の改善に向けてネットワークを作ってゆくネットワーカーである。

〔金子 1992：124-125、また同書一一一頁を参照〕

金子は、ボランティア活動が経済的な市場交換とは異なる活動であるとし、贈与交換としてその性格を説明しようとする。彼がボランティア活動が近代的な経済関係とは異なる関係であることを指摘したのは正しかった。たしかに贈与交換には、商品交換で見られるような合理的で打算的な個人の利益追求では考えられない、物惜しみしない財の循環が見られるからである。しかし、ボランティア活動の原型を、先に述べた贈与と返礼が義務化しているモースの贈与交換の原理に位置づけたことによって、ボランティア活動の基本的性格を損なってしまった[1]。

金子が、ボランティア活動を定義するにあたって、純粋贈与ではなく贈与交換の概念を選択したのは、ボランティア活動は無償でなければならないという世間の観念を批判し、ボランティア活動にも「報酬」があることを主張することによって、ボランティア活動を自己犠牲のような特別な人間による特別な行為ではなく、日常的な人間の営みであることを強調するためである。その意図はよく理解できるし、またボランティア活動が結果として「価値」をもたらすという指摘も適切なものであろう。

しかし、そのボランティアが、意図しない結果として生じた「価値」を「報酬」と呼び、翻ってその「報酬」を得るためにボランティア活動をするのだというと、それはボランティアの性格を変質させることになる。「報」は恨・徳・恩を返すことであり、「酬」はもともと杯を返すことから広く受けたものを返すことを意味するようになった言葉である。「報酬」という言葉は、どこまでも負い目が動機となる交換の原理に結びつく言葉なのである。したがってこの用語の使用法は不適切である。金子はボランティア活動を贈与交換と捉えることによって、理論化の方向を踏み外してしまった。

金子によると、ボランティア活動は、「相互依存性のタペストリー」のなかで、他者との結びつきを発見し、新しいネットワークを作ってゆくのだという。そのなかで喜びや満足を感じるのである。このような言葉でもって、金子は認識レベルの自己変容としてボランティア活動の「報酬」を捉えているといえよう。それはボランティア活動を「経験」の次元に方向づけた理解であり、ボランティア活動を継続をもった制度として安定させ定着させようということでは、優れた考察であることはまちがいない。

しかし、それでも「体験」の次元でいえば、正確には実存のレベルの変容として、すなわち非-知の体験として捉えるべきなのである。それというのも、ボランティアがボランティア活動に喜びを感じるのは「自己満足」ではないか、ボランティア活動は結局自分の満足のためにやっているのではないかという批判にたいして、ボランティア活動を贈与交換=「経験」とする原理では十分に答えることができないからである。

このような批判は、ボランティア活動の本質をとり誤っている。ボランティア活動を、「自己満足」として批判する人も、金子と同様、ボランティア活動を「経験」と捉えるところから、当然その「経験」によって自己が拡張すると考えるのである。ボランティア活動は、「経験」ではなく「体験」なのだ。ボランティア活動の「報酬」は、本来なら有用な事柄に費やされるはずであった時間やエネルギーを、有用性の回路から離脱したところで蕩尽するところから生じる喜びである。有用な関係からの離脱とは、日常の規則にコントロールされているシステムから抜けでる自由な「体験」となる。ボランティア活動は、自己からはじまり自己に回帰する「経験」ではなく、自己を差しだし自己が消滅する「体験」である。言い換えれば、この贈与の瞬間とは、主体が贈与交換のように交換の外部に立って、贈与をなしているのではなく、反対に贈与のうちに主体は溶解しているのである。したがって、そこでもたらされる喜びは、贈与交換に見られるように、贈与の返礼が贈与者に回帰する喜び、すなわち自己の名声や威信が高められる喜びなどではなく、自己と世界との境界線を破壊され、事物化していた自己が至高の次元に開かれた喜びなのである〔本書終章参照〕。

たしかにボランティア活動にも「経験」的な次元があり、ボランティア活動の帰結がネットワークを拡張し、認識レベルの変容をもたらし、それによって自己が拡張し、それにともない喜びが生じることもあろうが、それはボランティア活動にとって二次的なことにすぎない。心理的には喜びという点では同じだといえるが、「経験」と「体験」の差異を厳密に区別することがボランティア活動の人間学にとって重要なのである。

金子によると、ボランティア活動は既存のシステムの枠を超えて自ら働きかけはじめるために、自らをバルネラブル（vulnerable）な状態にするという。この指摘は適切だが、金子がボランティア活動のモデルとする贈与交換には、贈り物を与える義務、受け取る義務、返礼する義務の三つの義務があらかじめ制度として存在しているため、金子のいうようなバルネラブルな状態が存在する理由を説明することができない。それにたいして、純粋贈与の議論に引き寄せれば、バルネラブルな状態というボランティア活動の性格は、次のように理解することができる。

ボランティア活動のバルネラブルな状態とは、ボランティアが制度化されている贈与交換の関係において生じるのではなく、なによりも、贈与が先立つという純粋贈与の冒険的な性格から生じてくる。普段、日常生活では、私たちは自己を防衛するために、自己を開いて相手に差しだしたりはしない。しかし、ボランティア活動では、贈与として自己を差しだすため、その瞬間、自己は無防備に他者に向けて開かれる。贈与が先行するということは、差しだされた贈与を、相手が受け取らない危険性があるということである。無防備に差しだされた自己は、相手に拒絶されれば容易に傷つくことになるだろう。このように、贈与者としてのボランティアは、そのスタートにおいて自らを放棄し、自己を相手に差しだすという点で、バルネラブルな状態に曝されているのである。

しかし、純粋贈与としてのボランティア活動の危険性はこれだけではない。ボランティア活動は、純粋贈与であって贈与交換でないという性格は、贈与者だけでなく受贈者にとっても危険性を孕んでいる。純粋贈与は本来的に過剰なものである。贈与交換は、贈与にたいして返礼を返すことによって動的な均衡を生みだし、安定した秩序を維持するのに役立つのにたいして、一切の見返りを期待しない純粋贈与は、人間関係に不均衡を生みだすことになる。一方の側がただ与え、他方がただ受け取る、このような非対称な関係は、受贈者に負い目を与え続け、関係を破壊する可能性がある。

ボランティア活動において、贈与者のバルネラブルな状態を軽減し、受贈者の負債感を消去するにはどうすればよいだろうか。ボランティア活動を相互扶助の方に引き寄せることによって安定させる一方、そこに交換に回収できないものを残す工夫によって、この問題を解決することはできないにしても軽減することはできる。例えば、ボランティア活動にたいして、貨幣で返礼するのでは、ボランティア活動は賃労働になってしまい、無償の贈与というボランティアの本質を破壊してしまうが、援助された者が援助者に直接に貨幣で対価を支払うのではなく、地域貨幣のようなもので代行することで、この問題を軽減することができる。つまり市場交換ではなく、互酬性に転換する仕掛けを作るのである。

金子が紹介している「V切符制度」は、このようなものとして理解することができる。依頼を受けた会員（ボランティア）が高齢者のケアをする。ケアを受けた者は、ケアの時間分に相当する一定の対価を会員に直接渡すのではなく、V切符にして公社に支払い、公社が無利子でそれを預かる。このV切符は換金もできるが、別の機会に他者の援助が必要なときに、貯蓄したV切符を使用することができるのである。

この方法で受贈者の負債感は軽減できるとして、しかし、ボランティア活動を全面的に相互扶助の交換のシステムに回収してしまうと、今度はボランティア活動の純粋贈与＝「体験」としての特質を削ぐことになる。なによりボランティア活動には、バルネラブルな状態が不可欠でもある。それというのも、贈与として自己を相手に差しだすという賭けの瞬間が、ボランティア活動の純粋贈与という性格を特徴的に示しているからである。ボランティア活動を、その純粋贈与としての特性を保持しつつ持続的なものとするには、この贈与者と受贈者の間の危険性と持続性との間を、どのようにバランスを取るかという点にポイントがあるといえる。

以上、ボランティア活動を「経験」として捉えるときと、「体験」として捉えるときの差異を簡単に提示した。この考察をもとにして、授業にボランティア活動が導入されるときの問題点について考えてみることにする。

## *4* ボランティア体験学習という名の授業

中教審は、二〇〇二年七月、答申『青少年の奉仕活動・体験活動の推進方策等について』を発表した。それによると、小中高校の授業の一環としてボランティア活動を実施すること、[2] そして学校では、この活動を成績評価の対象とし、将来の入試や就職活動において、この活動評価が意味をもつよう要請するというのである。

この答申の骨子が、メディアで報じられたとき、違和感を感じた人も多いだろう。そのときの違和感はおそらく、ボランティア活動は本来活動に従事する人が自由意志で無償でもって取り組むべきことなのに、授業に組み込まれることによって、外から強制されたものになり、また教師による評価は、ボランティア活動の本質の無償性を破壊するものではないかというものであった。したがって、議論の中心は自由か強制か、無償か有償かという二項対立を中心になされた。

中教審は、本章2節に引用したように、ボランティア活動の自発性と無償性について言及しながらも、「経験」の積み重ねの重要性を説き、まずボランティアの「経験」の機会を子どもに与えることが必要なのだという。そして、ボランティアの「経験」を通して、社会への奉仕の精神を身につけることの必要性と重要性を主張するのである。それにたいして、ボランティア活動の授業への導入に反対する人は、このような強制と有償化によっては、ボランティアを十分に「経験」することができないという理由で中教審答申を批判している。中教審も、その反対者も、ボランティアを「経験」のレベルで捉えているということでは同じである。

しかし、すでに述べたように、ボランティア活動の中心は、純粋贈与という「体験」の次元の主題である。ボランティア体験学習を学校の授業に導入することの本当の問題点は、それが強制で有償である点にあるのではなく、ボランティア活動の基本性格が「経験」ではなく「体験」であり、この両者は次元が異なるにもかかわらず、答申がこの両者の差異を無視して「経験」に回収していることにある。このことは理論上の問題にとどまらず、具体的な問題となって現れる。

ボランティア活動は、授業に導入されることによって、純粋贈与であるはずのボランティア活動が、手段化される可能性をもつことになる。それというのも、現在提案されている中教審の案によると、子どものボランティア活動は、教師による評価を受けることになる。しかも、その評価は、将来の進学や就職の判断材料とすることが求められている。そうすると、授業でのボランティア活動は、活動自体が目的ではなくなり、活動の外部に別の目的をもつことになってしまう。このときボランティア活動が、手段化されるだけでなく、その援助の相手である他者も、また手段化されてしまう。そのことは、他者を人格として扱うことを基本とするボランティアの精神を歪めることになるし、ボランティア活動の純粋贈与という特性を破壊することになる。

ボランティア体験学習の問題の核心はここにある。実際、それが「経験」として評価の対象とされたとき、ボランティア活動は手段化される危険性があり、ボランティア体験学習という「経験」は、子どもに重大な誤った認識を与えることになる。本来なら交換の環からはずれる純粋贈与としての行いをも、交換の環のなかに入れて生きることを、子どもたちに教えることになる。その結果、人間に関わる出来事は、結局のところ交換可能＝共約可能であり等価な貨幣に置き換えることができるのだという認識、また「それは自分にとって役に立つか立たないか」という基準で判断し行為すべきなのだという認識を、子どももつことになる。ボランティア活動の「経験」が、ボランティア活動の「体験」という基本的性格を損なうのである。

ボランティアの精神を教えることは困難である。物事には教えることが困難なものが多数ある。愛することは、教えることができないように、人間の価値の根幹を形作っているものの多くはそうである。それは「体験」によって学ばれるだけである。純粋贈与という生の技法を身につけるには、他者から見返りを求めない贈与を受けた「体験」が不可欠である。そのように考えてみると、私たちはすべて人から贈与された「体験」をもっていることに気づく。私たちは寄る辺なき者として生まれ、食事の世話から排便の処理にいたるまで、なにからなにまで人によって与えられた時間を過ごしたのではなかったか［鷲田 1999］。純粋贈与された者が、純粋な贈与者となるとするなら、私たちは潜在的にすでに贈与者になるための準備がなされているのである。

私たちの日々の生活のなかに純粋な贈与のリレーが働いている。これを負い目に基づく贈与交換と見てはいけない。私たちが自転車にどのようにして乗れるようになったのか思いだしてみよう。自転車操縦のためのマニュアル書を読んだところで、自転車に乗ることはできない。自転車に乗れるようになるには、自転車に乗ることのできる人が横について、自転車を支えてくれたり、励ましてくれたからである。ところで、その人はどのようにして自転車の乗り方を学んだのだろうか。やはり練習のとき誰かがその人の傍らについていたのだ。私たちの学習の多くは、このような他者による無償の贈与から成り立っている。そして多くの場合、最初の贈与者は親や家族である。贈与のリレーはいつも気がついたときにはすでにはじまっており、そのことに気づくことなく、私たちも贈与のリレーの一員となっている。

贈与者の危険性のところで述べたように、純粋贈与のバルネラビリティの可能性を、贈与交換のシステムに近づけることによって軽減させることはできるが、これをゼロにしてしまうことはできない。なぜならそれがゼロになるということは、ボランティア活動が純粋贈与という性格を失うことを意味するからである。したがって、純粋贈与そのものを強制したり教え込んだりすることはできない。しかし、贈与交換に変質する危険性をもった純粋贈与の特質に配慮し、贈与のリレーに参加する者に、贈与の喜びを「体験」できる機会を用意することはできる。

自由な意志に基づくボランティア活動を教えることができるのか、この問いは自立した主体の教育は可能かという近代教育学がもつさまざまなパラドックスが集約される問いでもある。また、それはフーコー（Foucault, M.）の指摘した「主体」形成の問題とも関わる。ボランティア活動を「経験」してしまうと、「主体」的に国家に回収され制度的に動員される危険性がある。中教審答申で使用されている「奉仕活動」という用語が、義務化した贈与という贈与交換の思想で形成されていることに注意すべきである。それにたいして、中教審と同じく贈与交換の原理に立つボランティア活動論では、十分に批判することができない。このような義務化した贈与と対抗するのは、ボランティア活動の特質が「経験」ではなく「体験」であることを見出すことにおいてである。この意味でも、教育関係者が「経験」と「体験」との差異を理解して、ボランティア活動の基本的性格が「体験」であるということから出発することがとても大切なこととなる。

# 第11章——羞恥のマナーから歓待のマナーへ

## 歴史的課題としての贈与に基づくマナー

マナーの学習が、贈与と交換のせめぎ合う場だといわれても、唐突なことと思われるかもしれない。マナーは、なにより社会によって制度化された儀礼的な交換であり、作法としてのマナーは身体に組み込まれた社会である。そこには贈与の入り込む余地などないように見えるかもしれない。しかし、マナーは、身体化された交換の原理を乗り超える出来事でもありうる。マナーはなによりも他者への歓待とつながり、他者を迎え入れる作法でもありうる。私たちがどのように歓待のマナーを学ぶことができるかは、交換のマナーを学ぶことと同じだけ重要な課題である。さらに、私たちにとってそのことが重要なのは、それが私たちの歴史的課題であることに由来しているのだが、そのことを説明するのは本文の役目である。

### *1*　マナー問題と文明化

マナーを捉えようとするなら、さしあたり道徳と法の中間に位置づく準ルールであり、この両者と関係しつつも独自の領域を形成しているといった定義に収まるようにみえる。したがって、マナーを取り扱う学問は、倫理学と法学がそれぞれカバーする領域の中間領域の学問となるのだが、マナーそのものを取り扱うマナー学といった学問はない。たしかに書店の本棚には、マナーに関する本が数多く並んではいるが、それらはマナーの実践的な指南書であって、マナーの研究書ではない。それらは正しいマナーがどのような所作なのかを教えはするが、マナーがなにものであるかについては教えてくれない。

ところで、マナーが躾との関連で語られてきたことや、マナー書が「するべし」「するべからず」のレトリックで書かれていることを考えると、マナーの学問とは教育学であるといえなくもない。さらに、今日でもマナーを教えることは、人間形成の基礎的な課題とみなされており、学校で身だしなみや態度といった、マナーに関わる校則を生徒に守らせるために費やされるエネルギーの大きさから考えてみても、マナーを専門に取り扱う学問は教育学だということも、あながちまちがってはいないだろう。ところが不思議なことに、教育学者は親や教育関係者にマナーをどのように教えるかについて多くを語ってきはしたのだが、マナーがいったいなにものであるかということについて、ほとんどなにも語ってはいないのである[1]。

しかし、本章でマナーについて論じるのは、これまでマナーについて教育学の研究が十分なされてこなかったといった消極的な理由によるものではない。限界への教育学には、このテーマに関わるより積極的な理由がある。マナーに反した振る舞いは、たしかに周囲の人を不愉快な気分にさせるが、道徳に反する行為のように、人間性の本質におよぶ問題でなければ、犯罪のように社会秩序の根幹を揺るがすことでもない。しかし、これから検討することになるマナーは、準ルールといった曖昧な性格のものではなく、義務を超えた純粋贈与の出来事であり、「マナー問題」は、私たちの生き方全般に関わる問題なのである。このマナー問題の性格について詳しく述べるためには、まずマナーが一般にどのようなものであるのか、そして私たちがマナーとどのように関わってきたのかについて確認する必要がある。

マナーの有無は、人間的な在り方と動物的な在り方とを分ける試金石とみなされている。マナーは、普通、人と人とが出会う場面において、節度をもって動物的な次元（直接的な欲望の実現・言葉を介さない突発的行動）を抑制する身体技法を意味している。例えば、食事作法に厳しい規則があるのは、肉を裂き口に入れるといった食事の所作が、性交や排泄とならんで人間が動物的な次元に近づく行いだからである。マナーを知らない者は、「文明」を知らない者であり、「粗野」であり「野蛮」であり、つまりは動物と変わらないとみなされるのである。人前で放尿してはいけない。食事のときナイフやフォークを使わず手づかみで肉を口に入れてはいけない。あるいは食卓の上のフィンガーボウルの水を飲んではいけない。それらはすべて「人間」として恥ずかしい行為なのだ。

しかし、マナーを「文明」と結びつけて捉える考え方は、西洋的で近代的なものである。このようなマナーの性格を明らかにするためには、マナーの形成過程の歴史を見ておく必要がある。ドイツの社会学者エリアス（Elias, N.）は、『文明化の過程』（一九六九年）において、西洋におけるマナーの誕生を次のように説明している［Elias 1969a/b=1977/1978］。

エリアスによると、中世の封建領主たちは、今日見られるような羞恥の感覚がなく、人前で平気で放尿したり、手づかみで食事をしたりしていたという。また彼らは自制心がなく感情の突発的な爆発など当たり前であった。暴力を抑制する心的機構が極めて弱かったのだ。エリアスの描く中世の封建領主たちの姿は、無作法な子どもの姿とどれほどよく似ていることだろうか。

ところが、中央集権的な絶対王政になって、地方にいる封建領主たちは自分たちの館から出て宮廷に移ることになり、そこで緊密な人間関係を形成するようになる。封建領主たちは自分の館での振る舞いをそのまま押し通そうとすると、互いに軋轢を生みだしてしまうことになる。秩序を生みだすためには、互いに自分の振る舞いをコントロールしなければならなくなる。宮廷生活における緊密な人間関係が、暴力を抑制する機構を発展させるのである。その結果、さまざまなマナーが作られるようになった。そして、マナーの出現によって、初めて羞恥心や自制心や細やかな感情が誕生するようになる。このような過程を、エリアスは「文明化の過程（der Prozess der Zivilisation）」と呼んでいる。エリアスによれば、このマナーの出現が近代人＝今日の大人を生みだしたのである。例えば、十六世紀には、子どもに作法を教えるための礼儀作法書が数多く出版されるようになるのだが、後世にまで大きな影響を与えた礼儀作法書のひとつに、エラスムス（Erasmus, D.）の『子どもの礼儀作法についての覚書』（一五三〇年）がある。エラスムスは食事の作法において次のように書いている。

口の中に入れて噛んだ食べ物を吐き出して角皿の上に再び置くことは見栄えの良いことではありません。また、図らずも飲み込めないものを食べた時には、人々に気付かれないようにして口から出し、後ろを向いて、どこかに捨てるようにしましょう。ほとんど食べ尽くしてしまった食べ物の残りとか骨付肉の骨とかを一度は角皿に置いた後に、それを再び取って食べることはみっともないことです。骨とか食べ残しとかがある場合に、それらをテーブルの下に投げ捨てて床を汚さないようにしましょう。

［Erasmus 1961（1530）＝1994：172–173］

今日から見ると、エラスムスの推奨する作法も、ずいぶん粗野な感じがしないではない。しかし、このマナーは、やがてより精錬され優美になり、かつ細部にわたるようになり、短期間では簡単に習得することのできない身体技法へと発展する。そして、貴族と市民といった身分間の差異、上流階級と下層階級といった階級間の差異を表すメルクマールとして機能する。そして、このようなマナーを身につけた理想的な人間像として、「紳士」「淑女」という像が描きだされるようになる。例えば、映画『マイ・フェア・レディ』（一九六四年）は、上流階級と下層階級の間の発音や歩き方といった身体技法の差異、またマナーを身につけることの意味がどのようなことかを、私たちに教えてくれる。

しかし、私たちにとって重要なことは、この「マナー」（西洋において生じた行動様式や立ち居振る舞いのコード体系）が、植民地政策と結びつき、マナーを身につけていないものは、文明化されてはおらず「野蛮人」であると考えられたことである（文明と野蛮、文化と野性については本書第6章3節参照）。西洋スタイルの服を着て、西洋の言葉を理解し、西洋式マナーを身につけていること、これが「文明人」の条件である。この「文明人」の基準が、伝統的身体技法を無価値なものに貶めることになり、植民地化された人々にとって大きな抑圧となった。

近代化と西洋化は本来同じものではないが、後発的に近代化をはじめた日本は、西洋列強に近づくため、「文明開化」の一環として積極的に西洋式マナーを導入しなければならなかった。「学校」が机と椅子とを備えた西洋的空間構築を意味したように、近代的な知識の習得と並んで西洋的な身体技法の習得も、「教育」の重要な課題となった。なにより「文明開化」という言葉は、“civilization”（文明化）の福沢諭吉による翻訳語であった。福沢は『西洋事情』（一八六六年）において、「文明開化」という言葉を使用している［安川 2000: 622］。ちなみに“barbarian”にたいして「野蛮」という訳語を定着させたのも福沢である［沈 2000: 17］。そして、マナーの習得が私たちにとって課題となるのはこのときからである。

## *2* 礼儀作法の縮減としてのマナー

一九一八（大正七）年、森鷗外は『礼儀小言』という小文を『東京日々新聞』に寄せている。このなかで鷗外は、日本人はかつては「形式」を重んじた礼に厚い民族であったこと、しかし、日本の儀礼は座礼を中心にしていたことから、生活の西洋化に対応する礼儀作法とはならないこと、したがって日本はこの西洋化の事態に新たな「形式」を必要としているのだが、まだそれを生みだすにはいたっていないことを述べている。さらに、鷗外は冠婚葬祭から形式が失われたことを論じた後で、次のように言っている。

わたくしはこれに反して今人に内省を求めたい。今はあらゆる古き形式のまさに破棄せられむとする時代である。わたくしは人の此形式を保存せむと欲して彌縫《びほう》の策に齷齪《あくさく》たるを見て、心に慊《あきたら》ざるものがある。人は何故《なにゆえ》に昔形式に寓《ぐう》してあった意義を保存せむことを謀《はか》らぬのであろうか。何故にその彌縫に労する力を移して、古き意義を盛るに堪へたる新《あらた》なる形式を求むる上に用ゐぬのであろうか。……中略……畢竟《ひっきょう》此問題の解決は新なる形式を求め得て、意義の根本を確保《かくほう》するにある。我邦人をして真に礼あらしむるにある。　[森 1973 (1918), vol. 26: 566–567]

これが私たちの「マナー問題」なのである。もっとも、これは楽観的な問題提示といえる。この「マナー問題」は、鷗外のいうように「新なる形式」を生みだすことによって解決することではなかった。なぜなら、私たちにとって「マナー問題」とは、たんなる身体技法上の古い技法から西洋的な新しい技法への変更とその学習といったものではなく、それまで礼儀作法が人間形成の根幹を形作っていたところへ、それを否定する別の体系的ルールの身体技法が入り込むことによって、この領域に空洞が生じたことである。なぜ空洞が生じたかについて述べるためには、さらに「伝統的」な礼儀作法がいったいどのようなものであったかを、明らかにしなければならない。

礼儀作法という言葉には、儒教と仏教の精神を読みとることができる。そのため礼儀作法という言葉には、表面的な身体の所作というより、長年にわたる修行・修業によって人格に深く身についたものという意味が感じられる。例えば、『養生訓』（一七一三年）で知られる江戸前期の儒学者、貝原益軒は、人にたいしてだけでなく、万物にたいしてとるべき正しい身体の技法（術）のことを「礼」と呼び、この学習を重視した。礼の精神史をみれば明らかなように、礼は儒学にとって重要な位置をもっている。すなわち礼とは、「人間社会の文化的な理想を示す基準」であり、社会の秩序を形成するものであった[辻本 1999: 149]。礼には法も道徳も含まれており、通常の儒学者は、政治的場面での礼である「王礼」と宗廟を祀る礼のような冠婚葬祭に関わる「家礼」を重視するのだが、益軒は食事の作法や書の作法といった日常の身体作法を大切にした。益軒は『和俗童子訓』（一七一〇年）のなかで次のようにいう。

礼は天地のつねにして、人の則也。即（ち）人の作法をいへり。礼なければ、人の作法にあらず。禽獣に同じ。故に幼より、礼をつつしみて守るべし。人のわざ、事ごとに皆礼あり。よろづの事、礼あれば、すぢめ（筋目）よくして行はれやすく、心も亦さだまりてやすし。礼なければ、すぢめたがひ、乱れて行はれず、心も亦やすからず。故に礼は行なはずんばあるべからず。小児の時より和礼の法にしたがひて、立居ふるまひ、飲食、酒茶の礼、拝礼などおしゆべし。［貝原 1990（1710）: 217］

ここでも作法が、マナーと同様、人間を動物と区別するものであることが示されている。儒教は仏教や神道とは異なり、キリスト教と同様、人間と動物の差異を強調するのである。

益軒が礼という正しい作法を、人にだけでなく、人以外のすべてのものにたいしても適用しようとしたのは、益軒が世界を「気」のコスモロジーで捉えたことによる。「気」のコスモロジーでは、天地の空間には気が満ちていると し、生死もこの気の集散によって説明される。さらに、人とは天地の力によって「正気」を与えられ、天地の恩で生きており、しかもそのことを自覚できる存在であるという。したがって、人は人にたいしてだけでなく、あらゆる自然の事物（万物）にたいしても、正しい関わりをしなければならないというのである。だから益軒は、書の作法ひとつとっても、墨のすり方から筆のもち方にいたるまで、事細かに正しい身体の使用法を規定していくのである［辻本 1999を参照］。もちろん、江戸時代の礼儀作法の思想を益軒でもってすべてを代表させることはできない。同じ儒学者のなかでさえ、礼を「形」として捉えるか、「心」として捉えるかに異なった論者が存在する。そのときでも、礼を学ぶことが人間形成の中心課題としてみなされている点では共通している［源 1989: 29–31］。

明治以前において「礼儀作法」は、宗教的・政治的・道徳的・家族的・審美的な身体技法であった。正確にいえば、礼儀作法とは、そのような分化が生じる以前のあらゆる制度が同時に一挙に表現される「全体的社会事実」（モース）のひとつであった[2]。例えば、禅宗では行住坐臥がそのまま修行であるとよくいわれている。つまり、食事や挨拶といった日常生活の諸作法の実践それ自体が「行」とされるのである。そのため食事にも厳格な作法があり、その作法にしたがって食事をしなければならない。このような思想が可能なのは、作法が全体的社会事実だったからである。

この禅宗の影響を受けたお茶の作法は、人に不愉快な思いをさせないといった消極的な理由を超えて、審美的・道徳的な価値を実現するものである。哲学者であり茶人であった久松真一が、「日本の文化的使命と茶道」(一九五二年)のなかで、「礼儀作法は人間生活を美わしくし、慎ましくする人間の大事な要素」であり、「作法とは美と徳との結合」であると言っているのはこのことである[久松 1973 vol. 4: 23]。茶道は、全体的社会事実としての礼儀作法を、審美的・道徳的次元において発展させてきたと言い換えることができる。

このように、正しい礼儀作法は、コスモロジーの観点から捉え直すなら、円滑な人間関係を生みだすだけではなく、世界との調和的な関係を実現し、宇宙とのリズム的な呼応関係を生みだす。反対に礼儀作法の衰弱とは、周囲の者に不愉快な思いをさせるだけでなく、宇宙との調和のとれた呼応関係を失うことである。無作法とは、こだわりのない生きた身体所作の流れが澱んでぎこちなくなり、調和のとれた関係を損なう立ち居振る舞いであるが、それと同時に万物との正しい関わり方の歪みを示すものである。

もっとも、このような礼儀作法についての人間学的表現は、礼儀作法の現実の諸機能を無視し一面的に美化したものといえるだろう。礼儀作法は、全体的社会事実として政治的でもあり、封建秩序の身分制度を維持し強化するものであったことはまちがいのないことである。[3] しかし、ここで問題なのは、礼儀作法の諸機能がどのようなものであったかということではない。まず「伝統的」な礼儀作法が全体的社会事実であったこと、そしてその習得は全人格的な形成でもあったこと、また礼儀作法は、優雅さを示すために洗練された身体技法の型から成り立っており、その型の体得・習熟には長期にわたる稽古・修養を必要としたこと、そのため、明治以前の人間形成に関わる全課題は、修養あるいは修業による型の学習に集約されていたということである。この型が生活様式から思考様式にいたるまで規定したのである。そして、この全体的社会事実としての礼儀作法が、先に述べたように、明治期の西洋式マナーの導入によって縮減していくことになる。

唐木順三は、『現代史への試み』（一九四九年）において、知識階級における型の喪失という観点から日本の現代史を論述している。唐木によると、森鷗外の『礼儀小言』はたんに冠婚葬祭などの儀礼を問題にしているのではなく、文化・生活の全域にわたって「型」が失われていくことへの危惧が語られているのだという。唐木は、江戸の末期から明治のはじめに生まれた森鷗外・夏目漱石・幸田露伴・二葉亭四迷・内村鑑三・西田幾多郎らを、「素読世代」あるいは「素読派」と呼んでいる。彼らは、四書五経の素読に代表されるように、明治以前の文化的伝統の空気のなかで成長した世代である。そしてこの世代は、儒教道徳あるいは武士道を型として修養・修業することによって自己形成していった世代である。

それにたいして、鷗外が『礼儀小言』を書いた時代は、「新式の学校教育」［唐木 1967（1949）, vol. 3: 107］を受けて育った第3章に登場した漱石門下の芥川龍之介・阿部次郎・小宮豊隆らに代表される人たちが、活躍しはじめる時期にあたる。唐木は彼らのことを「教養派」と呼んでいる。教養派は、外に現れた「型」（形式）ではなく、内面・個性を重視する。彼らは、素読世代のように、一人の師に帰依し、その師から型を学ぶといったことはもはやしない。彼らは、一人の先生よりも多数の先生をもつことの方が好ましいと考え、身体技法として修養・修業によって型を学ぶのではなく、古今東西の古典の偏りのない幅広い読書によって内面・個性を形成するようにすすめる。読書こそが、自己形成の方法なのである。唐木はこの修養・修業から教養への転換について次のように述べている。

修養とか修業とか行とかは単に内面的なもの、内面生活、可能性としての個性にかかはるものではない。寧ろ内面的なもの、可能的なもの、さういふ形をなさないものに、如何にして形を与へるかが問題であつた。従つてそれは外面生活、行住坐臥の仕方、行為の仕方、躾けを問題にする。模範的な型、規範を権威としてそれに習はうとする。まねびならふことが課せられる。外を通じて内へ向はうとする。そして外から内への通路を忘れ、或は失ふとき、それは甚しく日常的なもの、便宜的なもの、「型の如く」といはれるものに化する。修養乃至修業が社会的慣習の習得に終始するにいたるとき、内面的なものが反発する。鷗外の言葉を以てすれば荘重なる形式を鍛帳《ママ》芝居とみる批評精神が醒覚するわけである。そして型にはまつた人間を軽蔑し、修養といふ言葉を嫌ひ、無形式な、野放図な、不羈な個性的生活を始める。

［唐木 vol. 3: 114–115］

唐木によると、教養派が活躍した時代とは、ロシア革命の勃発があり、また藩閥勢力と政党に関わる財閥勢力、そして労働運動の勢力が三つ巴になって争っていた時代である。教養派は、このような現実にたいして背を向け、「普遍と個別」「人類と個性」「人生と自然」という問いの立て方をして、本来ならそれらを媒介する中間項である国家や社会や民族や家庭を軽蔑した。教養派は、このような中間項と結びつく型を批判し、その代わりに内面・個性を重視する。しかし、型をもたなかった教養派は、そのために型そのものである軍に対抗することができなかったというのである（このような教養派への唐木の厳しい批判は、唐木が中間者を重視する弁証法の哲学者田辺元の弟子であったからでもある）。

唐木がいう型とは、思惟体系とともに生活体系をも規制する模範的・規範的な形式であった。礼儀作法はこの形式のなかでももっとも重要なもののひとつであったということができる。そして、型の喪失とは、そのような修養・修業による型（礼儀作法）の習得が、もはや人間形成の中核的課題とはなりえなくなった事態を示しているといえる。

礼儀作法に限定していえば、欧化政策による表面的な西洋式マナーの導入は、全体的社会事実としての礼儀作法を、単一の機械的で形式的なマナーの機能に縮減させることになった。それだけではない。例えば、公家が肖像画で描かれる姿は膝を大きく開いた楽座と呼ばれるものであったし、茶人の正式な座り方がある時代まで正座を崩した姿勢である亀居（割座《かつざ》）であったように［矢田部 2004：第4章参照］、江戸時代まで正式な座り方は階層や場によってまちまちであったが、「四民平等」を標榜する明治政府は、「国民」の正式な座り方を確定する必要があった。「正座」はこうして生まれたといわれている。[4] このように国民共通の作法が定められて、明治以降誕生した近代の諸制度、とりわけ学校と軍隊における規律・訓練によって、強制的・機械的に伝達されるようになった。[5] そのため、礼儀作法はますますマナーの機能へと縮減され、道徳でもなく法でもない中間領域としてのマナーの領域が出現するのである。

模範的で規範的な型としての礼儀作法が、「外から通じて内へ向か」い「内面的」なものを生みだすためには、礼儀作法が全体的社会事実であることが不可欠だが、礼儀作法はマナーという単一の機能に変容されることによって「社会的慣習」へと転落してしまい、もはやそのような内面への通路は閉ざされることになる。教養派にとって型(礼儀作法)が「緞帳芝居」に見えたのは、当然のことと言ってよい。

## 3 植民地主義としてのマナー問題

ようやく、私たちが直面している「マナーの悪さ」の背後にある「マナー問題」の正体を、明らかにすることができるところまでやってきた。ふたたび鷗外に戻ってみよう。鷗外が、『礼儀小言』を外国人と比較して日本人の礼のなさを恥じている人の話からはじめているのは示唆的である。鷗外は、自分には外国人にたいして特別の敬意がないので、このような議論の立て方には関心がないと述べた後で、自分の議論を展開しはじめる。しかし、このマナーの所有者としての外国人の眼を基準点として設定し、日本人のマナーの欠如を「恥じる」という言説の作り方は、日本のマナー書の特徴ともいえる。鷗外の小文のなかだけでも、「恥」という言葉が何度も使用されているのに注意を払うべきであろう。

このような外国人のまなざしを基準にしてマナーを問題化する言説は、今日まで続いている。現代におけるマナー復興の主唱者の一人である中野孝次の『現代人の作法』(一九九七年)においても、外国人の眼から捉えられたというより、外国人の眼を仮定した日本人のマナーの悪さが何度も描かれている。このとき鷗外が、そして中野も含めてそれ以降のマナーの論者たちが、「外国人」と呼んでいたのは、アジア・アフリカの人たちのことではなく、正確には西洋人というべきなのだ。エリアスの論述のところでも述べたように、西洋におけるマナーの発展過程は、「文明化の過程」と呼ばれ、西洋式マナーの欠如はそのまま「野蛮」を意味していた。私たちは、このような植民地主義的言説を受け入れることによって、それを無条件に受け入れるにしても、あるいはナショナリズムによって反発するにしても、マナーという自己の身体技法にたいして、両義的な態度をとらざるをえなかったのである。[6] このような対応は、結局のところ、オリエンタリズムに巻き込まれており、私たちの「マナー問題」の性格を独得のものとしている。

ここでふたたび第I部の主人公であった夏目漱石の言葉に耳を傾けよう。漱石は、修善寺の大患の翌年、一九一一(明治四十四)年の講演『現代日本の開化』において、内発的な開化(文明化)のプロセスをもたなかった私たちの生き方に警告を与えた。

(内発的な開化ではなく西洋によって)開化の影響を受ける国民はどこかに空虚の感がなければなりません、又どこかに不満と不安の念を懐かなければなりません、夫を恰も此開化が内発的でゞもあるかの如き顔をして得意でゐる人のあるのは宜しくない。それは余程ハイカラです、宜しくない、虚偽でもある、軽薄でもある、……中略……開化の名は下せないかも知れないが、西洋人と日本人の社交を見ても一寸気が付くでせう、西洋人と交際をする以上、日本本位ではどうしても旨く行きません、交際しなくとも宜いと云へばそれまでゞあるが、情けないかな交際しなければ居られないのが日本の現状でありませう、……中略……我々の方が強ければ彼方に此方の真似をさせて主客の位地を易へるのは容易の事である、がさう行かないから此方で先方の真似をする、しかも自然天然に発展して来た風俗を急に変へる訳にいかぬから、たゞ器械的に西洋の礼式抔を覚えるより外に仕方がない、自然と内に醱酵して醸された礼式でないから取ってつけた様で甚だ見苦しい、是は開化ぢやない、開化の一端とも云へない程の些細な事であるが、さう云う些細な事に至るまで、我々の遣つてゐる事は内発的でない、外発的である、是を一言にして云へば現代日本の開化は皮相上滑りの開化であると云ふ事に帰着するのであります、……中略……併しそれが悪いからお止しなさいと云ふのではない、事実已むを得ない、涙を呑んで上滑りに滑つて行かなければならないと云ふのです。
［夏目 vol. 16 : 436–437、括弧内は矢野］[7]

こうして、私たちの「マナー問題」の性格を、言い表すことができるようになる。「マナー問題」とは、生き方と人間形成に関わっていた全体的社会事実としての礼儀作法が、外発的な西洋化（西洋式マナーの導入）と近代化（学校と軍隊による国民の作法の訓練）によって、マナーという単一の機能へと縮減してしまい、そのことによって人間関係や自然・宇宙との十全な関係を失うことによって生じた気分、「空虚の感」「不満と不安の念」のことをいうのである。そして、このマナーに感じる「空虚の感」「不満と不安の念」の克服が、私たちの生き方全般に関わる歴史的課題なのである。

## *4* 純粋贈与としてのマナー

この「マナー問題」は、鷗外のいうように、新しい型を生みだすことによって解決できる問題ではない。どのような型を新たに生みだそうとも、それによって「空虚の感」「不満と不安の念」を埋め合わすことはできないのだ。なぜなら、そのような機能化した部分の領域で新たに型を生みだしたところで、全体的社会事実としての礼儀作法を復権することなど最初から不可能だからである。あるいはまた、社会的慣習としてマナーを教えることも、ちょうどファーストフードの店員にマニュアルによって接客術を教えることのように、それほど困難なことではないのだが、全体的社会事実にはすべての制度が未分化なまま融合しており、問題はその全体性の縮減にあるのだから、このような部分的な学習では、「空虚の感」「不満と不安の念」を埋め合わすには不十分である。この課題に対応するには、制度化する以前のマナーの初発の瞬間を体験することである。このことを説明するためには、マナーが何であるかという問いに、これまでとは異なる次元で答える必要がある。

最初に述べたように、教育学者は「マナー問題」を凡庸な次元で捉えてきた。教育学者はマナーの習得を訓練による身体技法の習慣形成と考える。これが教育学者がマナーについて多くを語りはするが、理論的にはすでに解決ずみとばかりにマナーとは何かについて考察しない理由である。つまり教育学者にとっては、マナーの学習は、数学を教えるときのような教材や教育方法の課題もなければ、道徳教育のように道徳は教えられるかといった理論上の深みもない、躾に関わる平凡な問題であって、たしかに実践は困難ではあっても、そこには理論的な課題はなにひとつないと考えるのである。しかし、マナーはとても謎に満ちている。

マナーを、社会的慣習によって形成される身体技法として捉え、そして、社会的な人間関係への適応と考えるとき、マナーは、人間関係において交互に交わされる交換として捉えられている。だからマナーにもマナーの教育にも謎がなくなってしまう。しかし、この前提こそが問題なのだ。たしかにマナーを制度のレベルで捉えるなら、「贈与交換」である。しかし、制度のレベルではなく、出来事のレベルで捉えるなら、マナーは贈与交換でないばかりか、贈与交換を打ち砕く「純粋贈与」なのである。私たちは、慣習化し有用性の道具となったマナーを破壊し、その初発の生命を取り戻す必要がある。このことを明らかにするために、まず歓待という純粋贈与を手がかりにしてみよう。

普通、私たちは、その人が同じ家族の一員だから、友人だから、同僚だから、同郷だから、同じ民族だから、つまりは仲間だから相手を助けようとする。このときの援助は、いつの日か将来において援助した相手から見返りが自分に戻ってくることを期待する援助である。葬式にさいして近所の人を手伝うのは、自分の家が葬式をだすことになり人手を必要とする事態になったとき、今度は相手が手伝いに来てくれることを期待してのことである。援助された人は、援助されることによって援助者に負い目をもつ。この負い目は返礼によってしか解消することはできない。このような「義理」に基づく道徳も、「義理を返す」とか「義理を立てる」といった言い回しに示されているように、「返すこと」や「報いること」が不文律として義務化されており、どこまでも連帯関係や優位関係を形成維持しようとする贈与交換の原理によって成り立っている［Mauss 1966＝1973: 219-400］。

しかし、歓待は相手が仲間だからなされるのではなく、仲間でないがゆえになされるのである。歓待とは、客がなにものであろうと関わりなく、無条件に飢え疲れた客に食事をふるまい寝床を用意することである。歓待の精神史が教えるところでは、歓待の客とは、旅人、異邦人、亡命者、難民、移民、といったような共同体の外部の他者である。そのことは「歓待」“hospitality”という語が、「敵意」“hostility”と語源が同じラテン語で「客・異邦人（敵）」を意味する“hospes”に由来し［鷲田 1998: 198］、ホテル“hotel”や病院“hospital”といった言葉と関連していることからもわかる（さらにラテン語“hostis”および“hostia”の使用法についてはBenveniste 1966＝1983: 312-315を参照）。この場合、歓待する人は、自分もいつか共同体の外部に出たときに、相手が返礼をしてくれることなどを期待してはいない。歓待は見返りを求めない純粋な贈与なのである。

この歓待の実例は、世界中の古代の物語のうちに数多く見出すことができる。『オデュッセイア』のなかでトロイア戦争から帰還するときにオデュッセウスが「体験」する歓待、あるいは『旧約聖書』のなかでのソドムの町に入ろうとする異邦人に扮した神の使者たちへのロトによる歓待などが代表的なものである。しかも、この歓待の精神は、古代に滅び去ったわけではなく、近代以降でもベドゥインやイヌイットの歓待のうちに生き残っている。また日本でも、お遍路への無償の援助をする四国の人々、流人や異郷人への八丈島島民の歓待の記録［桜井 1996: 130-159］、異人の身なりで来訪する神への歓待を語る『常陸風土記』や『釈日本紀』の伝承［小馬 2000: 54］、「おむすびころりん

（鼠浄土）」や「したきりすずめ」のような異類の者による歓待の昔話（賢治の『雪渡り』は狐たちによる歓待の物語である）、あるいは一夜の宿を求める者が歓待を受ける物語・説話・伝説の例などはいくつも見つかる。

もちろんモースにならって、純粋贈与に見えるものもすべて返礼が義務化されている贈与交換なのだということもできる。あるいは、今村仁司がいうように、歓待をあくまでも交換のうちの一形態とみなし、得体の知れない異邦人を敵としない懐柔のための手段として捉えることもできる。このような見方は、人間を負い目を根元的にもつ存在とみる先行する人間論に基づき、贈与や交換を理解することからくる。そして、このような人間論＝贈与論は、あらゆる贈与をすべて社会的な「経験」の次元に回収してしまう［本書第10章、今村 2000］。

しかし、本章ではこのような人間論＝贈与論を退け、バタイユにならって、人間を禁止を侵犯する過剰な存在として捉え、歓待を贈与交換ではなく純粋贈与のうちに位置づけようと思う。歓待とは見返りを求めない純粋贈与のひとつの形態なのである。古代において「歓待の掟」が、共同体の内部の交換の原理に基づく道徳ではなく「神の掟」だったのは、それが供犠と同様、禁止を侵犯する蕩尽に関わるものだったからである［Bataille 1967 (1949) = 1973, 1976 = 1990］。事実、歓待とは際限のない蕩尽であり贈与であり、この歓待の究極的な在り方とは、客が主人となり主人が客になることである。

『歓待のユートピア』（一九九三年）の著者シェレール（Schérer, R.）は、「歓待の徳」の究極の姿を次のように言っている。「君がそれであるところのもの、それは他者へと生成する君の能力、君以外の他者を迎え入れる能力なのだ。君がそれであるところのものとなれ。わたしとはひとりの他者なのだ」［Schérer 1993＝1996: 215、傍点はシェレール］。つまり歓待とは、その究極の形態において、他者に財産から命まですべてをゆだねる自己放棄であり、己を焼き尽くす蕩尽であり、気前のよい法外な純粋贈与であり、つまりは脱自的な恍惚と陶酔とを引き起こす「非－知の体験」なのである。

## 5　羞恥のマナーから歓待のマナーへ

しかし、この歓待の姿は、あまりにマナーとかけ離れていると考えるかもしれない。そもそもマナーはどのようなものとして理解されているのか、日常的な言い回しを手がかりに考えてみよう。そのためには、まず自分がマナーに反した行動をとった場合を取りあげてみるのがよいだろう。道徳に反しているときには「良心の痛み」を感じるだろうし、法を犯したときには人は「罪の意識」をもつだろう。しかし、マナーは道徳的理念としての義務によっても、法的理念としての責務によっても強制されているわけではない。それでは、自分の行為がマナーに反していると知ったときに感じる感情はいったいなんだろうか。それは恥ずかしさ、つまり「羞恥」（負い目）の感情だろう。他者のまなざしに曝《さら》されるとき、人は恥ずかしいのだ。

それでは他人がマナーを守らなかったときにはどうだろうか。傍若無人の人に出会ったときには、マナーを守らず恥ずかしくないのかと思うことだろう。彼あるいは彼女は、人の怒りをかうことはないかもしれないが、「顰蹙《ひんしゅく》」をかうことになるだろう。またマナー違反者が、その「良心」を非難されることはないが、違反の行為に「羞恥」を感じていないという理由で、その人の「品位」は疑われることになるだろう。マナー違反者が、子どもの場合には、「行儀が悪い」と言われ、若者や大人だと「無教養」「無作法」「無礼」（このような使用法は古風というべきものとなったが）あるいは「失礼」な人と言われるだろう。そして、そのマナーの違反者が、自分の身内だったり知り合いだったりするときには、やはり私たちは恥ずかしさを感じるだろう。

このレベルにおいては、マナーとは、道徳としての義務でもなければ、法による強制もない、守ることもできるし破ることもできる自由な中間領域の準ルールである。そのように自由であるがゆえに、マナーはその人の人柄と品性とを映しだす鏡となるとみなされてきた。そして、そのために、マナーの習得度の差異によって、階級上の差異を際だたせようとする差異化の戦略が可能ともなる。マナーを十分に習得しているということが、長年にわたってよい教育を受けた証であり、「上品」で「洗練された」上流階級に属していることを証明するものである。このように、マナーは自己の優越を他人に誇示するためにも実行される[8]。ここでもマナーは、贈与交換のように他者に負い目をもたらすものとして機能しているといえる［Veblen 1899＝1998：第3章参照］。

モースは、贈与交換を市場交換成立以前の太古における全体的社会事実として捉えているが、今日のマナーにはそのような全体性はもはやない。それにも拘わらず、マナーが市場交換のモデルに適合しないのは、マナーがマニュアルにしたがった表面的な表出であるときでさえも、その表出には人格的なものが付着しているからである。そのためすべてが共約可能なものとならず、店員の笑顔は客にとっては自分が差しだす貨幣を超えた好意＝贈与に映るのである。このように考えてくると、通常のマナーは贈与交換とみなした方がうまく理解することができるように思われる。事実、制度化されているマナーは、縮減されているとはいえ贈与交換であり、その交換を動かしている動因は、負い目によっているのである。気前のよい贈与を装いながら、実は義務によって促された挨拶は、返礼としての挨拶を相手に要請する。また上品なマナーを示すことは、相手に上品さを要請し、その上品さを示せないものに負い目をもたらす。マナーは返礼を相手に義務づけている贈与交換の片方にすぎない。

しかし、私たちが贈与交換から純粋贈与＝歓待へと思考モデルのスイッチを切り替えるとき、現れてくる風景は全く別のものである。

マナーの精神をもつ人とは、自制心・克己心・忍耐力をもつだけでは十分ではなく、さらにまた優しさや寛容さや親切心をもつだけでも十分ではない。有用性を基にした目的的な企図を、気前よく破壊する力を発揮できる必要がある。挨拶を例に取るなら、人は純粋贈与によって、有用性に基づく交換の環から離脱することで、初めて本当に他者に頭を下げおじぎをすることができる。そのときになにが起きているのか。おじぎをする前のなにものにも依存することのない姿勢とは、垂直に直立した姿勢であるが、おじぎによってその垂直の姿勢は折り曲げられ、エゴは挫かれ自己は他者に開かれ他者を招き入れることになる[9]。相手に屈服したからでも、敵意をもっていないことを示すためでもなく、ただ自己を開いて差しだすこと、これが純粋贈与のおじぎである。この瞬間、目的的生から解き放たれ、おじぎはそれ自体以外にいかなる目的ももつことのない聖なる瞬間を生みだす。挨拶のおじぎと私たちが神や仏の前で祈りを捧げる姿勢とが類似しているのは、この両者が供犠として留保なく自己を差しだすこと、つまり純粋贈与だからである[10]。

私たちは、おじぎをすることによって、一切の見返りなしに自己を他者の前に差しだすことがある。それはバルネラブルな状態に自らを曝けだしているといえるだろう。なぜなら、差しだされた「私」を、相手は無視したり拒否したりするかもしれないからだ。そのときには開かれ差しだされた自己は、ひどく傷つけられるだろう。もちろん反対に、差しだすことによって、相手の自己も折り曲げられ、相手から同様のおじぎを受け取ることになるかもしれない。しかし、そのような相手からの仕返しも見返りも計算することなく、私たちは自らを開き、無防備に自分を差しだす。こうして無条件に相手を招き入れる。私たちはおじぎをするたびに、大きな「賭」をしているのである。

自己が有用性に基づく交換の環から離脱し、非 - 知の体験ともいうべき自己ならざるものに開かれることによって、初めて私たちは畏れと歓喜とを感じることができるのである。それは負い目を動機とする義務化した交換としての挨拶ではなく、純粋贈与として自己を差しだしたときに生じるのである。前に「歓待の徳」の究極の姿が、「他者へと生成する能力」と言われていたのはこのことである。マナーの本性は純粋贈与であり歓待なのだ。

このような自己の境界線が溶解する非 - 知の体験の次元が感じられない人は、どのような場面においても、畏怖を感じることはない。そのような人は自己を破壊することなく、あくまでも同一的な自己にとどまり、挨拶はたんなる形式的な社会的交換になってしまう。マナーがマニュアル化できる身体技法にすぎないのであれば、時間と熱意さえあれば、学校教育で教えることができるだろう。挨拶の仕方のみならず、魅力的な笑い方さえ、マニュアル化して教えることができる。しかし、それではマナーは人間関係を円滑にするための贈与交換の身体技法にすぎず、他者や自然や宇宙との生きた全体的な回路を開きはしない。そして身体は、自己から切り離されて、ますます自分にとって道具のようなものになってしまうだろう。これではやがてマナーは贈与交換でさえなくなる。どこまでも私たちは「空虚の感」「不満と不安の念」を抱き続けるしかない。

歓待の相手である異邦人が、神あるいは神の使いとみなされていたこと、歓待の究極が主人が客＝他者そのものとなること、挨拶の作法が神仏への祈りの作法と同型であること、これらすべては、それ自体にいかなる目的ももたない純粋贈与が聖なる瞬間を生起させ、そのとき贈与の相手は、聖なる他者として立ち現れることを意味している。この事態を、反対に次のように言い換えることもできる。手段とならない目的そのものである他者、聖なる他者に出会うとき、マナーは純粋贈与となると。マナーが、負い目に基づく羞恥を基本感情とする贈与交換から、歓喜に満ちた純粋贈与としての歓待に変わるのは、このようなときである。このとき形式的な命を失った身体の型は、ふたたび世界と呼応する生きた身体の型となることができる。それは反復を可能にする原型というよりは、一度一度の反復を生成へともたらすものであり、ただ事後的に型として見出されるものであろう。この贈与交換から純粋贈与への転回は、そのような純粋贈与を実現する人との出会いを通して、「生の技法」として学ぶことのできるものである[11]。こうしてふたたび私たちは、純粋贈与者としての「最初の先生」との出会いという、第1章の主題に戻るのである。

# 終　章——贈与＝死のレッスンによる個人の生成

## 純粋贈与による教育の転回

純粋贈与をはじめとするさまざまな体験、死・供犠・蕩尽・歓待・エロティシズム・遊びを、教育人間学の主題として語ることで、交換を基調とした人間・共同体・労働・経験・発達の概念によって構成されてきた戦後教育学の教育的－教育学的マトリクスと実践とを、臨界点にまでもたらす「限界への教育学」を試みること、これが本書の「中心主題」であった。

そのさい、このような体験を言葉によって語ることが、どれほど困難であるかを繰り返し論じてきた。さらに、体験を言葉によってまとまりのよい物語として回収してしまうことの問題点と危険性も繰り返し指摘してきた。このような認識から、本書では、体験を語る物語ではなく体験を生起させる物語、優れた文学作品を手がかりにして、考察自体を「生成する物語」として語ろうとしてきた。つまり主題化することを通して主題化を破綻させてきた。したがって、本章でも通常の論文＝物語がそうであるような収束し閉じてしまう大団円としての結論を描くのではなく、あるいはこれまでの文学作品により沿ってその出来事の出来事性を生起させてきたことを忘却し、節約という経済的な原理にしたがって結論として要約するのでもなく、「生成する物語」として論じることになる。[1]

本書は、贈与と交換の教育人間学というメインテーマを中心に、これに関わる多岐にわたる主題群を取りあげてきたが、この終章では、贈与＝死のレッスンによる個人の生成を共同体とのせめぎ合いとして論じたい。このことはこれまで何度か部分的に論じてきたことであるが、あらためて主題化することによって、贈与としての教育の中心が明らかとなる。

## 1　負い目に基づく教育の起源

第1章で教育の起源を論じたときに、教育の起源を構成員の再生産という共同体の必要性によって共同体の内部で生じたとするモデルと、外部からの過剰な贈与によって共同体の内部と外部とを区切る境界線上で始まるとするモデル、という二つのモデルを提示した。しかし、これまで論じてきたことを踏まえて、あらためて考え直すとき、この二つのモデルには、それぞれ修正と補足とが必要であることがわかる。まず共同体の内部を起源とする教育の起源論を再考することから始めることにしよう。

最初のモデルでは、共同体内部での教育の起源を論じたが、そのさい交換が教育の基本的な形態であると述べた。しかし、交換は最初から交換であるわけではない。交換という制度が駆動するためには、最初の贈与がなければならない。共同体が共同体として成立するためには、贈与の一撃の存在が不可欠なのである［浅田 1983］。そして、このようにもともと共同体を成立させたのも贈与の一撃であることに注目すると、この交換を基にした教育の起源の説明では不十分といえよう。

ベンヤミン（Benjamin, W.）が、「暴力批判論」（一九二〇／二一年）において明らかにしたように、法の最初は暴力として提示される。通常、法が法として認められるためには、それに先行する法を正当化するための法を必要とするが、当の最初の法自体はどのような法によってもその正当性を根拠づけることができないからである。つまり法は、法ならざる力を起源とするのである。そのような最初の法は、他者にたいして法によらず強制力を発揮する点で暴力にほかならない。このような法の初原に生起する原暴力を、国家が行使する法の維持のための暴力、すなわち「法維持的暴力」にたいして、ベンヤミンは「法措定的暴力」と呼んでいる［Benjamin 1991 (1920/21)：179–203＝1994：29–65］。このような強制的な暴力としての最初の法（＝規範）は、しかし秩序をもたらすという点において贈与でもある（Gift がそうであるように毒であるとともにプレゼント――7章註［4］参照）。このようにみるなら、共同体はその共同体の起源において、神々あるいは祖先からの「力の一撃」［高橋 2003：193］＝贈与の一撃があったといわなければならない。

しかし、この贈与は純粋贈与とは異なり見返りを求めるものであった。そのように捉えるとき、共同体が共同体誕生の日を繰り返し祝祭儀礼によって反復する理由も明らかになる。すべての共同体の構成員は、その命、その土地、その掟を、神々あるいは祖先といった共同体を創始した者によって贈られたのだから、この贈与者にたいして後の世代は感謝する義務を負っている。言い換えれば、後の世代は先行する世代にたいして大きな負い目を抱えており、その負い目の刻印が後の世代の生き方を拘束するのである。モースは、贈与とその返礼は死者と生者との間でなされると考えたが、このような思想を最初に明らかにしたのはニーチェである。ニーチェは、『道徳の系譜』（一八八七年）において次のようにいう。

> 原始的な種族共同体――われわれは太古のことをいっているのだが――の内部にあっては、いついかなるときにも現存の世代は先行の世代に対し、とりわけ種族を草創した最初の世代に対して、ある種の法的義務を負っていることを承認する（が、これはけっして単なる感情上の責務ではない。この感情上の責務なら、およそ人類のいとも永きにわたる存続のためには、いわれなく無下に否定さるべきものではないであろう）。そこでは、種族は徹頭徹尾ただ祖先の犠牲と功業とのおかげで存立するという確信が、――したがってまたこれは犠牲と功業とによって祖先に返済されなければならぬという確信が、支配している。すなわちこれは一つの債務が承認されたことなのであり、しかもこの債務は、それらの先祖が威力ある霊として今なお生きつづけていて、その力により新しい利益と前渡金を種族に与えるという確信によって、たえず増大してゆく。先祖は無償でそうするのでもあろ

うか？　が、〈無償〉などというものは、あの素朴な〈心貧しい〉時代にはまったくなかったことだ。では、何をもって返済したらよいのか？　いうまでもなく犠牲（ごく大体のところをいって、はじめは飲食物のそれ）、祝祭、祠堂、礼拝、なかんずく服従をもってである――それというのも、すべての慣習が祖先の手になるものとして、その法令でもあり命令でもあったからである――。だが、それで祖先への十分な返済がなされるだろうか？　この疑惑がなお残り、そして大きくなる。この疑惑に迫られて、ときどきは、何もかもひっくるめての巨額の弁済を、〈債権者〉にたいするある種の恐るべき代償の支払いを余儀なくされる（たとえば悪名高い初児犠牲、きまっていつも血、それも人間の血）。

［Nietzsche 1968（1887）：343–344＝1993：469–470、括弧内および傍点はニーチェ[2]］

この世界の贈与交換が成立するためには、最初の一撃が共同体の外部から加えられる必要があり、「最初の世代」こそがその外部の最初の一撃を加えた者たちなのである。その「最初の世代」＝死者からの贈与の「負い目の刻印」から、贈与交換は終わることのないサイクルとなって動き続けることになる。しかしながら原初に譲渡した者はすでに死者であることから当然のごとく、この原初に譲渡した者への子孫からの直接的な返済は不可能であり、したがって完全な返済の途は最初から閉ざされている。この贈与者からこの命、この土地、この掟、すべてを与えられたのにもかかわらずである。このようにして後の世代は原初の贈与者から与えられたこの負い目の刻印からますます逃れることができなくなる。

よく知られているように、ニーチェは善と悪の道徳も経済的な原理であるこの負債の問題として論じている。ふたたび『道徳の系譜』から引用しよう。

負い目（罪責）の意識、〈良心の疚しさ〉、というあのもう一つの〈暗鬱な事柄〉は、一体どのようにして世界に現れてきたか？……中略……これら在来の道徳系譜学者らは、たとえば〈負い目〉（Schuld）というあの道徳上の主要概念が、はなはだもって物質的な概念である〈負債〉（Schulden）から由来したものだということを、おぼろげなりと夢想したことがあるだろうか？

あるいは、刑罰が、一つの報復として、意志の自由とか不自由とかに関するいかなる前提とも全く無関係に発展したものだということを、おぼろげなりと夢想したことがあるだろうか？　……中略……この至って古い、深く根をはった、おそらく今日ではもはや根絶しがたい観念、損害と苦痛とは等価であるという観念は、どこから力を得てきたのであろうか？　その秘密はすでに私の洩らしたところだが、つまりその力の出所は債権者と債務者との契約関係のうちにある。この契約関係は、総じて〈権利主体〉というものの存在と同じく古いものであり、そしてこの契約関係それ自体がまた売買、交換、交易などの根本形式に還元されるものである。

［Nietzsche 1968（1887）: 313-314＝1993: 430-432、括弧内および傍点はニーチェ］

ニーチェは、キリスト教道徳において高く評価されてきた「良心の疚しさ」といった事象が、債権者－債務者の契約関係のうちに起源を持つことを明らかにし、このような価値の転倒を試みる。しかし、これはなにもキリスト教道徳にかぎったことではない。序論でも述べたように、人類学者ベネディクトは、『菊と刀』（一九四六年）のなかで、日本人の道徳観を負債と返済の概念で説明している。例えば、ベネディクトは日本人の「恩」について次のように述べている（ベネディクトの説の現在の評価については、伊藤 1995: 103-106 参照）。

（日本人にとって）「恩」は負債であって返済しなければならない。……中略……アメリカ人がこの日本人の徳行を理解するにあたって、その理解を容易にする方法は、たえずそれを経済取引と比較することをわすれず、その背後にはアメリカの財産取引の場合と同じように債務不履行にたいするいろいろの制裁があると考えることである。

［Benedict 1946＝1967: 133、括弧内は矢野］

『文化の型』（一九三四年）でクワキウトル族のポトラッチについて詳しく論じていることからもわかるように、ベネディクトは贈与交換について深い関心を抱いてきた。また他方で、文化類型の名称をアポロ型とディオニソス型と名づけたことからもわかるように、ニーチェの思想に影響を受けていた（ベネディクトはクワキウトル族をディオニソス型として論じている［Benedict 1934＝1973 : 252］）。『菊と刀』の議論は、この贈与交換論とニーチェの道徳の系譜学をもとに成立している。かつての「日本人」の道徳観を支えていた「恩」も「義理」も、罪責感と同様、この贈与関係における贈与と返礼に関わる問題なのである。そのうち「義理」は、対等で自律したもの同士の関係であって返済が可能であり、完全に返済してしまえば負い目はなくなる。それにたいして、「恩」の方は親にたいする子どもの関係がそうであるように完済は不可能であり、返済しようにも、お返しが終わるようなものではない［小田 1994 : 89］。『こころ』の語り手の「私」は、死を間近にした実の父親をそのままにして「先生」の元に走ったことで、親族のみならず世間から、父親への「恩」を忘れた親不孝者として断罪されることになるだろう。振り返ってみれば、かつてほどではないにしても、私たちの生にも、このような負い目の感受性がどれほど深く刻み込まれているか気づくことができよう[3]。

ところで、この道徳における債権者と債務者との関係と同じことが、共同体の内部を起源とする教育のモデルにもいえる。イニシエーションで大切な共同体の掟（最初の法）はどこから始まるのか。この共同体の掟は、贈与交換の起源と同様、共同体の外部からやってくる。この外部からの「出来事としての贈与」の一撃は、制度としての交換に取って代わられる。子孫はその祖先（死者）への負い目から、その教えをまた次の子孫へと伝えるのである。それは子孫に祖先と同様の犠牲と功業とを強いる教えである。しかし、それはまた共同体の構成員に生と死を意味づける物語の伝達でもある。

レヴィ＝ストロース（Lévi-Strauss, C.）は、A⇔Bというように二者間（個人ではなく集団）に限定して行われる直接的で互酬性的な交換を「限定交換」と呼び、それにたいして、三者以上のパートナーがA⇨B⇨C⇨…⇨Aといったように、間接的で一方向的で円環する交換を「一般交換」と呼んで、両者を分けた［Lévi-Strauss 1949＝1977］。限定交換の場合では、贈与者と受贈者とが順に入れ替わるために、負い目を抱く側も相互に交代する。それにたいして、この一般交換においては、BはAに直接返礼を返すわけではないので、いつまでもAにたいする負い目が残る。しかし、それはBにかぎらずこの交換に参加するメンバー全体に共通するものである。Aもまた自分が贈与したパートナーではない別のパートナーから贈与を受けるため、そのパートナーにたいする負い目が残るのである。このように一般交換では、交換に参加しているメンバー全員が負い目を払拭することができないがゆえに、環となって交換が永続的に続くのである。[4]

後の世代は、「恩を返す」という言葉に表されているように、親に返礼を完全に返すことができず、まして祖先にたいして直接に返礼を返すことはできないため、その負い目は継続することになる。したがって、先にニーチェが述べたように、前の世代から後の世代への贈与にたいして、後の世代が直接に前の世代に返礼を完全に返すわけではないので、この両者の遣り取りは交換ではないように思われるかもしれない。しかし、これは空間軸ではなく時間軸で最終の受贈者を先延べにしながら実現されている一般交換と見立てることもできる。ここには祖先の犠牲と功業の教えが、共同体の構成員の負債感を駆動力にして伝達されていく姿を見ることができる。このように共同体における「教える」という行為にも、贈与を見出すことができる。しかしながら、この共同体での「教える」という行為は、後で述べるような「最初の先生」による純粋贈与ではなく、贈与にたいする負債に基づく返礼であり、「贈与交換」と呼ぶべき事象の一部なのである。

第5章2節で取りあげた『種山ヶ原』の達二の剣舞のことを思いだしてみよう。これは坂上田村麻呂による陸奥蝦夷の酋長「達谷の悪路王」の殺害という共同体の建設時における血腥い殺害を再現したものである。その出来事を剣舞として再現することによって、子孫は先祖の時間を生き直し、先祖と一体化し、同時に祖先の犠牲に返礼を返すのである。共同体の祝祭とはそのようなものであり、掟を「教える」とは、このような先行する世代にたいする後の世代の感謝と負い目に基づいている。それとともに、「目には目を」の同害報復（交換）という共同体の正義の観念も、この剣舞が支えていることを見逃してはならないだろう。

これまで述べてきたように、第1章では共同体を起源とする教育は、共同体内部の交換から出発すると捉えられたが、これでは説明は不十分である。共同体を起源とする教育でも、贈与の一撃を出発点にしているのである。この贈与の一撃はたしかに法外なものであるが、それはすぐに制度化されて返礼がもたらされ交換のうちに回収される。こうして贈与交換は安定した制度を作りだす。この意味でいえば、この神々や祖先からの最初の贈与の一撃は、子孫にたいしてただ負い目を継続させる契機として機能しているといえる。この死者への負い目が、共同体の教育を駆動し続けるのである。同時にこの負い目に基づく教育は、「目には目を」の同害報復（交換）に基づく正義の思想を正当化し、負い目に基づく道徳をその負い目自体をエネルギーにして伝達していく。贈与にはお返しを、被害・損害には仕返しをといったように、交換の原理は共同体の道徳を支える基底の原理である。

## *2* 犠牲となった人々への負い目に基づくネーションの教育

しかし、最初のモデルにはこのような起源に関わる修正だけではなく、共同体と教育との関係において補足の考察が必要である。これまで贈与交換＝互酬性に基づくものとして共同体を超歴史的に捉えて論じてきたが、これだけでは現在の問題を考えるには不十分である。そこで柄谷行人にならって、共同体の近代的な在り方として「ネーション」という概念を導入しておこう。

柄谷はまずポランニーらの仕事を手がかりに［本書第7章1節参照］、生産の様式ではなく交換の様式として資本主義制を捉え直そうとし、その交換の様式を互酬的交換、略取‐再分配、商品交換、そして名づけえぬ理念としての交換Xの四つに分ける。[5] そして、その支配的交換の様式に対応させて資本主義制の社会構成体を、互酬的交換にはネーション、そして略取－再分配には国家、さらに商品交換には資本といったように対応させ、この資本―ネーション―国家という結合体（環）として資本主義的な社会構成体を捉える［柄谷 2006: 38］。さらに四番目のXには「アソシエーション」が対応するのだが、このXは他の三つの交換様式と対抗するものであり、したがってその社会構成体であるアソシエーションも他の三つの社会構成体と対抗する。柄谷は、このアソシエーションのなかに、資本―ネーション―国家という資本主義的な社会構成体と対抗する可能性を見ている。このXとアソシエーションの対応は、本書で論じてきた純粋贈与と深く関わるものだが[6]、ここではその議論には進まず、さしあたり柄谷が提示したネーションという概念が重要である。

柄谷によると、近代においては互酬性に基づく農業共同体は貨幣経済によって解体され、ネーションという形で「想像的」に回復されるのだという。私たちの議論にとって重要なのは、柄谷が次のように述べているところである。

だが、ここで、もう一つ付け加えておくべきことがある。それは、共同体の崩壊とともに、それがもっていた「永遠」を保証する世代的な時間性が失われざるをえなかったということである。農業共同体の経済においては、たんに生きている者たちの間の相互性だけでなく、死んだ者（先祖）とこれから生まれてくる者（子孫）との間にも相互的な交換が想定されていた。たとえば、生きている者は子孫のことを考えて行動し、また、子孫は彼らのために配慮してくれた先祖に感謝する。農業共同体の衰退とともに、自分の存在を先祖と子孫の間におくことで得られるこのような永続性の観念も滅びる。世界宗教は個人の魂を永遠化するだろうが、共同体のこうした永続性は回復されない。それを想像的に回復するのがネーションである。国民とは、現にいる者たちだけでなく、過去と未来の成員を含むものなのである。［柄谷 2004: 66–67］

この文章を、先に引用したニーチェの文章と結びつけて理解するとき、この両者の間に通底する贈与交換の原理が、共同体－ネーション内での「教育」を駆動させていることがわかるだろう。共同体の構成員に「永遠」を保証するということは、彼らに共通の生の意味を与えることであり、言い換えれば、共同体の物語を与えることである。そのような物語とは、祖先＝死者からの贈与の物語である。そしてネーションという次元においても同様のことが生じる。しかし、ネーションでは、物語は農業共同体のような具体的な日々の贈与交換の関係を基盤とするものではなく、「同じ民族」「同じ言語」「同じ文化」といったように、「想像的」なものによって構成される必要がある。

この農業共同体の物語からネーションの物語への移行は、スムーズになされたわけではなかった。ふたたび『種山ヶ原』を例に取るなら、剣舞は共同体の起源と関わる地縁的・血縁的な農業共同体の時間性が表現されたものだった。それにたいして、学校は農業共同体の構成員ではなく、農業共同体を超えた国民国家の国民（ネーション）を形成する場であり、そこに流れる時間性はネーションの「歴史」のそれである。農業共同体とネーションとは、「永続性」の意味づけをめぐって、言い換えれば、構成員の生の意味づけの主導権をめぐってせめぎ合っている。夏休みがあけた新学期の始まる日に、国民国家のエージェントである教師が、ネーションの「立派な生徒」から農業共同体の「善い童《わらす》」への子どもの変貌ぶりを憂慮するのは当然のことであった。

「国民教育」の教師が教えるべき事柄は、なにより国民国家（ネーション－ステート）の起源の物語であり、歴史であり、国語である。他方、このような教師に権威と権力を与え、学校で教える内容に価値を与えるのは国民国家である。天皇家を中心とする神話的な民族の起源論であろうと、あるいはアメリカ合衆国やインドのような「独立」の物語であろうと、フランスや旧ソヴィエト連邦・中国の「革命」の物語であろうと、そのような国家の起源の物語が、国家の正当性とともに教育の正当性を保証している点では共通している。国民国家のエージェントとしての教師の声は、教師個人から発するものとは異なり、国民国家を代理した声であり、ちょうど教会の聖職者の声がそうであったように、権威をもつものとして発せられるのである。そして、このような声によって、学校では民族全体の祖先への、維新の志士への、独立戦争の英雄への、建国の父への、革命の指導者への、そして無名戦士の墓に代表されるような犠牲となった無数の人々への感謝（返礼）が、繰り返し教えられる［例えば西部 2000: 117］。そのような犠牲者への感謝の念を共通にもつことで、人々はそれぞれが互いに直接に互酬的な交換をすることがなくても、またどれほど境遇が異なっていても、同じネーションの一員同胞として形成されていくのである。

教師は、不定型な子どもという在り方に、「国民」というアイデンティティ（形）を与えるために、このような神聖な「贈与の物語」を語る。具体的には「先祖が連綿と伝えてきた」とされる「国語」の教育を通して、「数々の危機に直面しながらも困難を乗りこえてきた不屈の民族・国民」といったような歴史＝物語を通して、そして過去の無数のテクスト群から国民国家の文化を形作ったとされる「古典」の選択とその伝達などによって、「想像の共同体（imagined community）」が誕生する［鈴木・シネラ編 1999］。ネーションのような「想像の共同体」にとって、このような民族・国家の起源を語る「贈与の物語」が不可欠であり、国民国家（ネーション－ステート）はそのようにして国民の生のみならず死にも意味を与えることで、生全体の管理を目指した。そのような神聖な「贈与の物語」なしには、国民は「祖国」のために自らの命を捧げることなどはできず、戦争の遂行など不可能だからである［Anderson 1983＝1987］。

ネーションは、国家主義であろうと、社会主義であろうと、民主主義であろうと政治形態に関係なく、近代の国民国家を成立させている社会構成体である。日本の戦後のネーションは、第二次世界大戦の犠牲者への負い目を共通の感情としていた。この文脈で言えば、「戦後教育学」とは、第二次世界大戦の戦争体験から生まれ、「戦争の犠牲者」への負い目によって駆動されてきた教育学のことである。長田新や宗像誠也といった戦前から活躍した教育学者たちが自己批判したのは、戦中の戦争協力への悔恨の念からであった。彼らの教育思想は、この戦争で死んでいったものへの追悼によって貫かれている。これは教育学者に限定されたことではなく、この戦後教育の思想をともに生きた教師たちに共通するものであった。教育関係者の間で、「教え子をふたたび戦場に送るな」が、スローガンとして強力な力をもちえたのは、たんに平和への希求というよりは、多くの教師が犠牲者＝死者たちへの負い目や悔恨を抱いていたからである［小熊 2002: 386–387］。したがって、この教師たちに「教える」ことへの使命感があったのも当然であった。

このような戦争犠牲者にたいする負い目をもった教育関係者が現場を退くとともに、戦後教育学は急速にその力を失っていく。一九七〇年度を境に教壇に立つ戦争体験者の数は減少し、それとともに「教える」に関して戦争の犠牲者＝死者による支えを失っていくことになる。戦後五〇周年にあたる一九九五年、『学び その死と再生』のなかの「死者の声を聞くこと」と題されたプロローグにおいて、佐藤学があらためて戦争の死者と教育について『死者』のまなざしと声を甦らせる教育」の必要性を論じたのは象徴的なことといえる［佐藤 1995: 12］。この死者への負い目を喪失する時点で、狭義の意味での「戦後教育」もそして「戦後教育学」も消えるのである。

以上見てきたように、近代以前の共同体のみならず国民国家においても、先行する世代への感謝＝負い目が、後の世代への伝達を促しているのである。もちろんこの両者の間には大きな違いも存在する。近代以前では、債権者と債務者は王と臣下のように外在的な関係であったが、近代になると、この債権者と債務者との関係は内面化され、「個人」のうちに埋め込まれる。そのことによって、「個人」は、外からの呼びかけなしに自ら自分自身たいして負った負債を返済すべく、主体的に運動し続けるのである［浅田 1983: 218–219］。

デュルケームのように社会学的な教育理論は、教育と呼ばれている事象の出現の理由を、共同体の再生産という必要性に求め、その具体的な教育の出発点を家族の子育てに求めてきた。しかし、無意図的な非制度的な教育から意図的な制度化された教育へという発展の図式にしたがって、教育の誕生を素朴に子育てという家族の機能のひとつからはじめることができるのは、これらの理論が「教える」ということの特異性を考慮しないからである。子育ての諸事象をどれほど拡張しても、そこからは共同体の構成員に過去と未来をつないでいくような「永遠」をもたらす物語の必要性は生まれない。家族の子育てのうちに「教育」を見出すのは、思考の順番が逆転している。子育ての自覚の深化が教育を生みだすのではなく、共同体からはじまる「教える」ことへの反省が、子育てのうちに教育的働きを発見し創出し、その結果、親が子どもに意図して教育的に関わるようになるのである。

あるいは知識や技術の高度化からくる伝達の必要性を教育の起源と考えるのも、同様の誤りを犯している。それというのも母語の習得がそうであるように、多くの場合、共同体での知識や技術は、意図的に教えられなくても自然に学ばれることですんでしまう。「教える」ということと「学ぶ」ということは非対称であり、「学ぶ」事象があるからといって「教える」という事象がいつも生起しているとはかぎらない。意図的な「教える」という事象は、祖先への負い目を力にして共同体において初めて生起する。その意味で言えば、第1章で民族学的知見によって梅根悟が論じたように、イニシエーションを教育の起源として捉えることは、一定の正しさをもっている。

「教える」という行為が自覚的な行為となるのは、次に登場する「人類の教師」によってである。彼らは純粋贈与によって、生と死において、それまでの共同体の物語とは異なる次元を開くことで、「教える」ということを際だった次元の出来事にまで押しあげるのである。古代の純粋贈与者としての「最初の先生」の出現こそが、教えるということへの反省と自覚を深めてきたのである。古代・中世の教師たちは、多くの場合、「贈与＝犠牲」のリレー者ではあったが、このような「最初の先生」を自らのモデルとして捉えていた。ソクラテスにならうストア派の勇気とは、そのなかの歴史的な一場面ということができる。そして、近代の学校教師も国民国家のエージェントであるとともに、意識するとせざるとに関わらず、この「最初の先生」の受贈者の一人でもあるのだ。このことが教師という在り方を、たんなる国民国家のエージェントとしての役割に囲い込むことのできない、陰影に富んだ存在にしているのである。

## 3　純粋贈与者による贈与に基づく教育の起源

第1章で詳しく述べたように、教育には共同体の内部を起源とするモデルとは異なるもうひとつ別の系譜が存在してきた。それはソクラテスやブッダやイエス、あるいはニーチェの造形したツァラトゥストラに代表される「最初の先生」による純粋贈与としての教育である。彼らは共同体（の原理）の外部から到来し、一切の見返りを求めない純粋贈与として教えを贈り、あるいは問いを贈り、また自身を最後のそして最大の贈与として弟子に差しだす。ところでこのモデルでは、「最初の先生」からの贈与の受け取り方を基に二つの弟子のモデルを考えることができる。

ひとつは、先生の死の贈与という過剰なそして最高の強度をもった贈与に圧倒されてしまい、返済不能な先生への負い目から先生の教えの継承者となり、先生の言行の語り部となる弟子たちというモデルである。本書では、漱石の弟子においてこのようなモデルの具体相を捉えた。この場合、弟子は先生の死をもはや返礼することの不可能な「供犠」「犠牲」として受け取ることで、神話化した「贈与の物語」として先生の言行録をまとめあげ、その先生の教えの後継者として自己を正当化し、重く暗い負債感によって汚染された「贈与＝犠牲」のリレー者となる。このリレーの参入者は、たとえ先生から受け渡された思想が、交換に基づく共同体の道徳を超えでようとする「則天去私」のような思想であっても、あるいは負い目に基づく「贈与＝犠牲」を乗り超えようとする純粋贈与の思想であっても、負債感を教えることの駆動力としている点では、先に述べた共同体の規範を伝える者たちと変わらない。そしてこの弟子たちも同一性に基づく閉じた結社を築き、先生の教えを守り伝える神聖な僕となる。

それにたいして、別の弟子のモデルが存在する。その弟子は、漱石の弟子のように、先生からの贈与の出来事を性急に「贈与の物語」に回収し神話化してしまうのではなく、語り尽くすことのできない謎、あるいは答えることのできない問い、として受け取り、その贈与の出来事を自己の命の糧とし、その贈与によって開かれた回路を生きる。このような弟子たちは、「贈与＝犠牲」のリレー者になるのではなく、彼ら自身が純粋贈与者へと転回し、純粋な贈与のリレーの参加者となる。つまり彼ら自身が「最初の先生」となるのである。この「最初の先生」の在り方と、「最初の先生」との出会いによって「最初の先生」となる弟子の在り方のうちには、「目には目を」に表されるような交換に基づく共同体の正義の道徳ではない、共同体の道徳を超えた「愛」と「赦し」による新しい生命の倫理の可能性を見ることができる。ソクラテスの死は、その弟子たちに哲学者とは何者かという謎を与え、同時に死に向かう勇気を与える。『こころ』の先生の死は、「私」に先生の生を語らせるだけでなく、先生への欲望模倣を超えでるように促す。妹トシの死は、賢治の贈与の運動を駆動し続ける。カムパネルラの死は、ジョバンニに本当の幸せとは何かを考え続けることを促す。ここでも死者が、すなわち死の贈与が贈与された者に大きな意味を与えるが、「贈与＝犠牲」のリレーではなく、純粋な贈与のリレーが生じる。このようにして死者が生者に新たな贈与を促し続けているのである。

先に述べたように、ニーチェによれば、キリスト教道徳（イエスの倫理のことではない）は負い目からもたらされたルサンチマンによって駆動されている。僧侶はルサンチマンによって駆動され、人々にこのルサンチマンの道徳を伝達する。このとき僧侶は制度的教師の原型でもある。それにたいして、生成の倫理の伝達は、純粋贈与によって駆動される。ツァラトゥストラの贈与は、ルサンチマンによらない溢れでる生の教えであり、豪奢な惜しみない純粋贈与として始まる。そのような純粋贈与という伝達の在り方そのものが、生成の倫理が何であるかをダイレクトに伝えるのである。近代以前の共同体においても、また近代のネーションにおいても、贈与交換の停滞を監視し流れをスムーズに動かしていたのは死者たちであり、共同体－ネーションの教師たちを教えることへと駆動していたのも、共同体－ネーションの先祖＝犠牲者＝死者であった。その意味でいえば、「生成としての教育」を駆動するのも、同様に供犠として死んだ「最初の先生」＝死者ではあるのだが、このような純粋贈与者の死は、純粋贈与という出来事を生起させ、弟子たちに贈与者への転回の可能性を開くのである。

しかし、この純粋贈与者による教育の起源論も、さらなる補足説明が必要である。それというのも、これまで述べてきたように、人を共同体の外部へと開き「最初の先生」へと転回させるのは、「最初の先生」との出会いばかりとはかぎらないからである。動物や植物にかぎらず、風や虹、雲や水や岩や月や太陽といった人間ではない他者との交わりも、またこのような転回をもたらすのである。そのような他者の例を数多く描いたが、動物にかぎってみても本書のなかに多くの動物が登場してきたことが思い出されよう。序章の2節に登場する星座図に描かれた動物たち、『星の王子さま』の大切な秘密を教える狐、『銀河鉄道の夜』のなかの回心する蝎、『貝の火』の主人公の兎や誘惑者の狐、『なめとこ山の熊』の森の熊たち、あるいはブッダの捨身に登場する虎の親子……。

このような動物たちは、単純な擬人法の説明にあるように、たんに人間の代わりをしているのではない。動物の供犠が人間のそれと同様に蕩尽であるのは、動物の生命と人間の生命とが互いに通底しているからである。しかし、このように動物は人間と共通しておりながら、動物は明らかに人間とは異なる。そのため動物は「他者」のイメージを担わされてきた。動物たちは、死者と同様、私たち人間の世界の外に存在するのだが、私たちの世界とその外との間を横断する存在者たちでもある。そのため野生の動物との出会いは、外部の息吹を私たちにもたらしてくれる。この野生の存在者たちは、私たちに人間との差異を認識させる点で人間化を促すだけでなく、また同時に、私たちに人間の外を垣間見させることで脱人間化を促し、私たちを生成変容の出来事へと招き入れるのである［矢野 2002: 6–30］。

この「脱人間化」についてもう少し詳しく説明しよう。第8章において、風が吹き抜けるとき賢治は風に生成変容すると述べた。同様に賢治は熊に出会えば熊に生成変容する。たしかに賢治は、心象スケッチという特異な生の技法でもって、風や熊に生成変容する卓越した力を発揮したが、このような生成変容の力は、なにも賢治個人にかぎられているわけではない。賢治とその強度は異なるとはいえ、このような力は私たちのうちにも働いている。いや正確には、いまは活性化されてはいないが、子ども時代にはたしかに活発に動いていたというべきであろう。このような力は、どの子どもにも見ることができる。子どもは風が吹けば風になり、熊に会えば熊になる。このような子どもの姿は、発達の論理の用語である「模倣」といった言葉でいい表されることが多いが、模倣では「ごっこ遊び」のようにオリジナルなモデルとそのコピーの関係として理解されてしまうことから、むしろ「ミメーシス（mimesis）」と呼ぶべきものだろう。このときミメーシスとは、モデルをコピーすることではなく、他のものになる働きである。子どものミメーシスの力とは生成変容の力である［矢野 2006：65–68］。

純粋贈与者へと転回するのに、「最初の先生」による贈与の体験とは別の回路がここに開かれている。共同体の構成員になるためのイニシエーションも、ときには生成変容をもたらす契機となりうるものであったが、高次化されたシャーマンのイニシエーションとは、このような自然との深い交わりを通して、贈与者へと転回する回路を最大限に開くレッスンであった。そして、そのようなシャーマンのレッスンのなかには、動物に生成変容することが含まれていた。第1章でも述べたように、もともと世俗外個人が共同体（世俗世界）を離れていく先は、自然のもっとも奥深い場所、すなわち鬱蒼とした森や、人里離れた山のなかや、あるいは砂漠であり、このような場所において自然と交わり溶解を体験した。自然自体が過剰な贈与者であることが、そのような体験を可能にした。シャーマンのイニシエーションやさまざまな宗教的な密儀は、森のなかや洞窟や山頂や断崖といった特殊な場所で、瞑想法や呼吸法の工夫することや、脚韻を踏んだ特定のフレーズの反復的な朗唱をすること、あるいは自然の呪薬を使用することによって、過剰な外部の自然と内部の自然とを相互に共振させ、エクスタシーの体験を臨界点にまで深めるメディアであった。古代の「最初の先生」が、このような自然との深い交わりの体験やあるいは宗教的密儀での体験を経ていたことはよく知られている［古東 2005：183–192］。このように考えていくならば、イニシエーターを媒介者としながらも、人を贈与者へと開いていく贈与者として、自然がもっとも根源的な贈与者ということもできる。このような体験において自然は超越的な存在と同一視された。

例えば、「最初の先生」の典型というべきツァラトゥストラが、その物語の冒頭、最初に語る言葉は太陽に向けての次のような言葉であったことは、太古の伝説を模した詩的な修飾としてではなく、ツァラトゥストラが隠遁者から贈与者への転回をなしたのはなぜかを理解するための手がかりとして、もっと注意を払われてよいことである。『ツァラトゥストラはこう言った』の冒頭から引用しておこう。

> ツァラトゥストラは、三〇歳になったとき、そのふるさとを去り、ふるさとの湖を捨てて、山奥に入った。そこでみずからの智恵を愛し、孤独を楽しんで、十年ののちも倦むことを知らなかった。しかしついに彼の心の変わるときが来た。――ある朝、ツァラトゥストラはあかつきとともに起き、太陽を迎えて立ち、つぎのように太陽に語りかけた。
>
> 「偉大なる天体よ！　もしあなたの光を浴びる者たちがいなかったら、あなたははたして幸福といえるだろうか！
>
> この十年というもの、あなたは私の洞穴をさしてのぼって来てくれた。もし私と、私の鷲と蛇とがそこにいなかったら、あなたは自分の光にも、この道すじにも飽きてしまったことだろう。
>
> しかし、私たちがいて、毎朝あなたを待ち、あなたから溢れこぼれるものを受け取り、感謝して、あなたを祝福してきた。
>
> 見てください。あまりにもたくさんの蜜を集めた蜜蜂のように、この私もまた自分の貯えた智恵がわずらわしくなってきた。いまは、智恵を求めてさしのべられる手が、私には必要となってきた。
>
> 私は分配し、贈りたい。人間のなかの賢者たちにふたたびその愚かさを、貧者たちにふたたび己の富を悟らせて喜ばせたい。
>
> そのためには私は下へ降りていかなければならない。あなたが、夕方、海の彼方に沈み、さらにその下の世界に光明をもたらすように。あまりにも豊かなる天体よ！
>
> ……中略……満ち溢れようとするこの杯を祝福してください。その水が金色に輝いてそこから流れだし、いたるところにあなたの悦びの反映を運んでいくように！」
>
> ［Nietzsche 1968 (1883–1885): 5–6＝1967: 9–10、傍点は矢野］

この後で純粋贈与者ツァラトゥストラは山を下りるのだが、そのはじまりにおいて太陽からの贈与への感謝からはじめるのは、贈与者は贈与の出来事によって生まれることを示唆しているといってよいだろう。

この間のことをバタイユにしたがって自然史的に言い換えれば、自然（太陽）のエネルギーの過剰さが生命を生みだし、育み、そして進化させ、さらには「死」をも生みだした。実に自然史における個体の死の出現は、自然の過剰さの表れであり、蕩尽の一形態なのである[7]［Bataille 1967（1949）＝1973: 33-54］。このような自然の過剰さに由来する死＝蕩尽が、さらには教育という過剰な出来事をもたらすことになるのである。本書でも、純粋贈与・供犠とエロティシズムにおいて死を論じてきたが、共同体における死者への負い目としての教育の起源論に抗する、最初の先生の贈与としての差しだしとしての教育の起源論を踏まえて、今一度、死と教育との関係を、贈与＝死のレッスンとして論じることで、純粋贈与としての教育について明らかにしたい。

## *4*　贈与＝死のレッスンによる個人の生成

第1章でも詳しく述べたように、「最初の先生」とは純粋贈与者であり、その先生のレッスンとはその先生が語る言葉、語る思想の内容においても、その「語る」という行為においても贈与のレッスンであった。むしろ、先生の語る言葉が真実であるかどうかは、純粋贈与という出来事において証されており、この純粋贈与という出来事を欠けば、その正しさは疑わしくなるものであった。そして、この贈与のレッスンは、「最初の先生」の死においてクライマックスを迎えた。それというのも、このような「無限の放棄に見返りなくおのれを与えること」［Blanchot 1983＝1997: 38］としての「最初の先生」の死は、弟子にとっては多かれ少なかれ供犠の側面をもっていたからである。

ふたたびソクラテスを例に取ろう。ソクラテス処刑の日の弟子との対話を描いた『パイドン』のなかで、プラトンは魂の不死について論じながら、ソクラテスに哲学とはなにより「死の演習」であると語らせている。哲学者にとって死はなにも恐れるようなことではない。それというのも死によって魂は肉体の頸木から抜けだすことで自由を得ることができるからである。哲学とは、快楽や欲望や苦痛や恐怖といった激情の元である肉体から脱して平安を獲得し、魂でもって真なる姿・本当の姿を捉えることである。哲学するとはすなわち死の演習をすることなのだというのである。ソクラテスはこの対話の後に弟子たちを前にして自ら進んで毒杯を飲み、この教えは「最初の先生」の最後にして最高の贈り物の場面となる。こうして、後に残された弟子たちにとって、このソクラテスから贈られた「死の演習」についての対話の重さは、漱石の弟子にとっての「則天去私」の言葉のように、かけがえのないものとなる。『パイドン』のなかで、プラトン自身はソクラテスが毒杯を飲んだ場にはいなかったことが述べられており、このソクラテス最後の場面がどの程度歴史的な事実を基に描いているのか明らかではないが、そのことは本書においてはそれほど重要なことではない。

この「死の演習」というテーマは、これまでの本書で展開してきた議論と密接に結びついている。死を主題とすることで、自説のイデア論を展開しようとするプラトンの意図とは別に、この「死の演習」というソクラテスの言葉は、私たちに「死のレッスン」という最初の先生の純粋贈与を連想させる。死が肉体の個別性から離れて連続性に戻ることを意味するのであるなら、贈与の体験はその連続性に近づく不可能と可能の狭間の死を体験することなのである。つまり贈与とは、すなわち死のレッスンなのである。純粋贈与者としての「最初の先生」ソクラテスを、そのような意味において死のレッスンをもたらす先生と呼ぶことができよう。このときこの死のレッスンを課する「最初の先生」とは、人を死の淵にまで導くイニシエーターということができよう［本書第1章の註［4］を参照］。

動物の供犠が、供犠に参加した人々を死の体験へと導くように、供犠としてのソクラテスの死は、弟子たちを死の体験へと導くことになる。そもそも死は、それが実現されたときには、もはや体験しえないものである。したがって死は完了したり完結することのない体験であり、十全に認識することなどできない非‐知の体験であって、死の体験とはいつも模擬的なものにすぎないのである。そのため死の体験は何度も反復的に繰り返されるのである［湯浅 2004：17–38］。漱石が修善寺で体験した臨死によって、この体験の「再現実化」が課せられたのは、このような理由による［本書第3章2節参照］。

ところでソクラテスのいう「死の演習」がそうであるように、このような「死のレッスン」という課題も、哲学者にのみ課せられる特殊な課題というわけではない。私たちは、共同体‐ネーションが提供する「永遠」を保証する物語のうちに、全面的に安住し生き続けることなどできない。そのような課題を課題として自覚することがなくとも、意味の編み目は結ばれる先からほころびはじめ、人生の意味は、意味の外部（＝死）によってたえず侵蝕されている。だからこそ、『銀河鉄道の夜』の学校の教師が無自覚に問うてしまう問い、そして「最初の先生」によって端的に問われる問い、すなわち「ほんたうは何か」という問いに私たちもまた曝されることで、「まっくらな孔」の縁につま先立つことになる。死のレッスンとして、そのように「まっくらな孔」に触れ、非‐知を体験することによって、有用性の原理に縛られて生きる社会的生き方が脱臼され、生成変容が生起し、別様に生きることに開かれる。その意味でいえば、死のレッスンとは、発達のようにより高く人間たろうとすることに一次元化されずに、生成のようにどこまでも遠くに行こうとする私たちすべての生の課題でもある。

このことは学校教育においてもあてはまる。あるいは、マナーの学習やボランティア体験学習のような一見するとマイナーな領域においても、そうなのである。死のレッスンはなされなければならない。しかしながら、このレッスンは「発達としての教育」とは異なり、生成そのものを教育の目的として企図することで実現することはできないものである。それというのも、これまでにも繰り返し述べてきたように、そのような生成の出来事は、何かを実現しようと意図して目指すことで、かえって損なわれたり壊れたりする極めて繊細な性格のものだからである。その意味でいえば、死のレッスンとは不可能なレッスンなのである。この点において、「死のレッスン」という言葉には、根本的なアポリアがつきまとっているといえる。これまで述べてきた「最初の先生」は、相手を変えてやろうとする意図をもたず（意図をもてば贈与は手段に転じる）、ただ贈与自体を目指した純粋贈与者であったことを思いだしておこう。

それでは贈与者によるこの死のレッスンとは一体何をもたらすのだろうか。第1章でも述べたように、個人主義者が形成されるためには、共同体の外部で人格の尊厳という光を体験しなければならない。そのような人格の尊厳の体験は、逆説的ではあるが自律性の喪失という溶解体験・非-知の体験によって可能となる。作田啓一は、『個人』（一九九六年）のなかで、個人主義者であることの根源的なパラドックスについて次のように述べている。

個人主義者は、定義により、世俗外の超越的存在（たとえば「自然」）と交わることによって初めて個人主義者たりうるのだが、その交わりは、彼が超越的存在に呑み込まれてしまうという意味で、むしろ自律性の放棄につながる。確かに、超越的存在は「現実世界」の中の他者ではないから、彼は他律的とは言えない。しかし、完全に自律的でもない。これが個人主義者の陥る根源的なパラドックスである。個人主義者の自律性は彼が「現実世界」に身を置き、ホーリズムの秩序と対抗する時の立場である。その立場を取ることによって、初めて彼はホーリズムに呑み込まれずに他者に対して能動的に働きかけることができる。しかし、超俗界との関係においては、彼は決して自律的存在ではないのだ。個人主義者はこのようなパラドックスの中で生きるほかはない。そうでなければ、彼は個人主義者ではないのである。　［作田 1996a：90-91］

「個人」ということの意味自体が、あらためて問い直される必要がある。個人とは何者か。個人とは、共同体の道徳に安住することなく、「ほんたうは何か」と問い、共同体の交換の道徳を侵犯する贈与の倫理を生きる者のことである。

私たちは、日常生活において身体に深く沈み込んだ解釈図式にしたがって生きているから、どのような問いにたいしても、多くの場合において、迷うことなく答えることができる。しかし、そのような解釈図式の負担免除の働きは、それが日常生活で有効であればあるほど、他者そして世界との交流を解釈図式に取り込み、ルーティンな形態に縮減する働きがある。思考は、出来事の無限の深さに開くことをやめ、経済法則にしたがって最小の努力で最大の成果を得ようとする。

「Aとは何か」という問いの形式は、「Aとは何々である」という答え方を求める。この問いと答えは、ちょうど売ることと買うことのように、等価物の交換としてバランスよく交換の環を形成する。それにたいして、「ほんたうは何か」という問いかけは、「Aとは何か」という問いが通常問う対象を限定するのにたいして、内容の限定をもたない問いであり、そのうえどのような答えを提示してみたところで、そのような答えは一時的なものにすぎないところから、既存の解釈図式を揺さぶり破壊し続けていく、どこにも到達することのない過剰な贈与としての問いである。それは、どこかに最終の本当の答えがあるという本質主義でもなく、結局のところ普遍的で絶対的な答えなどはどこにもないのだという相対主義でもない、ただ過剰な贈与としての問いを前に、「真面目」に答えを求め続けることを、要請しているのである。

共同体の道徳の解釈図式が崩れるのは、ソクラテスの問いかけがそうであるように、共同体の意味世界の外部からこのような過剰な「問いの一撃」が生起したときである。このとき過剰な贈与の一撃としての問いは、この出来事に遭遇してしまった者にとって、もはや忘れることも逃れることもできない人生の中心課題となる。贈与の一撃は、共同体の内部で安んじて交換を生きる人間から、その生の根拠を奪い取ることで、その人間に恐れとともに生命の次元に触れる体験を与える。贈与というダイナミックな生の過剰な力が、一人の固有の人物の姿を取るとき、そのような人物は「最初の先生」と呼ばれた。その「最初の先生」とは、すでに述べたように、死＝エロス＝非－知の体験に生まれ、己の死＝エロス＝非－知の体験を贈与することによって、弟子に死＝エロス＝非－知の体験を伝える者のことである。つまり「最初の先生」とは、死の体験を贈与するイニシエーターであり、その意味で「最初の先生」とは、個人を生みだすものである。そればかりか、その純粋贈与のレッスンを通して、自ら内奥へと果敢にダイブする個人の姿でもある。そしてその決死のダイブによって、自身が死の体験にいたるのである。

端的に言えば、個人とは純粋贈与者のことである。前に引用した田辺元の言葉、「死復活といふのは死者その人に直接起こる客観的事件ではなく、愛に依つて結ばれその死者によつてはたらかれることを、自己に於て信証するところの生者に対して、間接的に自覚せられる交互媒介事態たるのである。しかもその媒介を通じて先人の遺した真実を学び、それに感謝してその真実を普遍即個別なるものとして後進に回旋するのが、すなわち実存協同に外ならない」［田辺 1964（1958）, vol. 13: 171］も、このような純粋贈与者による個人の生成を促す贈与のリレーと解することができる。

しかし、このような純粋贈与者＝個人の生成は、教育学の教科書が論じるような意味での「生成としての教育」が目指す「教育の目的」なのではない。もし個人が教育によって形成されるべき目的と理解されるなら、それはふたたび欲望模倣の罠に捕まることになるだろう。「発達としての教育」は、市民あるいは国民の形成を目的とし、その目的の実現に向かってプログラムを考案し計画を立てるといったように、さまざまな手段を行使してきた。ところが、個人とは、「発達としての教育」が想定しているように社会的な能力を発達させることで到達できるようなものではない。個人を生起させる「生成としての教育」は、なによりもそのような「発達としての教育」が想定してきた技術主義的な目的－手段関係自体を侵犯してしまうのである。

目的は未来にではなく、この現在の運動のなかに、すなわち瞬間の体験のなかにすでに現実化している。この侵犯の出来事のなかで自己を失うことが逆説的に個人となることなのである。したがって、「生成としての教育」において個人とは、有益な経験を重ねることによって未来において到達されるべき目的ではなく、死のレッスンを通して「死の体験」として生きられる現在の運動であり、どこにも向かうことのない過剰な運動そのものなのである。

## 5　死のレッスンと死の美学化の陥穽

このような死のレッスンは、これまでの歴史が教えるように、また本章1節でも述べたように、共同体や国民国家への「奉仕」や「献身」や「自己犠牲」といった「贈与の物語」に、横滑りする危険性を孕んでいる。このように死の出来事を、「贈与の物語」に変質させることは、「死の美学化」と呼ぶことができるだろう。文学研究者の押野武志は、明治と大正それぞれの時代の「死の美学化」に貢献した代表人物として、夏目漱石と宮澤賢治の二人の名をあげている［押野 2001］。押野がその論拠とする『こころ』における乃木の「殉死」と「先生」の自死との関係についての解釈、また賢治の作品に見られる「自己犠牲」の解釈は、ともに本書の立場とは異なっており、押野の判断の論拠自体は認めがたいものである。しかし、「死の美学化」の危険性についての指摘は、重要な意味をもっている。この危険性についてどのように考えたらよいのだろうか。

このことを明らかにするために、ふたたび作田啓一の溶解体験の議論に戻ってみよう。作田は、「体験」を自己と世界との境界線が溶解してしまう「溶解体験」と、境界線が溶解せずに拡大していく「拡大体験」とに分けている［本書第1章2節参照］。前者についてはこれまでも詳しく述べてきたが、後者についてはもう少し詳しい説明が必要である。

スポーツ競技の応援やコンサート、あるいは地域の祝祭などにおいて、偶然にその場に居合わせた見も知らぬ人々と熱狂的な一体感を感じたことはないだろうか。このような場合、日常の身体を象《かたど》っている境界線は、いつのまにか拡大されて、「私」を超えて「われわれ」となっているのである。しかし、この自己の拡大という体験は、「われわれ」を生みだすだけでなく、同時に「われわれ」ならざる「彼ら（非－われわれ）」を境界線の外側に生みだしてもいる。つまり拡大体験では、境界線は拡大されるが溶解体験のように消えることはなく、そのために「われわれ」という集合の境界線によって「彼ら」という集合を排除するのである。例えば、国家主義的な祭典においては、意図的にこのような「彼ら（敵）」の差別と排除とを生みだすことによって、「われわれ（味方）」の一体感や連帯感を生みだすことが目指されている。作田はこの拡大体験と溶解体験の二つの体験を峻別する必要があるという［作田 1993：112］。

この作田の議論を承けて、「出来事としての贈与」と「贈与の物語」とを区別することが重要である理由があらためて明らかになる。贈与の物語は、私たちを束の間の感動に誘い、お互いに名も知らない共同体の構成員間に一時的な連帯感や一体感を生みだし、そのことによって贈与の出来事を、「自己犠牲」という美しい物語として共同体－ネーションに回収することを意味する。「出来事としての贈与」は、溶解体験・非－知の体験をもたらし、共同体の有用な掟を侵犯し、共同体の秩序を揺さぶるのにたいして、物語化された贈与は、反対に、拡大体験をもたらし、その結果、国民国家（ネーション－ステート）のような「われわれ」の物語に回収され、最終的に「想像の共同体」の結束を強めることで終わるのである。拡大体験をもたらす贈与の物語は、現実には不平等や搾取があるにせよ「われわれ」共同体－ネーション成員間の連帯感や同胞愛、あるいは国民国家という個人の有限な生を超えた歴史的実在への献身を強化し、そのことによって共同体－ネーションの秩序を聖化するのである［Anderson 1983＝1987：17–19］。

学校の道徳の授業で語られる美しい物語の多くも、このような拡大体験を生起させる性格をもっている。ボランティア体験活動が、中教審の用語で「奉仕体験」と呼ばれるときにも、この拡大体験がもたらす成果が目指されているといえるだろう。そして「聖農」賢治の「自己犠牲」の物語のすぐ傍らには、乃木の「殉死」のように国家によって美学化された「忠義心」や「愛国心」といった贈与の物語がある。原理的には両者の物語の間の距離は、それほど遠いものではない。「死の美学化」もまた、教育において贈与と交換とがせめぎ合う場所なのである。このように捉えるとき、漱石や賢治という贈与的な人物自身の神話化＝美学化、あるいは作品解釈における美学化に危険性がつきまとっているという押野の指摘は、それなりに根拠のあることである。

しかし、そのようなせめぎ合いの場においてこそ、「限界への教育学」は、贈与の美しい物語の性格を暴き、出来事としての贈与をもたらす死のレッスンを擁護しなければならない。なにより死のレッスンとは、このような贈与の物語化＝美学化に抗し、「われわれ」という「想像の共同体」を破壊するレッスンでもある。本書で論じてきた贈与のレッスン＝死のレッスンとは、溶解体験・非－知の体験という出来事が生起するレッスンである。そしてこの贈与の体験が、差別と排除を超えて他者と出会う体験でもあったことは、すでにこれまで繰り返し述べてきたとおりである。また賢治の逆擬人法が、「われわれ」と「彼ら」を分断する擬人法を乗り超えようとする生の技法であったこと、さらに他者への歓待のマナーとは、なによりこのような差別と排除を超えるものであったことも思いだしておこう。

## *6* 共同体としての学校へのユートピアによる侵犯

死のレッスン！　私たちはもはや教育とは呼びがたい場所にまで来てしまったのだろうか。もとより教育的－教育学的マトリクス自体を臨界点にまでもたらし、「生成としての教育」の可能性を開こうとする本書において、限界への教育学の運動が、このような場所にまでいたることは当然のことであった。

死や供犠といった贈与が教育の起源である。それは理論的な眼をもつことによってしか、見ることのできない教育の起源である。実証的に捉えようとして教育の制度的起源を見るなら、いつもそこには交換を発見するだけだろう。

そして、このような贈与の理論に立って捉え直すとき、今日の教育にも同様の出来事が日々生起していることが見えてくるのである。それを見ることのできない教育理論は、生成変容の全体性を捉え損ねている。私たちは最後に、ふたたび学校という贈与と交換とがせめぎ合う場所に戻ることにしよう。そのような場所において、死のレッスンが生起する在り方を、学校＝共同体論のレベルで明らかにしよう。

戦後教育学は、新教育運動の成果からさまざまな思想的影響を受けてきた。十九世紀末から始まった新教育運動では、学校はそれまでの教師が教育内容を子どもに伝達する教育機関としてではなく、教師と子どもがともに生活する「共同体」として論じられるようになった。ここで構想された共同体は、農業共同体のように地縁・血縁によって閉ざされた交換の環ではなく、それを超えようとする自発的で互酬的な高次の共同体であった。そのような学校＝共同体では、教師による指導ではなく、生活と結びついた子どもの自己活動が重視され、生活を具体的に形作るものとして労働と芸術活動との結合が図られたりした。

例えば、進歩主義教育運動の中心思想家の一人デューイ（Dewey, J.）は、そのような学校＝共同体論の代表的思想家といえる。『学校と社会』（一八九九年）あるいは『民主主義と教育』（一九一六年）といった代表的な教育論のタイトルを見てもわかるように、デューイは学校をたえず既存の社会との関係で捉えてきた。そのときデューイは、学校をたんに社会と結びつけるだけでなく、学校自体をあるべき共同体すなわち民主主義の共同体にしようとした。「私たちが実現したいと思っている社会の様式を学校のなかに創り、それに合わして精神を徐々に修正することができる……」[Dewey 1980 (1916) : 326]。それは学校を協同的作業と自由なコミュニケーションの場に作り変えることであったが、これまでの本書での用語法に引き寄せて言い換えれば、学校を互酬的な交換関係を基にした生活の場に変えることを意味した。それというのも、協同的作業や自由なコミュニケーションとは、子どもたち相互の互酬的な関係なしには実現できないものだからである。そもそもデューイの学校＝共同体論の構築の動機自体が、市場経済の浸透によって解体されはじめた共同体＝コミュニティの再建と無関係ではなかった。このコミュニティの解体の過程は、また同時に子どもの生活経験が前の世代と比べて貧弱化していく過程でもあった。だからこそデューイの学校＝共同体論は、市場経済の原理とは異なる互酬的な原理に基づいた、しかも従来のコミュニティのように仲間同士での交換を超えた、共同体の建設を意味していたのである。

これはなにもデューイの「進歩主義教育運動」の学校実践にかぎられたことではなかった。ドイツでの新教育運動というべき「改革教育運動」でも、必ずしもデューイのような民主主義の共同体形成に力点があるわけではないが、同様の学校を共同体として構築しようとする実践、すなわち「学校のゲマインシャフト化」［渡邊 2000：65–72］を見ることができる。例えば、リーツ（Lietz, H.）らのドイツ田園教育舎（一八九八年）は、教師と子どもとが寝食をともにする寄宿制学校によって純粋な「教育共同体」を作ろうとする試みであった［山名 2000］。彼らが都市部ではなく田園という場所に学校建設の場を求めたのは、市場交換で汚染されてはいない場所で、子どもと教師相互の協力による互酬的な生活の場として学校を構築しようとしたことによる［山名 2006］。

さらに第6章6節でも述べたように、日本においても「大正自由教育」という名の新教育運動として同様の学校＝共同体構築の試みがなされた。ここでは都市新中間層を中心にした教育改革の一環として、さまざまな学校の形態が試みられ、そのような学校では、子どもの生活と直接的な経験が重視された。子どもの経験を可能にする場こそ、教育機関にとどまらない生活の場としての共同体であった。コミュニティ全体のなかで学校を位置づけようとする沢柳政太郎の成城小学校（一九一七年）の試みや、野口援太郎らの池袋児童の村小学校（一九二四年）の試みなども、すべてこの系譜のうちに位置づく。例えば、「池袋児童の村小学校」はもともと「池袋児童の村」という名称にしようとしたのが、設立認可のさいに「池袋児童の村尋常小学校」と名乗るように強制されたのである。この「児童の村」という名称に表れているように、ここでも子どもの自治的な共同体の建設を目指していたのである［中野ほか 1987：37］。

新教育運動には、労働運動から生まれた組合主義や社会主義に基づく学校＝共同体論、トルストイ（Tolstoy, C. L.）らの生命主義あるいは神秘主義・心霊主義・神智主義に基づく学校＝共同体論、中世の農業共同体をモデルとした学校＝共同体論構築の試みなど、多様な学校＝共同体論を見ることができる［山﨑 2002: 48-51］。このような十九世紀末から一九二〇年代にわたる新教育運動におけるさまざまな共同体再構築の試みは、続く一九三〇年代のナチスの台頭や各国での国家主義・民族主義の高まりのなかで、国家統合の運動に回収されていくのである。

ところで、このような戦前の共同体としての学校再構築の試みは、教育の大きな運動として戦後も受け継がれてきた。日本においては、公教育における学校論のなかにも取り込まれ、さらにデューイの学校論は、戦後教育学に大きな影響を与え続けてきた。そのようななかで日本の現状と結びついた優れた実践として『山びこ学校』が取りあげられてきたのである。戦後教育学＝共同体の学校論は、第9章の冒頭を飾った『山びこ学校』にその優れた現実的形態を見出すことができた。学校とはたんに知識を教え学ぶ機関ではなく、教師と子どもとがともに生活する場であった。無着成恭も、この著作のあとがきの副題を「子供と共に生活して」と書き記したことから［無着編 1995（1951）: 308］、学校を子どもとともに生きる共同体として捉えていたことがわかる。この学校では、解体が進みはしていたが農業共同体の生活に支えられた共同性がまだ機能していた。また学校は農業共同体を再構築する働きもした。しかし、それ以降の日本の産業構造の劇的な転換は、このような農業共同体に支えられた／支えた学校＝共同体論の可能性を奪っていったといえよう。

戦後教育学の今日的な学校＝共同体論の到達点を示しているのは、佐藤学の学校＝共同体論である。佐藤はデューイの学校＝共同体論を継承しつつ、学校を公共性と民主主義を原理とする「学びの共同体」として捉え、次のようにいっている。

> 二一世紀の学校を「学びの共同体」として構想する。学校は子どもたちが学び育ち合う場所であり、教師たちが専門家として学び合う場所であり、親や市民が学校の教育実践に参加し連帯して学び合う場所である。
> ［佐藤 2003：14］

「学び合う関わり」「聴き合う関係」「ダイアローグ」「子どもを育て合う関係」［佐藤 2003：14–15］、学校は子どもと教師と親と市民からなる「学びの共同体」なのである。この「学びの共同体」は、子どもも教師も、そして親も市民も、お互いに「〇〇し合う」関係という互酬性のうちにある、と言い換えることができる。一方的に教えるのでもなく、また学ぶのでもなく、文字通りお互いに「教え合い」「学び合う」のである。その意味で、「学びの共同体」も、市場経済とは原理を異にする互酬性に基づく共同体として捉えられており、学校の共同性の再建は、同時に、地域の共同体の再建とリンクして捉えられている。

　これまでの議論からもわかるように、学校を共同体として構想する新教育運動の学校＝共同体論は、多様な思想的背景があり、それを単純化することには問題が残るが、交換の形態に着目していえば、一方で、従来の地縁・血縁に基づく農業共同体の原理であった贈与交換を受け継ぎつつ、他方で、市場経済によって実現された自由な個人による、自主的で互酬的な高次の共同体として回復しようとしたと考えられる。その理由は、圧倒的な市場経済の拡張が、それまでの共同生活を支えていた農業共同体を解体し、ネーションが、それまで農業共同体が担ってきた構成員の生と死の意味づけを独占しようとしていたからでもある。

　モースが、論文『贈与論』（一九二三―二四年）を発表したのも、「交換するという人間の本性」から、第一次世界大戦後の西欧の状況を二重に批判することを目的としていた。モースは、一方で西欧においてもかつて広く見られた全体的社会事実としての贈与交換が、市場交換に全面的に取って代わられることで、社会の構成員間の共同性の紐帯が衰弱しはじめていることを批判した。それとともに、他方で、モースは、ロシア革命においてボルシェビキが贈与交換を原理とした協同組合（柄谷のいう「アソシエーション」）を、ソヴィエトに強制的に取り込もうとしたことを批判することで、自由と義務との関係を捉え直そうとした［渡辺 2000：43-47］。モースは、地縁・血縁による旧い共同体ではなく、消費協同組合にこれまでにない互酬性をもった高次の共同体の可能性を見ていた。

このような危機意識はモースにかぎられたものではなかった。このことは、田園都市やコミューンの建設といった共同体の再構築に向けてのさまざまな実験的試みが、同時期に世界中でなされたことと無関係ではない。第8章で述べた賢治の「羅須地人協会」（一九二六年）の試みも、トルストイの影響を受けた武者小路実篤らの「新しき村」（一九一八年）と同様、世界中でなされた労働と芸術とを結合させた互酬的な高次の共同体建設の試みのひとつであった（もっとも賢治の共同体論には贈与が含まれているが）。そして、このような運動は現在も進行中である。例えば、第10章で金子郁容が紹介していた「V切符制度」も、互酬性に基づく共同体構築の今日的な試みのひとつである。

その意味でこの時期に、理想を抱いて教育の可能性を開こうとした新教育運動の思想家や実践家が、新しい共同体建設の運動と呼応して、学校を互酬性をもとにした高次の共同体として再建しようとしたのも当然である。そしてこのような教育実験の試みは、現在も持続している。しかしながら、その学校＝共同体論が、贈与交換を基本原理としているかぎり、このような学校＝共同体論は教育の共同体論として一面的である。

本書でこれまで述べてきた「生成としての教育」は、このような共同体構築を批判するものではなく、あるいは再構築しようとするものでもなく、共同体の共同性を侵犯するものである。基本的には学校は「発達としての教育」を実現する場所である。したがって学校では商品交換の原理に取り込まれることなく、贈与交換の原理をしっかりと教えるべきである。そのことを踏まえたうえで、学校が教育の場であるかぎり「生成としての教育」が不可欠なのである。「生成としての教育」が、この「発達としての教育」を実現する学校＝共同体にユートピアを出現させるのである。

新教育運動以来、このような学校における／学校による共同体の再建の試みを「ユートピアの建設」と呼ぶことがあるが、それは正確ではない。空間的に設定される理想的共同体としてのユートピアは、トマス・モア（More, T.）の『ユートピア』（一五一六年）に端的に示されているように、秩序が乱されることのない時間の止まった閉じた空間であり、それは生成とは対極に位置する空間である。理想的・調和的な共同体を想定してしまうと、いかなる変化もその調和的秩序にたいする敵対的事象とみなされることになる。そのような共同体にとって、外部との交通ほど危険なことはない。したがって、理想的な空間は、外部からの影響を一切受けないように注意深く隔離される必要がある。

しかし、ここで考えられる教育におけるユートピアの出現とは、「田園教育舎」のような空間的に制度として建設される共同体ではなく、またプログラムや計画に基づいて達成されるべき理想状態というわけでもなく、不可能性と可能性を横断する「銀河鉄道」の出現のように、予期せぬ瞬間に生起する出来事である。純粋贈与としての問いを貫くことが、手を拡げて他者を無条件に迎え入れ歓待することが、苦しむ他者に寄り添うことが、動物へと生成変容することが、このような出来事としての共同性を生起させるのである。それはすでに第4章2節で「エロス的な共同体形成」として論じたことでもあった。そのような出来事としてのユートピアは、共同体としての学校を支える互酬性を原理とする共同性をも侵犯するのだが、しかし、そのような贈与による侵犯こそが、学校＝共同体を交換の環の外部へと開くのである。このような共同体としての学校の臨界点にいたろうとする運動が、どこにもなく、しかしどこにでもありうる、「ユートピア（utopia）」なのである。これはいわゆる空間に構築されたユートピアの対極に位置する生成としてのユートピアなのである。新教育運動の学校＝共同体に欠けていたのは、このような純粋贈与の体験であり、つまりは個人が生成する「生成としての教育」であった。

## 7　繰り返される「最初の問い」の過剰さ

教育は、社会的な必要性と有用性とに裏打ちされた社会化‐発達とは別の起源の物語、「最初の先生」による贈与という起源の物語を語ることによって、体験として生きられる現在という次元を自らのうちに取り入れ、転回を体験する。しかし、このような表現は、未だ二項対立的な不正確な表現といえるだろう。より正確に言い直すなら、生成変容の出来事を取り入れることではなく、生成変容の出来事によって侵犯されることで、教育的‐教育学的マトリクスは教育の臨界点（死）へと連れだされ、「限界への教育学」として転回することになる。そしてこの転回は、弁証法の物語のように、発展＝発達として高次の次元の教育的‐教育学的マトリクスへと止揚されるのではなく、完結することなく、たえず自己の形を変容する体験に曝され、反復し続けることを意味することになる。

私たちはジョバンニのように、さまざまな人たちと出会い、そしてその死に立ち会い、長い旅路の果てに、ふたたび序章の冒頭の箇所に戻ることになる。しかし、不可能性と可能性とを横断する銀河鉄道の旅のように、この長い旅路を経ることで、序章の冒頭に引用した賢治の文章は、最初に読んだものとすでに異なるものとなる。それはこの旅路が、教養小説のようにさまざまな苦難＝理論的課題に遭遇し、その苦難を乗り超える経験を経たからではなく（もちろん本書が学術書であるかぎりこの側面を否定することはできない）、どこにも行き着くことのない体験が、すでに幾度となく生起していたからでもある。そして私たちはふたたび「最初の先生」の問いかけに耳を傾けはじめている。しかし「ふたたび」だろうか？　はじめから「すでに」「いつも」ではないだろうか？

「ではみなさんは、さういふふうに川だと云はれたり、乳の流れたあとだと云はれたりしてゐたこのぼんやりと白いものがほんたうは何かご承知ですか。」先生は、黒板に吊した大きな黒い星座の図の、上から下へ白くけぶった銀河帯のやうなところを指しながら、みんなに問をかけました。

［宮澤 vol. 11: 123］

「ではみなさん」の「では」は、最初の原稿にはなく、賢治が後で書き加えた言葉である。そして「ほんたうは何かご承知ですか」の「ほんたうは」の箇所もそうである。このように新たに言葉が書き加えられることによって、この物語が授業中の先生による説明の途中から描かれていることがわかるようになっただけでなく、「ほんたう」を探究するというこの物語の中心主題が、より一層鮮やかに明らかとなるように表現された。それというのも、この加筆によって、引用箇所は読者に不思議な既視感にも似ためまいをもたらすことになったからである。それは私たちがすでにこのような問いかけのなかを生きてきたのであり、またこれからも生きていくのだということである。

しかも、長い遍歴を経た私たちにとっては、さらにこの問いは新たな重要性を露わにしてくれる。それというのも、みんなに問いかける平凡な学校の先生は、贈与と交換をめぐる考察を一巡りしている間に、最初の問いの一撃を贈与する「最初の先生」に変貌するからである[8]。「ではみなさんは、○○だと云はれたり、△△だと云はれたりしてゐたこの□□がほんたうは何かご承知ですか」。ほんとうは何だろうか。ジョバンニのように、私たちもまた、その問いの前で立ちつくす。以前にはわかっていたはずのものが、あらためてその問いの前に立たされたときに、私と世界とは一挙に透明感を失ってしまう。そのとき私たちはすでに生成変容の第一歩を踏みだしている。

賢治は、「みんなのほんたうの幸い」は何かについて、これがその答えだと語るようなことはしなかった。正確には賢治にも答えることができなかったというべきだろう。ただそのように問い続けることは大切だという。前に引用した『農民芸術概論綱要』の「われらは世界のまことの幸福を索ねよう　求道すでに道である」［宮澤 1995 (1926), vol. 13: 9］という言葉が思いだされよう［本書第8章1節］。「みんなのほんたうの幸い」は何かという問いは、かけがえのない死者によって純粋な贈与として差しだされているところから、返礼としての回答は最初から不可能であり、自らに問い続けることでしか応えることのできない過剰な謎を孕んだ問いというべきだろう。私たちは、ジョバンニのように、どこまでもこの問いを自らに問い続けることで贈与を受け止め、共同体の外部＝意味世界の外部へと連れだされ、何度でもその問いを「もう一回！」と叫ぶのである。どこまでも行ける切符を受け取ることは、そのような過剰な問いを生きることなのである。

## 註

### 序章　限界への教育学に向けて

［1］　バタイユの言葉を借りるならば、溶解体験は、知るという行為が極限において挫折する体験、「非‐知の体験」と言い換えることができる［Bataille 1976＝1990］。本章のみならず本書では、これから何度もこの「溶解体験」と「非‐知の体験」について語ることになるだろう。この両者は、基本的に同じ事態を言い表している用語として理解されてよいが、作田の「溶解体験」が、どちらかといえば結合や統合といったエロス的側面に重点が置かれているのにたいして、バタイユの「非‐知の体験」は、分離や解体のタナトス的な側面に重点があるといえる［矢野 2000：54–55］。

［2］　モースの贈与論については本書第10章3節を、互酬性の理論については第7章1節を、それぞれ参照。また贈与論・互酬性論については、マリノフスキー［Malinowski 1922＝1967］、モース［Mauss 1966（1923–24）＝1973］、レヴィ＝ストロース［Lévi-Strauss 1949＝1977–78］、バタイユ［Bataille 1967（1949）＝1973］、ポランニー［Polanyi 1966＝2004（1981），1977＝1980］、サーリンズ［Sahlins 1972＝1984］といった人類学・経済学・社会学の古典的テクストのほかに、デリダ［Derrida 1989＝1989，1997b＝1999］、小田亮［1994］、伊藤幹治［1995］、中沢新一［1996，2003］、今村仁司［2000］のテクストを参照。

［3］　モースの『贈与論』によれば、ポトラッチというのは、北米西海岸の先住民トリンギット族、ハイダ族、クワキウトル族たちの間に見られる競覇的な贈与交換の一形態のことである。そこではポトラッチという饗宴が行われ、食べきれないほどの食物が用意され、毛皮や毛布、あるいはカヌーなどが客への気前のよい贈り物として贈与される。また家宝の銅板などが客の眼の前で惜しげもなく破壊されたりする。このような気前のよい贈与を通して、贈り主は、自分がいかに寛大な男であるかを示すのである。そして、このような贈与にたいして、客はそれに相応しい、あるいはそれ以上の返礼を、贈り主にしなければならない。もしそれができないときには、場合によっては、相手の奴隷となってしまうのである。これがポトラッチが、競覇的といわれる理由である。モースはこのような「競覇型の全体的給付」の事象を総称するために、一般的な用語として「ポトラッチ」と呼ぶことを提唱するにいたった［Mauss 1966＝1973：228］。

［4］　『銀河鉄道の夜』には、第三次稿までの初期形と呼ばれる原稿と、さらに後期形（第四次稿）の四つの原稿が残されている。

第三次稿までの初期形には、「求道者である同行者であり道の先達」［鎌田 2001: 80］である「セロのやうな声」をもった「ブルカニロ博士」と、博士と同一人物視されてきた「そのひと」とが登場する。しかし、今日流布している第四次稿の『銀河鉄道の夜』では、このような先生は登場しない。つまりジョバンニの旅には、先導者はいなくなる。これは一体どのようなことだろうか。鎌田東二は、次のように解釈する。「それは自分が自分自身の教導者となるプロセスである。それはある意味で、教師、あるいはシャーマン、あるいは菩薩の誕生でもある。あえてとても大げさな言い方をすれば、『銀河鉄道の夜』は、世界教師・宇宙シャーマン・銀河菩薩の誕生のイニシエーション的な物語である」［鎌田 2001: 95］。このように鎌田東二は、ジョバンニの旅を「世界教師」「宇宙シャーマン」「銀河菩薩」へのイニシエーションとして捉える。また鎌田は、このブルカニロ博士と「そのひと」を、「世界の見方や真実について教え諭す『世界教師』」［鎌田 2001: 18］として捉え、この二人が消えることによってジョバンニの孤独は深まったことを指摘している。

［5］ 本書には「教える者」を指示する用語として、「師」と「教師」と「先生」の三つの用語が登場する。この三者の関係について述べておきたい。「師（匠）」は、「弟子」と対となる近代以前の伝統的な教育関係（師弟関係）を言い表す用語である。したがって、「師弟関係」とは、まだ「教育」が機能分化する以前の、全体的・社会的な人間関係を表している。そのため師弟関係は、知識や技術や技能の伝達にかぎらず、「修行」という言葉がそうであるように、生活の全領域に関わっており、共同生活において複雑で精妙な統一体をなしていた。それにたいして、「教師」は、「生徒」「学生」と対となる近代学校制度における教育関係を言い表す用語である。「教師」は、専門分化した機能として定義可能である。「先生」は、この二者と比べるとはるかに広く多義的な使用法があるが、この両者の側面をもっている。その意味でいえば、『こころ』の語り手の「私」が人生のモデルを「先生」と呼んだのは示唆的といえる。本書では、「先生」の使用法の広さとまた贈与の体験を弟子から論じるときにも都合がよいところから、「先生」を基本的に使用することにするが、伝統的な教育関係を言い表すときには「師」を、そして教育制度における機能的な関係を言い表すときには「教師」を使用する。また「先生」が贈与する相手は、「弟子」と呼ぶことにする。ただ漱石の弟子などを総称するときには、従来より使用されてきた「門弟」「門下生」という用語を残しておく。そのことによって、現在は姿を消しつつある教育関係の歴史的な独自性に注意を引きたいからである。

［6］ 本書では、漱石と賢治の作品を通して、明治以降の「日本」の歴史のなかでの贈与と生成変容との関係を捉えてみたい。この「日本」という文脈の問題が、本書で直接的に焦点化されて取りあげられるのは、第3章と第6章と第11章であるが、そのほ

かの章においても、註を中心にして、歴史的・社会的・文化的な文脈が見通せるように配慮している。

## 第1章　贈与する先生の誕生とその死

［1］　ここで述べる教育の起源が、唯一絶対の起源ではなく繰り返し反復される起源である理由は、やがて論の進行とともに明らかになるが、簡単に述べるなら、その起源が交換によるものではなく、贈与によるものであるからである。贈与とは、非－知の体験であり出来事であるために、交換＝経験のように物語として完結することがない。その意味で、この教育の起源は、反復を不可避とするのである。したがって、この教育の起源は、オリジナルとはならず、反復されることによってあたかもそれがモデルとしてオリジナルであるかのように見えるにすぎない起源である（このような起源の在り方については湯浅［2004］を参照）。この出来事の反復と、物語ることの不可能性の可能性については、のちに詳しく述べる。

［2］　戦後教育学は、戦前・戦中の民族主義的・国家主義的な教育学への反省から、教育の本質を「社会化」と捉えることによって、実証的な社会科学として発進することができた。それと同時に、教育は「問題」として立ち現れ「改革」へと方向づけられる科学的「対象」となり、教育の起源にも、そして教育という事象自体にも、「謎」はなくなった。教育の歴史とは、子育てのような習俗（人間形成）の延長上に意図的に計画された制度（意図的教育）が出現し、それが社会の発展とともに、一般化し高度化していくプロセスということになる。戦後教育学が「社会化」を研究テーマとしたことの意義については、海老原治善［1988：2章］を参照。またデュルケームを代表とする社会化論に対する「社会学的人間学」からの批判として亀山佳明［2000：22–46］を参照。

［3］　里見実は、有用性を追求する技術の文化伝承ではなく、生を意味づける聖なる文化の伝承に教育の起源をみている。この教育の起源論は、それ以前の有用性を強調する解釈とは異なっている［里見 1977］。しかし、制度的なイニシエーションを、教育の起源とするのでは、聖なる文化の伝承も共同体の再構築に限定されてしまい、依然として社会化論のバリエーションにとどまるように思われる。このことは、次の註［4］とも関連する問題である。

［4］　このような宗教的儀礼は、制度的枠の限定を超えて非－知の体験をもたらすことがある。例えば、イニシエーションが新しい参入者を共同体の外部へと開く瞬間をもつことがある。しかし、多くの場合、このような体験も共同体の物語によって経験として回収されるのである。イニシエーションがもつこの二重性については、本書第5章「子どもの前に他者が現れるとき」のな

かで具体的に論じられる。ところで、イニシエーションを共同体の外部へと開くという最初の意味で捉えれば、ソクラテスをイニシエーションの導き手として捉えることもできる。さらには人類学的な知見をさらに敷衍し、宮澤賢治について述べれば、賢治をシャーマンとして捉えることもできる。ここでいうシャーマンとは、恍惚・脱自の技法に長けたものという意味である［Eliade 1968＝2004］。もっともこのような性格づけは、人類学的知見を拡張したものにすぎず、むしろソクラテスにしても宮澤賢治にしても、このような古代的な生の技法を超えた普遍的思想を有しており、本書ではそのことが重要なのである。

［5］　教える－学ぶ関係を、共同体の間で起こる言語ゲームを共有しない者同士の非対称の関係として捉え、そのような関係をもたらす人物としてソクラテスを指摘したのは、柄谷行人である［柄谷 1986, 1989］。しかし、なぜソクラテスは、教える－学ぶ関係を結ぼうとするのか、そしてソクラテスをソフィストと区別する理由を何に求めることができるかについて、柄谷は明らかにしていない。つまりなぜソクラテスが「最初の先生」であるのかが説明できない。これを説明するためには、デュモン－作田説から柄谷理論を捉え直す必要がある。また今井康雄は、柄谷の教える－学ぶ理論を、素朴に教育理論と解釈する教育学研究にたいして、そのままでは教育理論とはなりえないことを的確に指摘しているが［今井 1994: 80f］、本章はこの今井の指摘に応える形で、柄谷の教える－学ぶ理論を贈与論から読みかえることで、教育的－教育学的マトリクスという地平を明示化させ、その在りようを変容させることを目指している。

［6］　デュモン自身による共同体（ポリス）におけるソクラテスの位置づけは、プラトンやアリストテレスと比べると曖昧であるが［Dumont 1983＝1993: 44-45］、ソクラテスをヘレニズム期以前にもかかわらず共同体を超えた世俗外個人の一人とみなすことができると考える。歴史的ソクラテスについての情報があまりに限定されているために、推測するしかないのだが、ソクラテスをこのような世俗外個人に変えて、さらに贈与者に変えたのは、『ソクラテスの弁明』に描かれた「アポロン神託事件」ではないだろうか。「ソクラテスより知者はいない」という神託の一撃が、ソクラテスを問いを贈る者に変えたのである。

［7］　バタイユは、古代ギリシャの賢人について、次のように述べている。「私において知るという行為は、進展するに応じて非－知のなかへと消えていく。古代ギリシャ的な意味での真の賢人は、学問を次のように使用する。どの概念もその限界が現れ出る地点――これはあらゆる概念の彼方なのだ――へと導かれてしまう、そういう瞬間をめざして学問を使用する。真の賢人の学問の使用はそのようなものなのだ」［Bataille 1988＝1994: 256、傍点はバタイユ］。さらに「覚醒は、知の作用のなかに非－知の瞬間を挿入するのである」［Bataille 1988＝1994: 257］と述べている。

［8］ 本章が、論理と推論、抽象と直感に基づく思考実験でありながら、ソクラテスという歴史的実在の人物を取りあげたことについて、一言述べておこう。ソクラテスという歴史上の人物の言動を手がかりにしながらも、ソクラテスを一般名称として複数形の「ソクラテス」とすることで、プラトンやクセノフォンらによって描かれた歴史的ソクラテス像とは異なる、純粋贈与者としての「最初の先生」の原像としての「ソクラテス」を描くことを試みた。この「ソクラテス」という人物を、原像として取りだすことによって、ニーチェの造形したツァラトゥストラも、さらには次章で詳しく述べることになる漱石の『こころ』に登場する「先生」も、さらには漱石自身をも、純粋贈与者としての「最初の先生」として捉えることがはじめて可能になる。「ソクラテス」のモデル化にあたって、史料やテクストの恣意的な使用に陥っていないかどうかの判断基準は、本章で描かれた「最初の先生」の原像としての「ソクラテス」から、従来の歴史的ソクラテスの研究にたいして、どれだけ豊かな解釈の可能性や新たな問いを、提示することができるかにかかっている。「なぜソクラテスはわざわざ広場や四つ辻にでて人々を対話へと引き込もうとするのか」、「なぜ無知の知が根拠なしであるにもかかわらず根拠となりえるのか」、「一体ソクラテスはなぜ対話という形式を選択したのか」、「ソクラテスの対話はなぜ覚醒を促すのか」、「ソクラテスの権威はどこからやってくるのか」……ソクラテスをめぐるこれらの問いにたいして、本章では、純粋贈与者としての「最初の先生」という観点から答えようとした。人間学的想像力を駆使して思考を極限に向けて進めるという思考実験という趣旨から、プラトンのテクストについて、一切注記していないが、参考のため本章と関連するプラトンのテクストの該当箇所を提示しておく。ソクラテスとの対話が、対話者にとってどのような体験であったかについては、『メノン』のなかのメノンの証言［80B］、『饗宴』のなかのアルキビアデスの証言［215–218］、ニキアスの証言［187E–188］を参照。産婆術については、『テアイテトス』［149–151C］を参照。また、ソクラテス（プラトンというべきか）が「書くということ」についてどのようにみていたかは、『パイドロス』［274–277］を参照（以上のプラトンの著作の角括弧［ ］内は頁数ではなくステファヌス版の数字である）。もっともこの「書くということ」については、デリダが明らかにしているようにそれ自体が問題を孕んでいる［高橋 2003: 50–114 を参照］。

## 第2章 先生と弟子の物語としての『こころ』

［1］ ジラールは、欲望模倣における媒体の存在を映しはするがその存在を解明することのない作品を、「ロマンティーク」的作品と呼び、それにたいして、そうした媒体の存在を解き明かす作品を、「ロマネスク」的作品と呼んでいる［Girard 1961＝

1971: 18]。例えば、セルバンテス (Cervantes Saavedra, M. de) やフロベール (Flaubert, G.) やスタンダールの作品はロマネスク的作品である。本章の考察からも明らかなように、漱石の『こころ』もロマネスク的作品ということができる。

[2] 漱石の門下生の一人である小宮豊隆は、漱石研究の古典となった『夏目漱石』のなかで、『こころ』の先生と漱石とを重ね合わせながら、この引用箇所を捉えて、「この先生の言葉は、漱石が若い弟子どもによって嘗めさせられた、苦い経験を背景としている」[小宮 1987b: 232、傍点は小宮] と述べている。『こころ』についての小宮の解釈自体は納得しがたいが、「先生」としての漱石と弟子との関係を考えるうえでこの指摘は興味深い。このことについても次章においてふたたび取りあげることになる。

[3] ジラールの欲望模倣論の図式をもとに、『こころ』を先生と弟子との関係として読み解いたものに、作田啓一の『個人主義の運命』[1981: 134–147] がある。この節の解釈はこの優れた本に負っている。

[4] 「先生」を自分の人生の師と考える青年は、「先生」の過去の謎に興味を示す「魂の探偵」[吉本 1986: 86] でもある。もちろんこの「私」の熱心な「探偵」ぶりに、媒体にたいする主体のルサンチマンの感情を読みとることもできる。また『こころ』をミステリーとして読む試みとして、平川祐弘「ミステリーとしての『こころ』」[平川・鶴田編 1992: 32–65] 参照。

[5] 「先生」が「明治の精神」に殉じて自殺するという箇所は、これまでの『こころ』研究において謎としてしばしば取りあげられてきたところである。「明治の精神」が何を指しているかがテクストのなかで明示的には何も示されておらず、実際のところ「先生」によってどのように評価されているのか明らかではないからである。このテクストを離れて作者の漱石の思想からアプローチしようとしても、「明治の精神」にしても、乃木夫妻の殉死についても、漱石の評価を見定めることは困難である。鷗外は、この夫婦の殉死に深い衝撃を受け、その日記に乃木大将夫妻のことを記しただけでなく、殉死小説『興津《おきつ》彌《や》五《ご》右衛《え》門《もん》の遺書』(一九一二年) を書きあげたことが知られているが、漱石の反応は、日記にも残されていない [荒 1984, vol. 5: 333–344]。たしかに講演「模倣と独立」(一九一三年) において、漱石は乃木の「至誠」を評価しているようにもとれる発言をしているが、乃木の殉死を全体としてどう評価していたのかについては不明である。またたとえ作者としての漱石が、乃木の殉死を評価していたとしても、「先生」の思想がそれと異なることは当然あるわけで、その意味でも、「明治の精神」が何を指しているかは、『こころ』というテクストにおける「先生」の死の解釈を、テクスト全体の文脈のなかで捉えることを通して、推測するしかない。本章では、「先生」の自死をKの自殺への贖罪としてではなく、「私」への贈与として解釈している。したがって、「明治の

精神」をこの解釈の延長線で、江藤淳のいうような「伝統的倫理」［江藤 1979（1974）：233–239］ではなく、「真面目」を心的な動因とする個人主義の精神として捉えている。

［6］ 漱石は、明治四〇、四一年頃の『日記・断片』のなかで、悲劇について論じ、次のように述べている。「余思フニ tragedy ハ人ヲ真面目ニスル。（是は《ママ》誰モ異議ハアルマイ）然シソレガ何故 great ニナルカ。真面目ニナッタ時始《ママ》メテ人間の moral being ガ活動スルカラデアル」［夏目 vol. 19: 355］。このような使用法からも、「真面目」という言葉が、漱石にとってどれほど深い事態を指しているかを伺い知ることができる。それにしても、私たちは、この「真面目」をめぐる「先生」と「私」との人格的な関わりを前にして、違和感を感じないではおれない。師の人生を知ろうとするこの恐るべき「真面目」さはどこから来るのか。この違和感は、明治期における先生と弟子との関係と、今日私たちが経験している先生と弟子関係との差異として理解することができる。この差異が何であるかを考えるのに、唐木順三の『現代史への試み――型と個性と実存』（一九四九年）がヒントを与えてくれる。唐木はこの論文において、明治期以降の日本の人間形成の精神史を論じたなかで、江戸時代における漢籍の素読を中心とする「修行」から、古今東西の書籍を黙読する「教養」へと変質していく過程を、「型」から「個性」への変容の過程として描いている。唐木は、江戸末期から明治初年に生まれた夏目漱石・幸田露伴・西田幾多郎らを、「素読派」と呼んでいる。その名前の通り、彼らは幼少期より四書五経の漢籍を聖なる原典として師の後について素読することによって、自己形成した世代である。つまり、この世代は、儒教道徳あるいは武士道を、師と仰ぐ特定の人物との深い交流において、「型」として学び、「修養」「修業」によって自己形成していった世代だというのである。漱石の「真面目」は、このような特定の人物を師と仰ぐ「修養」「修業」と、深く結びついているといえる。

［7］ 瀧澤克己は、「漱石の『こころ』と福音書」（一九四一年）において、「先生」をイエスに、そして『こころ』を福音書に見立てている。筆者は『自己変容という物語』（二〇〇〇年）において、ソクラテス・ブッダとともにイエスもまた純粋贈与者であることを論じた。そうしてみると、瀧澤の論は本章での考察と共通しているといえよう。しかし、瀧澤は『こころ』をキリスト教の文脈に取り込んでしまうために、瀧澤の解釈には、「先生」が「弟子」に追い込まれることによって純粋贈与者となり、また「弟子」はその「先生」からの贈与によって「先生」の限界を超えるという、自己変容のダイナミズムの議論が欠けている。本章は純粋贈与者の供犠というより普遍的な文脈で、『こころ』における師と弟子との関係の理解を求めている。

［8］ 小森陽一によると、「私」は「先生」のたんなる反復者としてではなく、「先生」の限界を超えて「先生」の生を差異化し、

『こころ』という手記を書く者として生まれ変わったと述べている［小森 1988: 428］。これは重要な指摘である。しかし、私たちにとって重要なのは、なぜ「私」にそのような変容が起こったのかということである。これが本章で明らかにすべき教育人間学の課題のひとつである。

## 第3章 「先生」としての漱石

［1］ 明治以降の人間形成の歴史をみたとき、明治期の後半には、明治第一世代ともいうべき内村鑑三（一八六一―一九三〇）、新渡戸稲造（一八六二―一九三三）、岡倉天心（一八六二―一九一三）、夏目漱石（一八六七―一九一六）、正岡子規（一八六七―一九〇二）といった巨星のように輝く人格的に大きな影響力をもつ師が出現し、彼らを中心に彼らに心酔した青年の弟子が集まった師弟のサークルが数多く存在していた。そのようなサークルは、たんに師の感化力だけではなく、師弟の縦糸とともに友情の横糸とが折り合わされることによって、大きな人間形成力をもっていたといわれる［高橋 2001: 34］。これらのサークルが、それぞれの師の個性によって異なった性格をもっているのは当然にしても、師弟関係の在りように師の個性の差異を超えた深い類似性があるように思われる。そして、この師弟関係は、それ以降の日本人の人間形成の歴史においてたえず振り返られ、近代日本における師弟関係を考えるときの原像となってきた。

　漱石の周辺には、「漱石山脈」（本多顕彰）と呼ばれるように、五高時代の教え子である寺田寅彦（一八七八―一九三五）をはじめ、才能に溢れた多くの年下の弟子たちが集まっていた。彼らは頻繁に漱石のもとを訪れ、漱石にさまざまな悩みや問題を相談し、また文学や思想について議論した。あまりに訪問者が多いために、漱石は一九〇六（明治三十九）年より鈴木三重吉の案をいれて、弟子たちとの面会日を毎週木曜日と定めた。そのためこの談話会は、後に「木曜会」と呼ばれるようになった。木曜会のメンバーには次のような人々がいた。誕生年順に並べると、松根東洋城（一八七八―一九六四）・橋口五葉（清）（一八八〇―一九二一）・森田草平（一八八一―一九四九）・鈴木三重吉（一八八二―一九三六）・中川芳太郎（一八八二―一九三九）・安倍能成（一八八三―一九六六）・野上豊一郎（一八八三―一九五〇）・阿部次郎（一八八三―一九五九）・小宮豊隆（一八八四―一九六六）・中勘助（一八八五―一九六五）・内田百閒（一八八九―一九七一）・和辻哲郎（一八八九―一九六〇）・赤木桁平（一八九一―一九四九）らがいる。また死の前年の一九一五（大正四）年十一月には、新たに久米正雄（一八九一―一九五二）・松岡譲（一八九一―一九六九）・芥川龍之介（一八九二―一九二七）らが木曜会に参加している。もっとも寺田寅彦のように、別格としてこの会とは別の日に漱石のもとを訪れていた者もいたが、面会日を決めることによって、漱石はどの弟子たちとも平等に接することが可能となった。奥野健男は、「漱石火山脈」（一九五八年）のなかで、漱石の弟子を次の三つのグループに分けている［奥野 1976 (1958), vol. 1: 42-52］。第一グループは、松山中学校時代の生徒である真鍋嘉一郎（一八七八―一九四一）・松根東洋城ら、五高時代の生徒、寺田寅彦・野間真綱（一八七八―一九四五）・野村伝四（一八八〇―一九四八）らの古くからの人々で、門下生というより友人と呼ぶべき人々。第二グループは、東大の教え子を中心とする人々、鈴木三重吉・森田草平・小宮豊隆・野上豊一郎・安倍能成・阿部次郎・赤木桁平・中川芳太郎らの最も親しい人々である。そして和辻哲郎・内田百閒・武者小路実篤（一八八五―一九七六）・江口渙（一八八七―一九七五）を経て、第三グループは芥川龍之介・久米正雄・松岡譲等の、晩年の漱石の周囲に集まった人々である（奥野は断っていないが、この分類は同年に発表された中野好夫の「漱石とその門下生」（一九五八年）に基づいている［中野 vol. 8: 70］）。ところで、漱石と弟子との関係について、奥野は次のように書いている。「鈴木三重吉、和辻哲郎はじめ、森田草平、小宮豊隆などへの（漱石の）手紙を読むと、荒正人のいうように、そこにホモ・セクシュアルな感情が流れているのではないかと思いたくなるほどだ。ソクラテスが偉大な哲学者であるとともに同性愛的に弟子たちを愛し、指導した教育者であったことと、同じような傾向が漱石にも認められるように思える」［奥野 1976 (1958), vol. 1: 45、括弧内は矢野］。この漱石とソクラテスとの類似性は、本書で示されるように、奥野が考えている以上により深いところにある。

［2］ 漱石と弟子との関係を論じるときの第一次資料は、漱石と弟子の間で交わされた手紙類である。それらは後の回想録や伝記のように、弟子の使命感や負債感による神話化を受けていないだけ、師弟関係の動態をよく示している。漱石は受け取った手紙類をそれほど注意深く保存してはいなかったが、漱石から弟子たちに送られた手紙類は、当然、弟子たちによって大切に保管されていた。残された漱石の手紙を読むと、鈴木三重吉や森田草平や小宮豊隆といった弟子たちに、漱石は驚くほど細やかな配慮に溢れた手紙を頻繁に書き送っていたことがわかる。師弟関係を贈与関係で読み解くことを目的とする本書では、漱石と弟子それぞれにたいする個別の関係を取りあげてはいないが、これらの手紙類の読解が重要であることはいうまでもない。先の註にも取りあげた中野好夫の「漱石とその門下生」は、漱石の手紙をもとに、漱石がこの三重吉・草平・豊隆の三人の弟子にたいしてどう関わっていたかを明らかにした優れたエッセイである。

［3］ 近代において、子ども期が生まれると同時に、子ども期と大人との境界線に位置づく青年期が登場したというのは常識に属

するものとなりつつあるが、日本の歴史のなかで「青年」がいつ登場したのかには諸説ある。しかし、明治二〇年代において青年という人生の一時期が顕在化されたということは間違いない。「青年」という言葉は、一八八〇（明治十三）年に、小崎弘道がYMCAの"Young Men"の訳語として「青年」を当てたことからはじまったといわれ、徳富蘇峰の『新日本之青年』や雑誌『国民之友』によってこの言葉が広められ、北村透谷、国木田独歩らによってその内実が形づけられたという［木村 1998, 三浦 2001］。「青年」とは、理想をもつが十分な経験をもたないために、人生上の諸問題に直面して苦悩し挫折を経験せざるをえない。このような青年の苦悩と陶酔の生活は、師弟関係と恋愛関係と友情関係という三重の関係に関わっている。明治四〇年代には、このような青年が主題化され、さまざまな小説が出版された。漱石は、青年を主人公にした小説『三四郎』（一九〇八年＝明治四十一年に発表）を執筆するにあたり、いくつかの題名を考えたが、その候補のなかに『青年』という題名もはいっていたといわれる［江藤 1996, vol. 4: 163］。また森鷗外は、漱石の『三四郎』を意識しつつ、『青年』（一九一〇年）という題名の小説を描いている。その他にも、同時期に島崎藤村の『春』（一九〇八年）、正宗白鳥の『何処へ』（一九〇八年）、田山花袋の『田舎教師』（一九〇九年）などが出版されている［北村 1998: 149］。「青年」は注目されるべき社会的現象であったのだ。漱石が向かい合ったのは、近代学校制度の確立後に登場したこのような「青年」たちであった。

しかし、漱石自身が、明治一〇年代末から二〇年代に、「青年」を経験していたことは重要である。日本の近代学校制度は、一八七二（明治五）年の学制の制定にはじまる。一八六七（慶応三）年生まれの漱石は、戸田学校下等小学、東京府立第一中学校正則科というように、明治以降に誕生した近代学校システムで学んだ最初の世代である。もっとも、近代学校システムは、完全には整備されておらず、漱石は大学予備門に入学する前に、漢学塾二松学舎に行ったり、大学予備門の受験のために英学塾成立学舎に入学したりもしている。しかし、近代学校システムで学んだということは、漱石の世代をそれまでの世代と異なった世代として特徴づけることになる。この差異のなかでとりわけ重要なことは、大学予備門（のちに第一高等中学となりさらに旧制の一高となった）・帝国大学において、それ以前の世代では考えることのできないことだが、漱石が藩や身分の違いを超えて同年代の「青年」たちと友情を育んだことである。その意味でいえば、漱石自身が日本で最初の近代的な意味での「青年」であったといえる。このような漱石の経歴をみるとき、唐木順三がいうほどにはこの素読世代が特定の師との人格的な関わりをもっていたわけではないように思われる。むしろ、「時代の大きな変わり目に生い立ち、世の先頭を切って進んだ気概の年齢層という共通性がそなわっていた彼ら（鷗外、天心をはじめとし明治初年の頃までに出生した文人・思想家）は、概していうと、師をもつ代わりに友をもった世代であった。また青年期がすぎて壮年となってからは、自らが師となって、後からやってくる若者たちを弟子としてもった世代ともいえた」［高橋 2001: 45–46、括弧内は矢野］という高橋英夫の説明の方が正確に思える。ただ、明治一〇年代末から二〇年代に青年期を過ごした漱石らの世代が、漱石の弟子となる明治四〇年代の青年たちと決定的に異なる経験をしていたことも事実である。

彼らは、原典としての「四書五経」の音読を通して漢文の素養を身につけた最後の世代と言い表すことができる。唐木は音読を通して学ぶ在り方のなかに、身体を通した先生と弟子との型のやりとりをみているが、それよりは、前田愛が述べるように、漢籍の素読の反復が文章の響きとリズムの型を身体化したことが重要であるように思える［前田 1993（1973）: 181］。漱石が晩年に盛んに作った漢詩はもとより、漱石の日記などにしばしばみられる漢籍からの引用などからも、漱石の身体に漢籍の素読による響きとリズムが深く刻印されたかを伺い知ることができる。このような「型」から来る思考の作られ方（それは本書第11章でみるように礼儀作法から道徳の観念にまで及ぶものである）が同時に、社会や世界への構えを形成していたのである。漱石世代の青年期にとってもう一点重要なことは、柄谷行人が指摘しているように、明治一〇年代初頭にありえた「明治維新」の多様な可能性が十年代末には閉ざされたことである。西南戦争（一八七七＝明治一〇年）の敗北、自由民権運動の崩壊によって、青年は一種のアノミー状態におかれた。そして政治的な闘争に敗れた青年は「内面あるいは精神の優位をかかげて世俗的なものを拒否することで対抗しようとした」のだという［柄谷 2001: 495–496］。

中村光夫は、「漱石の青春」（一九四五年）において、注目すべきことを述べている。「すなわち彼（漱石）が当時の青年あるいは広く近代日本の知識階級の知的な病弊を正確に描いて誤らなかったのは、彼自身が医者である前にまず病人であったからである。この意味で先に述べた彼の性格の弱点は、やがて独創に通ずる真実の新しさであった。／そして彼と二十年後に輩出した『新しい』病人たちとの違ひは、まづ何より彼が自分の病気に本当に苦しみ、その治癒を痛切に希ふ病人だつたといふことである。これはいはば明治二〇年と四〇年との世代の性格の差であるが、漱石が建築家でなしに文学者になつた所以もまたここに存するのである」［中村 vol. 3: 156、括弧内は矢野］。この青年を襲った事態を、北村三子は『青年と近代』（一九九八年）において、近代の「表象機械」としての訓練がもたらした他者との共振性や一体化の衰弱の病として捉えた。北村の関心は、本書の主題と近いものといえるが、漱石の評価が大きく異なっている。漱石がそのような病にとりつかれているという北村の指摘は、その通りであるが、北村がいうように、漱石はそのような病の姿をたんに描いたのではなく、その病が近代の文明化に由来していることにより自覚的であり、その病の克服を創作活動と人生を賭けて目指していた。この事態における漱石の評価は、彼の文明論をどのように読むのか、修善寺の大患以後の思考の転回をどのように捉えるのか、またその結果としての「則天去私」の境地をどのように評価するのか、といったことと結びついている。

［4］　上田閑照にしたがうと、漱石は大患のときに体験した原郷としての「我なし」に戻ろうとする［上田 1997：220］。この上田の解釈は、小宮豊隆が『夏目漱石』で述べた修善寺の大患の解釈の系譜に位置づく。小宮はこの大患を漱石の転回と捉え、漱石はこの大患のなかで「天賚《ブリス》」を感じ、それ以後の漱石の人生はこの「『天賚』への郷愁」であったと述べている［小宮 1987b (1938)：103–115］。それではなぜ漱石は修善寺の大患の体験に繰り返し戻ろうとするのか。その理由について小宮も上田も明らかにしていないが、私見によれば、これまでも何度か述べてきたように、大患における「死」が経験のように物語として完結できるものではない非‐知の体験だったからである。自他の境界線が失われたこの「臨死体験」は、死と生の境自体をも失わせている。すでに序章で述べたように、私たちは自分の死を経験することができない。この臨死体験は過剰なものとして完結することなく反復される。ここに贈与と同様の出来事＝体験の反復を見ることができる。そしてこのように理解するなら、この修善寺での出来事と、第7章で詳しく述べる語りえぬこととしての贈与とが、深く結びついていることがわかる。

［5］　漱石についての思い出や追憶や回想といったものが多数書かれた理由は、なにより小説家としての漱石の人気の高さと結びついて、出版社や雑誌社から執筆を求められたことにあるのは間違いない。しかし、書き手を内側から促しているものは、故人にたいする喪の作業、弟子としての使命感、弟子間による自分が漱石を占有したいというライバル意識、さらに弟子としての師の贈与にたいする負債感に見ることができる。もちろんこのような感情は複合的なものであり、弟子当人にとっても区別できるものではなかった。重要なことは、喪の作業としてみるなら、死という奇跡的な出来事にたいする反復であり、また負債感としてみるなら、死によって返礼が閉ざされた債務者による終わることなき返済の反復であるが、いずれにしてもそれ自体が反復のテーマと強く結びついていることである。これが同じ著者が何度も漱石のことについて書き続けた理由である。

［6］　小宮豊隆と森田草平、この両者の対抗心はさまざまなところに表現されている。小宮豊隆は、森田草平とともに自分が修善寺の大患以降、漱石を軽んじ始めるようになったことを『夏目漱石』（一九三八年）に書き、また「木曜会」（一九五〇年）にも書いている。小宮自身の懺悔の文章ともいえるが、漱石を軽んじた弟子の中心人物を森田草平にすることで自己弁護の文章ともなっている。例えば「木曜会」では次のように述べている。「先生を古いと言つたり、先生を『老』と言ひ『翁』と呼んだりす

る気持ちに私がなつたのは、ひとつは森田草平の感化だつた」[小宮 1951: 23]。それにたいして、森田草平は『漱石の文学』(一九四六年)の「あとがき」において、次のように述べている。「漱石先生の作品の解説には、岩波版完本全集に添へられた小宮豊隆君の解説がある。これは同君が多年の良心的研究に成つたものであり、完本に添へられたものでもあるから、完本的解説とも云はるべきであらう。それがある以上、私の鑑賞や解説など改めて世に出すまでもないやうな気がしないでもない。が、私も作者にならうとして、多年先生に師事した一人である。そして、作者には又作者の見所があるべき筈である。とすれば、用意周到な学者の解説以外に、直観的な作者の鑑賞と解説といふやうなものがあつてもよくはあるまいか。これが本書のレイゾン・デートルを主張する所以である」[森田 1946: 361–362]。また二年後に出版された『漱石先生と私』の「序引」においても、小宮豊隆との違いが強調されている。「敢えて云ふ、私には小宮君の『夏目漱石』のやうな周到にしてそつのない仕事が出来ないと同じやうに、小宮君には私の『漱石先生と私』は書けないと。それはたゞ私のやうにすぐに裸になつて踊り出すことの出来る人間にして始《ママ》めて出来ることである」[森田 1948: 3]。このように二人の間の漱石を独占しようとする競争は、漱石の死後も続いた。しかし、このような漱石を占有しようとする競争は、この両者でのみなされたわけではなかった。例えば、漱石の死後の最初の岩波書店『漱石全集』の編集において、鈴木三重吉や小宮豊隆は、芥川龍之介や久米正雄といった「新思潮」に関わる新しい弟子たちを、編集委員から排除した。また久米正雄と松岡譲ら若い弟子たちの間では、別の形をとってライバル関係が作られた。それは誰が漱石の長女筆子と結婚するかという競争であったが、このことも誰が漱石の後継者となるかという漱石の占有のテーマと無関係ではなかった。結局、松岡譲が筆子と結婚し、競争に敗れた久米は、そのことを『こころ』のKと「私」と静との関係になぞらえるかのように小説『破船』(一九二二年)に書くことで、作家としての名をあげることになる[小森・石原編 2000: 140–154]。

[7] 「(大正教養主義における)教養の観念は主として漱石門下の人々でケーベル博士の影響を受けた人々によって形成されていった」[三木 1966 (1941), vol. 1: 387、括弧内は矢野]と三木清が述べているように、漱石と並ぶ同時代のもう一人の師ケーベル(Koeber, R. v. 1848–1923)の思想的・人格的な影響力を考える必要がある。ケーベルは、一八九三(明治二十六)年に招かれて以来、二十一年間にわたり帝国大学(九七年より東京帝国大学に改称)で哲学を講じた。漱石も大学院時代にケーベルの講義を受講したことがある。漱石は安倍能成に連れられてケーベルのもとを訪れたときの印象を「ケーベル先生」(一九一一年)に書いている。そのなかで漱石は「文科大学へ行って、此所で一番人格の高い教授は誰だと聞いたら、百人の学生が九十人迄は、

数ある日本の教授の名を口にする前に、まづフォンケーベルと答へるだろう」［夏目 vol. 12: 465–466］と述べている。阿部次郎や和辻哲郎らは、漱石門下であると同時に、ケーベルの人格的影響を強く受けていた。例えば、阿部は「ケーベル先生の言葉」（一九三七年）のなかで、「今日にいたるまでたゞ『先生』と呼ぶとき、私の意味するものはきまって夏目先生かケーベル先生かのいづれかである」［阿部 1960 (1937), vol. 10: 248］と述べているが、阿部次郎は漱石とケーベルという二人の師をもつことによって、師をもつという経験を小宮や森田とは異なったものにした。阿部は「夏目先生の談話 (Dichtung und Wahrheit)」（一九一七年）で、「自分はどんな意味でも先生（漱石）の門下生では」なく「『年少の友』にすぎなかった」［阿部 1961 (1917) vol. 7: 164–165］といっていることからも明らかなように、阿部は他方で漱石との関係を師–弟子関係として捉えられることを拒否してきた。漱石とケーベルという二人の師をもつことが孕む人間形成上の問題点については、唐木順三が「ケーベルと漱石――二つの椅子の間」のなかで分析している［唐木 1968, vol. 11、また竹田 2002: 126–137 参照］。

［8］　夏目漱石や内村鑑三といった明治第一世代における偉大な師の時代は終焉し、やがて青年たちのサークルは、友情を基調とするものに変わっていく（内村鑑三のサークルについてはサークルの一員であった正宗［1994 (1949)］、志賀［1999 (1941)］を参照）。例えば、「白樺」や「新思潮」は、その内部に漱石への熱烈な崇拝者がいたとはいえ、唯一人の師との親密な師弟関係によって作られたサークルではなく、むしろ友情を基盤としている［高橋 2001: 197］。教養主義が、古今東西の古典を黙読すること、自分より優れた人をすべて師と仰ぎ多くの師をもつことであるなら、教養主義は、唯一の師との人格的交わりを否定する自己形成の原理であるといえる。さらにそれに続く左翼運動は、このような教養を通して人格を完成しようという自己形成原理とは異なる領野を開いていくのである［竹内 2003: 55］。

### 第4章　贈与・死・エロスにおける先生と弟子

［1］　本書で試みるのは、「まっくらな孔（外部）」のひとつの現れである純粋贈与を中心主題として、死・他者・異界、あるいは供犠・蕩尽・歓待・エロティシズムといった、生成に関わる出来事を論じることで、交換を基調とした人間・社会・労働・経験・発達の概念によって作りだされてきた戦後教育学の教育的–教育学的マトリクスを、極限＝臨界点にまでもたらすことである。そのことによって、「生成としての教育」の可能性を開く「限界への教育学」に向けて突き進むことである。この戦後教育学のマトリクスと教育人間学のマトリクスとは、近代に開かれた「人間」の地平に立脚している点では共通している。このよう

に捉えるとき、「贈与と交換の教育人間学」という本書の主題自体が、パラドックスを含んだものであるといえよう。それというのも、贈与は、従来の教育人間学がテーマとしてきたような、他の人間学的事象に並びうるような人間の事象ではなく、人間を超える、あるいは人間を破壊する出来事であるところから、教育人間学が想定しているような「人間への問い」自体が、この贈与をテーマとすることで破壊されてしまうからである。贈与に関わることで、「人間のほうから教育を反省する」ことから翻って「教育のほうから人間を反省する」こと、あるいはその逆、という教育人間学の「往復運動」［氏家 1999: 13–20］することが可能となる反省の地平それ自体が、あらためて根底から問い直されることになる。このようにして、従来の教育的‐教育学的マトリクスに贈与を導入することが不可能であるのと同様、教育人間学が自ら変容することなしには、贈与について考えることは不可能なのである。序章6節で、なぜ「贈与と交換の教育人間学」は「限界への教育学」に向けての試みとならざるをえないのか、その理由を述べておいたが、いま述べた理由からも、「贈与と交換の教育人間学」は、それ自体「限界への教育学」へと向かわざるをえないのである。

## 第5章　子どもの前に他者が現れるとき

［1］　賢治自身が語るところによると、童話とは「少年少女期の終わり頃から、アドレッセンス中葉に対する一つの文学としての形式」［宮澤 vol. 12（校異篇）: 10］のことである。この「対する」というのは、「主題とする」という意味にもとれないことはないが、「読者対象」というのが妥当なところだろう。

［2］　一九〇七（明治四〇）年生まれで、小学校の教員も経験した民俗学者宮本常一は、このような明治以降に生じた学校と村の生活との間の子どもの生の矛盾を、『日本の子供たち』（一九五七年）のなかで次のように述べている。「学校へゆくことはよそへゆくような気持ちだった。家と学校との言葉づかいはすっかりちがっていた。村では方言ではなし、学校では標準語ではなすようにした。そのため村の雄弁者は、学校ではかならずしも雄弁ではなかった。……中略……多くの場合、学校教育は村の生活を野卑なものわるいものとして指導している。たとえば言葉などでも、方言はすべてわるい言葉として否定せられた。……中略……子供たちにとって一番不幸だったのは、学校で表彰せられる子と、村でほめられる子が一致しなかったことである。つまり標準がふたつあった。こういうことが、子供たちの考えを不安定にし、また表裏あるものにした点は大きかった」［宮本 1969 (1957), vol. 8: 50–51］。

［3］　宮澤賢治の自然観の思想的系譜について補足しておこう。賢治の思想の背後に賢治が深く帰依した大乗仏教の教えがあることは、研究者によってこれまで何度も指摘されてきたことである。もともと賢治の父政次郎が、浄土真宗の篤信家であったため、賢治は幼いときから浄土真宗に触れていたが、父から島地大等の『漢和対照 妙法蓮華経』をもらったことで、日蓮の信仰へと転向した。賢治の生命思想には、日蓮そして『法華経』の思想が色濃く影響を与えているといわれる。例えば、梅原猛は、日蓮の「山川草木悉皆成仏」の思想と賢治の思想との関係について述べている。

梅原によると、この思想は仏教に共通するものではなく、仏教史のなかでは最澄の「天台本覚思想」に由来するもので日本の仏教に特有のものであるという。最澄と南都仏教を代表する徳一《とくいつ》との間で、仏性論をめぐって論争が起きたことは、よく知られているが、その論争のなかで、成仏できるのは人間の一部にかぎられているとする徳一に反対して、最澄は、人間のすべてが、さらには人間だけでなく動物・植物そして山や川にいたるまで成仏すると論じた。梅原は、この最澄の思想は日本文化の思想的基盤である狩猟採集的世界観（縄文的世界観）に由来しているのではないかという［梅原 1993：352］。さらに梅原にしたがうと、日蓮は天台宗の本山である比叡山延暦寺で修行をし、最澄の後継者を自認していたが、日蓮はこの最澄の思想をもっと極限にまで推し進めているという。日蓮の思想の核心である「即身成仏」もまた、この「山川草木悉皆成仏」のなかで理解されるというのである。他方、神道の思想家・研究者である鎌田東二は、日蓮の思想には、神道と共通する自然観があることを指摘しているが、鎌田がいう神道とは縄文時代以前の旧石器時代から続く存在にたいする感受性の在り方だからである［鎌田 2000：80–81］から、これは梅原の説を別の視点から言い換えたものといえる。いずれにしても、梅原も鎌田も賢治の思想を『法華経』から捉えるとき、インド・中国の仏教とは異なり、賢治の『法華経』理解の背後に、縄文的世界観あるいは旧石器時代の世界観＝神道的な感性とのつながりを重視しているといえる。仏教の今日の可能性を描こうとする梅原猛と、神道の思想的な可能性を拓こうとしている鎌田東二が、宮澤賢治の文学に深い関心を寄せてきたのは偶然ではない。

輪廻思想をもつ大乗仏教の理念にしたがうとき、さらに縄文的世界観あるいは旧石器時代の世界観とつながる日蓮の「山川草木悉皆成仏」の思想にしたがうとき、人間と他の生物との差異は絶対的なものではない。それだけではない。さらに加えて賢治の自然観には、進化論のヘッケル（Haeckel, E. H.）の思想に基づく「万象同帰」の思想、そしてアインシュタイン（Einstein, A.）の相対性理論における四次元の思想に基づく往復可能な時間のイメージなどが結びあい、このことによって賢治特有のハイブリッドな世界構成を可能にした［見田 1984：189］。このような自然科学的な知識を学ぶことと、観察や実験の技術を学ぶことで、彼の生命の思想は時間的にも空間的にも、あるいは次元においても、大きな広がりと多次元性をもつことになった。賢治は、地表に露出した泥岩を見て、その土地に歴史的時間以前の地質学的時間を読みとることができたし、アリの歩哨の眼の前で急速に生長していくキノコの生物学的時間を見ることもできたのである。つまり「山川草木」の生成を捉えることができたのである。

［4］ 例えば、動物が登場する絵本は、子どもが共同体の外部の他者（動物）に出会うメディアとして捉えることができる。これに関しては、拙著『動物絵本をめぐる冒険――動物-人間学のレッスン』（二〇〇二年）を参照［矢野 2002］。またこのテクストのメディア分析がもつ教育学的な意味については、今井康雄［今井 2004: 33-38］を参照。

［5］『銀河鉄道の夜』の異稿群の存在がよく知られているように、賢治の多くの作品において、異様なまでの徹底的な推敲によって、異なったバージョンがいくつも生みだされている。賢治全集の編集にあたった入沢康夫は、『新修 宮沢賢治全集 第二巻』（一九七九年）の「後記（解説）」において、次のように述べている。「（賢治の作品においては）仏教的な輪廻転生・生成流転の思想と当時の科学思想の最先端である四次元時空の考え方とを合体の上に、作品の絶対性、一回かぎりの決定的完成の神話がうち崩されているのだ。時間の軸にそって、賢治の作品は生成し、変貌し、転成し、分離し、合体し、再転生していく」［入沢 1979: 359、括弧内は矢野］。賢治の作品は、ひとつの物語として完結することがないということもできよう。このことが、賢治童話を「生成する物語」とするもうひとつの理由である。第7章では、ときによって賢治の作品が、物語であることを止め、出来事そのものになる理由が語られることになる。

## 第6章 異界が子どもを引き寄せるとき

［1］ 一九二三（大正十二）年、兄の賢治から、作品（『風の又三郎』『ビヂテリアン大祭』『楢ノ木大学士の野宿』など）を雑誌社に見せるようにと預かった宮沢清六は、それを『婦人画報』の東京堂に持ち込み、当時婦人画報編集部員だった小野浩に見せるが掲載を断られた。小野は、後に『赤い鳥』の編集者となり、自ら童話も発表することになる人物であり、また東京堂は、児童雑誌『コドモノクニ』の発行元でもあったが、賢治の作品は、ここでも評価されなかったのである［宮沢清六 1991（1987）: 90-91、堀尾 1991: 167］。

［2］ このような賢治の擬人法は、第5章の註［3］で述べたような思想的背景から理解することができる。ここではアインシュタ

インの相対性理論の影響について補足しておこう。このことについては、一九二二（大正十一）年のアインシュタインの来日の日本の文化と思想への影響を広範に論じた金子努『アインシュタイン・ショックⅡ——日本の文化と思想への衝撃』（二〇〇五年）が参考になる。このなかで、金子は、「さらに抽象的な相対論的時空では、従来の擬人法はまったく一掃され、人間は非中心化され微分化されていることも知っておく必要がある。人間が自分の立場を宇宙の中で特別なものとして要請する根拠は、コペルニクスの攻撃に揺れ始めていたが、いまやアインシュタインの時空の前でまったく失われてしまうのである」［金子 2005b: 255–256］という重要な指摘をしている。これ自体は文学上の擬人法を論じた文章ではないが、金子のアインシュタインの相対性理論とベルクソンの時間論と賢治の思想との考察は、本書で論じた逆擬人法の解釈にも関わるものである。

［3］このことについては、『ビヂテリアン大祭』のなかの、「動物心理学」「生物分類学」「比較解剖学」といった科学の名のもとに肉食を正当化しようとする場面を参照。「科学」がもつ政治的な機能についての賢治の思想を理解することができる。

［4］動物を人間とみなし、人間を動物とみなす、この擬人法の果てに一体何が起こるのか。例えば、賢治が亡くなった一九三三（昭和八）年、無益な苦痛を与えることを禁じ動物の取り扱いを合理的に規定した先進的ともいえる「動物保護法」が、ナチスによって制定された。歴史学者サックス（Sax, B.）は、『ナチスと動物』（二〇〇〇年）において、この一連のナチスの動物政策が、動物と人間との境界線を曖昧にし、ユダヤ人の収容所でのホロコーストにつながっていくプロセスを明らかにしている［Sax 2000＝2002］。

［5］宮澤賢治の文学における植民地と擬人法との関係の重要性を指摘したのは、西成彦である［西 1997、また小森 1996 も参照］。本節はこの西の指摘を基に教育学の文脈に即して論じている。しかし、次節でも明らかなように、本章における賢治の擬人法の理解と評価は西のそれと異なっており、むしろ本章の眼目は、賢治の擬人法を逆擬人法と捉えることによって、賢治の擬人法に他者との新たな関係の可能性を見ようとするところにある。

［6］『タネリ……』は、筋が類似している『若い木霊』と同名のタネリが登場する『サガレンと八月』とを合わせて改作したものである。『サガレンと八月』では、母親の禁を犯したために、タネリは「ギリヤークの犬神」に捕まってしまう。ちなみに「サガレン」はサハリンのロシア読み、「ギリヤーク」というのは、カラフト北部から黒竜江《アムール》沿岸に住む漁業と狩猟を生業とする蒙古人種系の少数民族のことである。賢治は、一九二三（大正十二）年八月三日から一週間足らずではあるが、カラフトに滞在したことがある［原 2000：295–296 参照］。『タネリ……』と『若い木霊』『サガレンと八月』との関連については、入沢康夫

『若い木霊』の問題」『宮沢賢治――プリオシン海岸からの報告』（一九九一年）所収を参照［入沢 1991］。

［7］ 賢治と『赤い鳥』との間の日本の植民地主義をめぐる言説空間の差異を論じたものとして、安藤恭子『宮沢賢治〈力〉の構造』（一九九六年）を参照［安藤 1996: 11–81］。安藤によれば、言説の生産・受容の観点から捉えるとき、『赤い鳥』は進化論に立つ人種の序列化を認め、帝国主義のディスプレイを子どもに送りつけ、子どもに無意識に再生産させるものであったという。そうだとすると、ここから三重吉による賢治の『タネリ……』評価の理由を推測することもできるだろう。しかし、本書の中心はこのような『赤い鳥』との差異を生みだした賢治の生の技法にある。

## 第7章　交換の物語と交換の環を破壊する贈与

［1］ サーリンズは「（贈与）交換」と「互酬性（reciprocity）」とを同義とみなしているが、伊藤幹治は、この両者を区別するように提案している［伊藤 1995: 21–38］。伊藤によると、贈与交換論の文脈では、交換が「自己と他者の与える、受け取る、返すという行為に関わる概念」であるのにたいして、互酬性は「こうした行為を体系的に規定する自己と他者の関係にかかわる概念」であるとして両者を区別している［伊藤 1995: 242］。

［2］ 例えば、看護と感情との関係を論じて、武井麻子は『感情と看護』（二〇〇一年）において、「本来、感情は人間どうしのあいだで、やりとりされるものです。そして相手と自分とのあいだにギブアンドテイクの関係が成り立ち、感情が等価交換されるときには、私たちはとりたてて意識せずやりとりすることができるのです。たとえば、ふだんの人間関係でも、親切やいたわりに対して感謝が返されれば、関係はうまくいきます」［武井 2001: 49］と述べ、感情の「等価交換」の重要性を展開している。教育・看護・福祉、このような人間援助に関わる領域は、これまで「愛」の名の下に援助に関わる人々に過酷な「感情労働（emotional labour）」が強いられてきた領域である。教師や看護師に見られるバーンアウト現象は、そのような病理現象のひとつである。武井には、看護においてそのような感情労働の規制を明らかにし、新たな人間関係を築き直そうとする問題意識がある。その意味で、武井が贈与ではなく交換を強調したい理由は十分に理解できるが、反対に、そのことで看護の中心を見失う可能性がある。ここでも理論的な課題は、贈与と交換の関係を正確に論じるところにある。ボランティア理論にも同様の課題を見つけることは困難なことではない。ボランティア理論については、第10章の註［1］を参照。

［3］ ガブリエル・マルセルの『存在と所有』（一九三五年）での議論からも明らかなように、贈与論は交換論との関係で議論さ

れるだけでなく、所有論とも深く関係している。所有の問題は、所有している主体が反対に所有物によって所有されるという疎外論として議論される［Marcel 1935＝1971］。このような疎外状況からの脱出の途は、所有の究極において贈与に反転するしかない。また近代の所有論は、近代的自己とともに発展してきたが、その文脈から言い換えるなら、贈与は近代的自己を支えてきた理性や意識を破壊するものとしてあり、その意味でも所有論と贈与論とは対極に位置しているといってよい。したがって近代的な枠組みが崩れつつある今日、所有と贈与をめぐる議論は、具体性をもった問題として迫ってくる。例えば、臓器移植の問題は、この所有と贈与をめぐる議論のひとつである。このような近代の所有論がもつ問題点については、鷲田清一の議論を参照［鷲田 1998］。

［4］「贈与」にあたる英語の"gift"、ドイツ語の"Gift"には、贈り物を意味すると同時に毒の意味もある。「貝の火」はこの両面価値的な意味でのギフトにほかならない。また後にでてくる「プライスレス（priceless）」の両面価値的意味にも注意。プライスレスとは値のつけられないほど極めて貴重であるとともに、評価に値しない値打ちのないことでもある。いずれの場合も交換の環からはずれることには変わりない。

［5］「貝の火」「父親」「ホモイの夢」そして「昼間のホモイ」、この四者はホモイの行いにたいして異なった判断と評価をくだしている。しかし、さらにこの四者の外部に、ホモイの傍らでいかなる判断も評価もくださず生命の営みを繰り返す「自然」が存在している。本書第7章2節に引用した「つりがねさうは『カン、カン、カンカエコカンコカンコカン。』と朝の鐘を高く鳴らしました」といった文章が、作品のなかに数回登場するのだが、この文章が挿入されることによって、ホモイの行いの善悪とは一切関係なく、自然がホモイの存在すべてを受け止めていることが暗示されている。このことは自然の贈与的な性格とも関係する。そのことによってホモイへの罰が何かしら新生を予感させるものになる。宝珠を失い眼を失うことは、交換の環のなかでの義務からホモイが解放されたことを意味しており、ホモイの新しい時間のはじまりを描いているということもできるのだ。

［6］「タリオンの掟」は、モーゼがヤーウェから与えられた「目には目を、歯には歯」の同害報復法の掟である。また「ラダマンチュス」は、死者の審判者の一人とされ、「目には目を」という直接的に同一なものをもってする報復を審判の原理としたといわれる。ピタゴラス学徒の正義とラダマンチュスの正義との関係については、アリストテレスの『ニコマコス倫理学』の正義論でも論じられている［Aristoteles 1894（1971）：185–186、また同書二七八頁の註40を参照］。

［7］私の知るかぎり、ホモイがひばりの子を助けた行為が忌避に触れるグロテスクな側面をもっていることを指摘したのは、劇

作家の別役実である。ひばりの子を助けるときに、ひばりの子の顔がホモイに醜く見える場面を手がかりに、別役は次のようにいっている。「他の生命を救うという行為は、如何なる場合であれ、それが『良い行い』でないはずはないにしても、単なるきれいごとですまされるわけにはいかないということであろう。その行為を支えたものが、たとえ幼い子供の純粋な善意によるものであったとしても、『良い行いをしたね』と言って素通りしてしまうには、余りにも重大すぎるのである」[別役 1990：96]。本章は、その「余りにも重大すぎる」理由を、純粋贈与による交換の環の侵犯として捉える試みである。

[8]『貝の火』が書かれたのは、一九二〇（大正九）年頃である。この年、盛岡高等農林学校地質学部研究科を修業した賢治は、田中智学《たなかちがく》によって創られた日蓮主義の宗教団体「国柱会」に入会し、翌年には、上京して国柱会で布教活動に加わっている。このとき、国柱会の理事でありかつ講師であった高知尾智耀《たかちおちよう》から、「法華文学」で仏教を広めるように励まされたといわれている。賢治のどの作品にも仏教の影響を見ることができるが、信仰心が高揚したこの時期に書かれた『貝の火』も、高知尾と会う以前に原型となった話があるとはいえ、仏教説話的な雰囲気があることについては、これまでも研究者によって指摘されているところである。そしてホモイへの罰の苛烈さも『法華経』の記述から解釈されている。草稿用紙にも「因果律を露骨ならしむるな」という賢治自身の注意書きがあるように、賢治にもこの作品全体を因果律で捉えようという意図があったことも知られている。また『貝の火』を仏教説話の『ジャータカ』と関連づけるとき、例えば、『ルル鹿本生物語』のシャカの前生であった鹿が溺れる男を助ける話、あるいは『尸毘《しび》王本生物語』のなかの尸毘国の尸毘大王が盲目のバラモンに布施として自らの両目を与える話などを連想することもできるだろう。どちらの話も『貝の火』と直接につながるものではないが、この連想から『貝の火』を布施に関わるテーマとして見なおすことができるだろうし、ホモイもまた転生するシャカ（あるいは提婆達多《だいばだった》か）の一人だと考えることで、別の解釈も成り立つだろう。

## 第8章　生命の倫理としての贈与と心象スケッチ

[1]　この手紙が出されるのと同年の一九一八年二月二十三日の父宮沢政次郎宛の手紙のなかで、賢治は戦争に行くことについて次のように書いている。「（……戦争とか病気とか学校も家も山も雪もみな均しき一心の現象に御座候　その戦争に行きて人を殺すと云ふ事も殺す者も殺さるゝ者も皆等しく法性に御座候　起是法性起滅是法性滅といふ様の事たとへ（先日も屠殺場に参りて見申し候）、牛が頭を割られ咽喉を切られて苦しみ候へどもこの牛は元来少しも悩みなく喜びなく又輝き又消え全く不可思議な

る様の事感じ申し候　それが別段に何の役にたつかは存じ申さず候へども只然くのみ思はれ候）」［宮澤 vol. 15: 50］。この手紙の一節は、本章で論じる複数の項目に深く関わっている。まず、この手紙から賢治自身はこの時期「事によれば戦争に出づる事」［同上］を恐れており、その覚悟が求められていたことを窺い知ることができる。そして賢治が牛の屠殺場に行った理由は定かではないが、このことが「私はこの春から生物のからだを食ふのをやめました」という本文中で引用した保阪への手紙の文面と関係していることが推察される。さらに賢治にとってこの二つの事柄、兵役につくことと生き物を食べることとが分かちがたく結びついた主題であったことがわかる。ちなみにこの「起是法性起滅是法性滅」は、「起は是れ法性の起、滅は是れ法性の滅なり」と読み、後の心象スケッチの境位と関わる仏教的表現となっている［大室 2006: 115］。生死に関わるこの主題において、賢治が仏教の信仰においてどのように対応しようとしたかが理解できる。

［2］『新宮沢賢治語彙辞典 第二版』（二〇〇〇年）の年表によると、宮沢家は賢治が羅須地人協会を設立したこの一九二六（大正十五）年の五月には古着質商をやめて、軍隊を除隊した弟の清六が中心になり、建築資材の金物の卸と小売り、またラジオを扱う「宮沢商店」を開店した。この家業の転換の理由については、年表にも堀尾青史の『年譜宮澤賢治伝』（一九九一年）にも記載がないが、『質屋史の研究』（一九八九年）の齊藤博にしたがえば、一九二〇（大正九）年の戦後大恐慌のために貧しい人々が利息が払えなくなり、そのため質草は流れるものの中古品が売れず、質屋にも大恐慌が生じ、そのため一九二〇年代は全国的な質屋の転換期にあたるといわれている［齊藤 2002: 383］。ここから推測するに、宮沢家の家業の転換も、このような時代の変化に対応したものだったと考えられる。ちなみに質屋奉公は、だいたい十二歳からはじまり二十四、五歳までかかるといわれており、長男の賢治が家業を継ぐ可能性がなく、また質屋奉公経験のない弟の清六が家業を継いだことにもよるのかもしれない。

［3］　賢治の作品は、漱石のそれと全く異質な作品世界を開いているように見えるし、事実その通りなのだが、漱石の主に人間の関係のなかで超えていく方向と、賢治の主に人間と自然宇宙との間で超えていく方向の差異があるとはいえ、この両者の作品は、人間中心主義、欲望模倣によるエゴイズムの葛藤を超える原理を探ろうとしている点で共通してもいる。そして、この両者の思想には、仏教の関係主義的な思想だけでなく、ベルクソン（Bergson, H.）やジェームズ（James, W.）の影響、あるいは西田幾多郎の思想との類似性をみることもできるだろう。賢治とベルクソンとの思想関係については、小野隆祥の『宮沢賢治の思索と信仰』（一九七九年）の第5章に詳しい。賢治と西田との関係については、示唆にとどまるが中沢新一の論は興味深い［中沢 2006: 155］。また漱石と西田との思想関係については、上田閑照の論文「夏目漱石と西田幾多郎――自己『人は人、吾は吾な

り』と『則天去私』［上田 1998］を参照。上田はこのなかで、漱石の「則天去私」のうちに、西田と同質の自己についての自覚の在り方を見ている。

［4］ 賢治における風のイメージということでは、『風の又三郎』『風野又三郎』の作品がすぐに思い出されるだろう。そのほかにも賢治の作品においてエネルギーを贈与する風が登場する場面はかぎりなく多い。例えば、詩「［かぜがくれば］」［宮澤 (1924), vol. 3: 126］「［風が吹き風が吹き］」［宮澤 (1925), vol. 3: 199–200］。しかし、風はいつも好ましい贈与者であるとはかぎらない。詩「［南のはてが］」［宮澤 (1924), vol. 3: 134–135］「［風がおもてで呼んでゐる］」［宮澤 vol. 5: 147–148］のように、風は賢治の実存を脅かすものでもある。賢治の文脈を超えて宗教史の文脈で捉えるなら、風はもともと生命の息吹と関わり深く、呼吸法とも結びつくところから、修行とも関わり深い。また中沢新一によると、タントラ仏教には、「風の瞑想歩行」の訓練があり、この修行はシャーマンのそれと結びついているといわれている［中沢 1983: 133–166］。このように賢治の「風」がたんなる個人的な好みを表しているのではないことに注意が必要である。さらにまた風との回路を開く賢治の身体技法についての齋藤孝の考察は興味深い［齋藤 1997: 129–177］。この齋藤の研究は、心象スケッチを可能にする身体技法という観点からも重要である。

［5］ 何か特別の大きな恩を受けたわけでない場合でさえも、人の死に際して、なにがしか申し訳なさや済まなさ（返礼の不可能性）の感情を抱くのは、人の死が本来的に奇跡的な出来事、つまり「とんでもないこと」であり、それゆえに供犠的性格あるいは贈与的性格をもっているからである。だから人の死は、すべからく交換という日常を揺るがせることになる。人の死が出来事であるのは、日々の交換の環を形作るピースの一片が欠けることから来る、システムの一時的な不全であるからではない。残された人々に悲しみを克服する「喪の作業（mourning work）」が必要となるのはそのためである。このような観点から見なおすなら、喪の作業とは過剰な贈与によってもたらされた負債感を、プラスとマイナスの収支を等しくする「交換の物語」に変えることで取り除き、人の死の過剰さを手なずける作業（work）＝仕事のことであるということもできる。

この喪の作業は、文字通り物語を書く行為として実現されることがある。例えば、自伝を書くという行為は、近代における信仰の衰弱と共同体の紐帯の弱体化によって生じた、アイデンティティの動揺に対する、近代人の形成作業として捉えられたりするが［矢野 1996a: 209–214］、石川美子は『自伝の時間』（一九九七年）のなかで、亡き人への喪の作業として捉えている。石川によれば、プルースト（Proust, M.）や、スタンダール（Stendhal）、そしてロラン・バルト（Barthes, R.）といった作者たちの有名な自伝は、亡くなった肉親や恋人への慚愧の念から生まれたというのである［本書第4章3節でも言及］。そして石川によれば、この喪の作業のプロセスは、ジラールのいう「ロマンティーク」から自尊心の放棄という「ロマネスク的回心」へと至る道なのだという［石川 1997: 200–201］。本書の用語法で捉え直すなら、喪の作業は、「交換の物語」に収まらないときには「贈与の物語」へと、それでも「済まない」ときには、出来事の過剰に曝されながら、ロマネスク的回心を経て、死者の新たな命となって、死者の歩んだ道を歩もうとするのである。ソクラテスの死を語るプラトン、Kの死を告白する「先生」、「先生」の死を語る「私」、漱石の死を描く弟子たち、死者たちは日常のシステムに一撃を与え、生き残っている者たちの生を変容させていく。

原罪意識をもつ賢治にとって、この他者の死への「済まなさ」の臨界点が出現するのは、二歳年下の妹トシ（作品のなかでは「とし子」）の死においてである。本章冒頭の手紙から四年後の一九二二（大正十一）年十一月二十七日にトシは結核のために死去する。トシは、家族のなかで賢治のもっともよき理解者であり、賢治はこの賢明な妹を深く愛していた。トシの死によって、賢治の存在の基盤が揺らぎはじめ、あらためて二人の間の生の書き直しが迫られていたのである。こうしてトシの死を主題とした「永訣の朝」「松の針」「無声慟哭」「青森挽歌」「オホーツク挽歌」といった一連の挽歌群が、『春と修羅』に書き残されることになる。このような創作には、石川のいう自伝を書くことと同じ原理を見ることができる。賢治はトシの死を悼み、その悲しみの深さは、言葉とはならないものだったが、それはまた言葉にしないではおれないものでもあった。「青森挽歌」には、次のような一節がある。「けれどもとし子の死んだことならば／いまわたくしがそれを夢でないと考へて／あたらしくぎくつとしなければならないほどの／あんまりひどいげんじつなのだ／感ずることのあまり新鮮にすぎるとき／それをがいねん化することは／きちがひにならないための／生物体の一つの自衛作用だけれども」［宮澤 1995（1924), vol. 2: 166］。「げんじつ」も、「がいねん」も、平仮名で表記されているのは、漢字の「現実」や「概念」のような世界を定着させるような概念用語では物語化しきれない出来事が、作者を圧倒しているからである。それでも心象スケッチをすることで、出来事は概念ではない言葉となって立ち現れてくる。心象スケッチとは、このような言葉と言葉ならざる出来事＝死の体験とをつなぐ生の技法でもあった。

［6］ 純粋贈与としてのボランティア活動や歓待やマナーの可能性を論じることになるが、賢治が菩薩行としての布施を実現しようとするときに直面する困難を論じたように、一見すると、こともなく生起しているように見える贈与という出来事も、贈与とは何かと一度問いはじめると、自明なことではないことがわかる。このことをもっとも明快に論じているのはデリダである。デ

リダは、他者論との関わりのなかで、しばしば重要な主題として贈与そして歓待について論じているが、そこでは贈与を不可能性の体験として捉えている。贈与が純粋贈与であるためには、受贈者からいかなる返礼もあってはならない。この場合、返礼には贈与物に相当するものでなくとも感謝の言葉も含まれるし、さらには返礼のできないときに残る負債感さえも含まれる。それというのもどのような返礼であろうとも、返礼がなされるときにはすべて贈与は交換に変わってしまうからだ。そのため贈与が起こるためには、受贈者は贈与されたことをまず忘却しなければならない。しかも贈与された瞬間にである。また同時に、贈与する側にも同じく贈与の忘却が要請される。しかし、これでは贈与は、贈与者にも、受贈者にも、誰の眼にも意識されることはない。したがって贈与は生起しない不可能性の体験というのである。デリダは、公開ゼミにおいて質問に答える形で、純粋贈与のこの特性について次のように述べている。

「贈与の場合も事態は同じです。すなわち、贈与があるためには、贈与は忘却せねばなりませんが、しかしそれと同時にそういった忘却それ自体は保持されねばならないのです。贈与が生起するためには、それはどんな忘却であってもかまわないというわけではありません。消去せねばならぬと同時に、消去の痕跡を保持せねばならないのです。そして、こういった二重の命令は、明らかに狂気を引き起こすダブル・バインドであります。私は与えようと欲し、他者が受け取ってくれることを欲します。したがって、この贈与が生起するためには、他者は私が彼に与えるということを知っていなければなりません。そうでなければこういったことは意味を持ちませんし、贈与は、生起しません。しかしながら、私が与えるということを他者が知っていたり、また私のほうもまた知っているならば、贈与はこの象徴的な認知（感謝）によって廃棄されてしまいます。では、どうすればよいのでしょうか。とはいえ、贈与はあらねばなりませんし、贈与はよいのです。ですから、贈与の想定それ自体、つまり贈与のこの狂気、これはダブル・バインドの状況なのです。そして、あらゆる掟、あらゆる掟についての経験がこうしたタイプのものである、と私は言いたい」[Derrida 1989＝1989：110]。

このような贈与をめぐるダブル・バインド状況は、贈与のみならず歓待においても生起する。歓待もまた贈与のひとつの形態であり、同様のダブル・バインド状況に直面するのである。歓待は、無条件に留保なしになされなければならないが、それが現実化されるには法が必要である。しかし、法は法であるかぎり条件的なものとならざるをえず、それでは無条件の留保なしの純粋な歓待はなしえない。デリダはこのようにして歓待の不可能性を語るとともに、それにもかかわらず歓待を考えることを要請する。そのことによって限定された法のうちに無条件の歓待の精神を呼び起こすという不可能の可能性を試みるのである。

この純粋贈与の不可能性というデリダの指摘にたいして、どのように考えればよいのだろうか。このことについても本書のなかでバタイユを手がかりにすでに何度か言及してきた。このアポリアについては、ポトラッチという法外な出来事が突破口となる。もともと交換に回収されない贈与という出来事という思想は、モースによるこの奇妙な儀礼の考察からはじまっているといってもよい。ポトラッチについては、本書でも何度か言及してきたが、いま少し詳しく見てみよう。モースは、ポトラッチを、贈与交換の一形態として捉えていた。たしかにそうなのだが、子細に見ると、モース自身が、ポトラッチにたいして、両義的な解釈を与えていることがわかる。モースは、一方で、ポトラッチを人が気前のよさや寛大さとの評判という「名誉の貨幣」を得るための有用な儀式として論じながら、他方で、『贈与論』の注記のなかでは、これは遊びとみなすことができると論じてもいた［Mauss 1966＝1973: 308］。つまりポトラッチは、社会的な有用性に引き寄せて解釈されるだけではなく、有用性には還元できない遊びの性格をもつことも指摘されているのである。バタイユは（ホイジンガと共に）、この後者の遊びとしてのモースの解釈を最大限に拡張して示してみせる。バタイユにしたがうなら、機能に着目するかぎり、ポトラッチのような贈与も贈与交換に回収されてしまい、そこに純粋贈与を見出すことなどはできないが、遊びすなわち出来事に着目するとき、純粋贈与が生起していると考えられるのである。

ホイジンガの名作『ホモ・ルーデンス』のために執筆した長編の書評、「私たちが存在しているのは、遊ぶためか、まじめでいるためか」（一九五一年）において、バタイユはホイジンガと同様にポトラッチを気前のよさをめぐる対抗試合（遊び）として捉えている。他者による承認への欲望は、モースが捉えていたように虚栄心としてではなく、「卓越したいという欲望」として捉えられる。人は「光栄のためであり、自分の属性である至高性のある状態を感じられるものとなるため」にポトラッチをなすのである［Bataille 1988（1951）＝1973: 21］。つまり、ポトラッチでは一般に理解されているように、社会的名声というポトラッチの外部にあるものを獲得することを目的になされるのではなく、どこまでも対抗試合という遊びのなかで勝利者になるという遊びに内属したものが目指されており、目的を行為の外部にもつことのない聖なる行為だというのである（ホイジンガもこの解釈の可能性を『ホモ・ルーデンス』のなかで言及している［Huizinga 1958（1938）＝1973: 134–142］）。

ポトラッチがこのような遊戯的性格をもっていることが、ポトラッチが手段ではなく目的そのものであるような純粋贈与となる可能性を示していることになる。純粋贈与は、市場交換のように、貨幣によって共約可能な等価なもの同士を交換するという、対称的な交換のことではない。私たちは、市場交換をモデルに思考することに慣れているために、交換に先立って交換するものの間に共通の尺度にしたがう共約可能性が存在していると考える。しかし、一切の返礼を期待しない純粋な贈与は、ポトラッチにおける財貨の破壊や投棄が端的に示しているように、合理的な損得計算に支配された有用性の回路からの離脱であり、事物の秩序の破壊であり、蕩尽の激しさでもって焼き尽くされるような「体験」である。そのため、このときの贈与の主体は、同一性にしたがう「私」ではなく、「体験」のうちにその同一性が破綻した「私」ならざるものとなる［本書第10章3節参照］。純粋贈与には、同一性を異質性へと転倒させる計りきれない過剰なものが生起する。このような贈与の体験とは、デリダが指摘する「狂気」を生きることにほかならない。

このことが、純粋贈与に両義的な性格を与えることになる。『こころ』の「先生」の死による贈与が何かしら暗さを払拭しきれなかったように、あるいは賢治が負い目による「贈与＝犠牲」と生命の倫理としての純粋贈与との間で揺れ動かざるをえなかったように、具体的な贈与には、透きとおった贈与の風がいつも吹いているわけではない。私たちは、一方で贈与は不可能であるといい、他方で贈与は可能であるという。贈与がその姿を見せるときには、なにがしか不透明で不純なものが混在しているのだが、その垣間見える不純な贈与の姿を手がかりに、眼には見えない透明な純粋贈与を想像することができる。当事者としての私たちの生から捉え直すとき、この不可視の贈与が、私たちの生をより遠くへと連れだすとともに、共同体の道徳に生きた感情を溢れださせ、法の精神を活気づけさせているのである。贈与はないが、あらねばならないのである。

## 第9章　生成と発達の場としての学校

［1］「綴り方教育」は、従来の「美文や名文あるいは書簡文や候文などの文範、文典を学ぶという修辞学あるいは実用文教育に傾いた」作文教育にたいして、子どもの実感に基づき、子どもの生活経験や学習経験を、生き生きと自由に綴らせるもので、大正期に芦田恵之助らによって始められ［川村 2000: 52］、鈴木三重吉らによって広められた。『赤い鳥』は、子どもの作文を意欲的に掲載したのみならず、三重吉自身が、『綴方読本』（一九三五年）といった作文教育についての著作を表し綴り方の指導を試みた。審美的傾向の強かった三重吉にたいして（講談社学術文庫版『綴方読本』の解説で、上野浩道はこの評価を疑問視している）、生活の写生を重視した生活綴方運動によって、綴り方は日常の子どもの経験する生活を描く実践へと転換された。無着の綴り方教育実践は、この戦前の生活綴方運動を直接に継承するものとして理解されてきた（角川文庫版『山びこ学校』における国分一太郎の解説）。久野収・鶴見俊輔の『現代日本の思想』（一九五六年）では、この綴り方運動は、日本のプラグマティズ

ムとして高く評価されている。

しかしながら、川村湊は『作文のなかの大日本帝国』(二〇〇〇年)において、通説とは異なり、綴り方教育自体は、戦時中においても弾圧されることなく、むしろ子どもの内面を直接に帝国が管理する手法として、積極的に利用され広められたことを明らかにしている。「『書かせる』ことによっての支配ということを、生活綴り方を指導する教師たちはほとんど自覚していなかった。綴り方、作文、感想文、反省文、自己批判文……自発的、内発的に書かれるべき『作文』こそが、もっとも教育的な支配の道具として有効であることを作文=綴り方の教師たちは知っていた。そして、そのことの無自覚さ、無防備さは、簡単に〝自発的に文章を書くこと〟を、戦争の総動員体制に奉仕するものとしてしまったのである」[2000:140]。このような生活綴方の特性は戦後も続き、「子供たちの内面を支配する、巧妙なイデオロギー装置として働いたことは紛れもなかった」とし、無着成恭の実践についても批判している。

第Ⅲ部を『山びこ学校』の引用から始めたのは、この実践こそ戦後教育学の出発点を示す記念碑的実践だったからである。例えば、堀尾輝久はこの実践を次のように評価している。「『山びこ学校』を機に、戦後再び大きく展開されていく生活綴方教育は、日本の教師たちが、戦前の苦闘のなかで発見した教育方法であり、その教育観は、教化の思想と真向から対立するものであった。それは戦後新教育の皮相な経験と生活の把握に対しては、生活と自己の内面をリアルに見つめ、表現させることを通して、現実に根を下ろした思考を育て、未来を切り開いていく力を育てる努力であった。生活綴方教育は、本来的な意味での生活教育の真実をさぐり当て、教育と発達の思想をゆたかに発酵させていった」[堀尾 1991:39]。『山びこ学校』が当時どれほど大きな反響をえていたかについては、須藤克三編[1951]、また佐野眞一[1992]を参照。関川夏央によると『山びこ学校』は二年間で十八刷、約十二万部が売れたという[関川 1997(1993):51]。

[2] 発達理論は、心理学においても、教育学においても、多様な広がりをもっている。ここでは、生成の論理との対照において発達の論理の特徴を限定して取りあげているにすぎない。そのため、教育と発達との関係について、相互に回収することのできない、しかし、それでいて構造的な連関をもち、どれほど不可分なものとみなされてきたかについても、十分に述べることができない。これらのことについては、大田堯ほか編『子どもの発達と教育』全八巻(一九七九―八〇)を参照されたい。また本章の「発達」についての記述は、この講座における使用法を参照している。この講座を取りあげる理由は、この講座が八〇年代以降の日本の教育学研究と教育実践にたいして大きな影響を与えてきたことによる[今井 2004:64-66 参照]。

［3］「労働」が近代的な観念であることについては，アレント［Arendt 1958＝1994］，また今村仁司［今村 1988］を参照。近代以前においては，古代でも中世においても，精神的活動が労働と同一視されることはなかったが，近代において，精神的活動も労働とみなされるようになる。ここでもヘーゲルが重要であり，「ヘーゲルは，労働を人間精神の形成（Bildung）にとっての重要な意義を認めたばかりでなく，精神活動を『精神の労働』（Geistesarbeit）と考えた」［今村 1988：182］といわれる。バタイユが「労働」と呼んでいるものも，この近代に特徴的なものとなったヘーゲルの労働観にしたがっている。このヘーゲルの系譜で発展したマルクス主義とプラグマティズムの影響下，労働（仕事）が人間を発達させることは，戦後教育学の中心的な原理であった。例えば，序章にも登場した勝田守一は，エンゲルス（Engels, F.）の「労働が人間そのものをも創造した」［Engels 1962（1896）＝1968：482］というテーゼにしたがうかのように，次のようにいっている。「人間の感覚は，労働の作業の中できたえられ，細かに分化し，同時に対象の関係や諸性質の必然的変化を見きわめるように発達してきた。それは，社会的なシンボルを発達させ，社会的な交通を言語を通して客観的なものにした」［勝田 1973：210］。

［4］発達の論理の問い直しは，近代啓蒙主義思想の進歩史観への問い直しとパラレルな問題である。その理由は，どちらも時間をまとめあげるうえで同一の基本構造に依存しているからである。発達観の歴史については森田尚人［1994, 1995］を参照。

［5］バタイユ［Bataille 1967（1949）＝1973］を参照。バタイユとヘーゲルとの思想的関係を考察したものとしてデリダ［Derrida 1967＝1995：15-76］を参照。またヘーゲル批判としてのバタイユの思想の今日的な意義については西谷修［1995：Ⅶ章，Ⅷ章］を参照。

［6］例外がないわけではない。森昭は，「人間生成としての教育」という副題をもつ大著『教育人間学』（一九六一年）において，生成を「生命的存在の成長」「人間の社会的形成」「精神的主体の陶冶」「人格的自覚の覚醒」を包括する人間変容の中心概念として設定してみせた。しかし，そのときの森の生成概念は，すでに教育的－教育学的マトリクスによって過剰な生成の力が去勢されたものにすぎなかった［矢野 1996b 参照］。

［7］本書のこれまでの行程を振り返るとき，贈与／交換，蕩尽／生産，倫理／道徳，体験／経験，遊び／労働，生成／発達，脱人間化／人間化といったように，それぞれの抽象の水準は異なるものの，本書にはさまざまな二項図式が描かれていることがわかる。一見すると，このような図式は，構造主義でおなじみの二項対立図式として理解されるかもしれない。しかし，これまで本書で詳しく述べたように，この二項のうちの前項と後項との対立は同次元，同平面上での対称的な対立などではなく，次元の

異なるもの同士の非対称な対立である。より正確には、両者の関係は対立関係などではなく、二項のうちの前項は出来事であり体験であり、贈与が交換の環を侵犯するように、どこまでも異質なものとして後項を侵犯する関係なのである。

［8］『山びこ学校』のなかには、合理主義教育のもつ生活を改善する力がさまざまに描かれている。例えば、家計の収入と支出を調べ将来の生活を考える江口江一の作文、あるいはあやしげな新興宗教に立ち向かう長橋カツエ・前田秋子の作文を参照。

［9］教室で教師によって主催された供犠の記録として、ソーセージ作りの専門家や親たちの助けを受けながら、子どもたちが豚を一頭解体し食べてしまった鳥山敏子の実践をあげておこう［鳥山 1985：218–257］。この実践のもつ供犠的性格についての詳しい解釈は矢野［2000：175–179］を参照。

## 第10章　純粋贈与としてのボランティア活動体験

［1］ボランティア活動の研究書の多くは、ボランティアの特性として、「自発性」「無償性」「公共性」の三つをあげている。無償性は、純粋贈与と関わる特徴だが、必ずといってよいほどその解説場面では、贈与ではなく相互性・互酬性つまり交換が強調されている。例えば、「このような道徳の文脈での無償性の理解は、ともすると〈一方的な贈与〉という考えと結びつきやすいので、ボランティア活動における〈相互性〉を重視しようとするならば、無償性について別の意味を探す必要があるだろう。例えば、無償性は、日常の個人的な利害を越えることによって、それから解放される喜びや、別の者に変身する楽しさをもたらすという意味をもちうる」［入江 1999：9］（注意しておきたいのは、入江幸男がここで〈一方的な贈与〉としてあげている例は、純粋贈与のそれではなく贈与交換の例である）とか、あるいは「ボランティア活動には、人助けや奉仕のように相手に何かを与えるという側面だけではなく、その活動から自分が受け取るものがある。なぜなら、人と人との関係はつねに双方向だからである」［内海・堀・柏木 2001：114］といったようにである。そこには、ボランティア活動を、「奉仕活動」や「自己犠牲的行為」から区別しようとする歴史的・社会的な要請があるわけだが、贈与の性格が理論的に考察されていないために、行為の結果として偶然に起こることを行為の目的と混同し、あたかも何らかの「報酬」があることが、ボランティア活動の本来的な特徴であるかのように論じてしまい、結局のところ、ボランティア活動は交換の原理に回収されてしまうことになる。したがって、無償性に由来する贈与の暴力性というボランティア活動の重要な特性も曖昧なものとなる。ボランティア活動を、「奉仕活動」や「自己犠牲的行為」としてではなく、さらにはまた「互酬性」「贈与交換」としてでもなく、「純粋贈与」から問い直す必要がある。

［2］中教審答申では、「ボランティア活動」ではなく「奉仕活動」と呼ばれており、この「奉仕活動」は、「自分の時間を提供し、対価を目的とせず、自分を含め地域や社会のために役立つ活動」と定義されている。「役立つ活動」として「奉仕」することに制限されることで、「ボランティア活動」における贈与がもつ蕩尽の側面が打ち消されることになる。「役立つ活動」とすることで、形は変わっても、ここでも贈与交換が主張されているのだ。また「対価を目的とせず」と定義されながら、東京都では、二〇〇七年度より都立高校に「奉仕体験活動」を必修教科として導入することがすでに決まっている。この奉仕体験活動は、高校卒業のための要件なのである。

### 第11章　羞恥のマナーから歓待のマナーへ

［1］日本の教育学において、マナーの研究は、「躾」というテーマに回収されてきた。それでも「躾」についての研究は、民俗学などの成果の焼き直しにすぎない。またマナーについての学問的研究は、教育学ではなく、社会学や人類学や歴史学において発展してきた。例えば、ヴェブレン（Veblen, T. B.）の『有閑階級の理論』（一八九九年）、モースの『贈与論』（一九二三―二四年）、ゴッフマン（Goffman, E.）の『儀礼としての相互行為』（一九六七年）、エリアス（Elias, N.）の『文明化の過程』（一九六九年）、ブルデュー（Bourdieu, P.）の『ディスタンクシオン』（一九七九／八二年）などのテクストをあげることができる。また最近の歴史社会学の成果として、池上英子『美と礼節の絆』（二〇〇五年）をあげておこう。

［2］マナーは、西洋においては十八世紀後半まで「全体的社会事実」であった。だからこそ近代教育は、「『オネトム』や『ジェントルマン』といった〝礼儀正しい〟人間理想と、〝マナーが人間を作る〟という信念の下で発展してきた」といわれるのである［安川 2000: 622–626 参照］。

［3］池上英子は、『美と礼節の絆』のなかで、徳川時代においてなぜ礼節が発展していったかについて、民衆が政治的ヒエラルキー秩序のために強制されただけでなく、積極的に美的な人間関係を構築しようとしたことについて論じている。さらに池上は、このような徳川時代のエチケットやマナーの広範な浸透において、出版革命を経て登場してきたマニュアルや手引き書が果たした役割を詳しく論じているのだが、この研究にしたがうなら、徳川時代においてすでに礼節の学習が、修養というだけでなく教養的側面をもっていたことになる。

［4］熊倉功夫によると、一八七二（明治五）年の学制発布以来、修身にあわせて礼法教育がすすめられたが、ことに一八八〇

（明治十三）年に小笠原清務が礼法指導を建議したことが大きな反響を呼び、これを受けて、松田東京府知事が小笠原家を見学し、府下七十三校の小学校の教師（一校あたり三名ずつ）に小笠原家の礼法を学ばせたという。そして、これにあわせて教科書が作成され、『小学女礼式』（一八八二年）、『新撰立礼式』（一八八三年）などが生まれたのだという［熊倉 1999: 213–214］。明治以前にすでに小笠原流の作法が教養知識本を通して庶民の間にまで流布していた事情については池上英子［2005: 408–452］を参照。

［5］　このことは同時代人にとっても理解されていることであった。例えば、森鷗外は『礼儀小言』のなかで、「（立礼についての）教育は今の邦人の間には、小学児童若くは新兵の受くる訓練を除く外、間却せられてゐる。邦人は立礼を知らない」［森 1973（1918), vol. 26: 554–555、括弧内は矢野］と述べている。このことからも、学校と軍隊がマナーの習得においてどのような役割を果たしていたかがわかる。また西村大志は論文「日本の近代と児童の身体――座る姿勢をめぐって」（一九九七年）において、小学校で児童が椅子に正しく座るという姿勢をめぐって日本の近代化と身体との関係を論じている。

［6］　竹内里欧は、日本の近代化・文明化のなかで、和洋の礼儀作法によってもたらされた葛藤をどのように解消しようとしてきたか、その戦略を明治以降の礼儀作法書のレトリックを手がかりに分析している。それによると、葛藤を解消する戦略は、①「日本」の作法を否定し「西洋」の作法を採用する西洋化の戦略、②「日本」の作法と「西洋」の作法とをすみわけによって分離させる戦略、③「西洋」の作法を排除し「日本」の作法を採用する戦略、④第三項（「根本は同じという観点」あるいは「普遍的な基準から捉えるといった観点」）を導入することによって、「日本」の作法と「西洋」の作法とを「融和」に導く戦略、の四つのパターンに分類することができるという［竹内 2002］。

［7］　この講演に続けてなされた講演『中味と形式』［夏目（1911), vol. 16: 441–462］と『文芸と道徳』［夏目（1911), vol. 16: 463–486］においても、礼儀作法のことが論じられており、この間の漱石にとって、礼儀作法が生き方と関わる関心事であったことが理解できる。森鷗外の議論との関係でいえば、『中味と形式』では、「明治に適切な型」を求めることが主張されており、「新なる形式」を求める森鷗外の『礼儀小言』（一九一八年）の議論と近いようにも見えるが、漱石の議論の中心は、「形式は内容の為の形式」というように、形式にではなく新たに変わり運動し続ける中味・内容の方にある。

［8］　もちろん、このようなマナーの在り方を、ブルデューにしたがって、他の人々との差異化を図る「ディスタンクシオン（distinction）」として理解することができる［Bourdieu 1979/1982＝1990a/1990b］。

［9］上田閑照は、西田幾多郎の「私と汝」の思想を説明するために、おじぎを例に取りあげている。本章の理論枠組みとは異なるが、上田のこの論考から、挨拶を純粋贈与として捉えるうえで大きな示唆をえた［上田 2000: 115–121］。

［10］『法華経』のなかには、さまざまな菩薩が登場するが、そのなかの最も印象的な菩薩の一人に常不軽《じょうふぎょう》菩薩がいる。佐渡流罪直前の越後寺泊にあった日蓮は、もっとも深くこの常不軽菩薩にひかれていたといわれるが［紀野・梅原 1997: 102、日蓮 2001: 47］、「常不軽」とは、「つねに私はあなたをけっして軽んじません」ということを意味しており、この常不軽菩薩はどのような人に出会っても、その人を仏性をもち、いつの日か仏になる者として深く礼拝し讃歎したといわれる。そればかりか、人を見かければ、どんなに遠くにいる人のもとにでも出向いていって、礼拝したといわれる。ここに贈与としての礼の極限の姿のひとつを見ることができる。また多くの賢治研究者が指摘しているように、この常不軽菩薩の姿には、賢治のデクノボーとも通じるところがある［原 2000: 485］。そして賢治自身も詩「不軽菩薩」［宮澤 1996（制作年不明），vol. 7: 279–280］のなかで、この常不軽菩薩の姿を描いている。ところで常不軽菩薩の行を描いた常不軽菩薩品第二十には、常不軽菩薩が経典を読誦しないで、ただ礼拝だけを行うために、他の比丘たちから侮られたこと、そしてそのように礼拝された人のなかには、怒りだし常不軽菩薩を杖や石で打った人たちがいたことを伝えている。ここにも交換の環の外部から加えられた贈与の一撃の力と暴力性とを見ることができるだろう。

［11］繊細で壊れやすいこの生成の体験をそのまま肯定し、より深くより内奥へともたらすためには、計画や技術ではなく軽やかな「生の技法」が要請されるのである。生成としての教育を実現する生の技法を「方法」と呼ぶことはできない。方法《メソッド》とは、匿名的であって誰が使用しても手順にしたがうかぎり同様の成果をあげることができ、また繰りかえすことができる。そして、方法は技能《スキル》として訓練によって身につけることが可能なものである。さらに熟練すれば高い技巧《テクニック》を誇ることもできるようになる。言い換えれば、方法は発達としての教育によって獲得できるものでもある。それにたいして、生の技法は人格的な関わりであり、だからこそ繰り返しのきかない一回的なものであり、状況によってその帰結も異なる。また生の技法は訓練によって身につくものではなく、生成の体験によって学ばれるものにすぎない［矢野 2000: 181–184］。

**終章　贈与＝死のレッスンによる個人の生成**

［1］本書で繰り返し試みてきたのは、物語論の位相で述べるなら、このような出来事の異質性（あるいは他者の他者性）を同一

性の原理に回収してしまうなめらかな弁証法の物語を脱臼させ、概念的な思考を極限にまで推し進めることで、あらためて出来事の異質性を際だたせて思考するための方途と、そのことを「生成する物語」として物語る語り方を、「限界への教育学」として模索することであった。それは物語に回収されることなく、物語の中心に「まつくらな孔がどほんとあいてゐる」ような物語を、学問として言葉で語るというパラドクシカルな試みである。そのため本書では、経済の原理にしたがうことなく、思索の道筋は直線的に進むことなく、交換不能な文学作品や詩が多用されることになった。そしてだからこそ、このような「贈与と交換の教育人間学」の試みは、「限界への教育学」と名づけられることになったのである。しかし、この教育人間学の試みは、教育人間学の文脈においても、「限界への教育学」とならざるをえないものである。

［2］ニーチェは、『道徳の系譜』（一八八七年）において、善と悪とを経済的な原理である負債の問題として論じているが、このような負債の問題は、人間と人間との関係だけではない。ニーチェは、神と人間との関係も、このような経済的原理である負債の問題として捉えている。ボードリヤールは、『不可能な交換』（一九九九年）において、このニーチェの理論を次のようにシンプルに表現している。「ニーチェは神の策略をこう分析していた。神という大債権者は、自分の息子を犠牲に供することで人間の負債を救済してみせた。つまり、神はこの債務が債権者によってすでに清算された以上、債務者である人間にはもはやけっして弁済できないようにしてしまったのである——こうして、神はこの債務を無限に流通させる可能性を創造したので、人間はそれをみずからの永遠のあやまちとして担いつづけることになる。これが神の戦略だった」[Baudrillard 1999＝2002: 14、傍点はボードリヤール]。

［3］言語学研究者の立川健二は、『愛の言語学』（一九九五年）において、日本語の「あげる」「もらう」「くれる」という贈与に関わる用語が、「面倒を見てあげる」「食事に連れていってもらう」「その本を見せてくれる」「静かにしてください」といったように、他者のためにすることや、他者からしてもらうこと、あるいは他者にお願いするときなどにも使用されていることに注意を喚起し、日本語に内在する相互的な交換の観念の強さを指摘している［立川 1995: 92–94］。

［4］モースによって拓かれた、贈与および贈与交換がもつテーマの幅と深さは、構造主義に受け継がれる。モースの『贈与論』が、レヴィ＝ストロースの構造主義に重要なアイディアを与えたことはよく知られている。『贈与論』が収められている『社会学と人類学』（一九六八年）に、レヴィ＝ストロースは長い序文を寄せている。そのなかでレヴィ＝ストロースは、モースの仕事の意味を叙述している。先にも述べたように、モースは、「ハウ」のような「贈与の霊」の存在を語ることで、贈与交換がた

んにモノの流通といったことではなく、人と人とを結び合わせていくものであることを示し、共同体の形成に強調点のある贈与交換論を展開した。しかし、レヴィ＝ストロースは、そのようなモースの解釈を不徹底なものとみなし、それらをすべて交換のシステムのうちに回収しようとした。つまりレヴィ＝ストロースは、モースの贈与交換の理論から社会を交換を基にしたコミュニケーションのシステムとして捉える道を開いたのである。例えば、レヴィ＝ストロースが、父系社会においては女性が神聖な贈り物となること、そして婚姻体系とはこの贈り物としての女性の交換のシステムであることを明らかにし、交叉イトコ婚のシステムを解明してみせたことは、よく知られている。さらに、レヴィ＝ストロースは、女性の交換のみならず言語の交換、財貨の交換といったように、交換をさまざまな領域において捉える学問として発展させようとした。

[5] 柄谷は、再分配は略取に基づいているとして、ポランニーの理論を批判的に捉え直し、「略取－再分配」と表記することを提案している。そして国家は、この「略取－再分配」という交換様式に存しているという［柄谷 2006: 49–50］。この「略取－再分配」は次の註[6]の「収奪と再分配」と同じである。

[6] この議論について参考になるのは、次のような箇所である。「この四つ目の交換のタイプは、上記三つのタイプの交換（①商品交換：市場経済、②収奪と再分配：国家、③互酬性：共同体）に対抗するような交換の形態である。…(中略)…それは個々人が共同体の拘束から解放されているという点で、市場経済の交換に似ていると同時に、市場経済の競争や階級分解に対して相互扶助的な交換――資本の蓄積が発生しないような市場経済――を目指すという点で、共同体と似ている。そして、この自発的で自立した相互的交換のネットワークは、上位の政治的国家組織を必要としないし、国家の原理とはまったく相容れない。これがコミュニズムであるといってもよいだろう。しかし、無用な誤解を避けるために、私はこれをアソシエーションと呼ぶ。それは、国家、共同体、資本主義を超える唯一の原理である。これが他の三つと異なるのは、現実に存在したことがないということ、その意味で『ユートピア』だということである。しかし、三つの交換のタイプが執拗に残るかぎり、この交換原理もまた、統整《ママ》的理念として残り続ける。／前近代社会においては、この理念は普遍宗教という形態をとって開示された。それは古代の帝国の中の都市においてあらわれた。つまり、それは一度共同体の紐帯から切れた個人にのみ開かれたのである。それは旧来の共同体に対立する。また、旧来の共同体的な宗教を否定する。」［柄谷 2004: 14–15、括弧内は矢野］

[7] バタイユの思想に引きつけていえば、一九二七年の初頭に書かれた『太陽肛門』には、すでに過剰なエネルギーの贈与者としての太陽が描かれている。

［8］　賢治の作品には、実に多くの先生が登場する。序章で見た『銀河鉄道の夜』の学校の先生、ブルカニロ博士と「そのひと」、『種山ヶ原』の学校の先生、『鳥箱先生とフゥねずみ』の鳥箱先生、『風の又三郎』の学校の先生、『洞熊学校を卒業した三人』の洞熊先生、『茨海小学校』の狐の先生、『セロ弾きのゴーシュ』のカッコーや狸の子に音楽を教えるゴーシュ、『イギリス海岸』の「私」、『グスコーブドリの伝記』のクーボー大博士……。それは賢治のテクストが、子どもを主人公にした児童文学というジャンルに属しているといった消極的な理由によるものではない。教える－学ぶという関係のなかに、人間の生の秘密に触れる通路が隠されているからである。そのような先生が登場する作品のなかのひとつ、『学者アラムハラドの見た着物』では、学者アラムハラドが塾の子どもたちを前に、「人が何としてもさうしないではゐられないことは一体どういふ事だらう」と問う場面がある。このアラムハラドの質問は、「ほんたうは何か」と同様に、過剰な質問といってよいものである。その質問にたいして、子どもたちはいろいろな答えを試みる。一人の子どもは、自己犠牲の大切さを説いたりする。しかし、そこでは終わらず、最後にアラムハラドがいつもその答えに「どこか非常に遠くの方の凍つたやうに寂かな蒼黒い空」を感じるセララバアドという小さな子どもが、「人はほんたうのいゝことが何だかを考へないでゐられないと思ひます」と答える［宮澤 vol. 9: 330–337］。この答えは賢治がジョバンニに託した生き方そのものでもある。

# あとがき

本書は、書き始めたときには、もっと明るい本になる予定だった。しかし、登場する人物はつぎつぎと死んでいき、供犠や犠牲といった血なまぐさい話が続き、最後は死のレッスンで終わってしまう。これが「教育」を捉え直すということなのかと思うと、ずいぶん遠いところにまで来てしまったというしかない。

こんなに遠くにまで旅をして、あらためて原点である「教育とは何か」という問いを振り返ると、「教育はとんでもない出来事である」と言わねばならない。「啓蒙」や「人間」や「発達」という日向的な言葉によって隠されてきた「生成変容」という出来事！　そして学校教育においても、そのとんでもない出来事が日々生起しているのだということを、私たちが感じられないとしたら、それは私たちがそのような出来事を感じる繊細な感性と人間学的な想像力を失っているからに違いない。私は、日々の教育のなかに、死者たちの声や姿を感じとる感性を取り戻したいと思う。そして、他方で、共同体から押しつけられる犠牲者の美しい「贈与の物語」にたいしては、それを侵犯する「贈与の出来事」の思想をさらに深めたいと願う。「生成変容」という底抜けの出来事と向かい合う教育人間学は、そのような態度変更を要請する学問であるべきだと思う。

師と弟子との関係を主題のひとつとする本書において、大学時代の指導教官であった蜂屋慶先生と和田修二先生のお二人の先生へ感謝の言葉を記すことに、格別の思いを感じないではおれない。このお二人の先生の厳しく温かい導きなしには、私は研究者にはなれなかっただろう。さらに作田啓一先生と亀山佳明先生のお二人の先生に感謝したい。亀山先生との幸運な出会い、そして亀山先生に導かれて作田先生と出会うことがなければ、本書は生まれなかっただろう。作田先生の「溶解体験」が本書の始まりである。この四人の先生が私の「先生」である。

本書は、京都大学大学院教育学研究科へ博士論文として提出された論考をもとにしている。論文審査をしてくださった主査の田中毎実氏、ならびに副査の辻本雅史氏、齋藤直子氏に感謝したい。試問の時間は、あらためて自分を知る貴重な時間となった。また同時代を共に歩む友人諸氏のこれまでの交友に深甚の感謝をしたい。友人がいなければ、私は研究者を続けてはいけなかっただろう。もし私が贈与のリレーのランナーを生きている瞬間があるとすれば、それは先生のみならず友人からの無償の贈与の体験があったからに違いない。

東京大学出版会の後藤健介氏には、編集で大変にお世話になった。本書の価値を評価し、本書の構成についても助言をしてくださった。表紙の扉の絵は後藤氏のアイディアによるものである。この開け放たれた扉は歓待とその危うさが示されている。このようなすてきな本になったのは、後藤氏のおかげである。心より感謝したい。そして、本書もこれまでの著作と同様、最初の読者として妻の典子に読んでもらい、疑問点に答えつつ何度も書き換えた。最も身近な読者であり優れた批評家である典子に、こころより感謝したい。また風や虹や月明かりからのお話しがきこえる力を与えてくれた娘の杏奈と柴犬のチャチャ丸にもお礼をいわなくてはいけない。感謝とお礼の言葉で終わるあとがき、このことが本書もまたさまざまな人や動物や自然からの贈与によって生まれたことを、証ししているのである。

二〇〇八年一月

矢野智司

＊本書は二〇〇七年三月に京都大学より学位を授与された博士論文『贈与と交換の教育人間学――漱石と賢治における贈与＝死のレッスン』をもとにしている。本書は、この博士論文から、第十二章「限界への教育学という運動――第Ⅲのまとめに代えて」と、補論「生成の教育人間学再考――森昭『教育人間学――人間生成としての教育』の射程」とを削除し、さらに内容を一部を修正して新たに再構成したものである。なお本研究は、日本学術振興会より基盤研究（C）として、科学研究費補助金を二〇〇五年度から二〇〇七年度までいただいた成果でもある。

**著者略歴**
1954年　神戸に生まれる
京都大学大学院教育学研究科博士課程中退
教育学博士
香川大学助教授，京都大学大学院教育学研究科臨床教育学講座教授，佛教大学教授等を経て，
現在，京都大学名誉教授

**主要著書**
『子どもという思想』（1995年，玉川大学出版部）
『ソクラテスのダブル・バインド』（1996年，世織書房）
『自己変容という物語』（2000年，金子書房）
『動物絵本をめぐる冒険』（2002年，勁草書房）
『意味が躍動する生とは何か』（2006年，世織書房）
『幼児理解の現象学』（2014年，萌文書林）
『大人が子どもにおくりとどける40の物語』（2014年，ミネルヴァ書房）
『歓待と戦争の教育学』（2019年，東京大学出版会）
『京都学派と自覚の教育学』（2021年，勁草書房）

贈与と交換の教育学
漱石、賢治と純粋贈与のレッスン

2008年2月20日　初　版
2023年12月1日　第4刷

［検印廃止］

著　者　矢野智司《やのさとじ》

発行所　一般財団法人　東京大学出版会
代表者　吉見俊哉
153-0041 東京都目黒区駒場4-5-29
https://www.utp.or.jp/
電話　03-6407-1069　Fax　03-6407-1991
振替　00160-6-59964

印刷所　株式会社理想社
製本所　牧製本印刷株式会社


ISBN 978-4-13-051313-5　Printed in Japan

# 人名索引

## ア 行



## カ 行



## サ 行

## タ　行



## ナ　行



## ハ　行

## マ　行



## ヤ　行



## ラ行・ワ行

# 事項索引

## あ 行



## か 行



## さ 行

## た　行

## な　行



## は　行



## ま　行



## や行・ら行

## 引用参考文献

＊括弧内の年号は初出の年号


芥川龍之介　1996a（1918）「枯野抄」『芥川龍之介全集』第3巻　岩波書店
――――　1996b（1919）「あの頃の自分の事（削除分）」『芥川龍之介全集』第4巻　岩波書店
――――　1997（1927）「或阿呆の一生」『芥川龍之介全集』第16巻　岩波書店
浅田　彰　1983『構造と力――記号論を超えて』勁草書房
阿部次郎　1960（1937）「ケーベル先生の言葉」『阿部次郎全集』第10巻　角川書店
――――　1961（1917）「夏目先生の談話（Dichtung und Wahrheit）」『思潮雑記』所収『阿部次郎全集』第7巻　角川書店
――――　1968（1918）『合本＝三太郎の日記』角川書店
天沢退二郎　1993『宮沢賢治の彼方へ』筑摩書房
――――編　1996『宮沢賢治ハンドブック』新書館
荒　正人　1984『荒正人著作集 小説家夏目漱石の全容』第5巻　三一書房
安藤恭子　1996『宮沢賢治〈力〉の構造』朝文社
飯田利行　1994『新訳 漱石詩集』柏書房
池上英子　2005『美と礼節の絆――日本における交際文化の政治的起源』NTT出版
池澤夏樹　2003『言葉の流星群』角川書店
石川美子　1997『自伝の時間――ひとはなぜ自伝を書くのか』中央公論社
石塚正英・柴田隆行監修　2003『哲学・思想翻訳語事典』論創社
市村尚久・早川　操・松浦良充・広石英記編　2003『経験の意味世界をひらく――教育にとって経験とは何か』東信堂
伊藤幹治　1995『贈与交換の人類学』筑摩書房
稲富栄次郎　1961『教育の本質』福村書店
今井康雄　1994「〈新教育の地平〉の画定のために」近代教育思想史研究会『近代教育フォーラム』第3号　75-81頁
――――　1998『ヴァルター・ベンヤミンの教育思想』世織書房
――――　2004『メディアの教育学――「教育」の再定義のために』東京大学出版会
今村仁司　1988『仕事』弘文堂
――――　2000『交易する人間――贈与と交換の人間学』講談社
イ・ヨンスク　1996『「国語」という思想――近代日本の言語認識』岩波書店
入江幸男　1999「ボランティアの思想――市民的公共性の担い手としてのボランティア」内海成治・入江幸男・水野義之編『ボランティア学を学ぶ人のために』世界思想社
入沢康夫　1979「後記（解説）」宮沢清六・入沢康夫・天沢退二郎編『新修 宮沢賢治全集』第2巻　筑摩書房
――――　1991『宮沢賢治――プリオシン海岸からの報告』筑摩書房
岩井克人　1985『ヴェニスの商人の資本論』筑摩書房
上田閑照　1973『禅仏教――根源的人間』筑摩書房

――――　1997　『ことばの実存――禅と文学』筑摩書房
――――　1998　『人間の生涯ということ』人文書院
――――　2000　『私とは何か』岩波書店
植田敏郎　1994　『宮沢賢治とドイツ文学――〈心象スケッチ〉の源』講談社
氏家重信　1999　『教育学的人間学の諸相――その多様性と統一性』風間書房
内田百閒　1972（1941）「机」『船の夢』所収『内田百閒全集』第 4 巻　講談社
――――　1993（1969）『私の「漱石」と「龍之介」』筑摩書房
内海成治・堀　康廣・柏木智子　2001「教育とボランティアのつながり」内海成治編『ボランティア学のすすめ』昭和堂
梅根　悟　1967　『世界教育史』新評論
梅原　猛　1993　『日本人の「あの世」観』中央公論社
江口　渙　1971（1953）「夏目漱石とその弟子たち」『現代日本文學大系』第 29 巻　筑摩書房
江藤　淳　1970a, 1970b, 1993, 1996, 1999　『漱石とその時代』全 5 部　新潮社
――――　1979（1974）『決定版 夏目漱石』新潮社
――――　1984（1956）「夏目漱石」『新編 江藤淳文学集成』第 1 巻　河出書房新社
海老原治善　1988　『戦後日本教育理論小史』国土社
大田　堯ほか編　1979-80　『岩波講座 子どもの発達と教育』全 8 巻　岩波書店
太田好信　1998　『トランスポジションの思想――文化人類学の再想像』世界思想社
大室幹雄　2006　『宮沢賢治「風の又三郎」精読』岩波書店
岡　真理　2000　『記憶／物語』岩波書店
荻野昌弘　2005　『零度の社会――詐欺と贈与の社会学』世界思想社
奥野健男　1976（1958）「漱石火山脈」『奥野健男文学論集』第 1 巻　泰流社
小熊英二　2002　『〈民主〉と〈愛国〉――戦後日本のナショナリズムと公共性』新曜社
押野武志　2000　『宮沢賢治の美学』翰林書房
――――　2001　「漱石と賢治――明治的なものから大正的なものへ」『國文学』第 46 巻 1 号　學燈社　110-117 頁
――――　2003　『童貞としての宮沢賢治』筑摩書房
小田　亮　1994　『構造人類学のフィールド』世界思想社
小野隆祥　1979　『宮沢賢治の思索と信仰』泰流社
貝原益軒　1990（1710）「和俗童子訓」『養生訓・和俗童子訓』石川謙校訂　岩波書店
勝田守一　1970　『教育と教育学』岩波書店
――――　1973　『人間の科学としての教育学』『勝田守一著作集』第 6 巻　国土社
門脇厚司　1999　『子どもの社会力』岩波書店
金子郁容　1992　『ボランティア――もうひとつの情報社会』岩波書店
金子　務　2005ab　『アインシュタイン・ショック――日本の文化と思想への衝撃』I II　岩波書店
鎌田東二・佐々木宏幹　1991　『憑霊の人間学――根源的な宗教体験としてのシャーマニズム』青弓社
鎌田東二　2000　『神道とは何か――自然の霊性を感じて生きる』PHP
――――　2001　『宮沢賢治「銀河鉄道の夜」精読』岩波書店

——— 2004 『呪殺・魔境論』集英社
亀山佳明 1996 「個人主義の困難と自我変容——夏目漱石『それから』を中心に」井上 俊ほか編『文学と芸術の社会学』岩波書店
——— 1999 「他者の発見あるいは倫理の根拠——夏目漱石『道草』をめぐって」『Becoming』第4号 BC出版 3-26頁
——— 2000 「社会化論を超えて」亀山佳明・麻生 武・矢野智司編『野性の教育をめざして——子どもの社会化から超社会化へ』新曜社
——— 2002 『子どもと悪の人間学——子どもの再発見のために』以文社
唐木順三 1967 (1949) 「現代史への試み——型と個性と実存」『唐木順三全集』第3巻 筑摩書房
——— 1968 「ケーベルと漱石——二つの椅子の間」『唐木順三全集』第11巻 筑摩書房
柄谷行人 1980 『日本近代文学の起源』講談社
——— 1986, 1989 『探究』I II 講談社
——— 1992 『漱石論集成』第三文明社
——— 2001 『漱石論集成 増補』平凡社
——— 2004 『定本 柄谷行人集 4 ネーションと美学』岩波書店
——— 2006 『世界共和国へ——資本=ネーション=国家を超えて』岩波書店
川北稔責任編集 1994 『交換と消費』(歴史学事典 第1巻) 弘文堂
川村 湊 2000 『作文のなかの大日本帝国』岩波書店
——— 2002 『言霊と他界』講談社
北村三子 1990 「近代青年の登場と師弟関係の変質」『駒澤大学文学部紀要』第48号 121-139頁
——— 1998 『青年と近代——青年と青年をめぐる言説の系譜学』世織書房
——— 1999 「近代青年と教養——教養主義を超えて」『教育学研究』第66巻3号 10-19頁
紀野一義・梅原 猛 1997 『仏教の思想12 永遠のいのち〈日蓮〉』角川書店
木村直恵 1998 『〈青年〉の誕生』新曜社
草野心平 1991 (1981) 『宮沢賢治覚書』講談社
久野 収・鶴見俊輔 1956 『現代日本の思想——その五つの渦』岩波書店
熊倉功夫 1999 『文化としてのマナー』岩波書店
栗谷川虹 1997 『宮沢賢治 異界を見た人』角川書店
氣多雅子 1999 『ニヒリズムの思索』創文社
古東哲明 2005 『他界からのまなざし——臨生の思想』講談社
駒込 武 1996 『植民地帝国日本の文化統合』岩波書店
小松和彦 1985 『異人論——民俗社会の心性』青土社
小宮豊隆 1935 『漱石襍記』小山書店
——— 1942 『漱石の藝術』岩波書店
——— 1942 『漱石 寅彦 三重吉』岩波書店
——— 1951 『知られざる漱石』弘文堂
——— 1986, 1987a, 1987b (1938) 『夏目漱石』上中下 岩波書店

小森陽一　1988　『構造としての語り』新曜社
――――　1995　『漱石を読みなおす』筑摩書房
――――　1996　『最新 宮沢賢治講義』朝日新聞社
――――　2001　「漱石文学と植民地主義」『國文学』第 46 巻 1 号　學燈社　46-62 頁
――――・石原千秋編　2000　『漱石研究 特集 漱石山脈』第 13 号　翰林書房
小馬　徹　2000　『贈り物と交換の文化人類学――人間はどこから来てどこへ行くのか』御茶の水書房
齋藤　孝　1997　『宮沢賢治という身体――生のスタイル論へ』世織書房
齊藤　博　2002　『齊藤博史学集成Ⅱ』藤原書店
作田啓一　1981　『個人主義の運命――近代小説と社会学』岩波書店
――――　1988　『ドストエフスキーの世界』筑摩書房
――――　1993　『生成の社会学をめざして――価値観と性格』有斐閣
――――　1995　『三次元の人間――生成の思想を語る』行路社
――――　1996a　『個人』三省堂
――――　1996b　「文学・芸術におけるエロスとタナトス」井上俊ほか編『文学と芸術の社会学』岩波書店
――――　2003　『生の欲動』みすず書房
桜井徳太郎　1996　『昔話の民俗学』講談社
佐藤泰平編　1980　『宮沢賢治必携』學燈社
――――　1995　『宮沢賢治の音楽』筑摩書房
佐藤　学　1995　『学び その死と再生』太郎次郎社
――――　1996　『カリキュラムの批評――公共性の再構築へ』世織書房
――――　2003　「学校の奇跡――始まりの永久革命」大瀬敏昭著者代表・佐藤　学監修『学校を変える――浜之郷小学校の 5 年間』小学館
――――・今井康雄編　2003　『子どもたちの想像力を育む――アート教育の思想と実践』東京大学出版会
里見　実　1972　「教育における『聖なるもの』(1)」『國學院大學教育学研究室紀要』第 8 号　44-71 頁
――――　1977　「教育の原型をさぐる――習俗と教育」柴田義松・竹内常一・為本六花治編『教育学を学ぶ――発達と教育の人間科学』有斐閣
佐野眞一　1992　『遠い「山びこ」――無着成恭と教え子たちの四十年』文藝春秋
志賀直哉　1999 (1941)　「内村鑑三先生の思ひ出」『志賀直哉全集』第 7 巻　岩波書店
清水　徹・出口裕弘編　1995　『バタイユの世界』青土社
周　禅鴻　1998　「教育の語源学 (2)――〈學〉〈校〉の原像」東京大学大学院教育学研究科教育学研究室『研究室紀要』第 24 号　33-45 頁
菅谷規矩雄　1980　『宮沢賢治序説』大和書房
鈴木登美・ハルオ＝シネラ編　1999　『創造された古典――カノン形成・国民国家・日本文学』新曜社
鈴木三重吉　1918　「湖水の女」『赤い鳥』第 1 巻 3 号　赤い鳥社　60-69 頁
――――　1935　『綴方読本』中央公論社
――――　1938　「断片語＝夏目漱石先生追憶」『鈴木三重吉全集』第 5 巻　岩波書店

——— 1996 『鈴木三重吉童話集』勝尾金弥編　岩波書店
須藤克三編　1951 『山びこ学校から何を学ぶか』青銅社
皇　紀夫　1996 「なぜ〈臨床〉教育学なのか――「問題」の所在と理解」和田修二編『教育的日常の再構築』玉川大学出版部
関川夏央　1997（1993）『砂のように眠る――むかし『戦後』という時代があった』新潮社
——— 2003 『白樺たちの大正』文藝春秋
高橋　勝　1997 『学校のパラダイム転換』川島書店
高橋哲哉　2003 『デリダ――脱構築』講談社
——— 2005 『国家と犠牲』日本放送出版協会
高橋英夫　1993（1984）『偉大なる暗闇――師 岩本禎と弟子たち』講談社
——— 2001 『友情の文学誌』岩波書店
滝浦真人　1996 「宮沢賢治のオノマトペ 語彙・用例集（詩歌篇）補論・〈見立て〉られたオノマトペ」『共立女子短期大学文科紀要』第39号　35-148頁
瀧澤克己　1973（1941）「漱石の『こころ』と福音書」『瀧澤克己著作集』第4巻　法蔵館
田口洋美　2006 「クマを崇め、クマを狩る者」『BIOSTORY　特集：熊の生き物文化誌　森の王たちの居場所』vol. 5　昭和堂　40-57頁
武井麻子　2001 『感情と看護――人とのかかわりを職業とすることの意味』医学書院
竹内　洋　1999 『学歴貴族の栄光と挫折』中央公論新社
——— 2003 『教養主義の没落――変わりゆくエリート学生文化』中央公論新社
竹内里欧　2002 「『欧化』と『国粋』――礼儀作法書のレトリック」社会学研究会『ソシオロジ』第46巻3号　127-143頁
竹田篤司　2001 『物語「京都学派」』中央公論新社
——— 2002 『明治人の教養』文藝春秋
立川健二　1995 『愛の言語学』夏目書房
田中智志　2002 『他者の喪失から感受へ――近代の教育装置を超えて』勁草書房
田中末男　2003 『宮澤賢治〈心象〉の現象学』洋々社
田中毎実　2003 『臨床的人間形成論へ――ライフサイクルと相互形成』勁草書房
田辺　元　1964（1958）「メメント モリ」『田辺元全集』第13巻　筑摩書房
谷川　雁　1985 『賢治初期童話考』潮出版社
玉井敬之・藤井淑禎編　1991 『漱石作品論集成 こゝろ』おうふう
中央教育審議会　2002　答申『青少年の奉仕活動・体験活動の推進方策等について』
沈　国威　2000 「『文明』と『野蛮』の話し」関西大学泊園記念会『泊園』第39号　3-29頁
辻本雅史　1999 『「学び」の復権』角川書店
続橋達雄編　1990-1992 『宮澤賢治研究資料集成』全21巻　日本図書センター
土戸敏彦　1999 『冒険する教育哲学――〈子ども〉と〈大人〉のあいだ』勁草書房
筒井清忠　1995 『日本型「教養」の運命――歴史社会学的考察』岩波書店
坪田譲治　1939 「この本を讀まれた方々に」宮澤賢治『風の又三郎』羽田書店
———編　1955 『赤い鳥傑作選』新潮社

――――　1978 『坪田譲治全集』新潮社
寺田寅彦　1996（1932）「夏目漱石先生の追憶」『寺田寅彦全集』第1巻　岩波書店
鳶野克己　1994 「『拠り所のなさ』という拠り所――人間形成における〈物語〉の批判的再生のために」加野芳正・矢野智司編『教育のパラドックス／パラドックスの教育』東信堂
――――　2003 「物語ることの内と外――物語論的人間研究の教育学的核心」矢野智司・鳶野克己編『物語の臨界――「物語ること」の教育学』世織書房
豊田国夫　1980 『日本人の言霊思想』講談社
鳥山敏子　1985 『いのちに触れる――生と性と死の授業』太郎次郎社
――――編　1998 『賢治と種山ヶ原　ミラファイアーの高原』世織書房
長尾雅人　2001（1984）『仏教の源流――インド』中央公論新社
中　勘助　1989（1922）「漱石先生と私」『中勘助全集』第4巻　岩波書店
中沢新一　1983 『チベットのモーツアルト』せりか書房
――――　1996 『純粋な自然の贈与』せりか書房
――――　1997 『ポケットの中の野生』岩波書店
――――　1998（1995）『哲学の東北』幻冬舎
――――　2003 『愛と経済のロゴス』講談社
――――　2006 『芸術人類学』みすず書房
中野孝次　1997 『現代人の作法』岩波書店
中野　光・高野源治・川口幸宏　1987 『児童の村小学校』黎明書房
中野好夫　1952 「漱石寸感――東西文化の対決者として」『明治大正文学研究』第7巻　東京堂
――――　1985（1958）「漱石とその門下生」『中野好夫集』第8巻　筑摩書房
中路正恒　1997 『ニーチェから宮沢賢治へ――永遠回帰・肯定・リズム』創言社
中村　元・紀野一義訳註　1960 『般若心経・金剛般若経』岩波書店
中村光夫　1972a（1944）「文明開化と漱石」『中村光夫全集』第3巻　筑摩書房
――――　1972b（1945）「漱石の青春」『中村光夫全集』第3巻　筑摩書房
夏目漱石　1994-1997 『漱石全集』岩波書店
西谷　修　1995 『夜の鼓動にふれる――戦争論講義』東京大学出版会
――――・酒井直樹　1999 『〈世界史〉の解体――翻訳・主体・歴史』以文社
西谷啓治　2001 『宗教と非宗教の間』上田閑照編　岩波書店
西　成彦　1997 『森のゲリラ 宮沢賢治』岩波書店
西平　直　1997 『魂のライフサイクル』東京大学出版会
西部　邁　2000 『国民の道徳』産経新聞社
西村大志　1997 「日本の近代と児童の身体――座る姿勢をめぐって」社会学研究会『ソシオロジ』第42巻2号　43-64頁
日　蓮　2001 『立正安国論ほか』中央公論社
野家啓一　1996 『物語の哲学――柳田国男と歴史の発見』岩波書店
畑山　博　1988 『教師 宮沢賢治の仕事』小学館
蜂屋　慶　1983 『生活指導における集団指導の基礎理論』明治図書出版
――――　1985 「教育と超越」蜂屋　慶編『教育と超越』玉川大学出版部

原　子朗　2000『新 宮澤賢治語彙辞典 第二版』東京書籍
久松真一　1973（1952）「日本の文化的使命と茶道」『茶道の哲学』所収『久松真一著作集』第 4 巻　理想社
平川祐弘・鶴田欣也編　1992『漱石の『こころ』――どう読むか、どう読まされてきたか』新曜社
広田照幸　1999『日本人のしつけは衰退したか』講談社
――――　2004『教育』岩波書店
――――　2005『《愛国心》のゆくえ――教育基本法改正という問題』世織書房
福島　章　1985『宮沢賢治――こころの軌跡』講談社
藤原帰一　2001『戦争を記憶する――広島・ホロコーストと現在』講談社
別役　実　1990『イーハトーボゆき軽便鉄道』リブロポート
堀尾青史　1991『年譜宮澤賢治伝』中央公論社
堀尾輝久　1974a「発達の視点、発達のすじみち（上）――発達の視点とその歴史的形成」『教育』第 306 号（9 月号）75-85 頁
――――　1974b「発達の視点、発達のすじみち（下）――象徴機能の発達を中心に」『教育』第 308 号（10 月号）116-129 頁
――――　1984『子どもを見なおす――子ども観の歴史と現在』岩波書店
――――　1991『人間形成と教育――発達教育学への道』岩波書店
本多顕彰　1982（1947）「漱石山脈――現代日本文学地図」『日本文学研究資料叢書　夏目漱石Ⅰ』有精堂
前田　愛　1993（1973）『近代読者の成立』岩波書店
正宗白鳥　1994（1949）「内村鑑三」『内村鑑三・我が生涯と文学』講談社
松濤誠廉・長尾雅人・丹治昭義訳　2001（1975）『法華経』Ⅰ　中央公論新社
――――・丹治昭義・桂　紹隆訳　2002（1976）『法華経』Ⅱ　中央公論新社
三浦雅士　1994『身体の零度――何が近代を成立させたか』講談社
――――　2001『青春の終焉』講談社
三木　清　1966（1941）「読書遍歴」『三木清全集』第 1 巻　岩波書店
水川隆夫　2002『漱石と仏教――則天去私への道』平凡社
見田宗介　1984『宮沢賢治――存在の祭りの中へ』岩波書店
源　了圓　1989『型』創文社
宮澤賢治　1995　宮沢清六・天沢退二郎・入沢康夫・奥田　弘・栗原　敦・杉浦　静編『【新】校本 宮澤賢治全集』筑摩書房
宮沢清六　1991（1987）『兄のトランク』筑摩書房
宮本常一　1969（1957）『日本の子供たち』『宮本常一著作集』第 8 巻　未來社
三好行雄ほか編　1981『講座 夏目漱石』第 1 巻　有斐閣
――――編　1990『夏目漱石事典』學燈社
無着成恭編　1969（1951）『山びこ学校　付「ふぶきの中に」抄』角川書店
――――編　1995（1951）『山びこ学校』岩波書店
村井　実　1972『ソクラテスの思想と教育』玉川大学出版部
村瀬　学　1989『「銀河鉄道の夜」とは何か』大和書房
村野四郎　1997「鉄棒」川崎　洋・高階杞一・藤富保男編『スポーツ詩集』花神社

毛利　猛　2006『臨床教育学への視座』ナカニシヤ出版
森　昭　1978（1961）『教育人間学――人間生成としての教育』上下　黎明書房
森　鷗外　1973（1918）「礼儀小言」『鷗外全集』第26巻　岩波書店
森　重雄　1993『モダンのアンスタンス――教育のアルケオロジー』ハーベスト社
――――　2000「教育社会学における批判理論の不可能性」藤田英典・志水宏吉編『変動社会のなかの教育・知識・権力――問題としての教育改革・教師・学校文化』新曜社
森荘已池　1974『宮沢賢治の肖像』津軽書房
――――　1990（1960）『野の教師 宮沢賢治』日本図書センター
森田草平　1919『文章道と漱石先生』春陽堂
――――　1946『漱石の文学』東西出版社
――――　1947, 1948『漱石先生と私』上下 東西出版社（『続夏目漱石』1943の増補改訂版）
――――　1980（1942）『夏目漱石』『夏目漱石（一）』所収 講談社
森田伸子　1993『テクストの子ども――ディスクール・レシ・イマージュ』世織書房
森田尚人　1994「発達観の歴史的構成」森田尚人・藤田英典・黒崎　勲・片桐芳雄・佐藤　学編『教育学年報』第3巻　世織書房
――――　1995「近代教育学における発達概念の系譜――思想史研究への一つの方法論的視角」近代教育思想史研究会『近代教育フォーラム』第4号　1–17頁
――――・森田伸子・今井康雄編　2003『教育と政治――戦後教育史を読みなおす』勁草書房
安川哲夫　2000「文明化」教育思想史学会編『教育思想事典』勁草書房
安田敏朗　1999『〈国語〉と〈方言〉のあいだ――言語構築の政治学』人文書院
矢田部英正　2004『たたずまいの美学――日本人の身体技法』中央公論社
柳田國男　1989（1910）『遠野物語』『柳田國男全集』第4巻　筑摩書房（文庫版）
――――　1990（1947）『口承文芸史考』『柳田國男全集』第8巻　筑摩書房（文庫版）
矢野智司　1996a『ソクラテスのダブル・バインド――意味生成の教育人間学』世織書房
――――　1996b「生成の教育人間学再考――森昭『教育人間学――人間生成としての教育』の射程」和田修二編『教育的日常の再構築』玉川大学出版部
――――　1999「教育の語り方をめぐる省察」香川大学教育学研究室編『教育という「物語」』世織書房
――――　2000『自己変容という物語――生成・贈与・教育』金子書房
――――　2002『動物絵本をめぐる冒険――動物－人間学のレッスン』勁草書房
――――　2005「奉仕に抗する贈与のすすめ」『道徳 Journal』No. 34　学研　1–3頁
――――　2006『意味が躍動する生とは何か――遊ぶ子どもの人間学』世織書房
――――　2007「『先生』としての漱石についての長い註」京都大学大学院教育学研究科臨床教育学講座『臨床教育人間学』第8号　61–68頁
矢幡　洋　1998『宮沢賢治の教育論――学校・技術・自然』朝文社
山折哲雄　1985（1973）『日本仏教思想論序説』講談社
――――　2003『教えること、裏切られること――師弟関係の本質』講談社

山口仲美　2002 『犬は「びよ」と鳴いていた――日本語は擬音語・擬態語が面白い』光文社
山﨑洋子　2002 「イギリス新教育運動における『共同体』と『学級』の両義的展開」山﨑洋子ほか『新教育運動における「共同体」形成論の出現と「学級」概念の変容に関する比較史的研究』科学研究費研究成果報告書
山名　淳　2000 『ドイツ田園教育舎研究――「田園」型寄宿制学校の秩序形成』風間書房
――――　2006 『夢幻のドイツ田園都市――教育共同体ヘレラウの挑戦』ミネルヴァ書房
湯浅博雄　1997 『バタイユ――消尽』講談社
――――　2004 『聖なるものと〈永遠回帰〉』筑摩書房
吉本隆明　1979 『悲劇の解読』筑摩書房
――――　1985 『死の位相学』潮出版社
――――　1986 『白熱化した言葉』思潮社
――――　1989 『宮沢賢治』筑摩書房
米村みゆき　2003 『宮沢賢治を創った男たち』青弓社
鷲田清一　1998 『悲鳴をあげる身体』PHP
――――　1999 『「聴く」ことの力』TBSブリタニカ
和田修二　1985 「戦後教育における科学主義と教育関係者の意識改革」蜂屋　慶編『教育と超越』玉川大学出版部
――――　1988 「後近代と教育の復活」和田修二・山﨑高哉編『人間の生涯と教育の課題――新自然主義の教育学試論』昭和堂出版
――――・山﨑高哉編　1988 『人間の生涯と教育の課題――新自然主義の教育学試論』昭和堂出版
渡辺公三　2000 「マルセル・モースにおける現実と超現実――シュルレアルスムへ向けた人類学からのいくつかの断片」鈴木雅雄・真島一郎編『文化解体の想像力――シュルレアルスムと人類学的思考の近代』人文書院
渡邊隆信　2000 「ゲゼルシャフトとしての大都市／ゲマインシャフトとしての学校」教育思想史学会『近代教育フォーラム』第9号　65-72頁
和辻哲郎　1962a（1938）『孔子』『和辻哲郎全集』第6巻　岩波書店
――――　1962b（1948）『ケーベル先生』『和辻哲郎全集』第6巻　岩波書店
――――　1962c（1952）『日本倫理思想史 下巻』『和辻哲郎全集』第13巻　岩波書店
――――　1963（1918）「夏目先生の追憶」『和辻哲郎全集』第17巻　岩波書店
『赤い鳥』複刻版 1巻1号（大正7年7月）-22巻3号（昭和4年3月）；復刊1巻1号（昭和6年1月）-復刊12巻3号（昭和11年10月）　1979　日本近代文学館

Anderson, B., 1983 *Imagined Communities: Reflections on the Origin and Spread of Nationalism*, London: Verso Editions.＝1987 白石　隆・白石さや訳『想像の共同体――ナショナリズムの起源と流行』リブロポート
Arendt, H., 1958 *The Human Condition*, Chicago: The University of Chicago Press.＝1994 志水速雄訳『人間の条件』筑摩書房

Aristoteles,　1894　*Ta Ethika Nikomacheia*, recognovit brevique adnotatione critica instruxit, Bywater, I., Oxonii : E Typographeo Clarendoniano. = 1971, 1973　高田三郎訳『ニコマコス倫理学』上下　岩波書店

――――　1957　*Politica*, recognovit brevique adnotatione critica instruxit, Ross, W. D., Oxonii : E Typographeo Clarendoniano. = 1969　山本光雄訳『政治学』『アリストテレス全集』第 15 巻　岩波書店

Ashcroft, B., Griffiths, G., & Tiffin, H.,　1989　*The Empire Writes Back : Theory and Practice in Post-Colonial Literatures*, London : Routledge. = 1998　木村茂雄訳『ポストコロニアルの文学』青土社

Bataille, G.,　1927　"L'anus solaire," *Œuvres Complètes*, tome I, Paris : Éditions Gallimard. = 1971　生田耕作訳「太陽肛門」『眼球譚；太陽肛門；供犠；松毬の眼』二見書房

――――　1957a　*La litterature et le mal*, Paris : Éditions Gallimard. = 1998　山本功訳『文学と悪』筑摩書房

――――　1957b　*L'erotisme*, Paris : Éditions de Minuit. = 2004　酒井健訳『エロティシズム』筑摩書房

――――　1967 (1949)　*La part maudite*, Paris : Éditions de Minuit. = 1973　生田耕作訳『呪われた部分』二見書房

――――　1976　*La souveraineté : La part maudite : essai d'économie générale, tome III, Œuvres Complètes*, tome VIII, Paris : Éditions Gallimard. = 1990　湯浅博雄・中地義和・酒井　健訳『至高性――呪われた部分――普遍経済論の試み　第 3 巻』人文書院

――――　1988 (1949)　"L'art, exercice de cruauté," *Œuvres Complètes*, tome XI, Paris : Éditions Gallimard. = 1994　酒井　健訳「芸術、残虐の実践としての」『純然たる幸福』人文書院

――――　1988 (1951)　"Sommes-nous là pour jouer? ou pour être sérieux?," *Œuvres Complètes*, tome XII, Paris : Éditions Gallimard. = 1973　山本功訳「わたしたちが存在しているのは、たわむれるためか、まじめでいるためか」『神秘／芸術／科学』二見書房

――――　1988　"Le non-savoir," *Œuvres Complètes*, tome XII, Paris : Éditions Gallimard. = 1994　酒井　健訳「非－知」『純然たる幸福』人文書院

Bateson, G.,　1972　*Steps to an Ecology of Mind : A Revolutionary Approach to Man's Understanding of Himself*, New York : Ballantine Books. = 1990　佐藤良明訳『精神の生態学』思索社

――――　1991　*A Sacred Unity : Further Steps to an Ecology of Mind*, Donaldson, R. E., ed., New York : A Cornelia & Michael Bessie Book.

Baudrillard, J.,　1976　*L'échange symbolique et la mort*, Paris : Éditions Gallimard. = 1992　今村仁司・塚原　史訳『象徴交換と死』筑摩書房

――――　1999　*L'échange impossible*, Paris : Éditions Galilée. = 2002　塚原　史訳『不可能な交換』紀伊國屋書店

Benedict, R.,　1934　*Patterns of Culture*, Boston ; New York : Houghton Mifflin. =

1973 米山俊直訳『文化の型』社会思想社
——— 1946 *The Chrysanthemum and the Sword: Patterns of Japanese Culture*, Boston: Houghton Mifflin.＝1967 長谷川松治訳『菊と刀——日本文化の型』社会思想社

Benjamin, W., 1991 (1920/21) "Zur Kritik der Gewalt," *Gesammelte Schriften / Walter Benjamin*, unter Mitwirkung von T. W. Adorno und G. Scholem, herausgegeben von R. Tiedemann und H. Schweppenhäuser, 1. Aufl., Bd. II–I, Frankfurt am Main: Suhrkamp Verlag.＝1994 野村 修編訳「暴力批判論」『暴力批判論 ベンヤミンの仕事1』岩波書店

Benveniste, É., 1966 *Problèmes de linguistique générale*, Paris: Éditions Gallimard.＝1983 河村正夫ほか訳『一般言語学の諸問題』みすず書房

Blanchot, M., 1983 *La communauté inavouable*, Paris: Éditions de Minuit.＝1997 西谷 修訳『明かしえぬ共同体』筑摩書房

Bollnow, O. F., 1959 *Existenzphilosophie und Pädagogik*, Stuttgart: W. Kohlhammer.＝1966 峰島旭雄訳『実存哲学と教育学』理想社

——— 1978 *Erziehung zur Frage*, herausgegeben von Takashi Morita und Keiichi Otsuka.＝1978 森田 孝・大塚恵一訳編『問いへの教育——哲学的人間学の道』川島書店

Bourdieu, P., 1979, 1982 *La distinction: critique sociale du jugement*, Paris: Éditions de Minuit.＝1990ab 石井洋二郎訳『ディスタンクシオン——社会的判断力批判』I II 藤原書店

Caillois, R., 1958 *Les jeux et les hommes*, Paris: Éditions Gallimard.＝1970 清水幾太郎・霧生和夫訳『遊びと人間』岩波書店

Clifford, J., & Marcus, G. E., 1986 *Writing Culture: the Poetics and Politics of Ethnography*, Berkeley; Los Angeles; London: University of California Press.＝1996 春日直樹ほか訳『文化を書く』紀伊國屋書店

Collins, R., 1982 *Sociological Insight: An Introduction to Nonobvious Sociology*, New York: Oxford University Press.＝1992 井上 俊・磯部卓三訳『脱常識の社会学——社会の読み方入門』岩波書店

Danto, A. C., 1965 *Analytical Philosophy of History*, Cambridge: The Cambridge University Press.＝1989 河本英夫訳『物語としての歴史——歴史の分析哲学』国文社

Derrida, J., 1967 *De l'économie restreinte à l'économie générale*, L'ARC N°32.＝1995「限定経済学から一般経済学へ」清水 徹・出口裕弘編『バタイユの世界』青土社

——— 1989 *Derrida au japon*.＝1989 高橋允昭編訳『他者の言語——デリダの日本講演』法政大学出版局

——— 1997a *Adieu: à Emmanuel Lévinas*, Paris: Éditions Galilée.＝2004 藤本一勇訳『アデュー——エマニュエル・レヴィナスへ』岩波書店

——— 1997b *De l'hospitalite*, Paris: Calmann-Lévy, coll.＝1999 廣瀬浩司訳『歓待について——パリのゼミナールの記録』産業図書

——— 1999 *Donner la mort*, Paris: Éditions Galilée. = 2004 廣瀬浩司・林 好雄訳『死を与える』筑摩書房
———& Roudinesco, É., 2001 *De quoi demain... Dialogue*, Paris: Librairie Arthème Fayard and Éditions Galilée. = 2003 藤本一勇・金澤忠信訳『来たるべき世界のために』岩波書店
Dewey, J., 1980 (1916) *Democracy and Education: An Introduction to the Philosophy of Education, The Middle Works of John Dewey*, vol. 9, Carbondale: The Southern Illinois University Press.
Diogenis Laertii, 1964 *Vitae Philosophorum*, 2 vols., Oxford: Oxford Classical Texts. = 1984, 1989, 1994 加来彰俊訳『ギリシャ哲学者列伝』上中下 岩波書店
Dumont, L., 1983 *Essais sur l'individualisme: une perspective anthropologique sur l'idéologie moderne*, Paris: Éditions du Seuil. = 1993 渡辺公三・浅野房一訳『個人主義論考――近代イデオロギーについての人類学的展望』言叢社
Eliade, M. 1968 *Le chamanisme et les techniques archaïques de l'extase*, Paris: Éditions Payot. = 2004 堀 一郎訳『シャーマニズム――古代的エクスタシー技術』上下 筑摩書房
Elias, N., 1969a *Über den Prozess der Zivilisation*, Erster Band, Bern; München: Francke Verlag. = 1977 赤井慧爾ほか訳『文明化の過程（上）――ヨーロッパ上流階層の風俗の変遷』法政大学出版局
——— 1969b *Über den Prozess der Zivilisation*, Zweiter Band, Bern; München: Francke Verlag. = 1978 波田節夫ほか訳『文明化の過程（下）――社会の変遷／文明化の理論のための見取図』法政大学出版局
Emerson, R. W., 1903 "Gifts," *The Complete Works of Ralph Waldo Emerson*, vol. 3, Boston: Houghton Mifflin Company.
Engels, F., 1962 (1896) "Anteil der Arbeit an der Menschwerdung des Affen," *Karl Marx-Friedrich Engels Werke*, Bd. 20, Institut für Marxismus-Leninismus beim ZK der SED, Berlin: Dietz Verlag. = 1968 大内兵衛・細川嘉六監訳「猿が人間化するにあたっての労働の役割」『マルクス＝エンゲルス全集』第20巻 大月書店
Erasmus, D., 1961 (1530) *Desiderii Erasmi Roterodami Opera Omnia*, t. 1, Clericus, J., ed., Hildesheim: George Olms. = 1994 中城 進訳『エラスムス教育論』二瓶社
Foucault, M., 1966 *Les mots et les choses*, Paris: Éditions Gallimard. = 1974 渡辺一民・佐々木 明訳『言葉と物――人文科学の考古学』新潮社
——— 1975 *Surveiller et punir: naissance de la prison*, Paris: Éditions Gallimard. = 1977 田村 俶訳『監獄の誕生――監視と処罰』新潮社
Fournier, M., 2006 *Marcel Mauss: A Biography*, Princeton; Oxford: Princeton University Press.
Girard, R., 1961 *Mensonge romantique et vérité romanesque*, Paris: Éditions Bernard Grasset. = 1971 古田幸男訳『欲望の現象学――ロマンティークの虚偽とロマネスクの真実』法政大学出版局
——— 1972 *La violence et le sacré*, Paris: Éditions Bernard Grasset. = 1982 古田幸男訳『暴力と聖なるもの』法政大学出版局

Goffman, E., 1967 *Interaction Ritual : Essays on Face-to-Face Behaviour*, New York : Anchor Books.＝1986 広瀬英彦・安江孝司訳『儀礼としての相互行為――対面行動の社会学』法政大学出版局

Gusdorf, G., 1963 *Pourquoi des professeurs?: Pour une pédagogie de la pédagogie*, Paris : Payot.＝1972 小倉志祥・高橋 勝訳『何のための教師――教育学の教育学のために』みすず書房

Hegel, G. W. F., 1970 (1832–1845) *Phänomenologie des Geistes*, Frankfurt am Main : Suhrkamp Verlag.＝1971–79 金子武蔵訳『精神現象学』岩波書店

Huizinga, J., 1958 (1938) *Homo Ludens : Proeve eener bepaling van het spel-element der cultuur*, Haarlem : Tjeenk Willink & Zoon.＝1973 高橋英夫訳『ホモ・ルーデンス』中央公論社

Hyde, L., 1979 *The Gift : Imagination and the Erotic Life of Property*, New York : Vintage Books, a division of Random House, Inc.

Illich, I., 1981 *Shadow Work*, Boston ; London : Marion Boyars.＝1998 玉野井芳郎・栗原 彬訳『シャドウ・ワーク――生活のあり方を問う』岩波書店

Jankélévitch, V., 1994 *Premières et dernières pages*, Paris : Éditions du Seuil.＝1996 合田正人訳『最初と最後のページ』みすず書房

Keller, H., 1954 (1902) *The Story of My Life*, New York : Doubleday & Company.＝1982 川西 進訳『ヘレン・ケラー自伝』ぶどう社

Lévi-Strauss, C., 1949 *Les structures élémentaires de la parenté*, Paris : Presses universitaires de France.＝1977, 1978 馬渕東一ほか監訳『親族の基本構造』上下 番町書房

――― 1966 "Introduction à l'oeuvre de Marcel Mauss," in Mauss, M., *Sociologie et anthropologie*, Paris : Presses universitaires de France.＝1973 有地 亨・伊藤昌司・山口俊夫訳「マルセル・モース論文集への序文」『社会学と人類学』I 弘文堂

Lyotard, J.-F., 1979 *La condition postmoderne*, Paris : Éditions de Minuit.＝1991 小林康夫訳『ポストモダンの条件――知・社会・言語ゲーム』水声社

――― 1986 *Le postmoderne expliqué aux enfants*, Paris : Éditions Galilée.＝1986 菅啓次郎訳『ポストモダン通信』朝日出版社

Malinowski, B. K., 1922 *Argonauts of the Western Pacific : An Account of Native Enterprise and Adventure in the Archipelagoes of Melanesian New Guinea*, London : Rotledge & Kegan Paul.＝1967 寺田和夫・増田義郎訳『西太平洋の遠洋航海者』中央公論社

Marcel, G., 1935 *Être et avoir*, Paris : Éditions Aubier-Montaigne.＝1971 渡辺秀ほか訳『存在と所有・現存と不滅』春秋社

Marx, K., 1962 *Das Kapital : Kritik der politischen Ökonomie, Karl Marx-Friedrich Engels Werke*, Bd. 23, Institut für Marxismus-Leninismus beim ZK der SED, Berlin : Dietz Verlag.＝1972 岡崎次郎訳『資本論』第1巻 大月書店

Mauss, M., 1966 (1923–24) "Essai sur le don : Forme et raison de l'échange dans les sociétés archaïques," *Sociologie et anthropologie*, Paris : Presses universi-

taires de France.＝1973　有地　亨・伊藤昌司・山口俊夫訳「贈与論」『社会学と人類学』I　弘文堂
McLuhan, M.,　1962　*The Gutenberg Galaxy: The Making of Typographic Man*, Tronto: University of Tronto Press.＝1986　森　常治訳『グーテンベルクの銀河系——活字人間の形成』みすず書房
Nietzsche, F.,　1968（1887）　Zur Genealogie der Moral, *Nietzsche Werke : Kritische Gesamtausgabe*, herausgegeben von Giorgio Colli und Mazzino Montinari, Abt. 6, Bd. 2, Berlin ; New York : Walter de Gruyter.＝1993　信太正三訳『道徳の系譜』『ニーチェ全集』第 11 巻　筑摩書房
————　1968（1883–1885）　Also sprach Zarathustra : ein Buch für Alle und Keinen, *Nietzsche Werke : Kritische Gesamtausgabe*, herausgegeben von Giorgio Colli und Mazzino Montinari, Abt. 6, Bd. 1//b, Berlin ; New York : Walter de Gruyter.＝1967　氷上英廣訳『ツァラトゥストラはこう言った』上下　岩波書店
————　1969（1908）　Ecce homo, *Nietzsche Werke : Kritische Gesamtausgabe*, herausgegeben von Giorgio Colli und Mazzino Montinari, Abt. 6, Bd. 3, Berlin ; New York : Walter de Gruyter.＝1990　西尾幹二訳『この人を見よ』新潮社
Noddings, N.,　1984　*Caring : A Feminine Approach to Ethics & Moral Education*, Berkeley : University of California Press.＝1997　立山善康ほか訳『ケアリング——倫理と道徳の教育－女性の観点から』晃洋書房
Platon, *Platonis Opera*, Oxford : Oxford Classical Text.＝1974–76　『プラトン全集』岩波書店
Polanyi, K.,　1966　*Dahomey and the Slave Trade : An Analysis of an Archaic Economy*, Seattle : University of Washington Press.＝2004（1981）　栗本慎一郎・端信行訳『経済と文明——ダホメの経済人類学的分析』筑摩書房
————　1977　*The Livehood of Man*, New York : Academic Press.＝1980　玉野井芳郎・栗本慎一郎訳『人間の経済——市場社会の虚構性』I II　岩波書店
Ricœur, P.,　1983–85　*Temps et récit, I, II, III*, Paris : Éditions du Seuil.＝1987, 1988, 1990　久米　博訳『時間と物語』I II III　新曜社
Sahlins, M. D.,　1972　*Stone Age Economics*, Chicago : Aldine-Atherton.＝1984　山内　昶訳『石器時代の経済学』法政大学出版局
Sax, B.,　2000　*Animals in the Third Reich : Pets, Scapegoats and the Holocaust*, New York ; London : The Continuum International Publishing Group Inc.＝2002　関口　篤訳『ナチスと動物——ペット・スケープゴート・ホロコースト』青土社
Scheler, M.,　1955（1915）　*Vom Umsturz der Werte : Abhandlungen und Aufsätze, Gesammelte Werke*, Bd. 3, herausgegeben von M. Scheler und M. S. Frings, Bern ; München : Francke.＝1977　林田新二・新畑耕作訳『価値の転倒　上』『シェーラー著作集』第 4 巻　白水社
Schérer, R.,　1993　*Zeus hospitalier*, Paris : Armand Colin Editeur.＝1996　安川慶治訳『歓待のユートピア』現代企画室
————　1996　*Utopies nomades : en attendant 2002*, Paris : Nouvelles Éditions Séguier.＝1998　杉村昌昭訳『ノマドのユートピア——2002 年を待ちながら』松籟社

Shumaker, M., 1992 *Sharing without Reckoning: Imperfect right and the norm of reciprocity*, Waterloo: Wilfrid Laurier University Press. ＝2001 加藤尚武・松川俊夫訳『愛と正義の構造――倫理の人間学的基盤』晃洋書房

Spranger, E., 1955 *Pädagogische Perspektiven: Beiträge zu Erziehungsfragen der Gegenwart*, 3. erw. Aufl., Heidelberg: Quelle & Meyer Verlag. ＝1987 村田 昇・片山光宏訳『教育学的展望――現代の教育問題』東信堂

Tillich, P., 1952 *The Courage to be*, New Haven; London: Yale University Press. ＝1995 大木英夫訳『生きる勇気』平凡社

Veblen, T. B., 1899 *The Theory of the Leisure Class: An Economic Study in the Evolution of Institutions*, New York: Macmillan. ＝1998 高 哲男訳『有閑階級の理論――制度の進化に関する経済学的研究』筑摩書房

White, H., 1973 *Metahistory: The Historical Imagination in Nineteenth-Century Europe*, Baltimore: The Johns Hopkins University Press.